U0891345

世界上第一本同名书籍
汽车后市场专业培训教材

王广科 著

汽车后市场经营学

QicheHoushichang Jingyingxue

中山大學出版社
SUN YAT-SEN UNIVERSITY PRESS
·广州·

版权所有　翻印必究

图书在版编目（CIP）数据

汽车后市场经营学/王广科著．—广州：中山大学出版社，2014.6
ISBN 978-7-306-04929-2

Ⅰ．①汽…　Ⅱ．①王…　Ⅲ．①汽车—市场营销学　Ⅳ．①F766

中国版本图书馆 CIP 数据核字（2014）第 117560 号

出 版 人：徐　劲
策划编辑：熊锡源
责任编辑：熊锡源
封面设计：林绵华
责任校对：施兰娟
责任技编：何雅涛
出版发行：中山大学出版社
电　　话：编辑部 020-84111996，84113349，84111997，84110779
　　　　　发行部 020-84111998，84111981，84111160
地　　址：广州市新港西路 135 号
邮　　编：510275　　　　传　真：020-84036565
网　　址：http://www.zsup.com.cn　　E-mail:zdcbs@mail.sysu.edu.cn
印 刷 者：广州家联印刷有限公司
规　　格：787mm×960mm　1/16　18.75 印张　455 千字
版次印次：2014 年 6 月第 1 版　2020 年 1 月第 7 次印刷
定　　价：100.00 元

如发现本书因印装质量影响阅读，请与出版社发行部联系调换

内 容 提 要

汽车后市场经营学是研究如何实现汽车后市场门店以及汽车后市场产业园区可持续盈
的应用科学。本书的重点不是介绍技术，而是介绍导购、推介、营销、经营、管理、采
招商、做旺等方面的方法与技巧，以提高业绩、增加盈利。内容主要包括如何开店、
经营洗车美容项目、如何销售精品、如何经营隔热防爆膜、如何经营改装快修项目、
管理店面员工、如何在竞争中胜出、如何增加客户量、如何与供应商打交道、如何经
车后市场产业园区等，共计十章。

本书通俗易懂，简明扼要，实战、实用，案例丰富，适合汽车美容店、汽车洗车店、
快修店、汽车装潢店、汽车装饰店、汽车服务店、汽车装具店、汽车精品店、汽车音
店、汽车维修厂、汽车 4S 店、汽车后市场产业园区等企业的老板、员工或想要开
及汽车学院的师生、政府产业规划人员等阅读。

作者简介

王广科　1964年出生，暨南大学工商管理博士后，高级经济师，汽车后市场研究专家，全球首部《汽车后市场经营学》、《汽车美容快修店经营学》、《汽车后市场营销学》、《综合国力经济学》作者，“净挣钱部门与净花钱部门”分析模型创建者。具有20多年的企业工作经验，现任广州天慧策企业管理咨询有限公司总经理。

擅长：培训、管理咨询、品牌策划、人才输出等。

主讲：汽车后市场经营学、汽车后市场营销学、汽车后市场门店如何赚钱、汽车后市场厂家如何赚钱、汽车后市场批发商如何赚钱等，并可根据企业要求量身定做培训课程。

联系方式：

手机：18675849705

QQ：1393245265

淘宝网王广科店铺 http://shop59271742.taobao.com

序 言

汽车后市场会展的发展趋势

众所周知，汽车后市场会展对于推动汽车后市场的发展起到了巨
后市场会展数量众多，但许多参展商与观众感觉，它们大同小异。
验，我认为，未来汽车后市场会展将呈现三大趋势。

第一，差异化会展趋势。差异化会展是指汽车后市场会展的举
的不同，办特色、差异的会展，例如：汽车改装用品展、汽车精品
异化的会展能够吸引一批细分市场的参展商和买家，参展企业要
帮助推广产品、学习同行、实现营销策略、提高参展的性价比。
矢，实现货比三家，节约采购成本。点金传媒举办的春季武汉展
展（定位改装）、秋季广州展（定位汽车电子）都是差异化的会

第二，品牌化会展趋势。品牌是一种信任，其力量是无穷
业在汽车后市场会展中既要展出品牌产品又要树立自身的品牌
军与大品牌在一起，等于鱼目混珠，造成品牌混淆、价格混
挑正品，不如在正品中选好货。点金传媒举办的春季武汉展
是品牌化的会展。

第三，会与展结合趋势。会展是会议与展览等活动的
举办各种形式的会议和展览活动，吸引大批买家客流，促
技术交流、对外贸易。特别是春季、秋季适合新产品上市
于参展商，也有利于广大买家的信息互通。2009 年，我
慧研修班"，首站在从化，从此以后别人就改叫我为"
我与王博士首次进行了合作。点金在每一个展会上都举
多国内外著名学者与专家到会讲课，例如：龙永图、
维克托·迈尔·舍恩伯格等。

纵观中国与汽车后市场，都处于转型期，唯有改
统会展的基础上勇于创新，创造新会展模式，为广大

以此作序。

目　录

第一章　如何开店

汽车后市场，即汽车售后市场的简称，是指已经购买了汽车的人或组织、司机的总和，主要包括私家车主和组织车主两部分。车主在购买了汽车之后，随之产生了大量的产品和服务需求，例如：汽车维修、汽车美容、汽车养护、汽车改装、汽车用品等。而提供这些产品与服务的汽车后市场门店以及汽车后市场产业园区等是汽车后市场的供给者，供给者只有实现可持续盈利，才能不断提供这些产品与服务。因此，汽车后市场的供给者是汽车后市场经营学的研究对象。

汽车后市场经营学是一门应用现代管理学、现代营销学、经济学、心理学、行为科学等学科理论，研究如何实现汽车后市场门店以及汽车后市场产业园区可持续盈利的综合性应用科学。

汽车后市场门店主要包括汽车美容店、汽车洗车店、汽车快修店、汽车装潢店、汽车装饰店、汽车服务店、汽车装具店、汽车精品店、汽车音响改装店、汽车维修厂、汽车4S店等企业。汽车后市场产业园区是指在一定区域内，通过自发或者人为规划形成的一系列汽车后市场产业的聚集区，例如：汽配城、汽车用品批发市场等，为汽车后市场门店提供产品与服务。

本书的定位是让老板多赚钱。本书的重点不是介绍技术，而是重点介绍导购、推介、营销、经营、管理、采购、招商、做旺等方面的方法与技巧，以提高业绩、增加盈利。其中，有些问题需要老板才能解决，例如如何定位、如何管理员工等；有些问题可以由员工解决，例如如何销售精品等。

定位是每一个汽车后市场门店老板最先遇到并且经常为之头疼的问题，因此，本章首先探讨汽车后市场门店的定位问题。

第一节　什么是定位

定位是指设定自己的汽车后市场门店独特的、与周边其他店有明显差异的主打项目与名称特征，以便在车主心中留下深刻的印象并形成记忆。例如，4S店就是卖汽车、提供汽车售后服务的地方，这就是4S店的定位，它已经给消费者留下了深刻的印象。再如，宝马4S店的定位就是卖宝马车、主要为宝马车提供售后服务。

当今中国，仅轿车型号就有数百种，任何一个汽车后市场门店都不可能完成对所有车型的美容、快修工作。因此，需要给车主一个明确的告知：我这个店主要是做什么的？是以美容为主，贴膜为主还是以精品为主？是以快修哪一种车型为主还是以快修哪一种零部件为主？

例如，东海汽车美容装饰城，从名称中立即就能够看出它的定位是美容装饰，它的定位非常清晰、明确。

再如，东莞市汇成汽车服务有限公司，从名称来看，它的定位比较宽广。

☞ **小贴士：定位的特点**

1. 定位是从车主方面看的，不是从老板方面看的。也许老板心中早就有了明确的定位，但如果没有从名称、形象方面给出明确的标识，车主就会模糊。

2. 定位与盈利点是两回事。例如，深圳腾讯公司开发了QQ网络聊天工具，它的定位是网络交流，但是深圳腾讯的盈利点却不是通过卖QQ号盈利，而是通过广告、QQ游戏、QQ宠物等盈利。再如，某汽车美容店的定位是洗车，但可能洗车不一定盈利，而是通过精品销售来盈利。

3. 定位不是一成不变的。定位可以根据形势、竞争状况而改变，但需要在店名后面加一个说明，或者在门头上加一个说明。

例如，惠阳卓盛汽车美容养护中心——北极光隔热防爆膜特许连锁装贴中心（惠阳店），前面的名称表明该店的定位是美容养护，后面的说明表明了该店的重点项目之一是北极光贴膜。

☞ **小贴士：不要“一把抓”客户**

“一把抓”是指不分青红皂白、胡子眉毛一把抓。

有些老板总是希望所有车主都能够成为自己的客户，于是，不管高档车、中档车还是低档车，宝马还是出租车，都去拉客。当宝马车主看到你店门前都是夏利的时候，他们十有八九不会进来了。

其实，哪一类车主都能够给汽车后市场门店创造利润，但任何一个店都不可能“通吃”，客户必须细分，才能赢得细分客户的信赖与回头！

第二节　为什么定位

定位，又叫做“抓心策略”，是用来让店铺或产品走进车主心灵深处的方法，可见定位是非常重要的。

汽车后市场门店之所以一定要定位，是因为：

一、车主只能接收有限的信息

在超载的信息中，车主会按照个人的经验、喜好、兴趣甚至情绪，选择接受哪些信息，记忆哪些信息。因此，具有明确定位的汽车后市场门店，就拥有打入车主记忆的先天优势。

二、车主喜欢简单的信息

在各种媒体广告的狂轰滥炸下，车主最需要简单明了的信息。广告传播信息简化的诀窍，就是不要长篇大论，而是集中力量将一个重点清楚地打入车主心中，突破人们痛恨复杂的心理屏障。明确的定位就是简单的信息。

三、车主对品牌的印象不会轻易改变

虽然一般认为新品牌有新鲜感，较能引人注目，但是车主真能记到脑子里的信息，还是耳熟能详的东西。比如，我们常说“开宝马，坐奔驰”，而不是说“开奔驰，坐宝马”。“开”是在司机的座位，体现了开车的乐趣；“坐”是在汽车的第二排座位，体现了身份、地位。表面上看，好像二者区别不大，但这正是宝马、奔驰最初定位形成的品牌记忆。

所以，汽车后市场门店在定位时一定要掌握好这些原则：车主接受信息的容量是有限的，广告宣传中“简单”就是美，一旦形成了定位，很难在短时间内消除。所以，无论是产品定位还是广告定位，一定要慎之又慎。

☞ 小贴士：不要“跟风”定位

“跟风”定位是指在市场上流行什么，就定位什么。

“跟风”项目定位的特点是：今年主推精品，明年主推美容护理，后年主推导航，主推项目是经常变换。

结果，把车主搞糊涂了，不知道哪个项目是这家汽车后市场门店的强项，最终成为其他店的客户了！

其实，每个项目都能够赚钱，就看你的店能否为车主提供性价比更高的产品与服务。定位之前要谨慎，但确定下来定位后，一定要坚持，不要来回“折腾”。你做好了，客户自然会来的！

第三节 如何定位

市场定位的关键是汽车后市场门店要设法找出比竞争者更具有竞争优势的特性。

竞争优势一般有两种基本类型：第一，价格竞争优势，即在同样的条件下比竞争者定出更低的价格，这就要求汽车后市场门店采取一切方法来降低成本。第二，特色竞争优势，即能提供某种特色来满足客户的特殊需求，这就要求汽车后市场门店采取一切方法在项目或产品的特色上下工夫。

因此，市场定位的全过程可以通过以下三大步骤来完成：

一、了解目标市场现状

这一步骤的中心任务是调查现状，摸清问题。汽车后市场门店必须动用一切调研手段，系统地搜集、整理、分析出调查结果。

（1）目标市场的商圈：直径8公里范围内基本上可以包括绝大部分的客户，其余是随机过来的，比例比较小。

（2）设计调查表格（见表1－1）。

表 1－1　汽车后市场门店商圈（8 公里范围）调查表

<table>
<tr><th>序号</th><th colspan="2">调查项目</th><th>调查结果</th></tr>
<tr><td>1</td><td colspan="2">商圈内总人口（人）</td><td></td></tr>
<tr><td>2</td><td colspan="2">商圈内人均收入（元）</td><td></td></tr>
<tr><td rowspan="9">3</td><td colspan="2">商圈内现有汽车数量（辆）</td><td></td></tr>
<tr><td rowspan="8">其
中</td><td>（1）单位车数量（辆）</td><td></td></tr>
<tr><td>30 万元以上单位车数量</td><td></td></tr>
<tr><td>15 万～30 万元单位车数量</td><td></td></tr>
<tr><td>15 万元以下单位车数量</td><td></td></tr>
<tr><td>（2）私家车数量（辆）</td><td></td></tr>
<tr><td>30 万元以上私家车数量</td><td></td></tr>
<tr><td>15 万～30 万元私家车数量</td><td></td></tr>
<tr><td>15 万元以下私家车数量</td><td></td></tr>
<tr><td>4</td><td colspan="2">商圈内公路长度（公里）</td><td></td></tr>
<tr><td>5</td><td colspan="2">商圈内公路宽度（米）</td><td></td></tr>
<tr><td>6</td><td colspan="2">商圈内停车场数量（个）
商圈内总停车位数量（个）</td><td></td></tr>
<tr><td>7</td><td colspan="2">商圈内酒店、桑拿、KTV 等娱乐场所数量（个）
商圈内机关、事业单位、企业的数量（个）</td><td></td></tr>
<tr><td rowspan="7">8</td><td colspan="2">商圈内 4S 店的数量（个）</td><td></td></tr>
<tr><td colspan="2">4S 的精品销售面积（平方米）</td><td></td></tr>
<tr><td colspan="2">4S 店的总停车位（个）
4S 店的总洗车位（个）
能够封釉、镀膜的 4S 店数量（个）
有“无尘车间”贴膜的 4S 店数量（个）</td><td></td></tr>
<tr><td colspan="2">4S 店的总维修车位（个）</td><td></td></tr>
<tr><td colspan="2">上一年卖 30 万元以上车的数量（辆）</td><td></td></tr>
<tr><td colspan="2">上一年卖 15 万～30 万元车的数量（辆）</td><td></td></tr>
<tr><td colspan="2">上一年卖 15 万元以下车的数量（辆）</td><td></td></tr>
</table>

续上表

序号	调查项目	调查结果
9	商圈内汽车后市场门店的数量（个）	
	精品销售总面积（平方米） 高档精品比例（%） 中档精品比例（%） 低档精品比例（%）	
	总人数（人）	
	总停车位（个）	
	总洗车位（个） 能够封釉、镀膜的汽车美容快修店数量（个） 有“无尘车间”贴膜的汽车美容快修店数量（个）	
	总维修车位（个） 一、二类维修店数量（个） 三类维修店数量（个） 四轮定位、更换轮胎的维修店数量（个） 钣金喷漆的维修店数量（个） 机电维修、改装的维修店数量（个）	
10	商圈内加油站数量（个）	
11	商圈内小区数量（个）	
12	商圈内幼儿园、小学数量（个）	
13	商圈内车主比较满意的地方：	
14	商圈内车主不满意的地方：	
15	商圈内意向购买汽车的价位 意向购买30万元以上车的比例（%） 意向购买15万～30万元车的比例（%） 意向购买15万元以下车的比例（%）	
16	商圈内车主对于网上购买汽车用品的比例（%） 网上购买汽车用品的价位	

续上表

序号	调查项目	调查结果
17	本店距离最近的汽配城的距离（公里）	
18	本汽车后市场门店的优势是什么？	

（3）除了自己的员工调查外，汽车后市场门店可找一些商圈外的朋友协助调查。

（4）整理分析调查的数据，一定要明确下列问题：

- 商圈内车主需求的满足程度如何？还需要什么？
- 商圈内现有汽车后市场门店没有做的但车主有需求的项目是什么？为什么？
- 商圈内汽车后市场门店没有做好的项目是什么？为什么？
- 商圈内未来什么车型最受欢迎？
- 竞争对手的定位如何？
- 针对竞争者的市场定位和潜在客户真正的利益需求，本汽车后市场门店应该做什么？能够做什么？

通过回答上述问题，汽车后市场门店可以从中把握和设计自己的潜在竞争优势在哪里。

二、准确设计定位

设计定位，既要考虑自己的技术、人脉、经验、人才、资金等优势，也要考虑竞争对手的优势；既要考虑现在，也要考虑未来3～5年；最终确定出最适合本店的优势项目、本店的目标客户、最佳价位等。

1. 定位的基本原则

（1）尽可能不要与商圈内的4S店直接对抗。

（2）尽可能寻找“缺口”，即车主需求大但其他店没有做好的项目。

（3）尽可能体现未来的车型趋势。

2. 几种定位与名称类型

目前，主要有以下几种可能的定位与名称类型：

（1）定位洗车，名称：××洗车行、××洗车廊。

（2）定位美容护理，名称：××汽车美容护理中心。

（3）定位精品，名称：××汽车用品超市。

（4）定位改装，名称：××汽车音响改装店。

（5）定位快修，名称：××汽车钣金喷漆中心。

（6）定位贴膜，名称：××汽车贴膜中心。

（7）定位高档车，名称：××名车坊。

（8）定位宽广，名称：××汽车一站式服务中心、××汽车服务公司、××汽车服务超市。

三、大力宣传自己的定位

这一步骤的主要任务是汽车后市场门店要通过一系列的宣传促销活动，将其定位准确传播给目标客户，并在车主心目中留下深刻印象。首先，应通过媒体、宣传单等方式大力宣传，使目标客户知道、熟悉、了解、喜欢本店的市场定位。其次，汽车后市场门店要通过车主的口碑传播自己的定位，增加潜在客户的数量。最后，汽车后市场门店应注意目标客户对其市场定位理解出现的偏差或由于本店市场定位宣传上的失误而造成的目标客户模糊、混乱和误会，及时纠正与市场定位不一致的形象。

☞ **小贴士：为何要重新定位**

汽车后市场门店在市场上定位即使很恰当，但在下列情况下，还应考虑重新定位：①竞争对手推出的新项目或新产品定位于本店项目附近，侵占了本店项目或产品的部分市场，使本店项目或产品的市场占有率下降。②车主的需求或偏好发生了变化，使本店项目的销售量骤减。

重新定位是指汽车后市场门店为了在目标市场上重新确定某种形象，以改变车主原有的认识，争取有利的市场地位的活动。

例如，某汽车后市场门店原先的定位是以销售精品为主，后来该店附近兴起了一个汽配城，导致该店的精品销售量大幅度下降，于是该店进行了重新定位：以汽车改装为主。

第四节　如何选择店址

众所周知，汽车后市场门店的店址非常重要，对于是否经营成功有时起着关键性的作用。

一、选择店址的要素

选择汽车后市场门店的店址时，主要应考虑下列要素：

（1）资金成本：投资规模、店铺租金、营运成本、税收。

（2）车流状况：车辆数量、车型档次、车流方向。

（3）热闹状况：过往人数、过往人员类型、店招可见度、路口做广告的难度。

（4）停车状况：停车位数量、进入店铺的容易度。

（5）商圈状况：同业店铺数量与规模、互补店铺数量与规模、店距。

（6）店铺状况：店铺建筑形状、大小、特征、视角辐射范围。

（7）规划法规：道路规划、区域规划、动迁改造状况、环保要求。

二、适合开店的位置

下列位置较适宜开设汽车后市场门店：

（1）汽车销售聚集点（街）、车管所周围，大型宾馆、大型广场、商业区、酒楼、机关单位附近等，停车场、加油站旁、住宅小区内或附近。

（2）店铺周围道路宽敞，车流量大，店铺门面最好临街，店铺门前有较多空地，可同时停放车辆4～6台；店铺门前停车面积越大越好，停车场门的宽度3米以上，地板要硬实，车辆出入方便自如。

（3）店铺最好能够三间以上，门面的宽度3米以上，层高不低于3米，深度5米以上，最好没有隔墙，视线水电正常，须有380V电源。以九座面包车能够自由进出为准，选好门面务必开车进去试探一下，这样才能确保门面安全可靠的，出入方便直接影响到施工的速度。门面上方能竖较大的招牌，广告效应好。

店铺如有二层，可以用做客户休息区、精品区、员工培训室。店铺如有三层，可以用做员工宿舍或食堂。

（4）店铺租金不太贵。要根据自己的资金实力来选择门面，不要与别人竞价租金。能够选择停车场或者临街的院子就不一定选择热闹的门面房。车流量中等的地方也可以考虑。

（5）同业或次同业店铺较多的地段。周围环境整洁，水源充足，排水条件优越。

三、不适合开店的位置

下列位置不适宜开设汽车后市场门店：

（1）事故多发地段不适宜开店。

（2）太大的坡路上不适宜开店，店铺室内外高差不宜超过40厘米。

（3）被污染的位置不适宜开店。

（4）靠近红绿灯太近的位置不适宜开店。

（5）三年内被拆迁的位置不适宜开店。

（6）租金太高的繁华地带不太适宜开店。

（7）车流量太小的位置不适宜开店。

总之，选择店址不要着急，要耐心等待。如果没有合适的，不要急于开店，否则容易亏损。有的人仅仅选择门面就用了两年。另外，也不一定要选择市区开店，郊区租金便宜也可以开店。

第五节　如何办理开店手续

由于各地对于环保、审批等事项不同，各地办理开店的手续也不完全相同，可以先到各地工商行政部门打听一下。一般来说，开设汽车后市场门店需要办理下列主要手续：

一、办理营业执照

以个体或公司的名义，到当地工商部门申请营业执照，企业名称由业主决定。办理营业执照时需要提供下列文件：

（1）身份证明：企业负责人身份证、员工身份证。

（2）场地证明：《房屋所有权证书》或《租赁合同》

(3) 经营范围：由经营者自行拟定，工商部门审批，为便于以后扩大经营规模，在申请注册时，应尽量扩大经营范围。如主营：汽车美容，兼营：汽车装潢、汽车用品或汽车配件等。

(4) 环保证明。汽车后市场门店可能会产生废气、废水、噪音等排放。

(5) 资金证明：验资报告。

二、办理特种行业许可证

准备设置烤漆的店铺，应根据当地政府规定向公安或交通主管部门以及环保部门申请特种行业许可证。因为烤漆将改变汽车外观，也影响当地环保，应由有关部门批准。

三、办理税务方面的有关手续

关于发票、税负减免等方面的事宜，可以到地税、国税部门办理。

四、办理涉及城管或环保的有关手续

不允许室外作业的城市，在户外设置其他辅助建筑或有关作业，如排水等，还应咨询当地城管部门或者环保部门，并办理有关许可手续。

五、办理店招、户外招牌的申请

设立店面招牌或其他户外招牌，应由广告公司代理商向当地工商部门广告主管（科、处）申请设置（根据各地的法规自定）。

第六节　如何装修门店

一、汽车后市场门店装修的基本原则

专业的汽车后市场门店通常由办公室、接待室、精品区、洗车美容区、快修区、贴膜区、改装区、烤漆房等几个部分组成。其设计、装修的基本原则主要有：

(1) 门店装修要坚持量力而行的原则。装修要结合自己的资金实力，不要攀比，不要以为装修好就一定能赢得客户。如果资金不宽裕，要首先保证把门头做出强烈的广告色彩，至于内部就是次要的了；如果资金非常宽裕，就可以把内部装修得非常气派，特别是会客室，要装修豪华一些。

(2) 门店的设计和价格要坚持货比三家的原则。要先多找几家装修公司进行比较，最终要确定一家专业性强、信誉和口碑好、报价公道的装修公司。当然，各地的装修价格肯定会不同的。

(3) 门店装修要坚持安全第一的原则。例如，门店的水、电、管路应离地面一定距离，并且为洗车区域的每个电器设备加装一个漏电保护器，以确保安全。

(4) 门店装修要坚持环保卫生的原则。装修要符合当地的环保卫生标准，例如，门店应设有卫生间，卫生间的大小与门店的规模成正比。

(5) 门店装修要坚持干湿分开的原则。要把门店的干区（精品厅和美容、贴膜车间）

和湿区（洗车工位）有效分开，避免洗车把精品厅弄湿，影响客户光顾时的心情。

二、汽车后市场门店装修的注意事项

（1）门头装修要体现主打品牌。如果已经确定了主打的品牌产品（比如隔热防爆膜品牌、美容产品品牌）和服务项目，尽可能上门头广告，但不要让所有的品牌的字体都一样大，要突出重点品牌，把最想要主打的品牌做成最大的字体；如果还没有确定主打的品牌产品，就要把店名设置颜色醒目、字体粗大，让人从远处就能够看到门店的业务性质，以便招来客户或者留下深刻的记忆。

（2）门店外部的色调可以红色为主，例如，红底白字或者红底黄字，颜色不要太杂。装修重点是在门头，好的门头比不好门头可以多吸引5倍的潜在客户。门头上尽可能不要图片，如果必须有图片，绝对不要喧宾夺主，要把主体让位给店名。门头的字体越大越好，笔画越粗越好。

（3）门店内部要选择耐脏或是不显脏的装饰材料和色调。深色地面，干的时候显脏；浅色地面，湿的时候显脏。如果地面选用水磨石，因为是花的，总显得干净。

（4）各个功能区之间的间隔最好采用玻璃活动板。一方面可以节约资金，另一方面在以后业务发展的情况下容易重新调整布局，减少费用。

（5）各个功能区的分布要易于观察和调度。例如，如果装饰车间和贴膜车间设在左边，洗车车间就设在右边，办公室和接待室就设在中间位置的里面，精品销售区就设在办公室和接待室的外面，间隔用通透的玻璃。办公室和接待室要有活动的可以封闭的门，坐在办公室和接待室就可以同时看到两边工作区的一切。

（6）洗车美容区装修的注意事项。

- 墙面的装修。洗车美容区墙面装修时，一定要选择防水材料、防腐材料。墙壁以白色为基调，若是连锁店，各分店墙面色调应基本一致。另外，墙面上还应悬挂“洗车美容项目牌”及“标准收费牌”。
- 地板的装修。洗车美容区进出的台阶应做成斜板，斜板的大小、宽度、斜度应与店面相宜。地板不能太光滑，有排水沟的一边可低一点，以便排水。
- 房顶的装修。房顶以方格（即铝合金框架加较轻的板材）为宜，并悬挂宣传品牌的彩旗。

（7）办公室装修的注意事项。

- 设老板或者店长的办公桌椅及办公用品。
- 设财务人员办公柜台，用于收银和开票，一般设在进出口处。
- 墙上悬挂各个岗位的岗位说明书。

（8）接待室装修的注意事项。

接待室是接待客户和客户休息的场所。接待台要宽大、舒适，才比较容易拉近和客户的距离。接待室应设置沙发、茶几、饮水机、上网、电视、音响、书籍、报纸、杂志等设施与物品。

（9）精品区装修的注意事项。

由于精品销售区设在办公室和休息室靠外的地方，这样客户进来时就必须经过这个区域，可以大大增加销售量。精品销售区内部要雪白，可以衬托出产品的色泽，大大增加产品的卖相，提高营业额。

• 橱窗的装修。主要用于摆放产品及其他商品，也用于摆放促销用品及其他展示。

• 壁橱的装修。主要用于展品展示，用玻璃门为宜。

• 柜台的装修。柜台与壁橱一般是连为一体的，柜台最好有不遮拦平台，可放置各种汽车用品。

（10）烤漆房装修的注意事项。

大型的汽车后市场门店还会设烤漆房，用于对漆面与底漆严重损伤汽车的漆面修复之用。烤漆房一定要安装通风、防火、防中毒的设施。

（11）供排水设施安装的注意事项。

• 供水。洗车对供水的水质要求不高，但要有足够的水压和供水量。

• 排水。门店内边线应挖有排水沟，以保证店内不积污水；排水沟要便于清洁，沟槽宽度以普通铲子可以刚好下到水沟中为最佳；洗车工位要做严格的反水试验，最好做到水不出工位（如果水流到大街上，城管将会干涉）。

• 水龙头的安装。水龙头安装的位置应靠墙角，店内面积较大，在不同的方位要多装1～2个，要注意操作时方便。还应安装一个洗衣机专用的水龙头，以便洗衣机及时清洗毛巾、浴巾之类的擦抹布具。

（12）供电设施安装的注意事项。

灯光要明亮，开门做生意，就要把灯光调亮。不要怕浪费电，人有趋光性，哪里亮堂就喜欢到哪里去。

• 供电插座。供电插座一定要使用质量较好的防水型插座，因为清洗过程中水花四溅，要保证安全。另外，插座的高度离地面最好30～50cm。

• 供电量。总开关的负载量应考虑照明、抛光机、清洗机等其他电器同时作业的功率。如果有烤漆房的门店，还应把烤漆房的用电量也考虑进去。

• 灯具。操作间可安装“桶灯”，看起来专业、高档，用起来聚光。门店其他地方可使用日光灯，但要求功率足够，以保证光线充足。

• 供电线路。供电线路应离地面一半以上，以确保安全。

（13）其他设施安装的注意事项。

• 气管的安装。要把气管通到洗车工位、美容车间。凡是可能用到启动设备的地方，都需要通好气管。

• 空压机的安装。空压机最好吊装，以免低处积水导致锈蚀后爆炸。

【案例】

汽车后市场差异化产品提供商：车公社

一、车公社简介

车公社成立于2005年7月，定位为汽车后市场、4S店差异化优质汽车用品项目提供商。其发展历程如下：

2005年7月成立深圳市车公社汽车用品有限公司，为深圳及珠三角地区4S店提供差异化的汽车用品和差异化的营销方案。

2008 年开始为全国各地 4S 店提供差异化的汽车用品及营销方案，包括庞大集团在内的各大 4S 集团及所属近千家 4S 店。

基于车公社十年的沉淀，2012 年开始针对汽车后市场的需求开发出差异化的拥有自主知识产权的优质产品，为经销商和 4S 店提供可持续赢利项目。

二、车公社是做什么的?

车公社整合了众多的后市场资源，汇集了汽车后市场众多优质的产品资源和项目资源，创造了全新的商业模式和全新的资源整合平台，拥有国内顶尖的研发团队和自主知识产权的高科技产品，拥有全国上千家优秀经销商、4S 店、汽车美容快修店资源，拥有全国范围内大量车主用户资源，云集众多优质产品资源，能以最快的速度最低的成本让广大经销商共享车公社的项目资源、产品资源、渠道资源、品牌资源、营销资源，提升经销商的综合竞争力，为经销商带来足够的赢利空间。

车公社根据市场的需求开发出深受用户欢迎的拥有自主知识产权的差异化产品，源源不断地为经销商以及 4S 店提供差异化的有竞争力的产品，为广大经销商、4S 店提供可行性运营方案；让您第一时间接触到各类优质项目，减少引进项目的成本。帮您分析市场，筛选项目找到满足您需求的差异化产品，通过提供的优质产品组合，为您提供更多的盈利项目，通过整合全面的资源网络与丰富的营销经验，帮您做出差异化的整合营销方案，树立品牌；及时将车公社拥有的精准用户资源，直接客户资源推送到经销商、4S 店手上，帮助经销商、4S 店提升销售业绩。

三、车公社的优势

十年的行业沉淀，站在行业的制高点以精准的市场需求为导向开发出众多差异化的能为经销商、4S 店带来持续效益的优质产品组合；

十年的市场营销经验不仅为经销商和 4S 店提供差异化产品而且为经销商 4S 店提供差异化的营销方案；

十年的品牌沉淀是品质和服务的保障，让经销商和 4S 店无后顾之忧；

差异化的产品为经销商和 4S 店带来利益最大化。

四、联系方式

深圳市车公社汽车用品有限公司

地址：深圳市南山区龙珠三路光前工业园 A3 栋三楼

电话：0755 -26009221、26009219

传真：0755 -26509491

网址：www. chegongshe. com

E-mail：chegongshe@ 163. com

第二章　如何经营洗车美容项目

许多汽车后市场门店的常规项目就是洗车美容，包括洗车、打蜡、封釉、镀膜、镀晶、隐身车衣等。普通洗车的利润低，但又不得不做。其他美容项目的利润率比较高，但竞争激烈，常常打价格战。

第一节　如何利用普通洗车招揽客户

洗车分为普通洗车与精致洗车两种。普通洗车简称“普洗”，精致洗车简称“精洗”。

一、普通洗车的地位

普通洗车是指主要清洗汽车的外部表面。普洗又脏又累，洗车工难招又难留；普洗价格不高，赚钱不多；相反，一旦普洗做不好，客户就再也不回头了。

但是，普通洗车往往是汽车美容店用来招揽客户的项目。因为，如果没有普通洗车，后面的打蜡、封釉、镀膜、镀晶等高利润项目难以开展，同时，汽车美容店往往缺乏“人气”，精品也不好销售。

所以，许多汽车美容店的老板把“普通洗车”称为“鸡肋”：食之无味弃之可惜。

二、如何利用普通洗车招揽客户

车主往往通过普通洗车来看汽车后市场门店的是否专业，是否认真仔细，是否为车主着想，是否正规；然后再决定是否进行精洗、打蜡、封釉、镀膜、镀晶、购买精品等下一步的消费。因此，如何利用普通洗车招揽客户就非常关键了！能否打动车主，取决于普通洗车是否专业与洗车工是否会“说”。

要体现普通洗车的专业性与认真仔细，主要看洗车工、洗车工具、洗车液、洗车水、洗车流程等方面的表现。

1. 洗车工

洗车工应二人一组，要精神抖擞、充满活力，服装要统一、干净、整洁，特别注意不要穿带扣子的衣服，防止划伤车漆。

接车时，洗车工或导购员首先要向客户问好。然后，提醒车主保管好车内的物品；如果车主想要去休息室，洗车工或导购员可用袋子装好车内的杂物，放入后尾箱中或放到收银台处。最后仔细检查、记录车漆的状况并对车主做及时地说明。

2. 洗车工具

洗车工具要齐全、专用、清洁、分类摆放整齐。例如，洗车毛巾、海绵要分类处理，不能一块毛巾或海绵用到底，因为擦过车身下部的毛巾、海绵里有大量洗不掉的细沙，这样的毛巾、海绵极易划伤车漆。

要使用专用的擦玻璃毛巾，例如，3M 的思高毛巾，对车窗玻璃进行打亮擦拭，它擦出玻璃的光亮效果和速度要比普通毛巾高出许多。

3. 洗车液

要使用专用的洗车液。因为，汽车在高速行驶过程中与空气中的污染物质结合形成一种顽固的难以洗净的“交通膜”，这种“交通膜”影响车漆的光亮度，同时不易被普通洗涤剂分解、去除。只有汽车专用的洗车液里才有这样的分解物质，它能轻易地破坏这种顽固的交通膜，把车清洗干净，恢复车漆的靓丽原色。另外，车漆适应弱碱性溶液清洗，但是洗衣粉或其他洗涤剂都属于强碱性或酸性溶液，很容易伤到车漆，破坏了车漆的光亮度。而专用的汽车洗车液属于车漆适应的弱碱性溶剂。

4. 洗车水

洗车水的温度对汽车的车漆与机械内部结构非常重要。以下几种情况要特别注意：

（1）汽车在高速行驶后。此时，发动机、底盘以及其他各运转系统都处于高温状态，这样情况下如果直接用冷水洗车，巨大的温差可能导致汽车的机械内部结构爆裂，甚至可能导致发动机爆缸。此时，要等汽车发动机罩彻底冷却下来后再用35℃左右的温水冲洗。

（2）车身长时间处在高温暴晒后。此时，车身表面温度极高，用冷水洗车，极易造成车漆的老化。此时，应该用35℃左右的温水冲洗。

（3）汽车在低温环境下长时间放置后。此时，车身可能有结冰或积雪，如果用热水洗车，由于温度的骤然变化会使车漆老化，而车的挡风玻璃也可能在倾泻的热水中炸裂。此时，应该发动车子打开车上的暖风系统，然后再用35℃左右的温水冲洗。

洗车水的压力对于漆面有很大关系。洗车水的压力太大，会使车表面的沙粒划伤车漆。水枪的压力，应小于7个压强为宜。

5. 洗车流程

在洗车时，洗车工不仅手脚利索、动作娴熟，而且嘴要会说勤说。

第一步，冲车。

冲车前，洗车工可告诉车主：“老板/先生，洗车水要用35℃左右的温水，不能用冷水，否则会使车漆老化”。“另外，水的压力不能大于7个压强，您看，压力表”。

冲车时从车顶的门缝结合线向另一侧冲水—车侧窗、车身腰线上半部—车前窗—车引擎盖—车灯及格栅—前保险杠—车前弧旋、轮胎—车身腰线下部—车后窗—行李箱盖—车后弧旋、轮胎—后保险杠—车侧窗—车身上半部—车前弧旋、轮胎—车身下部—车后旋弧、轮胎。按照这样的冲车顺序，冲车不仅快，而且给客户的感觉特别专业。

第二步，打泡沫。

在打泡沫前，洗车工可给车主看汽车专用洗车液的瓶子，告诉他：“老板/先生，这是汽车的专用洗车液，不能用洗衣粉、洗洁精代替，那样会伤到车漆，光亮度会下降。”

然后，洗车工将泡沫均匀的覆盖到车漆表面。

第三步，擦泡沫。

擦泡沫前，洗车工或导购员可告诉车主：“老板/先生，这是擦车上部的海绵，那是擦车下部的海绵，不能混了。否则，可能把车漆刮花。”

两名技师对称作业，步调统一，节奏一致，按照擦车顺序工作。擦泡沫的顺序是：先用擦车上部海绵从车顶开始，顺序擦后窗玻璃—侧窗玻璃—前挡风玻璃—引擎盖—车灯及前隔栅—页子板—车身腰线上部—行李箱盖—车尾灯。再更换擦车下部海绵后，从后保险杠开始，依次擦车身腰线下部、车前保险杠、轮胎。

第四步，冲车。

洗车工用水将泡沫冲洗干净。

第五步，车身刮水。

两名技师先用专用的刮水板对称作业将车身上的余水刮去。洗车工可一边刮水一边说："老板/先生，这是专用的刮水板，不能用废弃的雨刮器，那样容易伤到车漆。"

两名技师再用专用的吸水毛巾将车身表面做进一步的抹干处理。此时，洗车工或导购员可说："老板/先生，你看，我们擦车毛巾锁的边比较短，而别人毛巾锁的边比较长，边长容易擦伤车漆。"

两名技师最好要用风枪处理车缝隙中的积水，特别注意的部位是门边密封条、门把手钥匙孔、倒后镜、油箱盖、尾标、大灯缝隙、尾箱钥匙孔。用专用的擦车毛巾细致将车漆擦出光亮来。在清洁油箱盖时，洗车工或导购员可说："老板/先生，油箱盖是大家看不到的地方，您看，我们把这个地方都处理得很干净了。以后，您去加油站时，加油的师傅都会赞叹您的车保养的好。"

第六步，检查。

洗完车后，自己作一次检查，查看是否有没有擦净的部位，及时地处理。之后将洗净合格的车辆交给车主。此时，洗车工或导购员可说："老板/先生，您的轮胎上方的位置，这是一般人不关注的地方，您看，我们也都冲干净了。"

第七步，清理现场。

洗车后，洗车工要马上清理地板，尤其是地板上的沙子以及污物等，因为下一批客户如果看到地板上的沙子以及凌乱的现场，会很反感，这样不利于培养客户的忠诚度。

通过上述洗车工训练有素的各个步骤，加上洗车工或导购员的讲解，可让车主看的很舒服，还学到许多洗车知识，会让客户感觉到：这家的洗车很专业又认真仔细，洗车的细节都考虑得这样周到，那么其他的施工也就应该值得信赖了！

☞ 小贴士：洗车注意事项

1. 在夏季，不要在强烈的阳光下清洗汽车，这样会使汽车漆面提早老化。

2. 洗车时尽量选择在无风的晴天，在较宽敞的、排水良好的车棚洗车，因为如果有风，风中可能会带有飞尘、污染物等，这样洗车的效果就很难得到保证。

3. 车辆在经历了中到大雨、大雪或者长途之后，都要进行一次彻底的洗车。如果遇到连续的降水，也不必每天都去洗，但是在下雨过程中短暂的晴天，则必须去清洗一下车辆，因为长期降雨不洗车容易导致汽车底盘下的污垢变多，日积月累会对车子产生危害。

4. 一般情况下，一周洗 2 次或者 3 次车最好。洗车不宜过频，因为频繁洗车，会加速漆面氧化。但如果遭遇了灰尘、泥泞、大雨等，车主应尽快对车辆进行清洗。

5. 如车身上有坚硬的尘泥，先用水浸润，而后用水冲去，再用软而清洁的海绵从上而下地擦洗，擦洗时应经常将海绵在清水中洗涤，以免油漆表面留下擦伤痕迹。

6. 如车身上有油渍，应用海绵蘸煤油或汽油轻轻擦拭，然后在擦过的地方打上抛光膏，使其光泽如初。

7. 擦拭车门上的玻璃时，不可使用含磨料的清洁剂。

8. 对于死虫等动植物汁液，应先用专用清洗剂浸透，然后用海绵浸清水清洗，再用软布擦拭。

9. 擦拭转向盘、灯具等塑料和橡胶件，只能用普通的肥皂水清洗，不能用有机溶剂如汽油、去渍剂和稀释剂等清洗。

10. 汽车漆面由于长期暴露在空气中，受到脏空气、沥青和砂石的污染和破坏，油漆容易脱落，因此，切不可用硬质的清洁工具如塑料刷、普通毛巾或粗布擦车，以免留下刮痕。

☛ 小贴士：用洗车样板招揽生意

英国伦敦一家洗车店的老板在店前面摆了两辆同一型号的德国产轿车。一辆车上挂着“洗车前”的醒目牌子，车身布满灰尘；另一辆车上挂着“洗车后”的醒目牌子，车身干净、光亮如新。两辆车对比强烈，结果吸引了大量的车主，生意异常火爆。

☛ 小贴士：用特色洗车液吸引车主的眼球

魔彩洗车水蜡是一种特色洗车液，打出的泡沫像牛奶一样，细腻、时尚，有各种颜色，鲜艳的色泽能够吸引车主的眼球，不仅能够清洁，而且还具有上光、保护的作用。根据配方不同可分为几种类型：

1. 高泡沫型。按正确比例稀释，可以产生高浓度的细密泡沫，延长药液在车体上的附着时间，使反应更充分、上蜡更均匀。

2. 柔和清洗型。含有独特的柔和型广普清洁活性离子，有效乳化、清洁车体上的日常污垢，并且有一定的深层清洁能力，为水蜡上光创造一个干净的基础，达到光泽均匀的效果。

3. 抗氧化型。含有特殊表面活性剂，在清洁的同时，可将防水蜡镀于车漆的表层，以抵抗阳光中紫外线的侵蚀，达到抗氧化的效果。

☛ 小贴士：洗车毛巾的数量与指标

1. 洗车最好使用六条毛巾，即：拖车大毛巾一条，擦干漆面一条，擦干玻璃一条，擦干门边一条，擦干内饰一条，擦蜡一条。这样可以直观地让车主感受到洗车的专业性。不仅容易管理、不易腐烂，而且不能把车洗“花”了。

2. 选择洗车毛巾的指标有：规格、吸水性、价格、克重、是否容易掉毛、是否容易变硬、使用寿命等。例如，如果毛巾的吸水性不强，员工干活会很累，本来一次可以擦干，非要擦两三遍不可；如果毛巾容易变硬，就会在漆面上留下发丝划痕，客户就不回头了。

第二节　如何经营精致洗车

精致洗车是指既清洗汽车的外部表面又清洁汽车的内室、行李箱。内部清洁主要包括：内室与行李箱的吸尘，脚垫清洗干燥，清洁烟灰缸、仪表台、方向盘、空调口、A/B柱内室、门板等，清洗顶棚天窗，内室污点去除，内室消毒等。

在做完普洗后，有些车主的内室可能有异味或比较脏，导购员或洗车工可说："老板/先生，要不要再做个精洗，把内室杀杀菌、除除臭，身体健康才是最重要的！"此时，许多车主可能会选择试一试。

精洗的价格往往是普洗价格的数倍，利润也比较大。有时候，车主先进行了普通洗车，然后选择清洗脚垫等个别项目，价格比普洗要高一些，但比精洗的价格要低（这种情况介于普洗与精洗之间，也算作普洗）。

精洗时，洗车工应三人一组。在清洁汽车内室时，第三名技师负责，两名洗车技师协助。三个人不仅要动作娴熟、认真仔细、一丝不苟，而且要协同作业、密切配合。

（1）第三名技师把车内的杂物用袋子装好，放入后尾箱中，贵重物品最好放到收银台处。

（2）两名技师保持对称、步调一致地将车内的脚垫同时抽出。然后将脚垫刷洗干净、放入甩干桶甩干。此时，第三名技师开始对车内室、行李箱进行吸尘，特别要注意对地板的四周、座椅底部做细致的吸尘。

（3）在擦洗内室时，两名技师更换内室清洁毛巾，取出烟灰缸、倒掉烟灰、清洁烟灰缸。依次擦拭仪表台、方向盘、空调口、A/B柱内室、门板。清洁仪表台时，需要非常注意，尽量避免弄湿车内电路。

此时，第三名技师使用一次性纸脚垫铺在汽车前排的主机毯上，防止脚上的泥浆弄脏主机毯。

（4）如果座椅是真皮的，最好先小部分用泡沫清洗，看是否出现脱色的反应，若没有脱色则可全面清洗，如果出现脱色要换清洁剂。如果座椅是是布座套的，则可直接清洗，洗布套时不能放过多的水，以免不容易干。

（5）两名技师更换内室地板擦洗毛巾对车门周边、车内地板进行擦洗，再换污点专用毛巾和专门的清洁剂清除污点。

（6）清洁完毕后，第三名技师将车窗关闭，打着车，开空调到最大档，并选择内循环。把消毒机放入车内，开着。10分钟后取出，熄火，抹干玻璃和仪表台上的雾气（因为开了空调）。此时，前两位技师或导购员可说："老板/先生，这种消毒剂是绿色环保型的，对人体无害，效果持久！您看看。"

（7）两名技师将甩干后的脚垫放进车内。第三名技师把物品放回原处，结束。

精致洗车后，请客户体验一下、评判一下、提提建议，对于客户不满意的地方立即改正。

☞ **小贴士：为什么要做漆面保护**

车漆经常暴露在阳光和复杂的空气环境中，在60天内就会形成肉眼可见的氧化层，氧化层的形成就会出现汽车漆面褪色、表面粗糙的现象。虽然新车表面一般都有一层保护层，但3个月左右，保护层上面的亮油就会变薄脱落，起不到保护作用。所以，新车3个月后，如果不进行漆面保护，强烈的紫外线、恼人的酸雨和尘砂这三大杀手很容易就会伤害到车漆。

第三节　如何看待电脑洗车机

一、电脑洗车机的简介

电脑洗车机（全称是全自动电脑洗车机）是利用电脑控制毛刷和高压水来清洗汽车的一种机器。电脑洗车机按照是否接触汽车可分为无接触式电脑洗车机和毛刷式电脑洗车机，按工作方式可分为往复式电脑洗车机和隧道式电脑洗车机。

往复式电脑洗车机是将汽车停在固定的位置不动，设备的龙门带着洗车用具，前后移动，完成洗车的各个程序。清洗一台车约3～4分钟，机器占地：长11米、宽3.66米、高2.8米。

隧道式电脑洗车机是洗车设备利用轨道带动汽车运行进行清洗。清洗一台车约1.5分钟，机器占地：长24米、宽4.5米、高3.5米，但需要有出口。

往复式电脑洗车机的优点是设备的购进价格大约是隧道式电脑洗车机的一半，工作时的实际占地面积较小。隧道式电脑洗车机的最大优点是可以连续不断地进车、清洗，因此洗车速度快，同时功能多。

二、电脑洗车机与人工洗车的特点比较

1. 优点

电脑洗车机与人工洗车方式相比，主要有下列优点：

（1）安全可靠。电脑洗车机由电脑按设计程序控制全过程的操作，完全能够避免人工操作引起的人身、设备事故。

（2）快捷高效。人工洗一台车，少则需要10分钟，多则需要20多分钟，而电脑洗车机洗一台车最多需要5分钟，对于洗车量大的汽车美容店而言，可以大幅度提高洗车的工作效率。

（3）节约水成本。电脑洗车机洗一台汽车耗水量为10～12升，比人工洗车节水10～20升。如果以洗车店每日洗车100辆计算，每日节水1～2吨，每年节水300～700吨。电脑洗车机还可以使用循环废水处理技术，不仅符合环保要求，而且可以大量节约水资源。在水费日益上涨的今天，可以节约大量的水成本。

（4）能够降低洗车工的劳动强度，有利于留住洗车工。目前，20多岁的年轻人绝大多数属于独生子，由于嫌弃洗车工的地位低、工作环境脏、劳动强度大，大多不愿意做洗车工，即便做了洗车工，也容易跳槽。电脑洗车机能够有效降低劳动强度，便于留住洗车工。

（5）电脑洗车机的形象高档，有利于招揽客户。人工洗车容易造成环境脏，给车主的形象差，而电脑洗车机给车主一个高档的形象，有利于吸引车主特别是高档车的车主过

来洗车，进而带动精品销售以及其他项目的开展。

2. 缺点

电脑洗车机与人工洗车方式相比，也有一些不足之处：

（1）汽车外部的清洗不彻底。不少车主觉得，在清洗外部的死角位置（如轮毂、车标缝隙等）和重垢方面，电脑洗车不如传统的人工洗车那么彻底。

（2）不太节约人员。经过电脑洗车机洗车后，有时还需要2～3个人处理洗车后的细部擦干和车内清洁。

（3）占地面积稍大，投资回收期长。一台电脑洗车机少则10多万元，多则几十万元，对于一个汽车美容店而言，是一笔不小的投资。

综上所述，如果资金宽裕，可购买电脑洗车机！如果资金短缺，最好是租赁一台电脑洗车机！

第四节　如何经营打蜡

在普通洗车或精致洗车后，针对新车主，洗车技师或美容技师或导购员要向新车主介绍一下打蜡，可说："老板/先生，汽车漆面就好像是汽车的皮肤，划痕、酸雨、紫外线、沥青、虫尸都会对漆面造成伤害，可以通过打蜡来清洁和保护漆面，就象在汽车漆面外层形成一层保护膜，时刻保护着车漆。要不要做一次打蜡，才100元，看看效果？第一次打蜡可以优惠！打8折！"

一、选蜡

在选择蜡时，美容技师或导购员可说："老板/先生，选车蜡就像选化妆品一样，要根据车漆的新旧、状况、颜色来选择"。"车蜡按照用途可分为：清洁、修复上光、保护上光三种车蜡。去污蜡主要用于清洁的，去污力强；划痕蜡主要用于修复的，研磨力强；上光蜡主要用于保护的，能够形成保护膜。不要搞混了！一般去污蜡是不可作为保护蜡使用的，而只能用做去污。抛光蜡也主要用于修复的，适合旧车漆面，对于新车适得其反，不但效果没有做出来，还搞坏了新车的漆面。"

"另外，一般深色车漆要选用黑色、红色、绿色系列的车蜡，浅色车漆要选用银色、白色、珍珠色系列的车蜡。"

二、上蜡

上蜡可分为手工上蜡和机械上蜡两种，手工上蜡简单易行，机械上蜡效率高。无论是手工还是机械上蜡，都要保证漆面均匀涂抹。

手工上蜡时，首先将适量的车蜡涂抹在专用打蜡海绵上，然后按一定顺序往复直线涂抹，每道涂抹应与上道涂抹区域有1/5～1/4的重合度，防止漏涂及保证均匀涂抹。

机械上蜡时，将车蜡涂在打蜡机海绵上，具体涂抹过程和手工上蜡相同，值得注意的是，在边、角、棱处的涂抹应避免超出漆面，而在这方面手工涂抹更容易把握。

打蜡时，手工海绵及打蜡机海绵的运行路线应该是直线往复，不是环形涂抹，防止由于涂层不均造成强烈的环状漫射。

在打蜡时，若发现海绵上出现与车漆相同的颜色，美容技师或导购员可说："老板/先生，看看，你的车漆已经破损了，如果不及时打蜡，漆面损坏会加速的。"此时，美容技师应立即停止打蜡，要先修补处理一下破损的漆面。

三、抛光

根据不同的车蜡，一般涂抹后 5 ～ 10 分钟即可进行抛光。抛光时遵循先上蜡先抛光的原则，确保抛光后的车表不受污染，抛光作业通常使用无纺布毛巾往复直线运动，适当用力按压，以清除剩余车蜡。

抛光后，美容技师或导购员可说："打蜡过于频繁也不好，您可以用手摸一摸车身，感觉不光滑时，就可再次打蜡。像广东的气候，经常下雨，大约每月打蜡一次比较合适。"

通过以上的操作与讲解，可以让客户感觉到这家汽车美容店的专业、细心与热情，增强客户回头的信心。

四、完饰

如果蜡上得不均匀，会产生反光现象。可用洗得很干净的绒布或棉布轻轻地掠，也可以在车身表面的蜡上喷水将其溶解后，再用布均匀推开。如果想使车蜡保留的时间长些，可以在打完蜡的车身上喷抹一层护车素，既可保护车蜡又可提高车身表面的光泽度，还可以起到防晒、防雨及防酸的作用。

☞ 小贴士：打蜡注意事项

1. 车蜡不是万能的。车蜡主要是保护汽车漆面的，对于密封橡胶件、镀铬件、风挡玻璃、工程塑料件等其他汽车外饰件，车蜡难以有效保护。

2. 新车不要随便打蜡。有人购回新车后便给车辆打蜡，这是不足取的。因为新车本身的漆层上已有一层保护蜡，过早打蜡反而会把新车表面的原装蜡除掉，造成不必要的浪费，一般新车购回 3 个月内都不必急于打蜡。新车最好用彩涂上光蜡以保护车体的光泽和颜色。

3. 夏天时则宜选用防紫外线车蜡，行驶环境较差时应用保护作用突出的树脂蜡。

4. 普通车辆选用普通的珍珠色或金属漆系列车蜡即可，高档汽车则应选用高档的车蜡，否则对车体有损害。

5. 打蜡作业环境清洁，有良好通风，最好有专门的打蜡工作间。应在阴凉处给汽车打蜡，否则车表温度高，车蜡附着能力会下降，影响打蜡效果。

6. 打蜡时应遵循先上后下的原则，即先涂抹车顶，然后涂抹前后盖板，再涂抹车身侧面等。

7. 抛光作业要待上蜡完成后规定时间内进行，且抛光运动也是直线往复。未抛光的车辆绝不允许上路行驶，否则再进行抛光，易造成漆面划伤。

8. 抛光结束后，要仔细检查，清除车牌、车灯、门边等处残存车蜡，防止产生腐蚀。

9. 雨前雨后常打蜡。雨水较多的季节，最好能给爱车进行一次漆面养护，或者至少 1

个月给车打 2 次蜡。雨前打蜡能在漆面产生一层保护膜，起到密封的作用，防止雨水对车漆造成酸性腐蚀。雨后打蜡不仅能够洗掉一些污垢，而且能够防止雨后紫外线对车漆的伤害。

☞ 小贴士：漆面常见的缺陷

漆面常见的缺陷主要有：

1. 哑光：喷出的漆面没有光亮度。
2. 桔皮：喷出的漆面像桔子皮一样凹凸不平。
3. 垂流：喷出的漆面向下产生直流淌。
4. 飞漆：喷出的漆雾落到了不需要涂的部位。

第五节　如何经营封釉

对于中高档汽车车主特别是比较忙的私家车主，在洗车后，美容技师或导购员可以介绍一下封釉："老板/先生，封釉保护的时间比打蜡要长，可以保护 3 个月以上的汽车光泽度，不用频繁洗车、打蜡，省了许多麻烦。我看您工作这么忙，可以试一试封釉！才 680 元，第一次封釉，可以优惠一些！580 元！"

大多数车主对于封釉不了解，可以详细介绍一下封釉："老板/先生，封釉是指在车漆表面涂上一层高分子化学物质，依靠振抛技术将釉剂反复深压进车漆纹理中，氧化后会在车漆表面形成一种特殊的网状保护膜，从而提高原车漆面的光泽度、硬度，使得漆面即使在恶劣和污染的环境中也能长久保持洁净，而且还可以有效地抵御温度对车漆造成的影响。有效减少划痕，保证车漆光亮，防紫外线、抗氧化，还可以防酸，防退色，防静电，防擦伤。"

"封釉需要 4 ～ 5 个小时，如果您急需用车，可以先用我们店的车！"

一、准备

车子清洗后、封釉前，先将车身上的橡胶件、大灯等用胶布隔绝。两名美容技师，对称作业。

二、去锈

美容技师用一些特别的去污材料擦去车漆表面的铁锈、飞漆、尘粒和树脂等杂质。去污材料制作细腻，不会擦伤车漆。

三、抛光

抛光的作用不言而喻，它能够通过打磨的方式，将车辆表面的一层"死皮"去掉，同时还可以将一些细小的划痕和损伤去除。

美容技师要根据漆面的污浊程度和硬度调整好抛光机的转速，将海绵轮用水充分润湿并甩去多余水分。在这之后，取少量的专用抛光剂涂于车漆表面，然后从车顶蓬开始按照由上至下的原则依次开始抛光处理。

汽车抛光除了注意顺序外，还应遵循小块分别处理的方式，切忌不可大范围涂抹。另外，抛光机的海绵轮应与漆面保持相切的角度，并且力度适中，按照一定的速度进行。

此时，美容技师或导购员可说："车漆很薄，打磨时只能点到为止，不能露出底漆。"

等将车辆表面的受污车漆全部抛光处理过后，美容技师可用干净的软布将表面的一些残留物清洗干净。然后，将专用的镜面釉用海绵均匀的涂抹在漆面上，大约 1 分钟后，使用抛光机进行再次抛光，以便将釉渗透到漆面的细小缝隙中。如果气温较低，就需要用烘烤机来进行加热处理。此时，美容技师或导购员可说："加热的作用是为了能让釉更好地渗透到车漆中。"

四、去除太阳纹

"太阳纹"是指由于车漆在高速行驶时与风沙摩擦后长期积累产生的纹路。这种纹路不易察觉，但它造成的折射现象会使车漆失去光泽。增艳剂可以渗透到车漆内部，使之恢复原有的艳丽。

五、让釉渗透到车漆内

为了使釉更好地渗透到车漆内并增强牢固度，美容技师要用专用振抛机使釉通过振动挤压进入漆的毛孔内，使药剂渗进车漆内发生还原变化，达到增艳如新的效果。

六、镜面处理

镜面处理是指用无尘纸和波浪棉轻抛漆面。经过这番美容，真正可以使漆面焕然一新、光亮照人。配合红外线灯的照射，使之形成如同网状的牢固保护层，其内部富含 UV 抗紫外线剂，可以大大降低紫外线对车漆的损伤，并能防酸。

完成之后，美容技师或导购员可说："老板/先生，您看，您的车像不像新车？""不过，封釉后 8 小时内，切记不要用水冲洗汽车。因为在这段时间内，釉层还未完全凝结，将继续渗透，冲洗将会冲掉未凝结的釉，一个星期内也应尽量避免水淋。"

☞ 小贴士：封釉注意事项

1. 做了封釉后，汽车不要再打蜡。因为蜡层可能会粘附在釉层表面，在追加上釉时会因蜡层的隔离而影响封釉效果。

2. 做了封釉后，汽车不要局部补漆。因为在釉面上补漆，会造成可怕的橘皮效果。

3. 由于釉可防静电，一般的灰尘用干净柔软的布条擦去即可。

☞ 小贴士：研磨抛光的作用

1. 研磨的作用：①清除漆面上的污垢，清除严重氧化及微浅划痕。②减轻漆面失光、酸雨等表面缺陷。③提供适应抛光要求的良好基底。

2. 抛光的作用：①清除漆层表面的轻微氧化及研磨剂留下痕迹。②以化学切割的方式填平漆面上的凹点，其中包括脱脂、消除漆面瑕疵。③使漆膜达到镜面般的平滑，为打蜡或封釉做好基础。

第六节　如何经营镀膜镀晶

对于20万元以上汽车车主尤其是比较忙的私家车主，在洗车后，美容技师或导购员可以介绍一下镀膜镀晶："老板/先生，汽车漆面镀膜镀晶保护的时间比封釉和打蜡都要长，可以保持一年以上的汽车光泽度，一个季度只要回来做一次免费保养就可以了，省了许多麻烦。您的工作这么忙，适合做汽车镀晶！才2380元，第一次镀晶，可以优惠一些！1980元！"

大多数车主对于打蜡、封釉、镀膜、镀晶的概念，都难以分清。美容技师或导购员要耐心讲解："车蜡分为动物蜡、植物蜡、矿物蜡及合成蜡，车蜡通过渗透进入漆面的缝隙中使表面平整并增加光亮度。要想达到较好的光亮效果，蜡层就需要比较厚，但这样往往会影响车漆颜色。而且车蜡的持久性差，淋过几次雨就失去了原有的光亮效果。"

"封釉是从车蜡衍生出的新概念，是一种从石油副产品中提炼出来的石油制品。与蜡分子相比，封釉分子不仅表面硬度高，而且与漆面的结合力好，因此持久性胜于车蜡。"

"镀膜就是将某种特殊的药剂涂装在车漆表面，利用这种药剂在车漆表面的化学变化，形成一层很薄、坚硬、透明的保护膜，可保护车漆一年以上不受外界污秽、杂质等的影响，最终达到车漆不氧化、易清洁、保靓丽的功效目的。"

"目前，镀膜有树脂类镀膜、氟素类镀膜、玻璃纤维素镀膜和无机镀膜（也称为镀晶）。树脂类镀膜的保护时间大约3～6个月，膜层硬度低，不耐脏，光泽差。氟素类镀膜不沾水，主要使用在玻璃上面。玻璃纤维素镀膜保护时间能达到1年以上，膜层硬度相对比较高。"

"目前效果最好的镀膜是无机镀膜，也被称为镀晶。不需要在烤房内高温固化，只要和空气中的水分发生化学反应，就能固化为以二氧化硅（SiO2）为主要成分的保护层，这种保护层光滑透亮、光泽艳丽，增加漆面硬度和平滑度，提高防污性能，隔绝外界酸雨、鸟粪等的腐蚀，不会被紫外线、酸雨等外界因素氧化，好比给车漆表面穿上了一件高科技的'防护外衣'，保护车漆长达2～3年以上，也适用于钢圈、仪表板、车灯、塑料、装饰条、发动机仓等保护。还可以使旧车彻底地翻新，起到色彩鲜艳、增亮的效果。"

如果是新车，美容技师或导购员可说："从我们以往的经验来看，新车是最需要施工汽车镀晶的。为什么呢？因为汽车镀晶能够达到三个效果：一是车漆表面的光泽度更高。镀晶可以隔断车漆与空气的接触，从而保护车漆不氧化，在有效期内不产生白车变黄、黑车变暗的现象。二是易清洗。镀晶具有超强的自洁性和拨水性，不易沾附灰尘、污渍，清洗时只用清水即可达到清洗的效果，使车辆保持高清洁度和光泽度。三是防划痕。坚硬的无机膜层可以将车体表面的硬度提高到7H～9H，远高于车蜡或釉2H～4H的硬度，能更好的保护车漆不受沙砾的伤害。"

☞ 小贴士：汽车新旧程度与镀晶流程的关系

汽车新旧程度不同，需要的镀晶流程也不同。

1. 次新车和旧车。镀晶时，要首先对车漆表面做抛光处理，其次对车漆做镜面还原，然后对车漆进行脱脂处理，最后给车漆镀晶。由于外界的环境会对车漆造成不同程度的伤害，所以要先处理掉车漆表面的脏物或划痕，使车漆表面达到平整，这样镀晶才能达到最好的效果。

2. 新车的镀晶。镀晶时，首先对车漆做镜面还原，其次对车漆进行脱脂处理，最后给车漆镀晶。由于新车漆面没有附着物和脏物，也没有划痕，所以对于新车而言，省去了对车漆表面做抛光处理的环节，施工也较为快速。

下面以次新车与旧车的镀晶为例，介绍一下镀晶的流程：

一、洗车

美容技师先用洗车液或洗车泥对漆面进行清洁处理，并用柔软毛巾擦干。

二、贴遮蔽纸

美容技师将遮蔽纸仔细地贴在玻璃压条、原车镀铬件、前后灯、门拉手、雨刮器塑料件、引擎盖喷水头、门边压条、车侧身转向灯罩等周围，防止损伤、污染非操作工作面。如果不使用遮蔽纸就施工，在研磨过程中一旦损伤汽车的塑料件，会使塑料件发白。

三、对漆面做抛光处理（新车镀晶省略此环节）

要根据漆面的情况以及划痕的深度选择合适的研磨剂，研磨剂通常有三种，即深切、中切、微切。对于一般划痕采用中切和微切，对于发丝划痕可直接进行抛光作业。用4500转/分的高速抛光机加兔毛球，配合专业汽车美容研磨剂，作抛光处理。

抛光时，抛光的压力要根据车漆的强度及薄厚来决定。如：进口车的车漆一般硬度比较高，其研磨压力就需稍重一些（可用金刚研磨剂来研磨）；国产车的车漆一般硬度比较低，车漆比较薄，其研磨压力就需要稍轻一些。抛光时抛光机要掌握平衡，运行过程中，倾斜度不宜过大，要随车漆表面曲线的变化而变换操作角度，抛光时及时清理毛轮上的污垢，以便增强毛轮的切削力，避免不必要的漆面损伤。完成后用抛光擦拭布擦拭干净。

抛光处理时的注意事项有：

（1）研磨剂要摇晃均匀。

（2）抛光机操作时应一直沿“井”字型向外移动。

（3）抛光机一次运动面积大约控制在30～40平方厘米左右。

☞ 小贴士：抛光的方式

抛光的方式主要有三种：

1. 依靠研磨。即靠摩擦材料把细微划痕去除。

2. 依靠车蜡。抛光剂中大多含有车蜡成份，抛光到一定程度后，可依靠蜡质的光泽来弥补漆面残存的缺陷。

3. 依靠化学反应。靠抛光机转速的调整而使抛光剂产生化学反应。

四、对车漆做镜面还原

上镜面还原剂，目的是提高车漆的光亮程度，俗称增加漆面的镜面效果。

五、再次洗车

再次洗车，目的是用清水冲掉抛光和做镜面还原时飞起的粉尘。洗车后要擦干、吹干。

六、对车漆做脱脂处理

将车漆油脂脱脂剂喷在漆面上，然后用清洁的超细纤维布抹匀全车，可达到脱脂和密封漆面的效果。

七、全车镀晶

美容技师将镀晶剂充分摇匀，首先将适量漆面镀晶剂喷洒在专用抛光海绵上，然后由前向后、自上而下涂抹车身漆面，每次涂抹约为 50cmX50cm 面积，沿直线方向纵横擦拭，直到覆盖薄薄的一层。等待 30 秒，立即用另外一块超细纤维布轻轻擦拭漆面，直到将镀晶剂擦干，否则镀晶剂会挥发结晶。

八、静置 1 小时左右

将全车漆面镀晶后，要再晾 1 个小时左右等待其自然硬化，在此期间漆面不可沾水。另外需要注意，汽车漆面镀晶后 7 天之内不能洗车。

九、检查

镀晶结束后，可以通过光束照射的方式检查一下。看看是否有其他的杂质、是否有遗漏的地方。彻底检查后，汽车漆面镀晶就算是大功告成了。次新车与旧车镀晶的工时约为 5 ～6 小时，新车镀晶的工时约为 4 小时左右。

☞ 小贴士：镀晶的注意事项

1. 漆面镀晶剂含有易燃成分，作业时需要小心谨慎，远离明火及高温。作业完后放阴凉干燥处密封保存，勿让儿童接触。

2. 漆面镀晶做完后，最好以后每隔 4 个月左右用护车素对漆面做一次处理，这样可以更好的巩固漆面镀晶效果。

3. 为了达到最佳的视觉效果，请在一个灯光明亮的车间内进行镀晶作业。镀晶完成后把汽车开到阳光下和树荫下进行最终检验，用超细纤维布擦拭掉残渣。

4. 漆面镀晶剂不同于一般的车蜡，其作业流程比较复杂，适合专业汽车美容人员或者具有一定打蜡经验的车主来操作。

第七节 如何经营隐身车衣

一、如何引起车主对隐身车衣的兴趣

对于还没有贴隐身车衣的车主，导购员可介绍隐身车衣的好处：

“隐形车衣是一种高性能新型环保薄膜，是透明漆面保护膜的一种俗称，也叫犀牛皮。”

“隐身车衣弹性非常好，膜面没有胶纹和胶圈，不开边，也不龟裂。”

“不仅汽车漆面可以贴隐身车衣，前保险杠、前保险杠亮条、大小灯罩、发动机盖前脸、叶子板、轮眉、前后门踏板、门腕拉手、后视镜罩、后备箱盖顶端也可以贴隐身车衣，整个汽车车身都可贴隐身车衣。”

“水晶般的透明性，与原车融为一体，不仅保护车漆本色，还可提升车漆 5% ～ 20% 的光泽度。”

“贴上隐身车衣后，可使汽车漆面与空气隔绝，防酸雨、防氧化、抗紫外线，可以抵抗油脂、弱碱、沙砾、酸雨、紫外线等长时间对漆面的损伤。”

“低档的隐形车衣能够保护车漆、抗黄变性三年以上，高档进口的隐身车衣能够保护车漆、抗黄变性八年以上。”

“隐形车衣是具有超强的韧性、耐磨性、抗碰撞，抵抗划伤、不怕‘钥匙帮’的伤害，能够持久保护车的漆面。这边有贴好的，您看看效果！可以用钥匙划一划，怎么样？没有划痕吧！”

对于开车新手、害怕“钥匙帮”伤害、想要长期保持车漆原色、比较忙的私家车主，导购员可重点推荐隐身车衣：“老板/先生，隐身车衣是目前漆面保护的最高措施，隐身车衣保护的时间比镀膜镀晶都要长，可以保持三年甚至八年以上的汽车车漆原色，还能够增加汽车的光泽度，平时不需要特别保养，非常省事。您的工作这么忙，您的爱车适合贴隐身车衣！我们店的隐身车衣，便宜的有 6000 元，高档的纯进口材料 2 万多元，您的新车是路虎，建议您选择高档的隐身车衣，您第一次到本店，可以优惠一些！18800 元！”通过导购员的详细介绍，许多车主都会对隐身车衣感兴趣。

小贴士：隐身车衣如何鉴别

1. 用手拉。优质的隐身车衣延伸性能非常好，能够根据车体随意表现出理想的状态；劣质的隐身车衣延伸性一般。

2. 用鼻闻。如果能够闻到很浓的化学气味，说明该隐身车衣使用的原材料比较低劣。因为优质隐身车衣的原材料好，气味不大。

3. 用眼看。优质隐身车衣的透明度非常好，不仅不会影响车漆原来的颜色，还能够提高车漆的光泽度。而劣质隐身车衣的透明度要低一些，光泽度也差一些。

4. 用香烟烧。优质隐身车衣的阻燃性非常好，用香烟一烧，不会在车漆上留下痕迹。而劣质隐身车衣的阻燃性不太好，用香烟一烧，就会在车漆上留下痕迹。

二、如何让车主感觉本店贴隐身车衣“专业正规”

车主对隐身车衣感兴趣后，导购员应当带车主参观一下贴隐身车衣的环境与证书。

1. 看贴隐身车衣师傅的培训证书

导购员可以指着墙上的证书与照片说：“这是我们贴隐身车衣师傅的技术证书，他已经贴了 3 年多了！”

2. 看厂家的授权经销证书

导购员指着摆放在墙上的证书，“这是 ******** 有限公司的授权经销证书，那个著名的隐身车衣品牌——‘***’，就是这家公司的。2002 年，‘***’就在国内开始销售了。”

☞ 小贴士：贴隐身车衣的施工步骤

第一步：将贴隐身车衣与准备施工部分的形状做一个比较，剪掉多余的部分，用兑有少量酒精的水喷洒在漆面上。

第二步：用蒸汽贴膜机把大面积刮平，使隐身车衣与车漆服帖。在有气泡的地方，用刮板把气泡赶走。

第三步：在每一块小面积范围，用刮板把膜刮平。在有弧度的地方，用烤枪稍微加热。注意：烤枪温度控制在 200 度左右。

第四部：将多余的地方裁掉，裁切完毕之后，将最上面的一层保护膜揭掉。全面检查一下施工质量。施工完毕。

注意事项：

贴好隐身车衣后 12 小时内，车不要离开施工场地并在 12 小时后检查贴膜边缘是否有异常并进行处理，确保没有开边和气泡方可以提车，提车后 24 小时内不能洗车。

第三章　如何销售精品

汽车精品是汽车的重要装饰品与功能用品，也是汽车后市场门店的重要利润来源。汽车精品的种类很多，主要的有汽车座垫座套、汽车脚垫、方向盘套、布艺饰品、汽车香水、雨刮片等。

在2007年以前，汽车后市场门店的精品销售比较好，有的店一个月的精品销售净利润可达到10多万元。2008年以后，随着一部分4S店把精品作为利润的增长点，汽车后市场门店的高档精品市场被4S店截留。2009年以后，随着汽车用品电商的大规模增加，一些大城市例如上海汽车后市场门店的低档精品（300元以下）市场被电商截留。许多市县大大小小的汽配城、汽车用品一条街把汽车后市场门店的中档精品也截留了。可以看出，汽车后市场门店的精品销售已经被电商、汽配城、4S店三面合围了。同时，汽车后市场门店的精品缺乏专业的导购员销售，也影响了店面的业绩。

第一节　如何销售汽车座垫座套

一、如何让车主对汽车座垫座套感兴趣

对于车里没有汽车座垫或座套的车主，导购员可说：

“老板/先生，我看您的车里好像没有汽车座垫座套。其实，汽车座垫座套非常有利于驾驶员的舒适和健康。由于汽车座垫座套采用贴身的人体学设计，能够使驾驶员感觉舒适、减少疲劳。”

“汽车座垫选用不同的材质，能够满足驾驶员不同环境下的需求，例如，凉垫能够降温，毛垫能够保暖，含有决明子的四季垫能够明目等。”

“另外，汽车座垫座套还能够保护汽车座椅。汽车出厂时的座椅主要包括绒布座椅和真皮座椅。汽车绒布座椅容易脏不易清洗、易磨损，一般2年后，驾驶员绒面座椅就会率先陈旧、磨损；汽车真皮座椅易于清洁但也易被划破，一般5～10年后容易破损。而汽车的设计寿命大多在20年左右。为了有效减少汽车座椅的磨损、增加其美观，最好铺上汽车座垫或座套。”

☞ **小贴士：汽车座垫和汽车座套的区别**

汽车座垫和汽车座套，都是用于保护汽车座椅、遮挡灰尘的。汽车座垫，侧重在“垫”字上面，它是垫在汽车座椅上的。汽车座套，侧重在“套”字上面，它是把汽车座椅给包围起来的。二者之间主要有下列区别：

1. 包围度。汽车座垫是在汽车座椅表面及头部覆盖，在汽车座椅的侧面和下面不包围。而汽车座套是全包围。

2. 材质。汽车座垫材质相对广泛，比如冬天用羊毛座垫、狐狸皮座垫等，夏天用冰丝、维卡、玉石座垫等。而汽车座套材质相对较少，一般分为布座套和皮座套。

3. 季节性。汽车座垫季节性相对分的更细，分为夏季的凉垫、冬季的毛垫、春秋用的四季垫。而汽车座套一般都常年可用。

4. 安装。汽车座垫只是垫在座椅上，安装简单、方便。汽车座套的安装要相对麻烦些。

5. 图案与美观。汽车座垫的图案相对较少、美观方面稍差一些。而汽车座套的图案更多、更加美观一些。

6. 通用型和专车专用型。汽车座垫与汽车座套都有通用型和专车专用型。汽车座垫大多采用通用型的。由于汽车座套是对汽车座椅的全包围，所以汽车座套大多采用专用专用型的。

二、如何向车主推介汽车座垫座套

当车主开车到汽车后市场门店时，导购员要仔细观察车主汽车的价位与新旧、汽车座垫座套的有无、新旧、好坏与风格、季节等，初步判断车主的需求。

1. 对于新车车主

新车往往有异味，再结合当时的季节，导购员可说：

“老板/先生，我看您的车是新买的，非常漂亮，但烦人的是车里面总有一股难闻的味道，现在已经开春了。我给您推荐一款最环保的竹炭四季垫。”

“竹炭四季垫的优点很多，把它放在您的车里，可以吸湿吸汗，除潮除异味，净化空气，还能够抗菌消毒，阻隔电磁波辐射，是一种具有保健功能的四季垫。”

“您看，这上面的竹炭，非常容易抽出来，也容易放进去。这个座垫使用一段时间，可能回潮，把里面的竹炭拿到太阳下晒干了，就能够继续清除异味了。”

2. 对于汽车座垫座套中低档但已经旧了的车主

说明这位车主愿意放座垫座套、讲究实用，可以介绍一款中低档的座垫座套。再结合当时的季节，导购员可说：

“老板/先生，我看您的四季垫好像旧了，另外，现在天气马上就要热起来了，我给您推荐一款竹凉垫吧！”

“老板/先生，您看，这几种都是竹凉垫。竹子是天然材料，夏天特别凉快，干爽吸湿，价格还便宜，非常容易清洁。其中，竹珠串接的凉垫比竹块的要贵一些，除了串接工艺复杂外，原料要选用制作毛笔用的细毛竹，并且要用粗细差不多的竹子才能旋出大小一样的竹珠来。”

“另外，竹块座垫还分为竹皮座垫和竹芯座垫两种，您看，就是这两款。价格方面，竹皮座垫比竹芯座垫要贵一些。因为用竹皮部位旋出的竹块，更光滑、发亮、纹路清晰，感觉更凉快；用竹芯镟出的竹块发白，摸起来涩一些。在选择时，一定要看看串接竹块使用的网线是不是结实、有弹性，如果网线不结实，竹块很容易脱落；如果网线缺少弹性，时间一长，竹块间的缝隙就会松懈加大，影响美观。”

小贴士：如何辨别亚麻座垫

亚麻凉垫的主要优点是天然、透气、吸汗、不粘皮肤、散热快、防静电、防磁、抗辐射、防虫蛀，使人体的实感温度比其他纤维低 3 ～ 4 摄氏度。其主要缺点是洗后容易缩水、变旧、褶皱、价格偏高。目前市场上纯亚麻座垫很少，许多声称亚麻的座垫其实是亚麻混纺或仿亚麻的座垫。

亚麻座垫的好坏真伪可以通过下列方法辨别：

1. 从外观上看，正品亚麻略有些发乳白色，且织物纹路清晰；次品颜色则略发黄，纹路不清。亚麻座垫比棉线座垫重，比棉线座垫有光泽。

2. 从手感上讲，正品亚麻厚而挺，有一定的硬度，且捏在手里放开后没有褶皱出现；次品用手摸起来是有些柔软，但捏过后会有褶皱出现，有些像棉线织物。亚麻的强度比棉线好，手感比棉线硬。

3. 从感觉上讲，正品亚麻贴在皮肤上无刺激感；次品接触后会有毛扎感。在烈日下手摸亚麻座垫，可以感觉温度下降了 3 ～ 4 摄氏度。

4. 从标签上看，正品亚麻都有严格的标识，如麻含量、洗涤方法等；次品则含糊不清。

5. 从燃烧上看，正品亚麻烧断点呈白灰色并有烧纸味；而化纤织物一般燃烧后都有刺激性气味，灰烬呈球状。

小贴士：亚麻座垫的正确洗涤方法

1. 选用中性或低碱性洗涤剂，其中不要含氯漂成分。
2. 水温以 30 度为宜。
3. 洗涤时应避免用力揉搓，尤其忌用硬刷。
4. 可用脱水机甩干，用手弄平后挂凉，不可拧干。

小贴士：维卡凉垫的洗涤方法

维卡凉垫中的维卡是高分子材料，是以棉短绒为原料，经多道工艺制成粘胶溶液，再经过纺炼、精练加工而成的再生纤维素纤维。维卡凉垫的主要优点是手感柔软凉爽、颜色艳丽、纹路细腻、表面光洁、耐用、美观、抗脏、容易清洗、吸湿透气、能降低对皮肤的刺激。维卡凉垫的主要缺点是容易受潮、较易滑动。不可放入洗衣机洗涤、脱水。

1. 可水洗，水温在 40 度以下。
2. 不可氯洗、熨烫，不可暴晒于直射的太阳下。
3. 不可漂白，不可使劲拧干，可从水中直接提出自然凉干。

小贴士：玉石、冰丝与水牛皮座垫的优缺点

1. 玉石凉垫。主要优点是天然、耐用、易于清洗、在空调环境下凉得特别快。主要缺点是天气一冷就很冷，在太阳下一晒就烫。

2. 冰丝凉垫。冰丝是用棉短绒、木材作为原料优化处理得来的，又叫人造丝、粘胶纤维。主要优点是含湿率符合人体皮肤的生理要求、光滑凉爽、透气、抗静电、色彩绚丽。主要缺点是容易回潮、不耐磨。

3. 水牛皮凉垫。主要优点是温凉、透气、防菌、容易清洁，是凉垫中的“贵族”，特别适合高档轿车使用。主要缺点是容易划破、价格比较贵。

3. 对于高档车的车主

对于高档车的车主，应当介绍高档的汽车座垫，导购员可说：

“老板/先生，您开的是保时捷911，这可是世界名车，‘好马配好鞍’，我给您推荐一款狐狸皮座垫吧。冬天特别保暖，毛长绒厚，关键是针毛带很多色节，颜色多，华贵美观。怎么样？放到车里看看！”

“您要是感觉档次还不够，您看这款水貂毛的座垫，素有‘裘皮之王’的美称，冬天保暖，非常轻巧，美观。您摸一摸，水貂的皮非常细密、柔软，手感爽滑、结实，还能防潮去湿，怎么样？”

4. 对于年轻的车主

对于年轻的车主，可以介绍款式新潮的汽车座垫，导购员可说：

“老板/先生，今年冬天好像比往年感觉要冷一些，我给您推荐这两款羊毛座垫。您打开看看，它的毛绒非常细而且还密，这样非常保暖，透气，舒适，色泽光亮！您再摸一摸，手感多柔软。您再看一下左边座垫的图案，像不像狮子的鼻子和嘴，右边座垫的图案像不像狮子的脸，坐上去感觉特别威武！”

☞ 小贴士：如何辨别羊毛座垫

1. 看。高品质的羊毛座垫的毛色光泽鲜亮、色彩生动、柔和，劣质产品则色彩黯淡、容易掉色、串色；如果是不同颜色拼接而成的座垫，应注意同一颜色是否存在色差；优质羊毛座垫的里布应选用座垫专用布料。

2. 摸。首先，用手轻抚羊毛表面，优质羊毛座垫手感细腻、柔滑；而劣质的手感粗糙、粘涩。其次，用手分开毛皮，查看是否存在皮毛裂缝、皮块拼接是否牢固、有无明显拼缝等。最后，用手轻轻拔一下毛皮，优质羊毛座垫的皮板强度很大，不易掉毛。

3. 闻。优质羊毛座垫无任何异味；而劣质的羊毛座垫可能散发腥膻气味。

☞ 小贴士：羊剪绒座垫与仿毛座垫的优缺点

1. 羊剪绒座垫。主要优点是保暖、透气、舒适、典雅。主要缺点是爱起静电，使用一二年后表面有赶毡现象、变形，保养护理不方便。

2. 仿毛座垫。主要优点是价格低、保暖、轻巧、美观。主要缺点是较易掉毛、不耐用、较易滑动。

☞ 小贴士：汽车座垫的分类

1. 从汽车座垫的价格分类，汽车座垫分为高档、中档、低档。

2. 从使用的季节方面分类，汽车座垫分为四季垫、凉垫、毛垫。其中，四季垫在中原地区使用的季节是春秋两季，在东北地区使用的季节是春夏秋三季，在华南地区使用的季节是春秋冬三季；凉垫在夏季使用；毛垫在冬季使用。

3. 从功能方面分类，汽车座垫分为按摩型、明目型、除异味型等。

4. 从规格方面分类，汽车座垫分为三件套、五件套、八件套三种，俗称三件、大三件、大五件。三件套是指两个前排座椅的座垫加上后面长排座椅的座垫；五件套是指在三件套的基础上加上两个前排座椅的靠背；八件套是指在五件套的基础上加上后排座椅的靠背。

5. 从制作工艺分类，汽车座垫分为手编汽车座垫、机织汽车座垫、手工针刺汽车座垫。

6. 从制作材料分类，汽车座垫分为竹编凉垫、草质凉垫、玉石凉垫、木珠凉垫、亚麻凉垫、蚕丝凉垫、冰丝凉垫、维卡凉垫、纳米藤凉垫、水牛皮凉垫，决明子四季垫、山楂籽四季垫、竹炭四季垫、磁疗石四季垫，羊剪绒座垫、羊毛座垫、狼皮座垫（狗皮座垫一般也称为狼皮座垫）、水貂皮座垫、貉皮座垫、獾皮座垫、兔皮座垫、獭皮座垫、狐狸皮座垫、羽绒座垫、仿毛座垫等。

三、如何教车主清洁保养汽车座垫座套

当车主购买汽车座垫座套后，导购员要叮嘱一下车主：

“老板/先生，车内容易受潮，所以容易产生霉菌，尤其是座垫内的海绵减振材料最易吸收潮气而被污染。为了保持座垫座套干净，建议您及时更换或者清洗座垫座套，有条件的话，最好准备两套轮流使用。”

【实景案例】

辽宁沈阳市，10 月 20 日下午，北风，一位 35 岁左右的男士开着一辆一汽大众的速腾（约 15 万元左右）停在 A 汽车美容店前，同时下车的还有一位 30 多岁的女士。在他们下车时，导购员李小姐注意到他们的车内是四季垫。

导购员赶紧邀请他们进来，他们随便走走看看，当他们来到精品室时，李小姐向他们介绍了一款羊毛座垫。

“大哥大姐，这是纯羊毛座垫，是澳洲羊毛，河南产的。你们看看，是整张皮的。你们摸摸，手感多好。今年好像冷得早！”

二人相继看了看、摸了摸。

女士问：“多少钱？”

导购员说：“今年毛皮都涨得厉害，3600 元。”

男士说：“这也太贵了！”

导购员说：“这可是名牌，您看看这做工，还有里衬，特别保暖、透气，不倒毛，也不掉毛。”“你们第一次来，这样吧，我问问老板，能不能打个折。”

过了 5 分钟。导购员说：“我们老板说了，打个折，3200 元，已经够低得了！这绝对值！”

第二节　如何销售汽车脚垫

一、如何让车主对汽车脚垫感兴趣

对于车里没有汽车脚垫的车主，导购员可说：

“老板/先生，我看您的车里好像没有汽车脚垫，其实，汽车脚垫是很有用的。”

“第一，汽车脚垫能够保护主机毯。汽车出厂时大多已经安装了主机毯，驾驶位主机毯被直接使用的寿命大约1～2年，而汽车的设计寿命可达15～20年，没有汽车脚垫，主机毯很快就磨损掉了。”

“第二，汽车脚垫能够减少车内污染。乘坐者的鞋是车内重要的污染源之一，但汽车主机毯不容易清洁。由于汽车脚垫容易拿出去清洁，可以把鞋底的污水、泥土、灰尘等脏东西及时清除出去，从而能够减少车内的污染。”

“第三，汽车脚垫能够增加车内的美观。通过选择不同颜色、图案、质地的汽车脚垫，可以美化车内的环境。”

“第四，汽车脚垫能够隔离部分噪音。汽车脚垫可以阻止底盘噪音和轮胎噪音，提高驾驶舒适性。”

“怎么样，要不选择一款您喜欢的脚垫，看看效果？”

☞ **小贴士：丰田陷入“脚垫门”**

2009年9月29日，日本丰田公司宣布计划召回在美国市场销售的380万辆汽车，原因是：驾驶座位脚垫可能卡住油门让汽车不断加速收不了油，或者脚垫可能挡住刹车导致该减速时减不了速。此前，美国有关方面已收到100多起相关报告，其中17起是撞车事故，并导致5人死亡。这是丰田历史上最大的召回事件。

☞ **小贴士：汽车脚垫的分类**

1. 按照是否通用分类，汽车脚垫可分为专车车用型脚垫、通用型脚垫。

2. 按照脚垫的边长分类，汽车脚垫可分为平面脚垫、矮边脚垫、高边脚垫、超高边脚垫。

3. 按照覆盖主机毯的范围分类，汽车脚垫可分为部分覆盖脚垫、全覆盖脚垫等。

4. 按照终端店是否二次加工分类，汽车脚垫可分为自由裁剪脚垫、直接使用脚垫。

5. 按照制作工艺分类，汽车脚垫可分为手工脚垫、机器编织脚垫、机器注塑脚垫、喷丝脚垫、胶水粘贴脚垫、机器一次成型脚垫等。

6. 按照是否有卡扣分类，汽车脚垫可分为无卡扣脚垫、有卡扣脚垫。

7. 按照制作材质分类，汽车脚垫可分为亚麻脚垫、呢绒脚垫、化纤脚垫、PVC脚垫、橡胶脚垫、皮革脚垫、TPE脚垫等。

二、如何向车主推介汽车脚垫

当车主开车到汽车后市场门店时，导购员要仔细观察车主汽车的价位与新旧、汽车脚垫的新旧好坏与档次、季节等，初步判断车主的需求。

1. 对于年龄比较大或者经常接送老人、孩子的车主

对于年龄比较大或者经常接送老人、孩子的车主，导购员可说：

“老板/先生，我看您好像经常接送老人和孩子，汽车脚垫一定要选择环保的、不易滑动的。这款是带卡扣的脚垫，它的特点就是不走位、安全，老人、孩子上下车不打滑。而且，它没有异味，对于孩子的健康非常好，您闻一闻。另外，拿出来清洁非常方便，您看，用毛巾擦一下就干净了！要不，拿到车里看看效果，怎么样？”

2. 对于汽车脚垫有异味的车主

如果导购员闻到车主的汽车脚垫有异味或者听到车主抱怨自己的汽车脚垫有异味时，导购员可说：

“老板/先生，汽车脚垫的异味来自橡胶或者一些劣质的化工材料，冬天经常关闭车窗，时间长了，容易头晕。如果是有毒的劣质材料，还容易得一些疾病，对身体特别不好。”

“我们这里的脚垫都是环保型的，特别是这款喷丝脚垫，没有异味，您闻一闻。而且，弹性好，20毫米厚，您上去踩一踩，怎么样，感觉不错吧！另外，还可以用水清洗，很快就干了。”

“更重要的是，它是自由裁剪脚垫，可以适用任何车型。要不，我请师傅给您的车也裁剪一个？您喜欢什么颜色的？”

3. 对于高档车的车主

如果车主的汽车高档，导购员可说：

“老板/先生，您的车是奔驰，应该选用高档脚垫。我给您介绍几款吧。”

“左边这一款是TPE脚垫。它综合了PVC脚垫和橡胶脚垫二者的优点，容易清洗，不受温度影响，弹性好，防静电，还无毒无味。”

“中间这一款是化纤脚垫。它的主要优点是耐蛀，夏天不生虫，耐腐蚀性能也强。”

“右边这两款都是毛绒脚垫，一个是绒质的，另一个是纯羊毛的。它们的主要优点是吸水去污性能好，冬天的雪水容易吸进去。另外，他们的隔音效果好，车里非常安静，有利于您思考问题。”

“怎么样，您喜欢哪一款？”

4. 对于低档车的车主

如果车主开的是低价位的车，汽车脚垫也已经破旧了，导购员可说：

“老板/先生，我看您的汽车脚垫有点破旧了，容易把脏东西漏下去，生细菌，污染车内的空气。我给您介绍几款脚垫吧。”

“这一款是PVC脚垫，就是塑料脚垫。它是通用型的，拿出来清洁方便，实惠，才198元。”

“这一款是亚麻脚垫，才168元，容易清洗，但清洗后容易起毛，清洗几次后会变形。”

“那一款是皮革脚垫，才158元，清洁起来也方便，就是隔音效果不太好。”

“里面的一款是橡胶脚垫，容易清洗，不易变形，就是有点味道。”

☞ 小贴士：如何选购汽车脚垫

1. 汽车脚垫的尺码与汽车的大小要合适，尺寸过大或者过小都会在刹车过程中导致脚垫移位。

2. 汽车脚垫并不是越厚越好，脚垫太厚时不易操作油门、刹车、离合器。

3. 有些汽车的地板上会装有脚垫的定位扣，在选购新脚垫时一定要买带定位孔的，这样才可以做到原厂安装位。

4. 先闻一闻，是否有难闻异味？难闻的异味不利于身体健康！

5. 在装了新脚垫后一定要先试试，具体方法是停车状态下，用手按动油门、刹车和离合器的踏板，分别看它们是否可以到底；然后前后移动脚垫看是否会相互干涉以及脚垫是否容易前后滑动等。

第三节　如何销售汽车香薰

一、如何让车主对汽车香薰感兴趣

如果导购员发现车主的仪表台上没有汽车香薰，也没有闻到汽车香薰的味道时，导购员可说：

“老板/先生，我看您的车上好像没有汽车香薰。汽车香薰的体积不大，作用可不小。”

“首先，汽车香薰能够去除异味。有时车里面有汗味、烟味、霉味、臭味、鱼味、动物味、甲醛等各种异味，这些异味有时一时难以散发出去，但会使人产生头晕、恶心等症状。汽车香薰可以有效去除这些异味。”

“其次，汽车香薰能够提神醒脑。有时驾驶人员由于睡眠不足或过度劳累，无精打采，对驾驶汽车的安全不利，一些汽车香薰具有提神醒脑的功能，有利于驾驶人员迅速恢复精神。”

“最后，汽车香薰能够愉悦心情。一些人对于某种香气特别喜欢，闻到后，心情特别愉快。”

☞ 小贴士：汽车香薰的分类

汽车香薰是指由调香师将各种香精按照一定的比例勾兑而成，然后制成不同形态的散发香气的制品。

1. 从产品形态分类，汽车香薰可分为液体型、固体型、气雾型。

2. 从香味分类，汽车香薰可分为动物香味、树木香味、药草香味、水果香味、鲜花香味等。

3. 从包装造型分类，汽车香薰可分为神仙造型、人物造型、植物造型、动物造型、卡通造型、艺术造型、物品造型、会动的造型等。

4. 从包装材料分类，汽车香薰可分为玉石包装、水晶包装、陶瓷包装、玻璃包装、镀金镀银包装、金属包装、塑料包装等。

二、如何恰当摆放汽车香薰

恰当摆放汽车香薰的目的是提升汽车香薰对客户的视觉冲击效果，给车主耳目一新的感觉。有时候，恰当的商品陈列，比媒体宣传更能够上量，相当于一个无声的优秀销售员。

(1) 可以按照汽车香薰的液体型、固体型、气雾型三个大类分层摆放，也可以按照包装造型进行分层摆放。

(2) 在每一大类中，按照商品的价格、档次高低，进行有序排列。

(3) 在每一个档次中，要经常改变色彩的排列组合。

女性对于色彩是比较敏感的，因此许多汽车香薰的购买决定者是女性。色彩能赋予汽车香薰一种新的个性，使得同一系列的汽车香薰之间产生出差异性，能够满足不同车主的需求。汽车香薰越是平凡的包装造型，其色彩的排列组合越重要。

将暖色系的红、黄、橙香薰类型与冷色系的绿、青、蓝、紫香薰类型有效组合，经常变化排列顺序，能够刺激客户的购买欲望。

三、如何向车主推介汽车香薰

(1) 给客户展示、介绍一款汽车香薰时，要把汽车香薰放在掌心，另一只手扶稳汽车香薰，表示导购员对汽车香薰的喜欢和爱护。切记：不要用单手手指提起香水瓶，这会让客户感觉汽车香水的档次很低。

(2) 要让客户拿在手中，亲自感受汽车香薰的气味和品质。

(3) 请客户试闻香水。大多数人在选购香水的习惯性动作是拿到香水就放在鼻子跟前闻，其实这种动作是错误的，我们平时所闻到的香味是香精和空气完全混合后的味道，而如果把香水放在鼻子跟前闻，闻到的基本上是纯香精味，再好的香水这样来闻也会感觉非常刺鼻，正确动作应该是拿香水离鼻子约 15 ～ 20 厘米处，用手在瓶口扇着闻。

(4) 把汽车香薰摆放在客户的车内，让客户亲自感受人、汽车香薰与汽车的整体搭配，而且给车内增添香艳气氛。

(5) 导购员应当综合考虑车主的性别、性格、习惯、职业、季节等，推介恰当的汽车香薰。

• 对于喜欢抽烟的人，导购员可说："老板/先生，我看您平常抽烟，车里可能有烟味。我建议您在空调通风口放一盒固态的汽车香薰，可以选择甜润的苹果香味、清鲜的绿茶香味、浓郁的药草香味等，这些香味通过空调的散发，可以有效去除烟味，保持车里的空气清新。这里有一款青苹果香味的汽车香薰，您闻一闻，怎么样，苹果味吧！"

• 对于烦躁易怒的人，导购员可说："老板/先生，我看您性格比较急，遇到不顺心的事容易发火，这样可容易伤身体。我建议您在仪表台上放一瓶汽车香水，可以选择宁人的琥珀香味、清甜的鲜花香味、清凉的药草香味、宜人的古龙香味等，这些香味有镇定功效。这是一款琥珀香味的汽车香水，您闻一闻，感觉怎么样？它的形状是鼠标，多好看!”

• 对于出租车司机或久坐办公室的人，导购员可说：“师傅，您天天开出租车，两个人对倒，每天 12 个小时连续坐着，神经高度紧张，这样可容易神经衰弱的。我建议您在仪表台上放一瓶汽车香水，可选择柠檬果香味的或者薄荷香味的，这些香味可舒缓神经。这是一款柠檬果香味的汽车香水，您闻一闻，感觉怎么样？它的形状是骰子，多有趣!”

• 对于女性车主，导购员可说：“美女，车里有好多汗味、汽油味，容易影响您的好心情，可选用柠檬香、苹果香的味道，让您心情舒畅、缓解疲劳。我给您推荐一款造型别致的柠檬香的汽车香水，您看它像不像小鸟!”。

• 在炎热的夏天，导购员可说：“这个天，像桑拿，开车容易犯困，老板/先生，您经常跑长途，最好在仪表台上放一瓶桔香味的汽车香薰，能够提神醒目。这盒怎么样，闻一闻!”

☞ 小贴士：如何判断香型的颜色与功能

1. 柠檬香：黄色，可消除异味、驱蚊去臭、缓解疲劳。
2. 青苹果香：草绿色，对烟味、汗臭味、皮革味有明显的消臭效果，能缓解疲劳。
3. 草莓香：粉红色，可清除异味，消除烦恼和睡意。
4. 松木香：嫩绿色，可清除异味，持久留香。
5. 葡萄香：紫色，可消除异味，提神醒脑。
6. 茉莉香：乳白色，可消除异味，缓解疲劳。
7. 薄荷香：淡蓝或淡绿色，对烟味、皮革味有明显的消臭效果，能振奋精神。
8. 玫瑰花香：红色，可消除异味，心情舒畅。

☞ 小贴士：如何在爱车上摆放香水

1. 如果开车十分生猛，最好不要选用瓶体瘦长的香水，因为激烈的颠簸很容易将它打翻在地。

2. 如果喜欢把香水瓶放置在仪表盘上方的位置，那么尽量不要选择金属感太强的包装，它会把阳光反射到眼睛里，眼前金光万丈，严重干扰行车视野。

3. 安全气囊的周围也不应摆放香水瓶，因为一旦发生意外情况，弹出的气囊会使香水成为一颗小炸弹，危害很大。

4. 轻易不要购买薰衣草的香味，因为薰衣草具有比较强的安眠作用，会令人昏昏欲睡。

☞ 小贴士：汽车香薰的主要优缺点

1. 液体型。液体型香薰即汽车香水，在汽车香薰中是最常见的，使用的人也最多。主要优点是品种多、规格多、包装造型多、便于选择，放在仪表台可美化车内环境上。主要缺点是在高温暴晒下可能自燃、易洒落。

2. 固体型。固体型主要有香膏、香珠、香花、香笔等。主要优点是不易洒落、可放在角落避免暴晒。主要缺点是挥发稍慢。

3. 气雾型。气雾型主要由香精、溶剂和喷射器组成，可分为干雾型、湿雾型等。主要优点是可针对某个地方的异味重点喷洒、覆盖异味迅速。主要缺点是挥发速度极快、高温下可能爆炸燃烧。

☞ 小贴士：如何使用汽车香薰

1. 如果是固体型汽车香薰，可放在汽车空调的通风口，利用气流的带动，香气很快便会溢满全车。如果是汽车香水，可以洒在手绢上，然后挂在通风口，效果也很好。

2. 如何想要更换香型，首先要拿走原有的香薰，然后要使原有的香气散尽，否则，两种不同的香型混和后，有时会使驾乘人员感到不舒服，严重时还会影响开车人的情绪。在用车完毕后更换香型，不要在用车前或出车途中更换香型。

【实景案例】

山西太原，7 月末，某汽车美容店，一辆红色比亚迪（4 万元左右）上下来了一位 35 岁左右的女士。导购员李先生，迎了上去。

导购员："大姐，您的车太漂亮了，是刚买的吧？"

女士："买了快半年了，这不刚刚做过一次抛光打蜡。"

导购员："大姐，这天太热了，您开车一直都开着空调，是吗？"

女士："经常开空调。前几天，我老公开了几天，他总抽烟，车里烟味挺重的，我想买瓶汽车香水，你这里都有什么样的？"

导购员："大姐，这有一款薄荷香的，对烟味有明显的去除作用，还能提神，米老鼠的造型，很可爱，淡绿色的，您看看、闻一闻，怎么样？"

女士把汽车香水放在手上，闻了闻，"味道很好！"

导购员把汽车香水放到车上，请女士坐进车内，再看看效果。女士很满意。

☞ 小贴士：如何辨别汽车香水的优劣

1. 从外观来看，优质汽车香水外观相对精致，瓶口转动顺滑；劣质汽车香水外观相对粗糙，瓶口转动较涩。

2. 从包装说明来看，优质汽车香水往往用中文标注企业名、地址、联系方式、使用方法、注意事项等；劣质汽车香水往往喜欢用外文标注。

3. 从香味来看，劣质汽车香水挥发快，香气较刺鼻，但无法彻底挥发，会有沉淀物留下；优质汽车香水挥发均匀，前后香味变化不大。

4. 从太阳暴晒后来看，劣质汽车香水在阳光下暴晒后容易出现漏液现象，颜色会逐渐变为白色；优质汽车香水则不会出现这样的问题。

☞ 小贴士：什么是前味、中味、后味

1. 前味是指汽车香水打开后 10 ～ 20 分钟左右散发的香味。

2. 中味是指在汽车香水打开后30～40分钟才能显现的香味。

3. 后味是指汽车香水打开后40～60分钟才能闻到的香味。

☞ 小贴士：车用精油香薰香喷标准

（本标准由河南鼎宏实业有限公司起草）

1. 范围

本标准规定了车用精油香薰香喷的要求、试验方法、检验规则和标志、包装、运输、贮存、保质期等。

本标准适用于由精油、乙醇为主要原料配制而成的车用精油香薰香喷和香水。

2. 规范性引用文件

下列文件对于本文件的应用是必不可少的。凡是注日期的引用文件，仅注日期的版本适用于本文件。凡是不注日期的引用文件，其最新版本（包括所有的修改单）适用于本文件。

GB 5296.3 消费品使用说明 化妆品通用标签

GB/T 13531.3 化妆品通用实验方法 浊度的测定

GB/T 13531.4 化妆品通用实验方法 相对密度的测定

QB/T 1685 化妆品产品包装外观要求

QB/T 1858 香水、古龙水

JJF 1070－2005 定量包装商品净含量计量检验规则

中华人民共和国卫生部（2002版）消毒技术规范

国家质量监督检验检疫总局［2005］第75号令 定量包装商品计量监督管理办法

中华人民共和国卫生部卫法监发〔2007〕第1号 化妆品卫生规范

3. 要求

3.1 感官、理化、卫生指标

感官、理化、卫生指标应符合表1的规定。

表1 感官、理化、卫生指标

项目		要求
感官指标	色泽	符合规定色泽
	香气	符合规定香型
	清晰度	液体清晰，不应有可见杂质和黑点
理化指标	相对密度	（20℃/20℃）规定值±0.02
	浊度	（5℃）液体清晰，不浑浊
	耐热	（55±1）℃保持24h，恢复至室温色泽不变、香气不变
	耐寒	（－5±1）℃保持24h，恢复至室温色泽不变、香气不变

续上表

项　　目		要　求
卫生指标	菌落总数/（CFU/g）或（CFU/ml）	≤1000
	霉菌和酵母菌总数/（CFU/g）或（CFU/ml）	≤100
	粪大肠菌群/g 或 ml	不得检出
	铜绿假单胞菌/g 或 ml	不得检出
	金黄色葡萄球菌/g 或 ml	不得检出
	甲醇	≤2000（mg/kg）
	铅/（mg/kg）	≤40
	砷/（mg/kg）	≤10
	汞/（mg/kg）	≤1

3.2　生物安全性

生物安全性应符合表 2 的规定。

项目名称	技术要求
急性吸入毒性试验	半数致死浓度（LC）大于 10 000mg/m^3
急性眼刺激试验	角膜、虹膜、结膜无充血，无肿胀，无分泌物，无混浊

3.3　净含量偏差

应符合国家质量监督检验检疫总局［2005］第 75 号令《定量包装商品计量监督管理办法》的规定。

3.4　包装外观要求

应符合 QB/T 1685 的规定

4. 试验方法

4.1　感官、理化、卫生指标

4.1.1　感官指标

4.1.1.1　色泽

按 QB/T 1858 中规定的方法执行。

4.1.1.2　香气

按 QB/T 1858 中规定的方法执行。

4.1.1.3　清晰度

按 QB/T 1858 中规定的方法执行。

4.1.2　理化指标

4.1.2.1 相对密度

按 GB/T 13531.4 中规定的方法测定。

4.1.2.2 浊度

按 GB/T 13531.3 中规定的方法测定。

4.1.2.3 耐热

4.1.2.3.1 仪器

a）温度计：分度值1℃

b）恒温水浴锅：温控精度±1℃

c）试管：φ2cm×13cm

4.1.2.3.2 操作

将试样分别倒入二支试管内，高度约2/3处，并塞上干净的软木塞，把一支待检的试管置于预先调节至（55±1）℃的恒温水浴锅内，1h后打开软木塞一次，然后仍旧塞好，继续放入恒温水浴锅内。经24h后取出，恢复到室温与另一支在室温下保存的试管内的样品进行香气（嗅觉）、色泽（目测）比较。

4.1.2.4 耐寒

4.1.2.4.1 仪器

a）温度计：分度值1℃

b）冰箱：温控精度±1℃

c）试管：φ2cm×13cm

4.1.2.4.2 操作

将试样分别倒入二支试管内，高度约2/3处，并塞上干净的软木塞，把一支待检的试管置于预先调 节至（-5±1）℃的冰箱内，1h后打开软木塞一次，然后仍旧塞好，继续放入冰箱内。经24h后取出，恢复到室温与另一支在室温下保存的试管内的样品进行香气（嗅觉）、色泽（目测）比较。

4.1.3 卫生指标

按中华人民共和国卫生部卫法监发（2007）第1号《化妆品卫生规范》中规定的方法进行。

4.2 生物安全性按中华人民共和国卫生部卫法监发（2007）第1号

4.2.1 急性吸入毒性试验

按中华人民共和国卫生部《消毒技术规范》（2002版）第二部分《消毒产品检验技术规范》中2.3.2进行。

4.2.2 急性眼刺激试验

按中华人民共和国卫生部《消毒技术规范》（2002版）第二部分《消毒产品检验技术规范》中2.3.4进行。

4.3 净含量偏差

按 JJF 1070-2005 中6.1.1规定的方法进行。

4.4 包装外观要求

按 QB/T 1685 的方法检验

5. **检验规则**

5.1　组批

以一次投料生产量为一批。

5.2　抽样

在出厂检验合格的成品中库中随机抽取。

5.3　检验分类

检验分出厂检验和型式检验。

5.4　出厂检验

5.4.1　出厂检验项目：出厂检验项目为感官、理化、卫生指标和净含量偏差。

5.4.2　每批车用香水应进行出厂检验，检验合格并附有合格证书方可出厂。

5.5　型式检验

5.5.1　型式检验项目：型式检验项目为本标准规定的全部要求。

5.5.2　正常生产时，每三年应进行一次型式检验。有下列情况时应进行型式检验：

a）新产品投产鉴定时；

b）原材料、工艺有重大改变，可能影响产品质量时；

c）产品停产半年后恢复生产时；

5.6　判定规则

经检验，全部项目合格，判该批产品合格；若有不合格项时，允许在该批产品中加倍抽样进行复检，如仍不合格，则判该批产品不合格。

6. **标志、包装、运输、贮存、保质期**

6.1　销售包装的标志

按 GB 5296.3 执行。

6.2　包装

按 QB/T 1685 执行，应随附产品使用说明书。

6.3　运输

应轻装轻卸，避免剧烈震动、撞击和日晒雨淋。

6.4　贮存

应贮存在温度不高于35℃的常温通风干燥仓库内，不得靠近水源、火炉或暖气。贮存时应距地面至少20cm，距内墙至少50cm，中间应留通风道。按外包装图示标志堆放，严格掌握先进先出原则。

6.5　保质期

在符合规定的运输和贮存条件下，产品在包装完整和未经启封的情况下，保质期按销售包装标注执行。

【案例】

智能营销机：互联网时代的营销方案落地工具

一、宝丽菲尔模式概述

1. 互联网时代的营销方案落地工具

智能营销机　　平板电脑

平台3000多种产品，店面自有产品和服务也可上传

具备展示、销售、客户开拓和客户服务等功能

车主俱乐部管理软件

开拓客户和服务客户

增加客户粘度

2. 产品简介

（1）汽车饰品：含坐垫、脚垫、后备箱垫、儿童坐垫、方向盘套、香薰包、急救包、储物箱、偏光镜、品质生活整理箱、记忆棉颈枕与腰靠、帐篷、车载加热水杯、瑞士水杯、折叠椅、多功能救生器、强光手电筒和工兵铲等饰品。

（2）玉器饰品：含吊坠、手链、手镯、项链、车挂、镇纸、玉玺、摆件、座香等饰品。

（3）皮艺饰品：含钥匙包、证件包、手包、卡包、皮带、钱包等高档皮艺饰品。

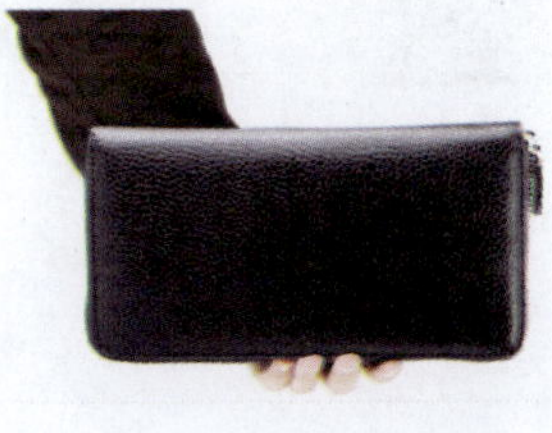

（4）木艺饰品：含车挂、摆件、手链、手串等高档木艺饰品。

（5）香薰饰品：含沐足精油、精油香薰、香喷、香薰套装、精油原液等饰品。

（6）文化饰品：含书法、绘画和篆刻等作品。

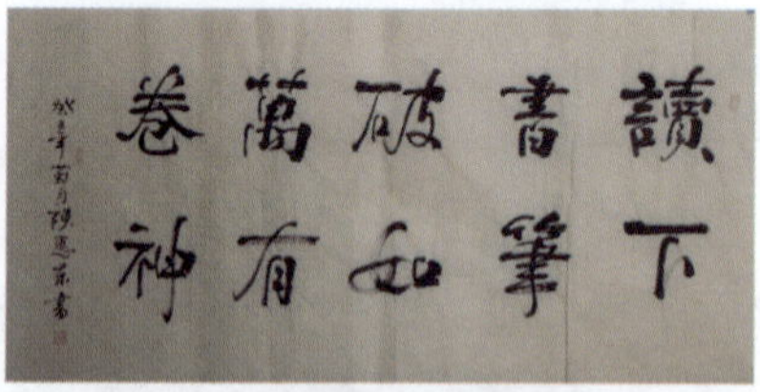

3. 团队风采

董事长－马全义

王伟浩－PLAYFEEL 顾问
十佳国际高级易学专家

软件工程师－张洪宾
前 IBM 高级软件工程师

木工坊导师－蔡永胜
福建省工艺美术大师

产品设计总监－朱斌

玉工坊导师－刘伟军
中国工艺美术大师

4. 合作伙伴

山西大同美特好

辽宁盘锦鑫忠旺

郑州酒店

上海海琪专营店

全国上千家合作伙伴，通过智能营销机的展示、销售、客户开拓和客户服务功能，实现零库存、跨界经营，获取高额个性定制回报，低成本业务开拓和提升客户粘度，竞争力和利润成倍增长。

二、河南鼎宏实业有限公司董事长——马全义

马全义，1990 年毕业于河南理工大学，曾任总工程师、常务副矿长、矿长等职。1998 年至今，先后创办河南鼎宏实业有限公司、成都宝丽菲尔信息技术有限公司、上海博丽斐尔车饰用品有限公司、新疆伊犁宝丽菲尔芳香植物有限公司和广州新鼎宏文化用品有限公司，打造了“SUREFSHION 雪峰”、“COMMANDE 指挥官”和“PLAYFEEL 宝丽菲尔”三个著名品牌，在行业内外素以“果敢·创新”著称，以“和·信·共享价值”而广受赞誉。

马全义现任中国汽车用品联合会副会长、河南汽车用品商会常务副会长、河南省收藏家协会副会长、河南鼎宏实业有限公司董事长兼总经理、上海博丽斐尔车饰用品有限公司总经理。

三、企业简介

河南鼎宏实业有限公司创建于 1999 年，是专业从事汽车内饰品研发、设计、生产和销售的汽车用品行业龙头企业。

2010 年 3 月，公司引进源于 1979 年英国伦敦萨维尔街的全球第一个车饰定制品牌 PLAYFEEL 宝丽菲尔，PLAYFEEL 开始了中国的筹建之旅。

2012 年，公司对旗下品牌“SUREFASHI0N 雪峰”、“COMMANDER 指挥官”进行精准战略定位与整合营销传播，全力打造全国连锁加盟体系。

公司基于对整个汽车用品行业发展的前瞻及趋势的把握，运用现代科技，整合 O2O、C2B、体验、跨界等新型营销模式，结合实体店面实际运营管理需求，打造出了填补行业空白的智能营销机软件系统，为 PLAYFEEL 在中国的发展插上了跨界营销及现代信息技术的翅膀。

在充分调研中国汽车饰品市场及消费者的消费习惯后，粹取中国厚重的传统车、玉、木、皮、香、文化等饰品精髓，结合经典的英伦文化艺术和底蕴，打造了 PLAYFEEL 车、玉、木、皮、香和文化饰品等六大工坊，为 PLAYFEEL 增添了新的生命力，同时也保障了 PLAYFEEL 产品的品质、品位及收藏价值。

2013 年，旗下品牌宝丽菲尔 PLAYFEEL 华丽面世，其智能营销机、平板电脑和车主俱乐部管理软件，因完美的展示、销售、客户开拓和客户服务等核心功能，而被誉为“汽车用品行业的模式革命”、“互联网时代的营销方案落地工具”。

1. 下属分公司

2. 企业文化

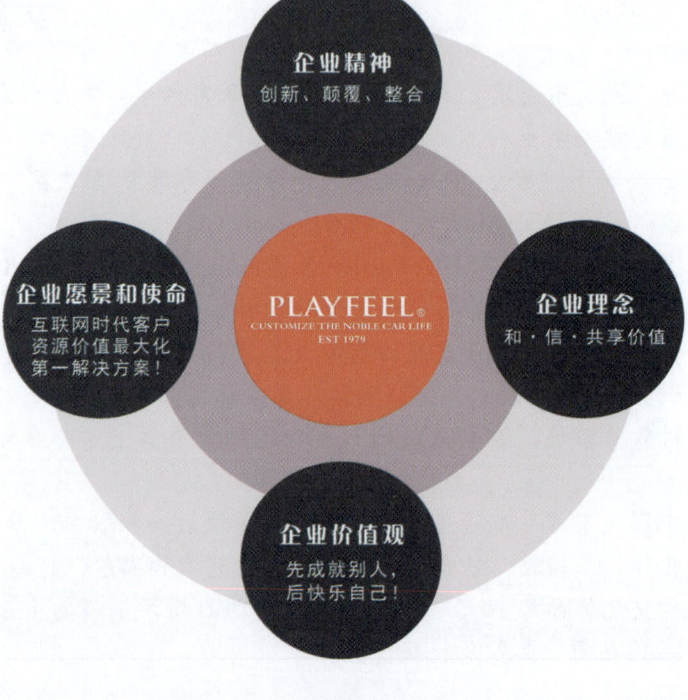

3. 团队介绍

● 王伟浩——PLAYFEEL 顾问

易理、易数兼通，两方面均有深入研究。精研八字、六爻、梅花、奇门等术数，通面相、堪舆及姓名学。

第三届国际易学联合会理事；十佳国际高级易学专家

● 张洪宾——成都宝丽菲尔信息技术有限公司 总经理

美国前 IBM 高级软件工程师

● 张绍阳——PLAYFEEL 香工坊导师

中国薰衣草之父

● 蔡永胜——PLAYFEEL 木工坊导师

蔡永胜，在关公雕像设计制作方面是中国木雕界泰斗级人物，市场上流行的关公木雕艺术收藏品绝大部分出自蔡永盛先生的艺术创作。

福建省工艺美术大师

● 刘伟军——PLAYFEEL 玉工坊导师

刘伟军出生于玉雕世家，深得家学真传，从事玉雕工作二十余年，荣获“河南省第二届十大玉雕创作新星”。

中国工艺美术大师

● 朱斌——广州宝丽菲尔产品设计研发中心　总经理。

2003 年服务过美国华特迪士尼、华纳等国际品牌礼品开发项目组。

2006 年成立个人工作室“80 年袋”，服务于美国知名箱包品牌“Travelpro”以及 2008 奥运特许商品设计。

2008 年主导 2010EXPO 特许商品设计开发。

国内皮具箱包行业资深设计师。

4. 荣誉历程

○ 1999 年　全国汽车用品行业联合会“副理事长单位”

○ 2000 年　中国汽车用品交易会“最具市场潜力奖”

○ 2001 年　荣获“中国名优品牌”

○ 2001 年　荣获“中国最具创新力的汽车坐垫第一品牌”

○ 2002 年　首创机制方格坐垫创造零售利润神话

○ 2003 年　广交会·刺绣坐垫荣获“最喜爱商品”

○ 2004 年　全国汽摩配行业荣获“知名企业”

○ 2004 年　汽车用品行业“绿色健康坐垫引航者”

○ 2005 年 中国工商联合会“知名企业”
○ 2005 年 汽车用品行业率先通过 IS09001 国际质量体系认证
○ 2006 年 全国汽车用品行业联合会“优秀供应商”
○ 2007 年 中国汽车用品联合会“优秀品牌”
○ 2007 年 荣获“最具创意奖”
○ 2008 年 河南省汽车用品商会“常务副会长单位”
○ 2008 年 荣获“最佳概念奖”
○ 2009 年 中国汽车用品流行发布会“最佳工艺奖”
○ 2009 年 河南省汽车用品业商会“诚信经营示范企业”
○ 2010 年 荣获“河南省著名商标”
○ 2010 年 中国 2010 年上海世博会世博会商业项目推荐商品
○ 2011 年 中国汽车用品交易会“最佳材质奖”
○ 2011 年 荣获“最佳环保奖”
○ 2011 年 荣获“流行风向标奖”
○ 2012 年 荣获“优秀生产供应商”
○ 2013 年 2013 年度河南省汽车用品业商会功勋企业
○ 2013 年 河南省汽车用品业商会二届理事会 常务副会长

四、品牌概述

以经典的英伦艺术和淳厚的英伦文化为底蕴，结合中国传统文化之厚重，赋予 PLAYFEEL 品牌新的生命力。

以内敛平和，优雅低调却不失尊贵、奢华的方式，结合中国消费习惯，表达东方哲学的审美。

以革新精神粹取中国玉艺、木艺、皮艺、香艺和书画艺术文化精髓，结合现代工艺，打造 PLAYFEEL 产品的品质、品位和收藏价值。

以标榜尊贵、证明地位、彰显个性的定制概念，结合玉、木、皮、香四位国宝级大师的亲自操刀和万名书画家真迹为亿万朋友带来平安、吉祥、健康和美。

以中国文化瑰宝《易经》为灵魂，结合国宝级易经大师的毕生造诣，为亿万朋友带来幸福和幸运。

蕴含时间与生命之美，PLAYFEEL 为中国高尚饰品文化和生活带来一份机遇、一份时尚、一份荣耀、一份从容与返璞归真……

五、商业模式

1. O2O

O2O 营销模式又称离线商务模式

是指线上营销线下购买带动线下经营和线下消费，O2O 通过打折、提供信息、服务预订等方式把线下商店的消息推送给互联网用户。从而将他们转换为自己的线下客户，这就是特别适合必须到店消费的商品和服务，汽修厂就是其中之一。

合作伙伴取得智能营销机后，放置在有 wifi 环境或接上网线，把自己的产品和服务全部上传到智能营销机上，并有少量样品展示，通过智能营销机完美的体验和其他功能完成产品体验、下单、支付和销售。

2. C2B

C2B 是电子商务模式的一种，即消费者对企业。

（1）客户资源最大化，无限量地圈定客户资源。

（2）产品价值最大化，定制离客户心智最接近的产品，

满足客户的个性化需求。

PLAYFEEL 通过智能营销机建立消费者与企业直接对话系统，

使您无限量地圈定客户并通过提供离客户心智最接近的产品而提升利润。

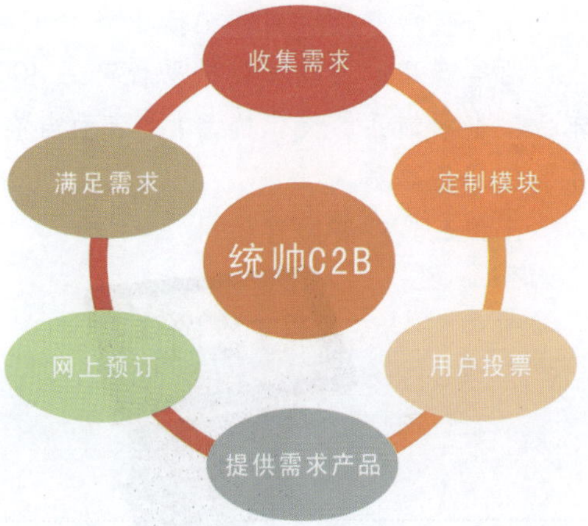

3. 跨界

PLAYFEEL 产品包括车饰用品、玉器饰品、木艺饰品、皮艺饰品、香薰饰品和文化饰品等 3000 多种，有效突破以往汽车饰品局限，可满足车用、自用、家用、办公用四大用途高端饰品。让合作伙伴充分利用自己的平台和客户资源，实现轻松营销跨界。

自己的平台和客户资源的深度挖掘，轻松扩展服务范围，提高客单价。

4. 定制

进入定制模块可随心所欲定制自己喜欢的商品，满足众多消费者个性化要求，获取定制带来超乎想象的利润。

5. 管理

通过智能营销机强大的软件功能，轻松实现业务管理、进销存管理和会员管理功能。

6. 销售

无体验，不营销，客户没有愉快的体验，就会轻视我们的产品和服务，就会吝啬自己口袋里的钞票。PLAYFEEL 的参与、沟通、互动、自己动手、参与思想、个性化定制都是绝好的体验。

通过智能营销机、平板电脑和车主俱乐部管理软件等营销工具的下单和支付功能，展示并销售公司和自有产品，实现盈利。车主俱乐部管理软件让你在服务中轻松实现营销。

7. 开拓

业务拓展功能：通过二维码扫描，使 APP 下载到客户、目标客户、准客户的手机上，一对一、一对多对客户进行营销宣传。每个合作伙伴都有自己独有的二维码，可以和任何有车主出入的单位合作，把二维码宣传资料

放置在合作单位，获取准客户，再用赠送礼品、工时费等手段把准客户变成自己的忠实客户。

8. 服务

通过社区论坛中的预约、评价、帮帮忙、晒晒车生活、车主服务天地等功能完成对客户的服务。建立客户与商家的直接对话渠道，服务沟通无障碍。利用手机APP，实现在服务中营销，增加客户粘度、忠诚度。

六、核心价值

一个核心：给店面营销插上互联网翅膀，竞争力倍增。

两类产品：智能营销机平台产品3000多种（汽车饰品、木艺饰品、玉器饰品、皮艺饰品、香薰饰品、文化饰品）、店面自有产品和服务。可以以店面自有产品为主，也可通过平台产品盈利。

三种工具：智能营销机　　平板电脑　　车主俱乐部软件

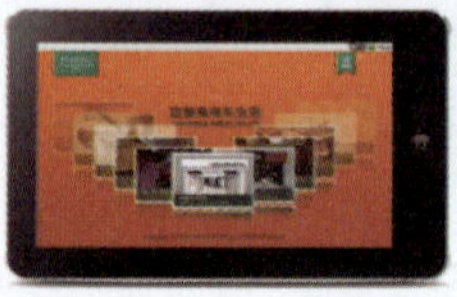

四种功能：展示、销售、开拓客户、服务客户。

五种节省：节省进货成本、节省仓储成本、节省店面空间成本、节省店面人员成本、节省业务开拓成本。

七、智能营销机功能

1. 互联网时代的营销方案落地工具！

单价：13800元

尺寸：长108cm，宽66cm，高106cm

重量：70公斤

（1）完美展示自己

（2）动人语音介绍

（3）无限分享拓客

(4) 个性化定制满足客户无限需求

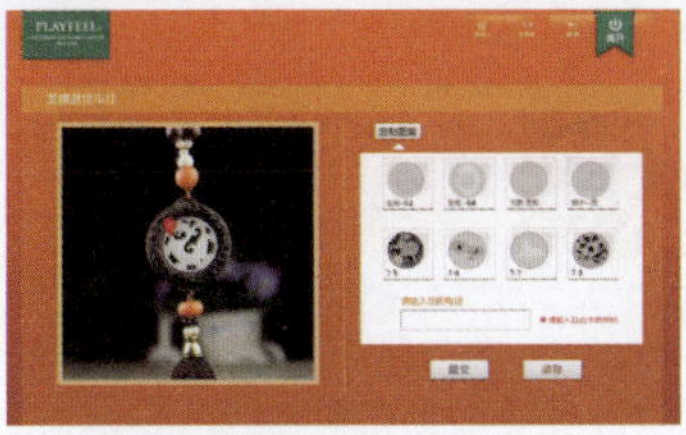

(5) 轻松简便的下单支付功能

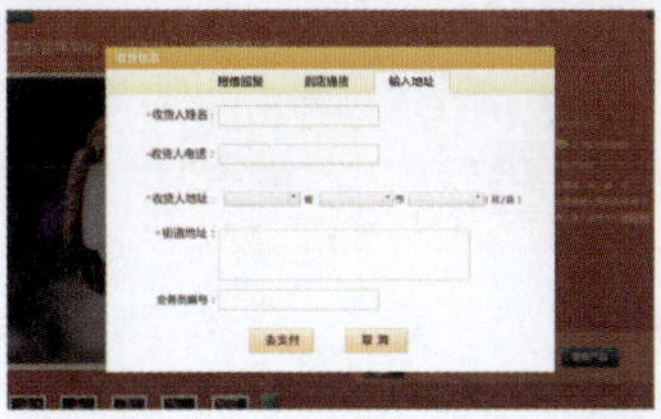

(6) 进销存管理，账目清晰明白

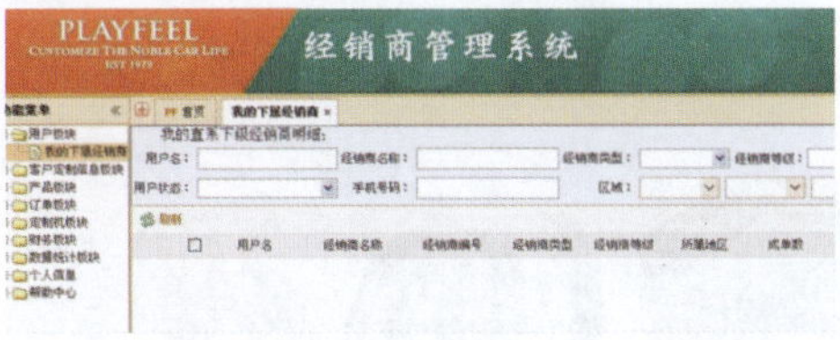

(7) 简单实用会员管理系统

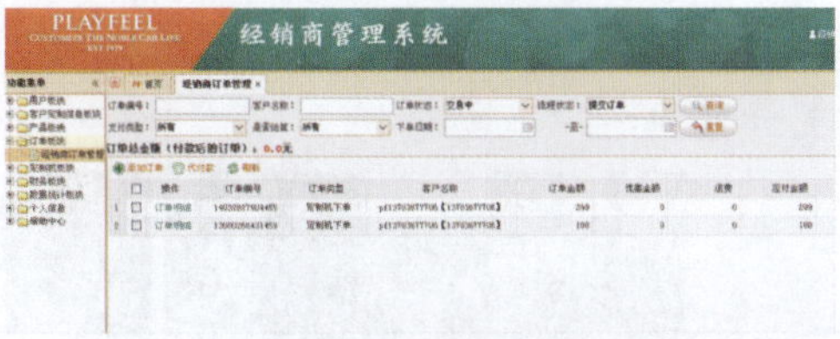

2. 平板电脑介绍

尺寸：11 寸全高清液晶光波触摸屏

具备智能营销机相同的功能，并且可以更机动、主动的进行产品销售，现正稳步进行终端店面覆盖。

3. 车主俱乐部管理软件

把您的商铺开到顾客的手机上

4. 经营三部曲

(1) 组建：上传自己的产品、服务、形象在移动互联网上组建自己商铺。

(2) 开拓：使客户通过扫描二维码加入，在愉悦的使用过程中与朋友分享，实现病毒式拓展。

(3) 营销：在服务中增加客户粘度，从而实现营销。

5. 车主俱乐部管理软件能帮助店面

(1) 在服务中营销

产品服务　预约　评价　分享

(2) 增加客户粘度

帮帮忙　推送消息　车生活导航

(3) 提供日常服务

保养记录　费用记录　咨询服务

(4) 增值服务

一元抢购　积分

八、产品介绍

1. 汽车饰品 包含坐垫、脚垫、后备箱垫、儿童坐垫、方向盘套、薰衣草香薰包、医药急救包、车载储物箱、车用防眩偏光镜、户外偏光运动镜、品质生活整理箱、记忆棉颈枕与腰靠、帐篷、车载加热杯、瑞士水杯、折叠椅系列、多功能救生器、强光手电筒、工兵铲等产品。

2. 玉器饰品 包含吊坠、金镶玉吊坠、手链、手镯、项链、车挂、手把件、镇纸、平安扣、玉玺、摆件、笔筒、座香等玉器饰品。

3. 木艺饰品 包含车挂、摆件、手链、手串等高档木艺饰品。

4. 皮艺饰品 包含钥匙包、手包、卡包、皮带、证件包、钱包、眼镜袋、座垫、脚垫、抱枕、纸巾包、后备箱垫、后档包、储物箱和把套等高档皮艺制品。

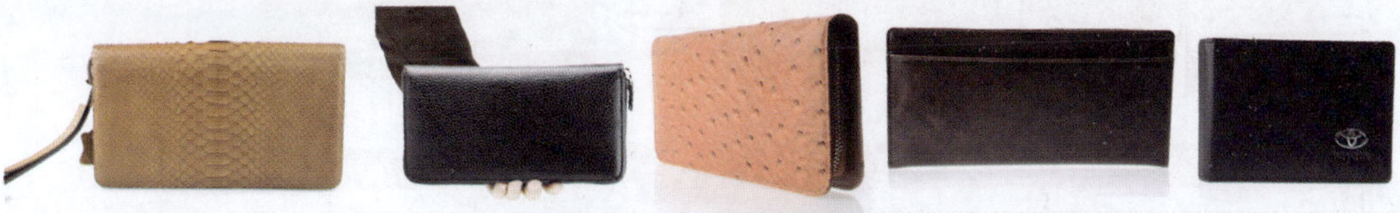

5. 香薰饰品 包含沐足精油、精油香薰、香喷、香薰套装、精油原液等产品。

6. 文化饰品 包含书法、绘画和篆刻等作品。

7. 定制内容

玉、木、皮定制	**材质定制　款式定制　运程定制　绝版定制　大师定制　个性定制　地域特殊文化品定制**
香工坊定制	**香薰定制　功效定制　形量定制**
车饰定制	**二百余款专车专用坐垫，随时定制你的专属坐垫、脚垫、后备箱垫、把套、储物箱、后档包等**
文化定制	**大师定制　字体定制　内容定制　尺寸定制　纸张颜色　大师上门创作**

九、运营步骤

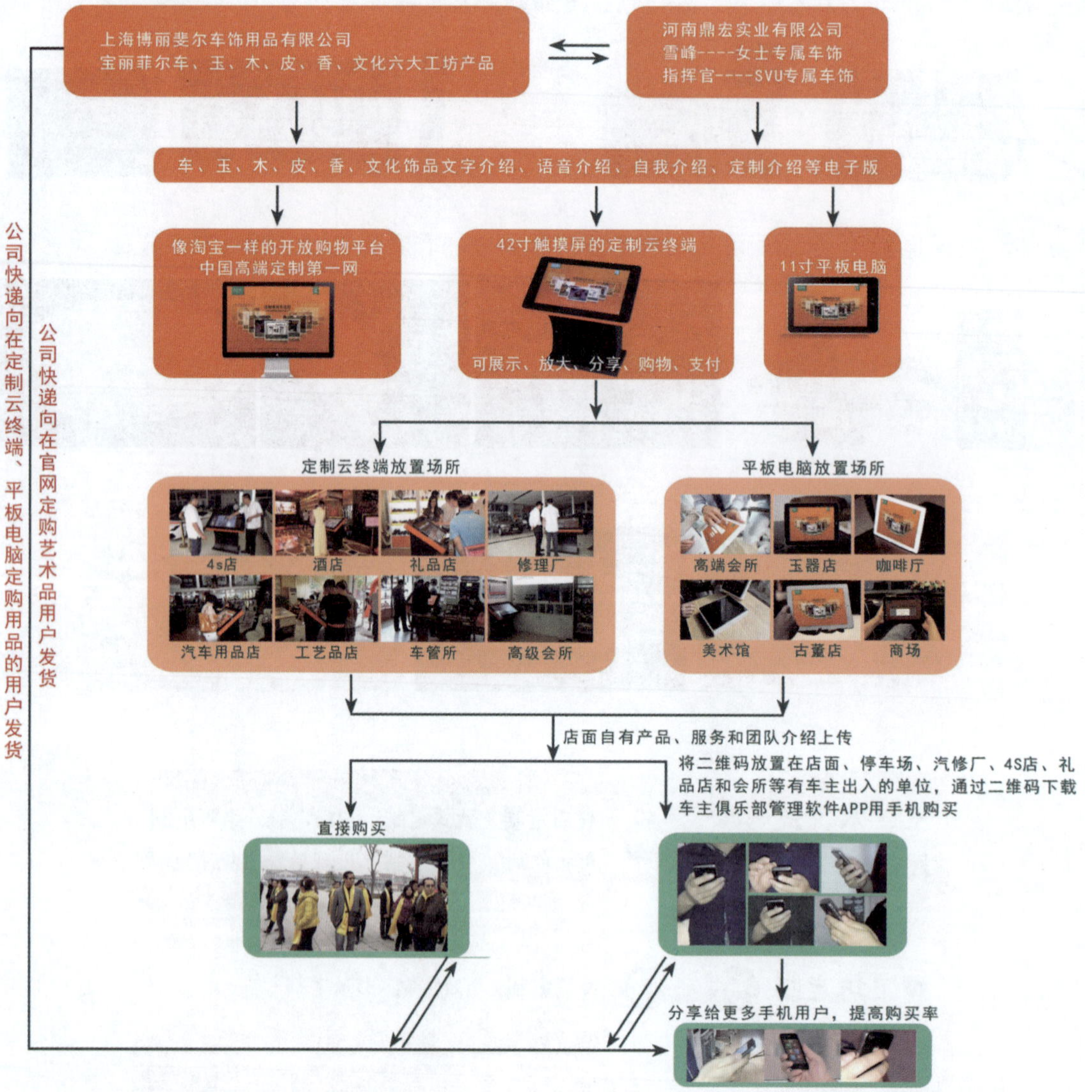

十、伙伴利益

(1) 用互联网提升形象，给自己加分

(2) 完美展示产品和服务

(3) 利益倍增

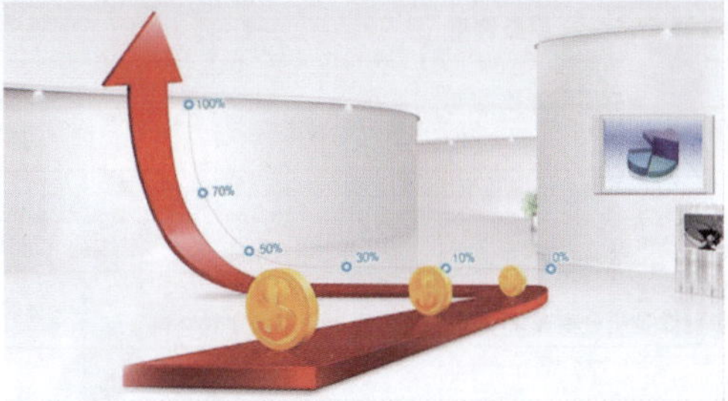

(4) 深挖客户资源，提升客单价

(5) 轻松拓展客户

(6) 无障碍沟通

(7) 完美服务

(8) 节约金钱

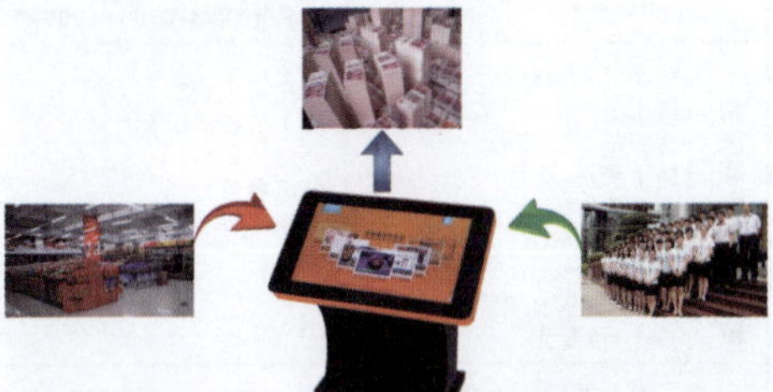

(9) 提升管理水平

十一、利益来源分析

项目	店面传统盈利模式	智能营销机盈利模式——利益倍增			
	原有客户基数为500人 平均每个客户月车饰用品和服务消费为1000元	原有客户基数为500人 平均每个客户月车饰用品和服务消费为1000元			
	店面传统盈利模式	利益倍增途径			
		A	B	C	D
	销售方式： 客户直接到店面消费	**销售方式：** 完美展示、轻松下单、跨界、定制	**销售方式：** 智能营销机分享营销	**销售方式：** 车主俱乐部管理软件销售	**其他方式**
销售额		完美展示、轻松下单——产品图片可以任意放大、缩小、旋转、360度旋转等。 跨界营销——智能营销机有汽车饰品、木艺饰品、玉器饰品、皮艺饰品、香薰饰品、文化饰品等3000多种人用、车用、家用、办公用经典产品。 定制营销——智能营销机定制模块可随心所欲定制自己喜欢的商品，满足众多消费者个性化要求，获取定制带来超乎想象的利润。 通过跨界定制营销，每个客户平均增加消费额1000元。	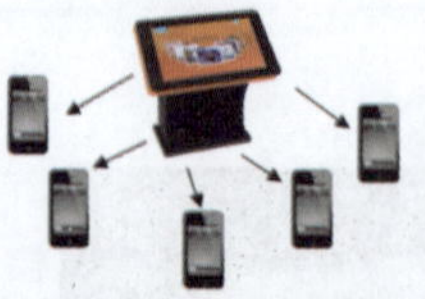 分享营销——轻松拓展营销，通过智能营销机分享功能将产品图片和介绍分享至客户手机、微信和QQ，500人中有100人增加消费1000元。	1、500人中有300人安装车主俱乐部管理软件。 2、另外可通过任何有车主出入的地方如美容店、停车场、修理厂、4S店、礼品店、会所等渠道放置的二维码扫描安装。 3、通过已经安装车主俱乐部软件的消费者再转介绍给朋友安装和消费，如此病毒式无限分享、安装和销售—— 停车场 | 汽修厂 | 休闲会所  每个客户车饰用品和服务消费1000元，客户每月增加1000人那么盈利=1000*1000元	1、用互联网提升形象，增加竞争力，使您的客户增加1.2倍。 2、提升管理水平——业务管理、会员管理、进销存管理
	月营业额500*1000=50万	月营业额500*1000=50万 跨界定制增加500*1000=50万	分享增加 100*1000元=10万	车主俱乐部软件增加 1000*1000元=100万	形象提升增加 管理提升节约
销售成本	精品区人员5 员工工资1.5万元 仓储成本0.6万元 展示费用1万元 业务费用5万元 滞销库存60万，利息3500元	精品区人员2 员工工资6000元 仓储成本0 展示费用0 滞销库存0	业务费用0		
剩余	50-（1.5+0.6+1+5+0.35）=41.55万	（50万+50万+10万+ 100万）-0.6万=209.4万+形象提升+客户1.2倍增加+管理提升节约			
说明	跨界营销：充分利用自己的平台和客户资源，实现轻松营销跨界。自己的平台和客户资源的深度挖掘，轻松扩展服务范围，提高客单价。 定制功能：进入定制模块可随心所欲定制自己喜欢的商品，满足众多消费者个性化要求，获取定制带来超乎想象的利润。 分享功能：可一对一，分享到用户手机微信、短信、邮件、APP以达到宣传和销售的目的。 拓展客户：利用手机APP，省时、省力、省钱、省人，把目标客户变成自己的客户，数十名业务员的工作，一个手机APP就能轻松完成。				

十二、合作伙伴展示

张家口爱车e族

海南店

天津豪华汽车装饰

河北唐山国伟汽车服务

朔州金源店

忻州一八

新余车满多

福建漳州博金

河南洛阳通宝
汽车服务公司

河南濮阳华枫
汽车美容装饰

河南濮阳路邦
汽车美容

湖北宜昌

江西上高县傅氏

江西寻乌　阳光汽贸

晋城东东车饰

辽宁营口鲅鱼圈大宇
汽车美容馆

山西大同美特好

辽宁盘锦鑫忠旺

河北邯郸精诚
汽车服务有限公司

上海海琪专营店

北京信和洪锐店

郑州酒店

安远同创店

南康车博士

天津路安用品批发

内蒙呼市山连利
汽车美容

浙江江山市极致
汽车健康会所

郑港

十三、联系我们

全国运营中心——河南鼎宏实业有限公司

电话：0371—65741838

传真：0371—69105292

招商热线：400－078－5800
地址：河南省郑州市花园北路宏达国际车业广场2区3楼C1
上海博丽菲尔车饰用品有限公司
电话：021－54383356
传真：021－54383352
地址：中国上海市闵行区七莘路1865号海琪汽车用品城2楼
网址：www.playfeel.com.cn

第四节　如何销售方向盘套

方向盘是“人车互动”最直接的纽带。车主每天驾驶爱车的时候都必定要将方向盘牢牢掌握在手中，就像掌控自己的生命一样。对于这样一个关系轮回的“圆圈”，许多车主都是厚爱有加，用各种“圈套”将其装点得越发个性、越发舒适。

一、如何让车主对方向盘套感兴趣

如果导购员发现车主的方向盘上没有方向盘套，导购员可说：

“老板/先生，我看您的车上好像没有方向盘套，方向盘套的作用可不少。”

“第一，方向盘套能够增强行车安全。方向盘套能够增加驾驶员手的摩擦力，防止手出汗打滑，从而增强汽车行驶时的反应灵敏度和安全性。”

“第二，方向盘套能够减少方向盘的磨损。方向盘长期与手接触，汗液、碰撞等会磨损方向盘。而方向盘套可以有效保护方向盘，减少方向盘的磨损。”

“第三，方向盘套能够有利于方向盘的卫生。手和方向盘是接触最多的地方，很容易滋生许多细菌，据有关部门统计，数以千万计的细菌吸附方向盘上。用湿布擦一擦难以达到目的，而通过高温消毒、紫外线消毒又不方便。通过拆洗方向盘套，就可以实现方向盘的卫生。”

“第四，方向盘套能够减轻震动对心脏的冲击。在路况不好的情况下，驾驶员手中的方向盘会剧烈晃动，由于方向盘本身太硬，从而会刺激心脏，影响心脏健康。而方向盘套内有特殊的弹性体，可以提高缓冲度，减轻方向盘震动对心脏的冲击。”

“第五，方向盘套能够提高手感的舒适度。方向盘套的导热性差，夏天不太热，冬天又不太冷，有些方向盘套设计成凹凸状，还可以按摩手部的穴位，有利于身体健康！”

“第六，方向盘套能够增加方向盘的美观。方向盘套可以设计成许多款式，能够装点汽车的内室更加美观、时尚、个性。”

☞ 小贴士：方向盘套的分类

1. 从外层材质（面料）分类，汽车方向盘套面料可分为长毛绒、毛绒、丝绒、厚布面、真皮（黄牛皮、水牛皮、羊皮等）、仿皮（PVC、PU）、人造革、超纤、仿超纤、、潜水布等。

2. 从内层材质（内胆）分类，汽车方向盘套内胆可分为白胶圈、黑胶圈。黑胶圈往往有异味，白胶圈往往无异味。

3. 从接口数量分类，汽车方向盘套可分为只有一个接口、有多个接口。

4. 从安装方法分类，汽车方向盘套可分为手缝、套装两种。

5. 从造型分类，汽车方向盘套可分为卡通造型、文字造型、字母造型、动物纹（豹纹、斑马纹、虎皮纹等）造型、斜纹造型、图案造型、突点造型等。

☛ 小贴士：仿皮与真皮的区别

目前市面所见的所谓“真皮”方向盘套面料其实包括仿皮与真皮两种，其中仿皮主要有 PVC 与 PU 两种。

1. PVC。PVC 材料即聚氯乙烯，它是世界上产量最大的塑料产品之一，价格便宜，应用广泛，此种材料具有重量轻、隔热、保温、防潮、阻燃、耐酸碱、耐腐蚀、良好的稳定性、耐用、抗老化、相对物美价廉等特点。

2. PU。PU 是 Polyurethane 的缩写，中文名为聚氨基甲酸酯（简称聚氨酯）。PU 面料由一种人造的材料合成，PU 的制造工艺上比 PVC 复杂一些，由于 PU 的底布是抗拉强度好的帆布 PU 料，除了可以涂覆在底布的上面外，还可以将底布包含在中间，使之外观看不到底布的存在。

PU 的物理性能好，具有真皮质感好、耐曲折、柔软度好、抗拉强度大、透气率高、防水、结实耐用、价格低廉等特点。常见的意大利皮糠纸、再生皮都是 PU 皮。

3. 真皮。真皮包括：黄牛皮、马皮、水牛皮、羊皮以及其他动物皮。真皮具有摩擦系数适中、美观、天然、环保、弹性好、透气、舒适、价格高等特点。真皮表面有一些明显的毛孔和花纹。

☛ 小贴士：方向盘套的规格

根据方向盘的直径大小，方向盘套分为小号、中号、大号三种规格。

1. 小号（35 ～ 36cm）。适用于昌河系列、丰田威驰、羚羊、吉利系列、奥拓、夏利、威姿、雅酷等车型。

2. 中号（37 ～ 38cm）。适用于奇瑞、现代索纳塔、标致、福特系列、奥迪系列、东风系列、本田系列、富康、日产系列、爱丽舍、马自达系列、丰田、宝来、捷达、起亚、飞亚特、东南、毕加索、哈飞、猎豹等车型。

3. 大号（39 ～ 40cm）。适用于吉普车、宝马 7 系列、别克 GL8、奔驰、别克君威、丰田皇冠、桑塔纳等车型。

二、如何向车主推介方向盘套

当车主开车到汽车后市场门店时，导购员要仔细观察车主汽车的价位与新旧、方向盘套的新旧、好坏与档次、季节等，初步判断车主的需求。

1. 对于高档车的车主

如果车主的汽车高档，应当介绍高档的把套。导购员可说

“老板/先生，您的车是宾利，现在又是夏季，应该配一个真皮的方向盘套。真皮方向盘套主要有黄牛皮、水牛皮和羊皮的。根据部位不同分为头层皮、二层皮。******汽车用品有限公司生产的‘ **** ’品牌真皮方向盘套，采用与高档轿车座椅同样的真皮材料手工缝制而成，质量非常好，都是黄牛皮的头层皮，绝对是真皮！它的主要特点是容易吸汗、抗拉伸，您看它的做工多精致，针脚特别均匀。像这样好的真皮，能用上10年、8年的没问题。当然，它的价格是我们这里最高的，一分钱一分货嘛！怎么样，要不到车里看看效果？”

☛ 小贴士：如何辨别方向盘套的真假好坏

方向盘套，也称为“把套”，已经成为车主们的必选精品之一。

1. 看一看。好的真皮外观有点皱巴巴，纹路比较清晰，真皮背面粗糙，但做工精细、针脚均匀；人造革、复合皮的外观反而挺括，纹路是印出来的，背面会附上一层织布，做工不精细、针脚不太均匀。

2. 闻一闻。真皮有种天然皮革的味道；而人造革则有橡胶以及化学成分的味道，相对比较熏人。

3. 撕一撕。如果有展示品的话，车主可以试着撕一下，真皮是撕不破的；而人造革有可能被撕裂。

2. 对于方向盘套有异味的车主

如果车主的方向盘套有异味，导购员可说：“方向盘套有异味主要有两种原因。一种原因是皮革造成的，例如，复合皮方向盘套。复合皮是由各种皮的“下脚料”，经过粉碎、挤压等加工，最终形成的合成皮，外观特别像真皮，但却不是真皮，价格相对便宜，有些复合皮有异味。另一种原因是胶圈造成的，黑胶圈方向盘套比白胶圈方向盘套便宜，但是有异味。”

“把套离驾驶员很近，异味容易使人头晕。我给您推荐一款真皮白胶圈的把套吧！就是这款，怎么样？没有异味吧！”

3. 对于年轻的女性车主

如果车主是年轻女性，导购员可说：“美女，我们这里有一些新颖造型的方向盘套，比如，米老鼠造型等，非常漂亮、可爱！怎么样，来一个！”

4. 对于冬天的车主

如果是冬季，导购员可说：“老板/先生，现在外面下着大雪，方向盘很凉！冻手！我们这里有许多毛绒方向盘套，这一个灰色的是澳洲羊毛的，非常保暖，手感好，您摸一摸，怎么样？另外灰色耐脏，要不来一个！才228元！”

5. 对于中低档车的车主

如果车主的汽车中低档，导购员可说：“老板/先生，我们这里有超纤方向盘套，非

常耐用，没有异味，才88元。也可以选择三明治四季通用把套，质地轻薄、柔软、细腻，能透气、吸汗、防潮，能给您带来舒适的驾车享受！才68元！怎么样，拿这两个到车里看看效果?”

☞ 小贴士：如何套装方向盘套

1. 首先，把方向盘套的一小部分套在方向盘的最上边。

2. 然后，左右两边同时从上往下安装。注意：比较紧，需要使劲才能套住。

3. 最后，在方向盘的最下边，要扣住下边沿，顺势一拉、一翻、一推就安装上了。

☞ 小贴士：几种把套的优缺点

1. 人造革方向盘套。主要优点是表面看起来光滑精致、价格相对便宜。主要缺点是不易吸汗，冬天容易开裂，用过一两年后就容易裂纹、掉漆。

2. 丝绒方向盘套。主要优点是外观高贵。主要缺点是较易磨损、易燃，使用寿命比较短，用过一段时间后可能出现套身表面斑驳、色泽不匀的问题。

3. 手缝方向盘套。主要优点是牢固、不滑动。主要缺点是缝制麻烦、不易拆下清洁。

☞ 小贴士：如何手缝方向盘套

1. 先将方向盘套的一小部分套在方向盘的最上边，如果方向盘套的接缝处可以对准原车的接缝处，就对接；如果原车没有接缝处时，一个接口可放在方向盘的最下边，多个接口要放在方向盘对称的位置。

2. 用一只手握住最上边，另一只手用巧力（不要用蛮力）往下安装。如果方向盘套太紧，可找另外一个人帮忙安装。

3. 确认方向盘套在正中位置，可用绳子先绑一下，以防止方向盘套来回滑动。

4. 缝制时，先将线固定在方向盘盘幅下方不明显的位置，打成死结，然后分两边缝制。

5. 穿线时，不是刺破真皮，而是系鞋带式穿线。为防止扎破真皮，最好用针鼻穿线。

6. 缝制时，隔一针穿一针。每次都从下穿入、从上穿出。每穿一次线后，就用左手拉紧一下。

7. 缝约10cm左右时，用小平头的螺丝刀将线拉紧一次。

8. 当缝到需要跨越的分叉时，打一个结。

9. 在跨越分叉时，皮套上部的孔中仍然要穿上线，并拉紧。这样就不会留下一段未穿线的孔，不仅美观，而且也不会出现线松垮的现象。

10. 一直缝到第一根线停针处时，两根线打死结，用小平头的螺丝刀把线头塞到里面，缝制完成。

☞ 小贴士：汽车方向盘套生产检验标准

（本标准由广州市白云区索普汽车用品厂起草）

汽车真皮方向盘套是一种新兴的、既时尚装饰又提高安全护驾系数的双职能产品。

改革开放前的中国大陆，汽车方向盘套虽然已经进入我们的生活，但它仍然是一种微不足道的东西，且它的结构只有一个造型。汽车方向盘套的造型是否美观、结构是否坚固、手感是否舒服、选料是否上乘，却是少人问津的事。

随着改革开放的进一步发展和人的生活观念的改变，汽车方向盘套的造型即第二个“装饰”职能开始出现并日益显得重要，汽车方向盘套正在向着视觉美观华贵，触觉舒适玲珑，结构坚固大方，工艺精妙细致的方向发展，选料也正在不断变化发展之中。不管怎样变化，由于车内空间比较小，环保占据了主动性，标准化也就应运而产生。

1. 材料选择标准

（1）所有汽车方向盘套材料都必须符合国家有关标准，不得含有对人体有毒有害物质。

（2）皮料、辅料的耐寒性、潮湿气候变化情况、高低温气候变情况应在要求值下保持不发生爆裂、变形、变色、掉色等异常情况。

（3）真皮的材料必须耐高温达90℃。抗磨性必须达到2200振以上。

（4）任何皮裁片的尺寸必须与模板尺寸一致。允许偏差2mm。

任何皮裁片都必须留有标准水口。相比标准尺寸，允许偏差2mm。

2. 车缝工艺操作标准

（1）平车线针距、边距常规要求（特殊要求按订单要求）接口受力的位置要倒针，倒钱只能允许3至4针。

（2）车线底线和面线路必须扎实，不能有长短针、跳针、断线、抛线、线路起珠等。

（3）平车线要求用粗糙拉力强的线，接口不能露线。高车线要求用2－3股千面拉力强的线，使用时不易起毛。

（4）平车压线要平顺、贴服，不可起皱及起波浪。

（5）高车压边线边距平顺，不断线，不打折，不起皱，针距口要均匀。首尾交汇接口处不能错位。重接口处不能超过4针。

（6）车布标不能有高低、打折或偏歪，位置要准确。

（7）双针面线的处理：所有受力位置要重线，且对针眼，无松脱等现象。中间发生接线时，面不能见有重线，要把线头挑底部打结，牢固后涂万能胶水。

（8）注意车线时皮面压痕及刮花皮面。

3. 成品包装做工术语标准

成品包装是品质的最后防线，可分七点：

（1）合缝口：合缝就是把两片料合在一起，这是汽车方向盘套上主要的工序。一般说的合缝材料合成面料上，一般就是指面料与面料的缝合。要注意合缝口的严紧性、牢固性。

（2）断线：有合缝的地方就难免有断线，一般客户的要求是不允许有断线，看不见的地方，即汽车方向盘套内部的暗合缝允许有断线，但是外表的明线不允许有断线。

(3) 线头：线头就是缝制后留下的线毛。基本上所有的客户都要求把线头清除干净，即用剪刀把多余的线剪掉再用火烤一下。如果线头长于3mm就为不良产品！所以，在买汽车方向盘套时是否看得见线头，也能看出汽车方向盘套的做工是否精细。

(4) 画粉：画粉就是在做汽车方向盘套的过程中，用来在面料上做记号的东西。客户都要求在做完汽车方向盘套后把画粉全部擦干净，有一些客户对画粉特别敏感。所以，看产品上是否残留着画粉也能看出做工是否精细。

(5) 汇针：汇针就是为了增加牢固性，在包边缝的过程中高车线走一圈后再倒回来重新出发点。汇针的地方不能交叉错位。重合汇针的交接处只能允许重4针。

(6) 双针：双针也是用一种特殊机器缝制的。这种机器有两个针头，一次能走两趟线，所以叫双针。双针一般在包的外面缝合时用，它不仅仅能加强牢固性，而且均匀的平行线给人以美观的感觉。双针的针距一般为5－6mm宽。不允许有松脱、断线、不对称现象。

(7) 感观：感观就是直接第一眼的外观。外观要保持不发生爆裂、变形、变色、掉色、烂皮等异常情况。

【案例】

如何推介最奢华的真皮方向盘套：真皮大王

“真皮大王”是新世纪索普国际（香港）有限公司、广州市白云区索普汽车用品厂的著名品牌。索普成立于1998年，是专业生产真皮方向盘套、真皮椅套及真皮车饰小精品的企业。

索普的生产面积有2万多平方米，产品畅销全球各地市场，年产量达到150万套，产品均以国际名车椅套真皮为原料，通过精心设计、精耕细作、精雕细刻缝制而成。快速的研发能力和持久的创新能力，使产品持续成为同行业的领跑者。

一、索普的品牌故事

索普旗下有三大品牌：“真皮大王”、“SUPER”与“NCT”。三大品牌的名称充分体现了索普创始人孙明董事长的理想与追求。

1. “NCT”品牌——做最专业的方向盘套

“NCT”是英文New Century的缩写，含义是新世纪。代表了孙明要在21世纪，决心在方向盘套领域，开创一个崭新的未来。

1998年，孙明创立广州索普汽车用品厂，开始了一条汽车后市场产品的事业之路。当时的品牌是“NCT”，虽然是创业初期，但孙明对市场有着敏锐的触觉，并有着勇闯商海的魄力，凭着“NCT”在市场领域的拓展，孙明人生事业也开始了新的旅程。该阶段，孙明看好方向盘套市场的发展，暗下决心以“NCT”开创事业的新世纪，希望把这个品牌做成最专业的汽车方向盘套品牌。

2. “SUPER”品牌——做最大的真皮方向盘套供应商

2000年，孙明成立了广州市新世纪汽车用品有限公司，带着5万元的启动资金，三年增值40倍。2002年，更是遇见了索普发展史中最美丽的转折点——外贸。借着广交会这个桥梁，开始了全球布局之路。此刻，孙明有着更宏伟的方向盘套事业蓝图——做全球最大的真皮方向盘套供应商，为此，“super”（中文名：索普）诞生了。

据孙明讲述，“super”品牌以及中文名字的诞生，背后还有着一个英雄的故事。“super”本是超级的意思，寓意做超级方向盘套生产商、全球最大。而中文名字“索普”源于澳大利亚游泳运动员伊恩·詹姆斯·索普，绰号鱼雷。他曾经在48小时内3次刷新世界纪录，总共获得了5枚奥运金牌、3枚银牌与1枚铜牌，是迄今为止获得金牌数最多的澳洲人，他是澳洲的英雄式人物，他的精神以及在体育方面的杰出贡献都是孙明所佩服的。

随后，孙明在中国汽车用品集散地——永福路开设了形象店，并在香港成立了新世纪索普国际贸易（香港）有限公司，步步为营。

3. “真皮大王”品牌——做最奢华的方向盘套

一切风生水起的美好时光总会引起上天的嫉妒，2008金融危机来袭。孙明看到了国内外市场的巨大差异，对品牌进行了科学规划，决定所有的方向盘套都以真皮为主，而且他要做最奢华的方向盘套，他要让中国方向盘套品牌成为全球奢侈品方向盘套的鼻祖。“真皮大王”正是带着孙明最宏伟的愿景与最有力的材料基础重新出发了。

索普出品的方向盘套，用的都是与高档汽车真皮座椅同样的材料、同样的质感、同样的真皮，由于特殊采购与特殊工艺，质高而价不贵，所以他们可以很自信地保证产品的质量，承诺消费者。

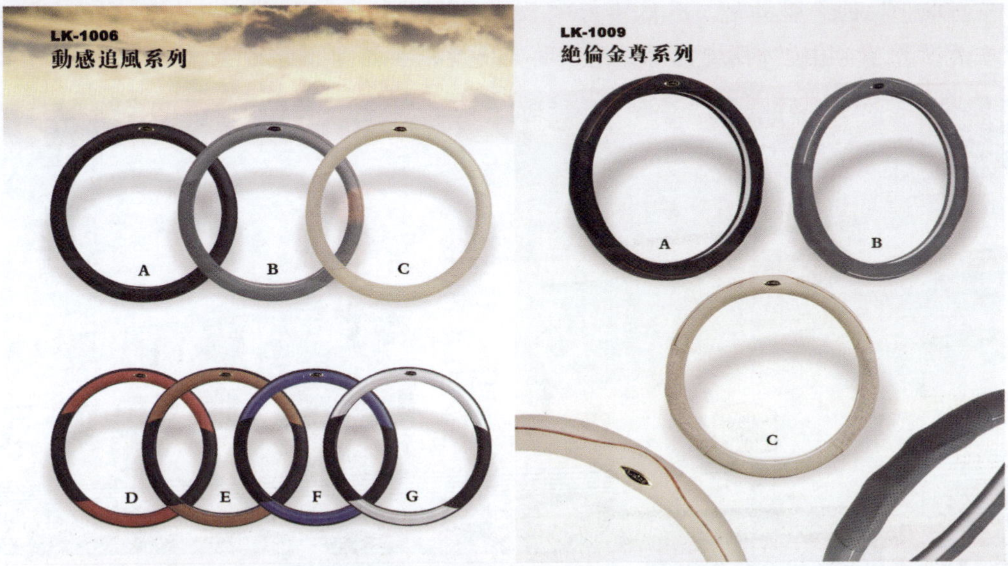

二、索普的新追求：做行业标准引导者

近年来，一系列车内有毒材料危害乘员健康的事件，让社会对车内空气质量的关注度明显升温，“车内空气质量”、“车内污染”成为车主关注健康车居的重要问题，而问题起源又聚焦在汽车内饰汽车用品中。目前，专门的汽车方向盘套尚无法可依，真皮的、布艺的、毛绒的……各种产品从材质到尺寸到生产流程的监控都没有现成的标准。

孙总发现，市场太需要真正的品牌，消费者太需要品牌对他们关于真皮方向盘套的知识引导，于是，他行动了，他带着他的三个品牌再度布局国内市场，不但要扩大品牌影响力，以品牌带动行业，影响消费意识，更要用品牌创立行业标准，做真皮方向盘套品质的“审判者”。

孙总一直关注方向盘套的材质、产品生产、产品设计等多方面技术的提升，并动员行业协会、政府相关部门积极推动产品生产检验标准的制定。他说：“方向盘套发展到今天，很多不合理的东西已经凸显出来，给行业带来了不同的影响。做产品，就要做标准，就要为行业做贡献！”

三、索普的荣誉与文化

索普企业严格按国际标准规范生产，2007 年已通过《ISO9001：2000 质量管理体系认证》，并荣任“广州市（白云）汽车用品配件商会常务理事单位”。2009 年荣获“中国信用企业认证体系示范单位”称号，并获得中国互联网新闻中心“中国名企”与“中国信用企业认证体系示范单位”称号。2010 年荣获第一届中国汽车改装设计大奖《最佳舒适设计大奖》和“中国汽车用品行业优秀品牌企业”称号。2012 年荣获“中国汽车用品行业优秀品牌企业”与“汽车装饰改装十大知名品牌”称号。2013 年荣获“年度优秀品牌企业”与“慧聪汽车装饰十大知名品牌”称号。2014 年荣任“广东省汽车用品商会副会长单位”。

索普企业奉行“优质、高效、求实、拼搏、创新”的企业精神，秉承“追求卓越，造福车主”的宗旨和“真皮大王，真的环保”的经营理念，努力打造“精品开拓市场，人才开创事业”的企业文化，严格执行“以质量创品牌，以品牌占市场”的经营方针。孙明与索普愿为各国内外朋友携手并进，共同发展，共创美好明天！

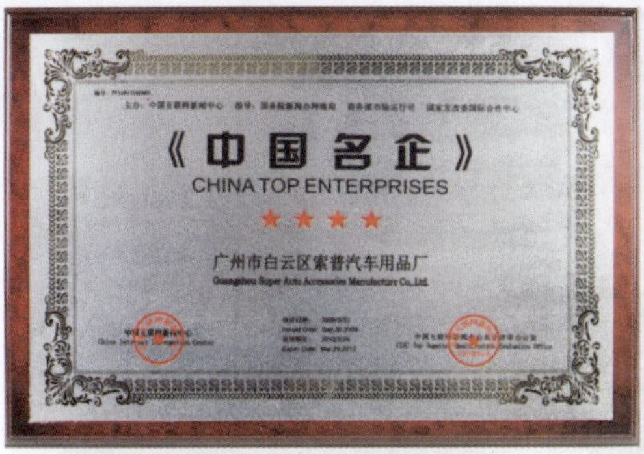
《中国名企》
CHINA TOP ENTERPRISES
广州市白云区索普汽车用品厂

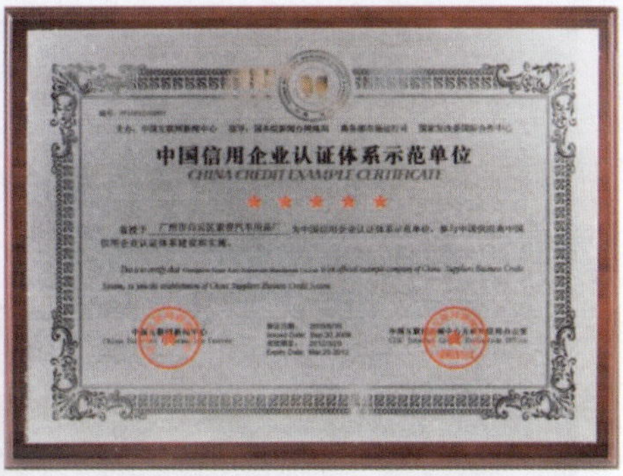
中国信用企业认证体系示范单位

汽车装饰十大知名品牌
广州市白云区索普汽车用品厂

CERTIFICATION
GHQ08120
国际标准认可证书

获授予：广州市白云区索普汽车用品厂
2013年度优秀品牌企业

广州市白云区汽车用品配件行业商会
理事单位

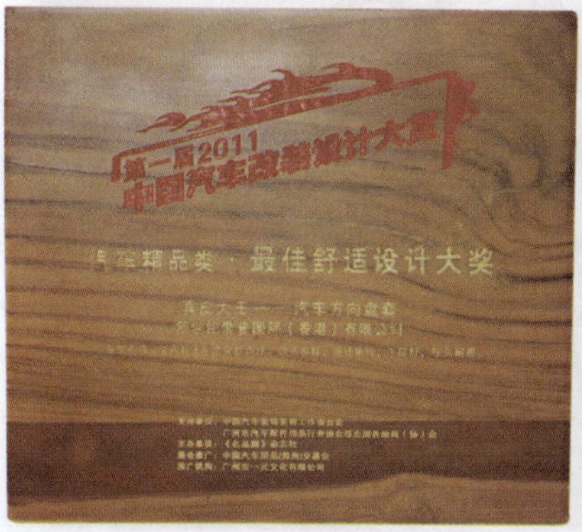
最佳舒适设计大奖

人脉 商脉 发展
广东省汽车用品商会
Guangdong Chamber of Automotive Supplies
广州索普汽车用品厂
副会长单位
广东省汽车用品商会首届理事会 2014年2月

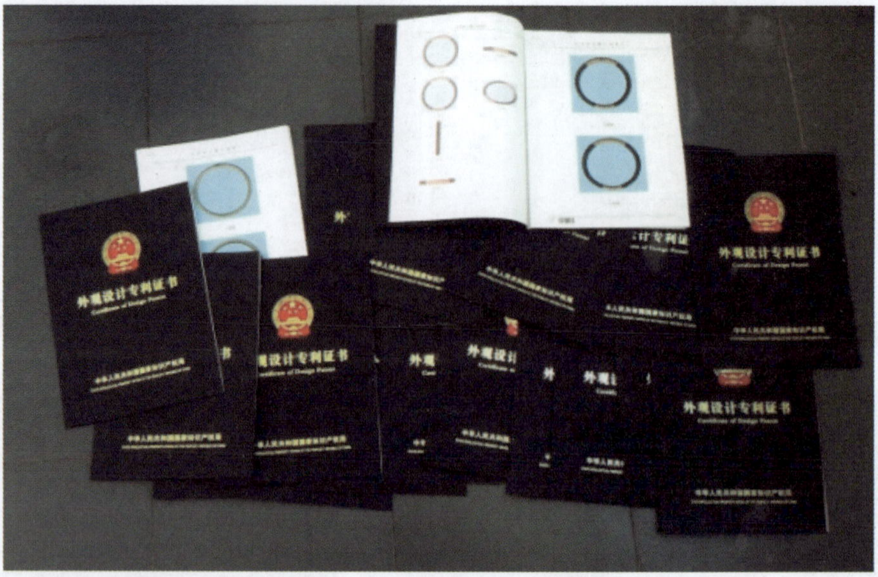

四、如何向车主推介“真皮大王”LK1000 方向盘套

当车主想要购买真皮方向盘套时，导购员可以说：

“先生/女士，您的爱车是奥迪，应该选用真皮方向盘套。真皮方向盘套高档，真皮天然环保，透气吸汗，可防止手掌长茧，还不易打滑。”

“您想要安装真皮方向盘套，我建议您选用‘真皮大王’。他们用的材料是跟宝马、奥迪等高档轿车真皮座椅所用的同样真皮，高温处理达 95℃，就算放在开水中也不会变形掉颜色，一年包换，出口品质，质量信心保证！”

“索普的实力雄厚，索普生产的方向盘套做外贸的销量比国内要大得多，能做到与奔驰、宝马、奥迪真皮座椅一样的皮料在国内不多，像这款‘LK1000’，是真皮大王方向盘套的高端产品，采用牛皮的头层皮，环保白色内胆，四季通用，双色拼接的设计，视觉效果更醒目，可以防止驾车视觉疲劳。这款产品有八种颜色，八仙过海各显神通，这款灰色跟你的爱车风格完美搭配，特别雅致，才 388 元！”

【产品名称】真皮大王 LK1040

【内外材质】环保内胆，真皮牛皮外层

【适合季节】四季通用

【颜色分类】黑啡，黑灰，米橙，米啡，黑红

【设计风格】成熟型，运动型

【特色功能说明】宝马专用进口头层皮，细致柔软，极致手感，让驾驶成为一种享受；皮料经过香精泡制，散发出淡淡清香，能保持车内清香；选自进口头层真皮耐磨，防滑均得到最大的提升，手感舒适，设计典雅大方中不失活力，显得更加时尚，又充满绅士风度。

产品图：

【价格】388 元

【质量信心保证】名企产品，1 年包换

【产品名称】真皮大王 LK2018

【内外材质】环保白色内胆，真皮牛皮外层

【适合季节】四季通用

【颜色分类】黑色，红色，棕色

【设计风格】成熟型

【特色功能说明】整张意大利进口花皮制作，焕发自然莹亮光泽，高档尊贵；手感细腻舒适饱满，让你的爱车尽显豪华品质；蛇纹外观，美观实用，凹凸设计，增加方向盘的运动感；依照人体工学设计，波浪纹工艺，手感超好，接触面积大，让你拥有更酷更炫的车内空间，贴合原车方向盘精准裁切，防滑，细心呵护你的安全。

黑色——是一种永远流行的主要颜色，适合与多种颜色搭配，代表神秘，稳重，力量，更是权力和威严的象征；红色——代表着吉祥、喜气、热烈、奔放、激情、斗志、革命，与运动型车型完美搭配；棕色——是稳定与保护的颜色，它代表着充满生命力和感情。

产品图： 
【价格】488 元
【质量信心保证】名企产品，1 年包换

五、如何鉴别真皮大王的优质真皮方向盘套

汽车上采用的真皮具有一定的独特性。汽车座椅大多采用细密柔软的黄牛皮，弹性拉力和色泽度均好，经过高温处理泡制，耐高温检测达 95℃以上，太阳下暴晒不易变色、褪色。而家具真皮材料不耐高温，耐磨度也不高，如用来制作方向盘套，使用时间短，不到三个月就可能出现变色褪色，甚至掉皮。另外也有水牛皮座椅，皮质较粗较硬、质量次一些，平时更要注意保养。如果采用与高档车座椅一样的真皮材料做成的方向盘套，具有同样的优点。

如何鉴别方向盘套产品的皮质优劣呢？以真皮大王方向盘套为例，首先是看，好皮皮面光滑，皮纹细致，色泽光亮，有细小的毛孔。第二是摸，好皮手感质地柔软、滑爽有弹性，皮面甚少出现疙瘩、颗粒、板硬或发粘。第三是烧，会发出动物皮毛之气味。第四是擦，用潮湿的细纱布在皮面擦拭几下，好的头层皮由于吸水吸汗能力强，皮面不留小水珠，而市面上很多二层皮、二层贴膜不具有如此功能。第五是拉，真皮拉后不会变形，拉力越大，表面越光亮。

一个优质的真皮方向盘套更可以从内胆、缝线等细节看出优劣。以真皮大王的 LK－1040 系列产品为例，该款产品采用宝马车原装用进口头层皮、环保绿色内胆、优质耐磨缝线。细致柔软，极致手感，让驾驶成为一种享受，皮料经过香精泡制，散发出淡淡清香，能保持车内清香。耐磨、吸汗、防滑均得到很大的提升，手感舒适，设计典雅大方中不失活力，显得更加时尚，又充满绅士风度。

六、真皮大王品牌优势

真皮大王——汽车真皮车饰专家。把握，掌控自如。

真皮大王品牌坚持真皮开发，基于真皮方向盘套，横向延伸开发系列真皮车饰产品。在汽车方向盘套的世界，真皮，一直扮演着“生活家”轻奢品的角色。

一车一世界，一皮一乾坤。

• 品牌优势：比肩宝马、LV 精髓

15 年汽车真皮车饰品牌积淀。15 年真皮方向盘套沉淀，与宝马、奔驰配套真皮一致性，堪比 LV 包经典精髓。

• 技术研发

索普公司已通过 ISO 9001：2000 质量管理体系认证，并首创真皮车饰（方向盘套）行业“TP（Twelve Programme）”制造标准。

• 原料优势：进口特供真皮

好的真皮，必定耐磨、吸汗、防滑、不褪色。真皮大王的用皮采购自纯进口的特供宝马（7系）、奔驰原厂座椅套皮。环保，安全，色泽原味细腻，质感立体饱满。

• 开发优势：15 年专业开发，人性关怀

与长沙理工大学汽车工程学院战略合作，开发基于人体工程学的点阵式、视觉干扰式、防疲倦式等模型的新型方向盘皮套。15 年真皮面料研发经验；30 多人的开发专家团队；1 万多次实验室研发试验；50 万公里的实车严格路试；15000 多条基础数据采集；TP 系统化分析研究；创设全球最大的方向盘套展示中心。

• 团队优势：协作与帮扶

索普拥有 15 汽车真皮车饰运营经验；研发、生产、营销与服务一体化；50 多人的专业营销服务团队；营销中心下设海外部、中国区运营总部、市场部、客服部、售后部等职能部门；中国区运营部直接管辖全国五大营销区域，为合作伙伴提供贴身的市场营销服务。

索普公司团队依据合作伙伴的特色与优势，携手伙伴共同打造区域经营竞争优势，为伙伴提供营运支持，帮扶合作伙伴打造出一个强势的销售业务与服务团队。

• 服务与支持优势：360°无忧贴身服务

索普真皮大王品牌为合作伙伴提供无忧贴身 360°服务，助力成长。

1）广宣物料支持：画册、折页、X 展架、手提袋、广宣礼品等等。

2）渠道及终端推广促销活动支持：渠道推广会、终端促销活动、消费者推广会、区域消费类展销会推广支持等等。

3）品牌公关传播平台支持：行业媒体、大众汽车垂直媒体、自媒体等平台新闻及公关传播、发布等

4）终端品牌形象建设支持：门头、产品展柜、广告灯箱、资料架、促销礼品等等。

5）销售培训支持：产品知识培训、销售流程培训、销售话术培训、终端促销推广培训等等。

6）定制化的产品服务：接受客户提出的定制化产品服务。

七、索普公司系列产品展示

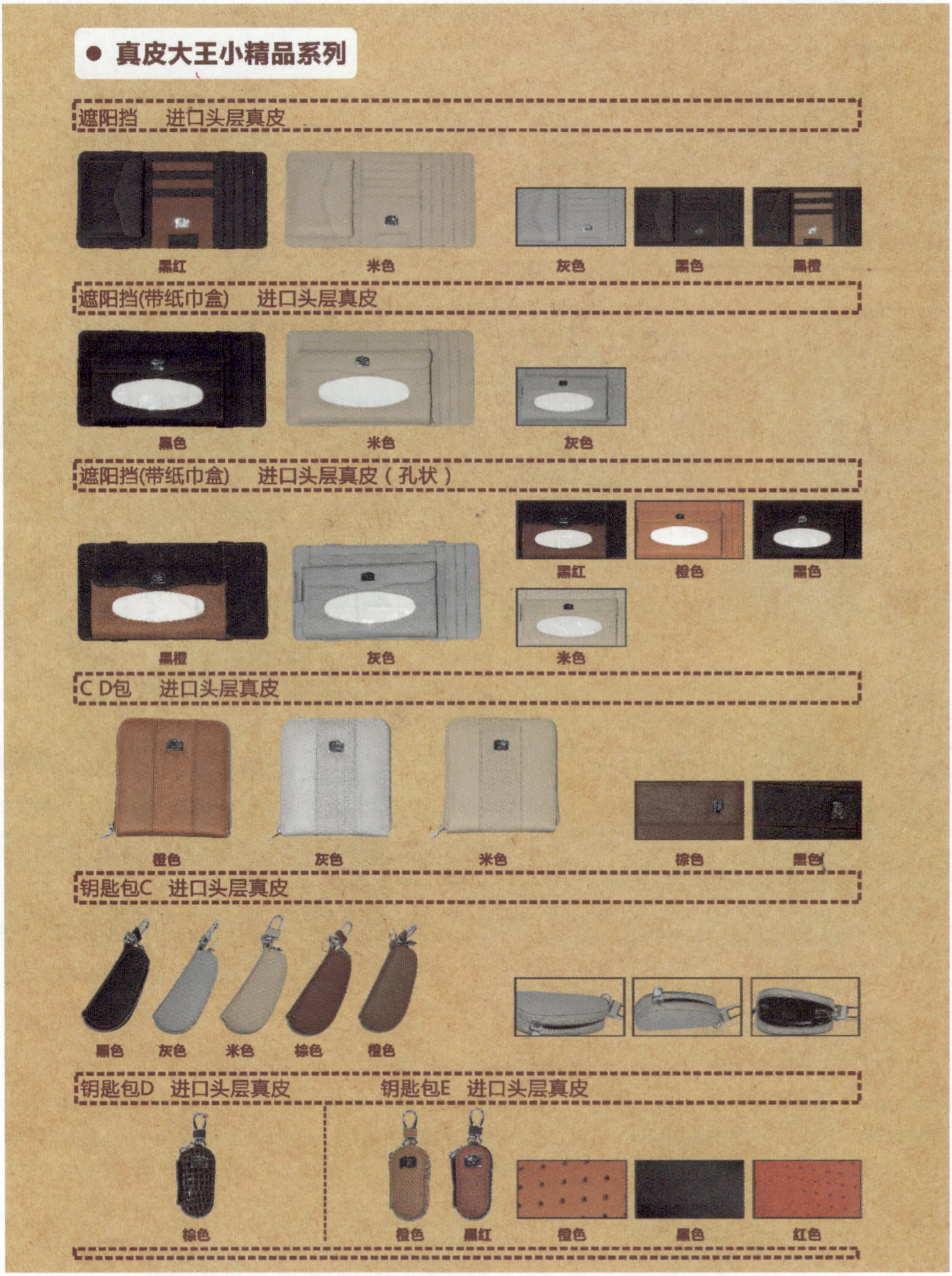

● 汽车真皮座垫系列

座垫（羊毛/酸枝珠）进口纤维+进口真皮+酸枝珠+真羊毛

座垫（羊毛）进口纤维+进口真皮+真羊毛

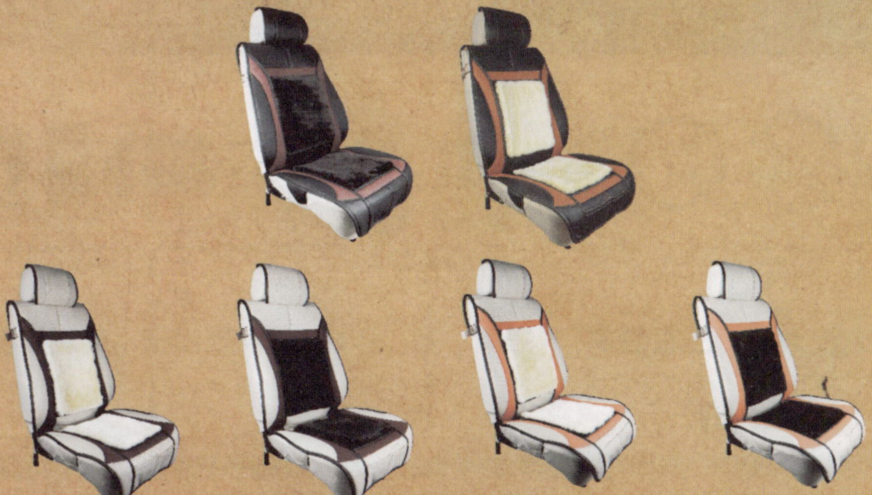

座垫（酸枝珠）进口纤维+进口真皮+酸枝珠

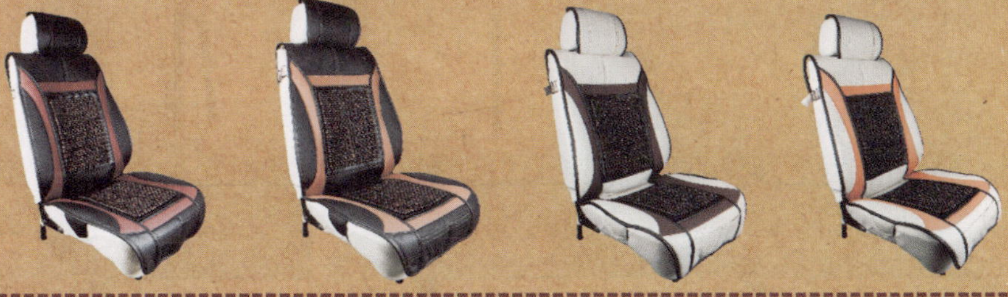

八、索普公司方式

新世纪索普国际贸易（香港）有限公司

地　　址：香港湾仔皇后大道东 213 号胡忠大厦 22 楼 2209 室

电　　话：00852 – 25832693

传　　真：00852 – 30117166

广州市索普汽车用品有限公司

工厂地址：广东省广州市白云区新广从四路 112 号

运营中心/真皮大王品牌展示中心（福怡大厦）

地　　址：广州市永福路 49 号福怡大厦三楼 304

电　　话：86 – 20 – 29880488

传　　真：85 – 20 – 87483207

客服电话：4008 555 338　　020 – 87443900　　13631326597　　18675207870

电子邮箱：nct-super@ VIP. 163. com　　gz-nct@ 163. com

185530899@ qq. com　　1542676700@ qq. com

公司官网：http://www.gz-nct.cn　　　　http://www.nctsuper.cn.china.cn
商务QQ：185530899
公司QQ：1542676700
公司微信号：广州市索普汽车用品厂

第五节　如何销售小内饰品

小内饰品的种类繁多，几乎每一个汽车后市场门店都经营部分小内饰品，但不可能是全部。下面主要介绍几种小内饰品的销售话术，以抛砖引玉。

一、如何让车主对小内饰品感兴趣

当车主到精品展示厅参观，询问一些小内饰品时，导购员可说：

“老板/先生，这些饰品虽然都不太大，但是作用可不小，让我给您简要介绍一下。”

“像防滑垫、眼镜夹、手机袋、安全带套、驾证夹、遮阳板套这些饰品，能够提供一定的保护功能。”

“像头枕、颈枕、抱枕、护腰靠枕这些饰品，能够增加一些舒适性。”

“像年检贴、车载剃须刀、点烟器、年检架、整理箱这些饰品，能够提高一些便利性。”

“像手电筒、应急药箱、胎压计、充气泵、电子狗这些用品，具有特殊作用，有些平常不怎么用，关键的时候能有大用！”

“像挂饰、摆件这些饰品，能够增加车内的美观度。”

☛ 小贴士：小内饰品的分类

小内饰品是指安放在汽车内室、后备箱内（除汽车座垫、汽车脚垫、汽车香薰、方向盘套以外）的小型车饰品。

1. 从是否通用分类，汽车小内饰品可分为通用型、专车专用型。大部分汽车小内饰品是通用型的，但车窗帘、扶手箱等可以是专车专用型的。

2. 从制作材料分类，汽车小内饰品可分为金属、玻璃、塑料、布类、皮革、橡胶等。

3. 从外部形状分类，汽车小内饰品可分为立方体、长方体、圆柱体、球体等。

4. 从是否应急分类，汽车小内饰品可分为应急饰品与非应急饰品两种。

5. 从饰品放置的方式分类，汽车小内饰品可分为挂饰、摆饰、贴饰等。

6. 从安放的部位分类，汽车小内饰品可分为车身饰品、中控台饰品、制动饰品、座椅饰品、后备箱饰品等。

（1）车身饰品：主要包括年检贴、驾证夹、遮阳挡、避光垫、遮阳板套、汽车眼镜架、车内辅助后视镜、车挂饰、车窗帘等。

（2）中控台饰品：主要包括防滑垫、摆件、空气净化剂、竹炭包、指南针、坡度仪、温度计、点烟器、烟灰缸、车载蓝牙免提、车载电源逆变器、车载剃须刀、车载电热水杯、手机架、GPS 座、纸巾盒、电子狗、光盘包等。

（3）制动饰品：主要包括方向盘防盗锁、排挡套、手刹套、钥匙扣、钥匙包、扶手箱等。

（4）座椅饰品：主要包括座套、抱枕、腰枕、颈枕、头枕、空调被、保暖被、衣架、置物袋、整理箱、杂物桶、手电筒、应急药箱、空气净化器、空气净化包等。

（5）后备箱饰品：主要包括整理箱、储物箱、储物桶、后备箱垫、掸子、胎压计、充气泵等。

二、如何向车主推介小内饰品

当车主开车到汽车后市场门店时，导购员要仔细观察车主汽车的价位与新旧、小内饰品的有无、新旧、好坏与档次、季节等。一般来说，车主的车里多多少少都会有几件小内饰品，但也总会缺少某种小内饰品，导购员可有针对性地推介。

1. 如何推荐防滑垫

“老板/先生，我看您的车上好像缺少防滑垫，汽车香水放在防滑垫上就不会掉下来了。我们的防滑垫是环保材料制作的，没有异味。您看，图案有枫叶的，有米老鼠的，还可以起到装饰作用。小垫是 8 块钱，大垫是 10 块钱。要哪一个？”

2. 如何推介眼镜夹

如果车主戴眼镜，导购员可说：“老板/先生，我看您的车上好像缺少眼镜夹，不戴眼镜的时候，可以用眼镜夹夹住，防止眼镜摔坏。您看，这个款式与您的车内室颜色非常搭配，要不我给您挑一个？”

3. 如何推介护腰靠枕

如果发现车主的年龄比较大，或者车主经常接送老年人，或者车主抱怨腰疼，导购员可说：

“美女，我看您经常接送老人，如果有个护腰靠枕，老年人的腰会感到非常舒服。我们这里新到一款慢回弹的，是进口海绵，您试一试，怎么样？舒服吧！”

4. 如何推介车载剃须刀

如果发现车主是络腮胡子或者车主经常刮胡子，导购员可说：

“老板/先生，我看您的胡子很茁壮，又是商务精英，经常要会见客户。我给您推荐一款车载剃须刀，可以在车里安全方便地整理一下仪表，见客户时非常自信、体面。”

“这款车载剃须刀是根据人的面部轮廓进行设计的，设有轮廓跟踪系统。它带 3 个极速刀头，能够顺畅地贴着面部移动，把微小的胡子茬都能够刮得很净。”

“它附带车用插头和车用链接线，依靠点烟器12伏电源供电，随车携带，随时使用，容易保养。另外，还带点烟器，并且赠送备用刀头。您试一试，怎么样！”

5. **如何推介电子狗**

“老板/先生，现在交通管制越来越严，交通路口、高速公路上到处都有电子眼、摄像头、流动测速仪，一旦超速、闯红灯时被抓拍，就要被罚款、扣分。我建议您买个电子狗，可以提前给您报警！这是最新款的云电子狗，它采用韩国顶尖的雷达检测技术，不漏报，不误报，能过滤掉干扰信号，能够360度全方位检索雷达信号，不留死角，可以有效避免罚单和扣分，非常先进。要不，来一个！”

☞ 小贴士：使用电子狗的注意事项

1. 电子狗应固定在车辆的前风挡玻璃上，或用防滑垫将电子狗固定于仪表盘上方。

2. 电子狗的接收天线应朝向车头的方向，电子狗应处水平位置或接收天线稍微上翘。

3. 电子狗的接收天线必须朝向前挡玻璃且不能被雨刷阻挡，否则影响报警效果。

4. 前挡风玻璃贴了金属防爆隔热膜将会缩短一半的报警距离，解决方法是将接收口附近的隔热防爆膜去掉一块或一整条，或选用分体机型。

5. 严禁两台电子狗共同使用，否则，将会造成互相干扰，使电子狗不能正常报警。

6. 市区杂波，例如：电信局的发射站、高压电线、无线电通讯器、遥控器、自动门等都会发出类似频率的微波，电子狗经过这些地方的时候，有时会产生“误报”现象。电子狗的正常报警是是连续声音，并且越近波源越急促；而“误报”往往只是一、两声报警。

☞ 小贴士：一些小内饰品的特点与注意事项

小内饰品的数量众多，每个汽车后市场门店不一定都经销，但作为导购员应该知道一些小内饰品的特点与注意事项。

1. 挂饰。挂饰是指通过挂链挂在车顶的一种装饰。经常见到的挂饰有：画像，如伟人照、佛像等；徽章，如国徽、会徽等；玩具，如布娃娃及卡通小动物等；玉石，如翡翠、和田玉等；其他物品，如香包、风铃、灯笼、千纸鹤等。要注意：挂饰不要太重、不要太大，挂链要结实，挂得要牢固，不要影响视线等。

2. 贴饰。贴饰是指将图案和标语等贴在车内的装饰。贴饰种类也较多，按内容不同可分为三类：商标类、图片类、公益广告类。要注意：贴饰内容要合法、文明，不要粗俗、下流，不要影响视线等。

3. 摆饰。摆饰是指将饰品放置于汽车的中控台或座椅上的一种装饰。

摆放在中控台上的饰品，往往是金属类、陶瓷类、水晶类的物品。要注意：饰品不要带针状物，摆放的位置适中，防滑垫的大小适当、不要有异味、粘性足等，使饰品在急刹车或撞车事故时不能成为伤害乘车人员的物品。

摆放在座椅上的饰品，往往是抱枕、腰枕、颈枕、头枕、布偶类等物品。要注意：饰品不要容易掉毛，棉芯不是黑心棉，放置的位置恰当等。

4. 所有的小内饰品的颜色、造型、大小，要与汽车的颜色、档次等保持协调，要能够增加汽车的整体美观与安全。

【案例】

如何推介健康车饰领导品牌：福客思

一、福客思简介

广州福客思汽车用品有限公司是一家专注于汽车内饰产品的创意设计、生产制造、品牌营销为一体的大型专业性企业。公司自设生产工厂坐落在广州市白云区人和镇华业路12号，毗邻广州白云新国际机场。工厂拥有高标准的无尘化生产车间和仓储中心，先进的生产设备与专业的生产技术，并创先在生产过程中提出“打造过程精品，树立生产标准”的品牌化生产模式，着力打造国内最专业的高品质汽车内饰品生产基地。除了自设工厂外，公司还创立了行业首个开放式产品设计中心，并拥有一支很强的产品创意、设计开发团队，可以为行业的所有客户和4S集团以及整车厂服务。质量源自管理，品质铸就品牌，在严谨的生产管理和品质管理两大体系的基础上，创造一流的产品品质和产品体验。

1. 企业文化

我们的企业：

集产品创意设计、OEM生产、品牌营销于一体的专业型汽车内饰企业。

我们的目标：

专注汽车内饰，用一生的时间去做好一件事情，让“福客思”成为大众知名品牌！

我们的经营理念：

通过全体员工的共同努力，满足四个需要：

（1）对社会需要的满足——诚信经营 回报社会

（2）对企业需要的满足——创新发展 提升品牌

（3）对客户需要的满足——优质服务 共创双赢

（4）对员工需要的满足——精神成就 物质满足

我们的价值观：

(1) 诚信原则：

第一，真诚、热忱对待合作伙伴，建立企业和品牌良好的信誉和形象。

第二，个人及部门相互配合，真诚合作，建立一支高效率高素质的团队。

第三，信守承诺、实事求是，对自己的言行负责。

(2) 服务理念：

第一，“严格要求”是我们对客户提供高品质产品的承诺。

第二，“全力以赴”一切为了客户的需要和满意。

(3) 永远改进：

第一，变是市场永远不变的规则。

第二，所有的工作、品质及服务，永远都有进一步改进的空间。

第三，产品的品牌内涵和品牌形象也须与时俱进不断的丰富和提升。

2. 企业荣誉

二、福客思品牌文化

1. 品牌的核心价值

设计“健康”、用料“健康”、产品“健康”，“福客思”——致力于健康车饰的传播，让更多的人拥有健康！

2. 品牌诠释

“福客思”以特有的产品文化气质，诉说一种生活品味！一个富有中国味，寄寓着对企业发展和客户的美好意愿的品牌。“福”与企业的产品设计一脉相承，代表着中国的福文化，平安之福、吉祥之福、生财之福；“客”释为宾客，寓意中国的经商之道——笑迎四方宾客；“思”意解为思想，经营之道矣。整个品牌的思想是“以万福来求，笑迎四方宾客为经营理念”。同时“福”又谐音“服”，“思”又意解为用心去做，又表达出另外一种用心为客户服务的经营态度和企业愿景。

三、福客思优势

1. 品牌优势：强大的行业广告支持，统一形象VI，专业展柜、展架！

福客思始终坚持品牌战略，将大量资源倾注于品牌营销，多年市场运作经验，形成了良好的品牌效应，在行业内都享有优质的名声和诚信的口碑，通过多年对市场的深耕细作，至少建立2000家以上的终端形象网点，已经发展成为汽车用品行业最具影响力的品牌之一。

2. 设计优势：庞大的研发团队，优秀的产品创新速度！

福客思拥有专业的研发团队，每一款产品的推出都由设计师经过长时间的设计、打版、修改，并由品牌总监监制。极快的产品更新速度，独一无二的产品设计风格，能高效率的满足市场对品牌差异化的需求，引导市场，让客户无需考虑产品老化问题。丰富的产品系列，多元化风格，能满足不同品味的客户需求。

3. 生产优势：自设工厂，自主生产，成本优势，品质保障！

福客思拥有先进生产管理系统，大大减少了中间环节和运输时间，有力压缩了物料成本和物流成本。这些节约下来的费用将最终体现在产品的综合成本上向终端“打造过程精品，树立产品标准”的生产理念，从设计→选料→裁剪→生产→质检→品检，每个环节都有严格的安全标准和技术标准，层层落实，全力打造过程精品。

四、福客思产品简介

1. 汽车内饰的优点

从终端店角度看，能够美化购物环境，形象得到直接提升，市场竞争力大大增加，对整体运营、企业知名度、销售拉动，都会有极大的帮助。

从消费者角度看，能够提升生活空间品味，舒适生活，彰显品味，提升驾驶乐趣！

2. 汽车内饰部分产品的品名和用途

(1) 汽车头枕：依照人体工程学原理设计造型，为驾车人士精心制作，呵护司机的头部，使驾驶生活更舒适，更安全。

(2) 车用凉被：使用触感好，质地优良，弹性特佳。可做抱枕用，将拉链拉开平摊后即可做为柔软的凉被使用。本产品使用范围不限于车内，也可做为家居用。

(3) 汽车腰靠：根据人体工程学原理，设计成贴服人体腰部曲线的理想腰枕，减少因血液循环受阻及神经受压而引起的肌肉麻痹。

(4) 汽车坐垫：汽车的“内衣”，装扮氛围，让车有家一样的温馨，又可以提升乘坐的舒适感和保护汽车座椅的耐用性，让驾驶更有乐趣！

3. 福客思品牌的产品系列

(1) 中国风套装颈抱枕系列。

主题风格：该风格体现中国的传统文化，图案以中国传统书画、山水为主，主体思想清新，给人一种宁静、雅致、祥和的感觉，体现出主人高雅的情操。

面料：以环保麻棉材料为主，活性印染，无异味，并且不缩水、不易皱、不褪色、不脱色，符合国家衣物面料标准。麻棉材料既保持麻织物独特的粗犷挺阔风格，又具有棉织物的柔软特性，透气清爽又不乏舒适，尤其适合夏季车内使用

工艺：产品以纯手工精制而成，在裁制方面以标准图案立体裁剪，确保每一个产品的相同性，每一款产品为保图案标准都有着独立裁制工艺，材料浪费极大。

产品优势：产品与艺术韵味相融合，“美学·心境”福客思独有的产品特色。适合群体：对中国文化艺术修养较高人群，或者人的性格比较高雅的成功人士。

(2) 商务风系列。

主题风格：现代商务简约风格，简洁而不简单，没有复杂的条纹和耀眼的色彩，展示出一个清新优雅的驾驶空间。

面料：选用从韩国进口全工艺磨毛布面料，质感柔软，清新优雅，品质值得信赖。

该面料特点：第一，全工艺磨毛处理，手感特别舒服，并且不起毛球，易清洗。第二，质感柔软、美观耐用，面料吸湿性、透气性甚佳，不缩水、不变皱。

工艺：精工细做，严格执行生产技术标准，细微之处见工夫，采用进口设备绣花，精致细腻。

产品优势：精品款式齐全，适用于车里的每一个角落，而且填充记忆棉的头枕、腰靠，可以减缓驾驶疲劳，让驾驶充满乐趣！

（慢回弹记忆棉材料特点：福客思太空记忆棉是一种特殊的温度感应泡沫胶，原是由美国太空总署（NASA）为化解太空人及飞行员身上的压力而研发。能完全遵循你身体轮廓，开放感温记忆粒子，随人体体温变化而变软或变硬，塑造你的体型，消除压力点，在任何你需要的地方给你完全没有反弹压力的支持，而且这种开放的感温记忆粒子结构允许空气在中间流动从而维持身体体温恒定。福客思太空记忆棉的产品精心结合力学、艺术、人体工学之领先科技技术，全心呵护您的颈部和腰部。）

(3) 奢华系列。

主题风格：奢华设计，贵族气质，迎合高品质消费者对品质和品味的追求。

材料：经过高抗耐磨和净味处理的PU皮革，质地厚实、质感柔软，手感舒适，并且无异味，加上特种工艺渲染，使皮革的表面更富层次感和美感。

工艺：做工精细，高品位的设计以及高级品质感。

产品优势：奢华贵气，在展现产品实用性的同时，缔造高品味的生活！

（4）福客思卡通系列。

主题风格：以鲜明的色彩、生动的品牌卡通图案为主，给人以时尚和快乐。以多彩颜色著称，憨厚可爱的卡通小猪巴比为图案配上红、黄、绿、米、灰五种颜色，精制成小精品及造型颈枕、抱枕、腰枕，型状各异，造型独特。活泼时尚，赋予车饰的温馨和爱意。

面料：选用环保全工艺超柔毛绒面料，色彩纯正，质感松软，手感柔和舒适、面料可直接与皮肤接触。

工艺：采用四线锁边，不易断线裂边，内藏式拉链。

产品优势：精品款式齐全，颜色多样，适合于不同性格的人群并适用于车里的每一个角落。小猪巴比，设计卡通生动，憨厚可爱，让您汽车空间温馨、轻松，瞬间找到童真的快乐。猪本为吉祥之物，福客思选用小猪巴比做为卡通吉祥图案也蕴含着福客思人对各位使用车主的祝福。

（5）福客思汽车坐垫系列。

主题风格：主题式产品开发，风格多样化，在保证舒适实用性的情况下，把美观和谐与车融为一体。

坐垫面料特点：第一，全工艺磨毛处理，手感特别舒服，并且不起毛球，易清洗。第二，质感柔软、美观耐用，面料吸湿性、透气性甚佳，不缩水、不变皱。

工艺：创先把高端皮具的制作手法和特种工艺运用在汽车坐垫生产上，一针一线，精益求精。

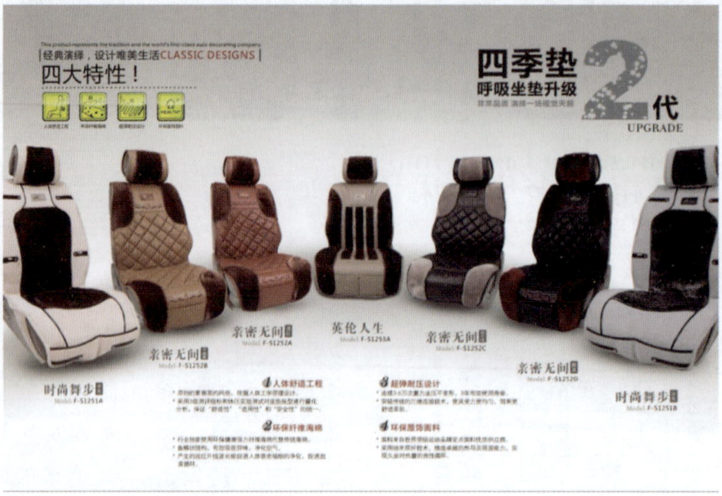

五、如何推介福客思的产品

1. 什么是卖点？

理性消费是不会从谁比谁的产品更好的角度来考虑的，而是从产品之间的区别来考虑哪个产品对自己会更适合。所以就必须先让顾客理性起来，这就需要为自己的产品销售找出“卖点”。

所谓“卖点”就是在产品的同质化（普遍性）现象里凸现出“我“的个性特征（特殊性），清楚了解自己产品的“硬特点”和“软特点”。

硬特点：品牌、质量、价格、使用。软特点：材料、工艺、形象、服务。

让顾客通过理性的比较，产生美好的使用联想，放大卖点，重复强调，激发欲望。

2．优秀销售人员必备的基本素质

专注——让顾客感到受到尊重！

专业——平时要多下工夫熟悉产品，一问三不知肯定是不行的！

耐心——懂行的还是不懂行的顾客，都希望从你的回答中获取更多信息，不要让他们失望。

诚实——现今社会欠缺普遍诚信度，给人以诚实感，对赢得顾客非常重要！

3．推荐福客思的正确方法

只要你的标价是合理的，当你在售卖福客思这样一类高级产品时，请记住：永远要以健康和品质为第一卖点，而不是价格。价格是跟随品质走的，而不是相反。如果有顾客嫌价格贵时，你最好的做法就是设法让顾客觉得这是物超所值的。所有的顾客都期望能够花最少的钱买到最好的东西，就是说有超值的感觉！首先，我们要树立让顾客觉得福客思的产品物超所值的信心！因为一个基本的事实是：福客思将环保的面料和精细的工艺放在每一个产品中，所以个个是精品，而其他的产品很多是模仿，重其外观而不重其品质！

4．汽车饰品一定要买吗？买哪些最好用呢？

答：汽车与汽车饰品的关系，正如买了房子要装修，有了床，要买床上用品一样，根据自己的个性或需要去选购。而车饰用品最能带给车主享受和体现车主品味的是布艺。

5．非健康车饰会给你身体带来那些伤害？

答：你知道吗？与你天天相拥的汽车布艺，可能天天会破坏你和你家人的健康，因为劣质棉、黑心棉，会散发有毒物质，滋生有害细菌；人体需要吸氧，皮肤更是需要吸氧，与非环保面料接触，天天在伤害你的皮肤，容易引起皮肤老化，甚至过敏。（皮肤与非环保面料接触1小时，相当于做2次皮肤SPA护理。）

6．为什么要选择福客思的产品？

答：福客思率先提出健康车饰理念，打造健康产品。

（1）设计健康：依据人体工程学的原理，人性化设计，提升驾驶舒适度，减缓驾驶疲劳以及因驾驶疲劳所引起的亚健康。

（2）用料健康：全工艺活性印染处理，全部经过高温、洗水、消毒，面料色彩柔和、无毒无味。产品填充物符合GB18383－2010（《絮用纤维制品通用技术要求》，而且精细的工艺也贯穿到每一个产品中，从设计→选料→裁剪→生产→质检→品检，每个环节都有严格的技术标准，层层落实，全力打造过程健康精品。

（3）使用健康：在购买上提倡健康消费，买性价比最高产品，买健康环保产品，合理节约资源，共享低碳生活。

六、联系方式

单位名称：广州福客思汽车用品有限公司

工厂地址：广州市白云区人和镇鸦湖工业区华业路12号

营销中心：广州市白云区方华路丰鑫装饰材料城A201二层

品牌展示：广州市永福路盛大国际汽车用品广场二楼B10

电话：86－20－66631919（10线）　　传真：86－20－61179123

客服热线：400－716－2525　　网址：http://www.gzfks.cn

第六节　如何销售雨刮片

雨刮片是汽车的必备品之一，但许多车主不知道何种情况需要更换雨刮片、如何挑选恰当的雨刮片、如何安装雨刮片、如何正确使用雨刮片等。导购员可以在帮助车主的同时，销售出雨刮片。

一、如何帮车主判断是否需要更换雨刮片

在雨天，往往是雨刮片更换的“旺季”。如果车主不知道是否需要更换，导购员可说：

“老板/先生，您可以把雨刮片拉起来，用手指在清洁后的雨刮橡胶上摸一摸，检查是否有损坏，感觉一下橡胶叶片的弹性怎样，如果叶片老化、硬化，或者出现裂纹，那么，雨刮片就需要更换了。”

“下小雨时，如果您发现雨刮在玻璃面上留下刮不干净的痕迹，影响到视野，这表明雨刮已硬化，也需要更换了。”

☞ 小贴士：雨刮片的寸单位与公制单位对应表

雨刮片的14寸对应350mm，同理，15寸—375mm，16寸—400mm；17寸—425mm，18寸—450mm；19寸—475mm，20寸—500mm；21寸—525mm；22寸—550mm；23寸—575mm，24寸—600mm；25寸—625mm，26寸—650mm。即每增加一寸，雨刮片的长度增加25mm。

二、如何帮车主挑选恰当的雨刮片

当车主判断需要更换雨刮片后，如果车主不知道如何挑选恰当的雨刮片，导购员可说：

“老板/先生，请您把随车手册拿出来，我们看看原车上雨刮片的规格，要购买相应的规格。”

“要注意支杆与摇臂的方式是否匹配。因为有的支杆是用螺丝固定到摇臂上，而有些则是用凸扣锁死的。”

“把新雨刮片拉起来，检查是否有损坏以及橡胶叶片的弹性。如果叶片老化、硬化、出现裂纹，就是不合格的雨刮片。”

“好的雨刮片必须具备耐热、耐寒、耐酸碱、抗腐蚀、能贴合挡风玻璃、减轻马达负担、低噪音、拨水性强、质软不刮伤挡风玻璃等特点。”

“从表面来看，优质雨刮片的表面，包括支架、铆钉、胶条等要光滑平顺、做工精细，标志明确清晰，金属部件要经过防锈处理。而劣质雨刮片表面的各个部件之间配合不是很好，产品外观有毛病。”

“从胶条来看，优质胶条采用纯天然橡胶做原料、耐用；劣质胶条采用合成橡胶做原料、不耐用。第一，看橡胶的颜色。纯天然橡胶是自然黑色，合成橡胶或者特别黑或者有一些泛白。第二，看橡胶的弹性。把胶条任意拉扯或卷起来用力捏紧，再放手看胶条的回弹性，如果胶条变形严重，则为劣质品。第三，看胶条刀口是否平直。如果胶条刀口上面有杂质或者分割得不好，刮的时候会有水线，也不合格。第四，看石墨粉。大部分雨刮片的胶条上面喷涂有石墨粉，如果石墨粉摸上去很粗或很容易脱落，也不合格。”

“当然，雨刮片也不是越长越好。加长雨刷片长度虽然可以增加视野可见的范围，但相应也会增加雨刮器马达、雨刮杆的负担，有些地方不能与风挡玻璃紧密贴合。”

三、如何帮助车主安装雨刮片

在车主决定更换雨刮片后，如果车主不知道如何安装雨刮片，导购员可说：

“老板/先生，要先取下原来的雨刮片，把新的雨刮扣下部按住，这样，把扣翻开，用雨刮臂勾住新的雨刮片，盖回雨刮扣就行了。”

四、安装后如何判断雨刮片是否合格

安装雨刮片以后，如果车主不知道雨刮片是否合格，导购员可说：

“老板/先生，安装以后，要看看刮水的情况，如果刮水支杆摆动不均匀，或者雨刮片不正常跳动，或者存在漏刮现象，或者刮水后玻璃面呈现水膜状态，这些情况都说明这个雨刮片是不合格的。”

五、如何教车主正确使用雨刮片

雨刮片安装妥当后，车主交款后，导购员可说：

“老板/先生，使用雨刮之前，要先清洗橡胶片上的所有灰尘。”

“如果挡风玻璃上有油、蜡、污物等异物，也要先处理干净后再使用。否则雨刮片不能正常工作，会缩短使用寿命的。”

“在雨中驾驶时，要喷洒清洗剂以便获得更好的擦拭效果和延长使用寿命。”

“晴天使用雨刮除去风挡表面的灰尘时，一定要喷洒玻璃水，不能干刮。”

“玻璃上有其他顽固、坚硬的污物，应该用手工清理。这些东西很容易使雨刮片受伤，导致雨刮刮不干净。严重的话，雨刮的电机也会受到影响。”

“洗车和日常打扫需要抬起雨刮片时，要执拿雨刮片的“脊背”，放时轻轻送回，不可“啪”的一下将雨刮片弹回。”

“冬季使用时，应先用冰铲清理风挡表面的冰碴，以免加重雨刮的负担。”

“每天早晨出车前，可用湿布擦一下，然后再用正宗的玻璃水刮一次。因为正宗的玻璃水是带有挥发性的，能很快让窗面很快干燥，从而避免潮湿的玻璃吸附灰尘。”

“开车途中掉小雨点时，不要急着开雨刮器，最好是等雨点积得多点时，再开雨刮器。”

“雨刮器最好使用第二档，连续地来回刮。间歇模式很容易把前窗刮成花纹，严重影响视线。”

"路上雨停了，不要马上关闭雨刮器，要过一会再关闭。"

"要用玻璃水清洁挡风玻璃，不要使用洗衣粉水或洗洁精水，也不要用自来水。洗衣粉水或洗洁精水能够缩短雨刮胶片的寿命，自来水容易使挡风玻璃模糊。"

☞ 小贴士：雨刮片的分类

雨刮片是汽车常用的车身附件，主要用来在雨天刮除档风玻璃上的雨水，也用于洗涤档风玻璃。

1. 从雨刮片对雨珠的反应分类，雨刮片可分为传统间歇式与雨珠感应式。

传统间歇式，是最常见的雨刮片，由驾驶员根据雨势情况、前挡视线状况操作雨刮的开关与速度。

雨珠感应式，是指雨刮片能够感应雨珠，自动控制雨刮的开关与速度，多使用于中高级车型上。

2. 从雨刮片是否有骨分类，雨刮片可分为有骨雨刮与无骨雨刮。

（1）有骨雨刮。有骨雨刮是指采用金属支架（有骨）的雨刮片。通过金属枝干，逐级向几个被固定的受力点均匀地用力把橡胶片压在玻璃上。雨刮的支点越多，雨刮片的受力就越均匀，和玻璃接触就越贴合。

（2）无骨雨刮。无骨雨刮是指采用片状弹簧的雨刮片。通过中间一个支撑点，对整支雨刮片加压，把压力传到橡胶片上，相当于整个雨刮都是受力点。因此，无骨雨刮的设计理论上来说要比一般传统雨刮结构更合理，效果更好。但是，无骨雨刮的受力是否均匀，取决于玻璃曲面、雨刮臂压力和片状弹簧的弹力。

☞ 小贴士：不同雨刮片的特点

1. 传统间歇式。主要优点是价格相对低、驾驶员能够控制。主要缺点是增加了驾驶员的操作量。

2. 雨珠感应式。主要优点是能够减少驾驶员的操作量，便于集中精力驾驶汽车。主要缺点是可能存在误动作、价格相对高。

3. 有骨雨刮。主要优点是工作条件要求低，不一定要大功率的雨刮电机。主要缺点是难以承受较大的压力，适合前挡玻璃面积较小（长雨刮 24 英寸以下）或者镜面弯曲度大的玻璃，重量大、噪音大、寿命相对短。

4. 无骨雨刮。主要优点是能够承受较大的压力，适合玻璃面较大（长雨刮 24 英寸以上的）或者镜面弯曲度小（较"平"）的玻璃，重量轻、噪音小、寿命相对长，许多中高档轿车相继配置。主要缺点是工作条件比有骨雨刮要求高很多，需要能够承受较大压力的雨刮臂和大功率的雨刮电机。

因此，无骨雨刮并不适用于所有车型。相反，对于较小的雨刮片，无骨雨刮可以换用有骨雨刮。

【实景案例】

吉林省长春市，8 月份，下着中雨，一辆 QQ 轿车，开到某汽车美容店停下，一个 25 岁左右的年轻人下了车。导购员张老板/先生，热情迎接。在寒暄时，张老板/先生发现这辆 QQ 车的前挡玻璃上，有几条雨水的痕迹。

导购员："老板/先生，您的雨刮片是不是该换了?"

车主："可不是，刚才在路上，总也刮不干净。"

于是，他们一起走到精品室。

车主："听说，无骨雨刮特别好?"

导购员："无骨雨刮确实挺好的，但不是所有的车都适合用，适合大又平的前挡玻璃。您的车是 QQ，前挡玻璃小，镜面弯曲度也大，如果用无骨雨刮，贴合不紧，下雨时还可能刮不净。这种车用有骨雨刮，反而更适合!"

导购员看了看车主雨刮的型号，给他拿了一付 22 寸的雨刮片，换了上去。"你用的是玻璃水吗?"车主："不是，就是自来水!"

导购员："前挡玻璃上会有油，用自来水，容易把前挡玻璃刮模糊了，要用专门的玻璃水，也不贵，这瓶能用半年没问题。"

导购员给车主加了一些玻璃水。"你打开雨刮，试一试!"

看到新的雨刮片，刮得非常干净，车主笑了，又加买了一瓶玻璃水。

第七节　如何销售儿童安全座椅

一、如何让车主对儿童安全座椅感兴趣

当看到车主带着怀孕的妻子，或者当看到车主接送 12 周岁以下小孩但车内没有儿童安全座椅时，导购员可说：

"老板/先生，您的车里应该有一个儿童安全座椅。儿童安全座椅就是一种专为 12 周岁以下、不同体重（或年龄段）的儿童设计，安装在汽车内，能有效提高儿童乘车安全的座椅。"

"许多人带孩子坐车时，往往会抱在手中或是放在腿上或者让孩子坐在副驾驶座上，其实这样做是非常危险的。就算开车不快，时速 30 公里，一旦急刹车，人会产生自重 10 倍以上的冲击力，孩子产生的冲击力是 100 多公斤，孩子可能会从家长手中飞出去；如果是时速 50 公里，急刹车时，人会产生自重 30 ～ 40 倍的冲击力；要是在高速公路上就更危险了!"

"车上虽然有安全带，但安全带是为成年人设计的，不适合孩子。如果孩子系安全带太紧，在急刹车或者碰撞时，安全带可能会卡在孩子的脖子上，把孩子的胸部肋骨勒骨折、脖子勒断，甚至窒息；如果孩子系安全带太松，在急刹车或者碰撞时，孩子又容易从安全带和座椅之间的空当中飞出去。"。

"同样，安全气囊也为成年人设计的，安全气囊爆开产生的巨大冲击力会严重伤害孩

子。美国1999年安全气囊爆开致死了150人，其中绝大部分是孩子。”

“根据交通事故数据统计，发生车祸时，汽车内未安装儿童安全座椅的婴童死亡率是安装了儿童安全座椅的8倍，受伤率是3倍。所以，许多发达国家都强制使用儿童安全座椅。在欧美国家，没有安全座椅，医院是不允许父母接新生儿出院的！要不，这边看看儿童安全座椅！”

☞ **小贴士：部分国家关于儿童安全座椅的法规**

世界上已有50多个国家对车载儿童安全装置制定了有关的法律。例如：

1. 美国法律规定：4岁以下的儿童乘车，车上应备有保护儿童安全的装置。
2. 加拿大法律规定：5岁以下的儿童乘车，车上应备有保护儿童安全的装置。
3. 瑞典法律规定：7岁以下的儿童乘车，车上应备有保护儿童安全的装置。
4. 澳大利亚法律规定：8岁以下的儿童乘车，车上应备有保护儿童安全的装置。
5. 澳大利亚的新南威尔士州法律规定：在车内用手抱着孩童、婴儿是违法行为；多于一名孩童使用一条安全带属于违法；如果在一个安装了安全气囊的前座乘客座位上使用儿童安全座椅便是违法。
6. 德国、荷兰和日本的法律规定：12岁以下的儿童乘车，车上应备有保护儿童安全的装置。
7. 新西兰法律规定：5岁以下孩童必须使用合适的儿童安全座椅；在有供应的情况下，5岁至7岁孩童在车内必须使用儿童束缚设备；7岁至14岁孩童必须使用安全带，如果车辆没有安装安全带，孩童则必须坐在后座。
8. 英国的法律规定：3岁以下孩童、3岁至12岁或135厘米以下孩童在车内必须使用儿童安全座椅或加高座椅。例外的情况则包括：车辆后座没有安装安全带；车辆是一辆出租车，或孩童需要在紧急情况下乘车。
9. 香港也实行英国的法律。
10. 中国关于儿童安全座椅的强制国家标准GB27887－2011《机动车儿童乘员用约束系统》于2011年12月30日发布，于2012年7月1日实施。

☞ **小贴士：儿童安全座椅的发展历史**

1963年沃尔沃公司设计制作了第一个儿童安全座椅。其开发设计儿童安全座椅的灵感来自于航天器中的宇航员座椅，这种座椅可以承受太空舱升空和降落时产生的巨大力量，从而使宇航员免受伤害。沃尔沃公司根据这一原理，提出了后向式儿童安全座椅的概念。

二、如何向车主推介儿童安全座椅

1. 从儿童的年龄或者体重方面推介

根据发达国家的经验，孩子从出生到12岁，家长需要买3个儿童安全座椅，或者买两个儿童座椅和至少一个增高安全坐垫。

（1）当导购员看到车主领着怀孕的妻子，或者抱着几个月大宝宝时，可说："1 岁以内的宝宝最好选用提篮式的儿童安全座椅，就是这种！这种安全提篮很轻巧，便于携带，用汽车三点式安全带固定，或者与配套底座搭配使用，这种底座紧紧地固定在汽车后座上，再把提篮卡在底座上，这样带着宝宝上下车很方便。"

（2）当导购员看到车主抱着 1 岁左右的宝宝，或者领着 4 岁以内的儿童时，可说："9 个月到 4 岁的宝宝，最好选用 5 点式安全带的儿童安全座椅，就是这种！因为 5 点式安全带中多出来的腰带可以将撞击产生的力均匀地散布到宝宝的身上，还有，这个阶段的宝宝好动，这种儿童安全座椅可以调节安全带长度，还可以调节头枕高度，把头部保护得更好！"

（3）当导购员看到车主领着 3 岁半到 12 岁或者体重在 15 公斤以上的儿童时，可说："3 岁半到 12 岁或者体重在 15 公斤以上的儿童，身高、体重变化大，最好选用座椅的高度和宽度可以调节、头枕也可以调节，就是这种！

"当孩子小、体重较轻时，还可以加个增高垫，这样可以让孩子看见车外的风景，也可以更加牢固。"

☞ 小贴士：根据年龄或体重进行的儿童安全座椅分类

根据不同年龄或体重划分，儿童安全座椅主要分为 5 组：

1. 0 组。适用于新生儿到 15 个月的儿童（或体重在 2.2 公斤～13 公斤之间的婴儿）。这类儿童安全座椅一般都装有可摇摆的底部，很像摇篮，而且还可以手提。

2. 0 + 组。适用于新生儿到 4 岁儿童（或体重在 2.2 公斤～18 公斤之间的儿童）。

使用时，先是反向安装座椅用于新生儿到 9 个月的婴儿，然后改成正向安装座椅用于 9 个月的婴儿到 4 岁的儿童。正向安装座椅需要两个必要条件：第一儿童体重在 9 公斤以上，第二儿童可以自己坐起来，两者缺一不可。

这种座椅没有摇摆、手提篮式，也不能与手推车合用，但可固定在车内并能长久使用。如果车主想省钱的话，可以这样选择。

3. 1 组。适应于 1 岁到 4 岁儿童（或体重在 9 公斤～18 公斤之间的儿童）。这种儿童安全座椅，设计简单，适合大的幼儿使用。

4. 2 组。适用于 1 岁到 12 岁儿童（或体重在 9 公斤～36 公斤之间的儿童）。这类儿童安全座椅是一个组合产品，先是为 1 到 4 岁儿童准备的座椅，4 岁后可拆除座椅上的安全带而直接使用大人的安全带，用到 12 岁。但不适合较小的婴儿。

5. 3 组。适用于 3 岁到 12 岁儿童（或体重在 15 公斤～36 公斤之间的儿童）。这种儿童安全座椅垫有更多的侧面和头部保护，头枕的高度可以调节，可以使用到儿童身高为 145 公分。头枕侧面有安全带的引导孔，可以确保安全带远离脖子。

2. 从儿童安全座椅的认证方面推介

导购员可说："老板/先生，买儿童安全座椅，安全最重要，所以一定要购买通过安全认证标准检测的。您看，这就是安全认证标识！”

“目前世界上儿童安全座椅主要有欧洲标准、德国标准、美国标准、加拿大标准、日本标准等，其中以欧洲标准最为严格。我们店的儿童安全座椅都通过了欧洲标准的认证，您可以放心购买！”

☞ 小贴士：最常见的儿童安全座椅四大认证标准

1. 欧洲 ECE 认证

“ECE”的全称是“联合国欧洲经济委员会汽车法规”。欧盟成员国可以套用 ECE 标准，也可以延用本国标准。获得 ECE 标准认证的产品，可以在欧洲市场销售。

（1）ECE R－44/04 是欧洲儿童安全座椅的认证标准。

“ECE R－44/04”认证标准是欧洲经济委员会就儿童乘车防范系统的认证颁发的第 44 号法令，于 1995 年 9 月生效。

（2）ECE R－44/04 后面的编号很重要。

ECE R－44/04 认证标准只是一个通用的标准，不同的国家还可以有自己的安全标准。在 ECE R－44/04 认证后面还有一个编号，比如 E1、E2、E3、E4 等，这个编号代表了相应国家的安全标准认证。建议优先选择带有 E1（德国）、E4（荷兰）标准的产品，因为德国和荷兰两个国家对于儿童安全座椅认证标准的认知度是比较高的，也都是儿童座椅安全标准工作的推进国。

2. 德国 ADAC 认证

ADAC 是德国全德汽车俱乐部（ADAC）的认证标识。ADAC 的碰撞试验采用 70 公里/小时的速度进行测试（ECE 碰撞试验采用 50 公里/小时的速度进行测试），比 ECE R－44/04 的测试还严格，有人认为 ADAC 是世界上最为严格的认证标准。

3. 美国 ASTM 认证

ASTM 是“美国材料与试验协会”的英文缩写（American Society for Testing and Materials），也是世界上最大的制定自愿性标准的组织。ASTM 虽然是非强制性的产品认证标准，但却是美国认可度最高的认证标准之一，所以很多品牌商都会主动去做美国 ASTM 认证。

4. 德国 stiftung warentest 认证

1964 年，德国联邦议院建立了德国产品专业测评协会（商品检验基金会）（stiftung warentest）。其主要目标是通过测试比较各品牌的产品性能及售后服务，为消费者提供独立、客观的评价。该协会每年从市场上购买一定数量各品牌当年新上市的产品，进行测试。该协会是目前欧洲存续时间较长且最有公信力的组织之一，在德国大约有 96% 的人都认识该协会，三分之一的人在购买任何重要商品前都会依据该协会的测试报告而决定选择哪一款产品。其认证的儿童安全座椅值得信赖。

3. 从儿童安全座椅的固定方式方面推介

导购员可说：“儿童安全座椅的固定方式有三种：

第一种是安全带固定方式。适合提篮式儿童安全座椅。基本上适用于所有车型，但长时间使用容易松动，安装需要15分钟以上。

第二种是欧洲标准固定方式。这种儿童安全座椅与汽车座椅相连接，用2个金属杆连接。固定装置位于座位和靠背之间，这种方式可以很好地固定住身体，非常安全，安装也非常方便。但它对车型有限制，必须配置欧洲标准的固定接口，可以查看自己汽车的手册，或与汽车制造商和经销商联系咨询一下。国内04年以后生产的几乎所有汽车都有欧洲标准的固定接口。

第三种是美国标准固定方式。主要用在美系车上。这种儿童安全座椅与汽车座椅相连接，用3个软带子连接，在座椅两侧和椅背上方位置有三个挂钩，只要把儿童安全座椅放在汽车座椅上，听到清脆的卡紧声，就完成了安装，简单方便，不易出错。”

“从三种固定方式来看，欧洲标准的固定方式最牢固。”

“您的车是标致408，建议您安装欧洲标准的儿童安全座椅。怎么样，我们拿这款到车上，安装一下，让宝宝试试，如何?”

☞ 小贴士：欧洲ISOFIX和美国LATCH的异同

1. 两个标准的固定方式之间的不同点

（1）欧洲标准的ISOFIX固定方式

ISOFIX是“International Standards Organization FIX”的简称，是欧洲从1990年开始设计实施的一种针对儿童安全座椅接口的标准。目前在欧洲地区销售的车型上都会将这个接口作为标准配置。在国内，马自达6、途安、毕加索、沃尔沃XC90、途锐、标志407、标致408、奔腾、雪铁龙C4、途锐、宝马325i、新POLO，以及2004年以后生产的几乎所有汽车都有这种接口的配置。该配置的特点就是具有两个与儿童座椅进行硬链接的固定接口。

ISOFIX接口装置是按容纳儿童座椅的大小分等级的，按容纳儿童座椅的尺寸，分为7个等级，一般来说，汽车厂家都会生产容纳所有ISOFIX尺寸等级的汽车座椅。

另外，ISOFIX的通用型和半通用型座椅，只是指适用18公斤以下（约4岁以下）儿童使用的座椅。其它组别使用的，只能是特殊型的，只能和个别车型匹配。

一般车辆上的ISOFIX接口是看不见的。使用之前，需要配上一个插入向导。

（2）美国标准的LATCH固定方式

LATCH是“Lower Anchors and Tethers for CHildren”的简称，中文翻译起来很生硬，叫做“儿童使用的下扣件和拴带”，从2002年9月1日开始，美国便规定几乎所有种类的轿车必须提供LATCH系统的儿童安全座椅固定方式。

美国标准的LATCH与欧洲标准的ISOFIX固定方式的最大区别是连接方式并不是硬链接而是同时挂钩方式连接，并且固定点比ISOFIX多一个，一共三个。

2. 两个标准的固定方式之间的共同点

ISOFIX是兼容于LATCH的，也就是说有LATCH接口的一定也可以装ISOFIX接口的座椅，但是只有ISOFIX接口的就不能使用LATCH接口的儿童座椅（因为缺少一个固定点）。

4. 从儿童安全座椅的制造材料方面推介

导购员可说："儿童安全座椅一定要选择合格材质的。

第一，要闻一闻。不能选择有刺激性气味材料的，可能有毒性气体挥发，会刺激宝宝的柔嫩皮肤，甚至可能会让宝宝中毒。

第二，要摸一摸。要选择柔和、舒适、透气、阻燃的面料。

第三，要翻开看一看。要选择填充了能够有效减震材料的内部填充物，好的儿童安全座椅都会使用优质的 EPS 材料，它具有很好的缓冲、抗震、隔热、保温等作用。而劣质的儿童安全座椅仅仅采用普通的泡沫、海绵、塑料。"

☞ **小贴士：什么是 EPS 材料**

对汽车有一定了解的人可能会知道 EPS 这个词（译为电动助力转向），而在儿童安全座椅上，EPS 则是一种热塑性材料。EPS 是目前最轻的包装材料，在负荷较高的情况下，这种材料会被压弯，当受到震荡或坠落地面时，可以起到缓冲防震的作用；同时，由于空气的热导性能很小且又被封闭于泡沫中而不能对流，所以 EPS 是一种隔热保温性能非常优越的材料。

5. 从儿童安全座椅的价格方面推介

导购员可说："我们店的儿童安全座椅非常全，有进口的，也有国产的，有大品牌的，也有小品牌的，从 700 多元到 7000 多元的都有。最小号的儿童安全座椅是 798 元，中号的 2000 多元到 5000 多元，大号的 7888 元。一般来说，进口的贵一些，大品牌的贵一些。这一款 3580 元，比较适合您的宝宝。要不，拿到车上，让宝宝试一试！"

三、如何教车主安装使用儿童安全座椅

在车主购买了儿童安全座椅后，导购员要根据不同款式选择最合适的安装方法、安装位置、安装方向、安装角度，并手把手教会车主。同时，还要告知车主如何保养以及注意事项等。

1. 如何安装安全带固定方式的儿童安全座椅

导购员可说："把提篮式儿童安全座椅，直接放到汽车座位上，孩子坐到儿童安全座椅上，系上车载安全带，然后使点劲将儿童安全座椅压到汽车座位上再绑紧，以确保儿童安全座椅被可靠地固定在座位上。儿童安全座椅上的皮带不要松弛。"

2. 如何安装欧洲标准固定方式的儿童安全座椅

导购员可说："欧洲标准固定方式的安装非常简单，首先将儿童安全座椅的 2 个欧洲标准固定接口对准座椅上预留的口插进去，然后将支地杆支撑起来，这就完成了。安装这种接口的儿童安全座椅一般用 10 分钟，如果忘记了，看看说明书就知道怎么安装了。"

3. 如何安装美国标准固定方式的儿童安全座椅

导购员可说："汽车后排座椅的背部有 2 个欧洲标准固定接口，顶端有 1 个美国标准

固定接口，一共3个固定装置。第一，将儿童安全座椅放在后排中间座位上，释放儿童安全座椅的三个固定装置。第二，将底部2个欧洲标准固定接口与儿童安全座椅左右两个欧洲标准固定接口相连。第三，用身体的力量向下压住儿童安全座椅，收紧连接带，将儿童安全座椅牢牢固定在车辆之上。第四，将顶部的美国标准固定接口取出，与专有的车载接口连接，并收紧连接带。第五，当3个接口都连接固定完毕后，要查看儿童安全座椅侧面自带的水平检测器，如果里面的小球全部在绿色的区域内，说明儿童安全座椅安装是合格的。”

4. 如何选择安装位置

导购员可说："儿童安全座椅安装在后座中间最安全。如果靠一侧安装，有的小孩手不老实，可能会触碰车门上的一些按钮，影响安全。另外，千万不要让小孩独自坐后排，因为他们在汽车发生紧急情况时无法照顾好自己。"

"尽可能不把儿童安全座椅安装在副驾驶位置。如果您不得不把儿童座椅安装到副驾驶位置上，请务必关闭副驾驶座的安全气囊，并将副驾驶座椅尽量向后移动，以使孩子尽量远离仪表板。"

5. 如何选择安装方向

导购员可说："在孩子一岁以内或者13公斤以下时，一定要反向安装儿童安全座椅。当孩子体重超过13公斤或者孩子的头部超出儿童安全座椅的上沿后，应该采用前向安装。"

6. 如何选择安装角度

导购员可说："儿童安全座椅的倾斜度最好在30～45度之间，孩子的头部不要朝前方下垂，但孩子的头部也不能过于后仰，一旦撞车，孩子很可能从儿童安全座椅中滑出。"

☞ 小贴士：儿童安全座椅的保养方法

1. 将布套取下，用洗衣液或婴儿专用的衣服清洁剂手洗后，自然晾干。
2. 塑料部分用湿布轻轻擦洗。
3. 如果儿童座椅有破损，应及时修补，以免小孩子将破损部位越扯越大。
4. 将儿童座椅放在比较干爽的地方，避免长毛。
5. 重新安装使用时，仔细检查是否安装正确及牢固。

☞ 小贴士：儿童安全座椅的注意事项

1. 购买儿童安全座椅后，一定要填写好回执单并寄给该儿童安全座椅的生产厂商，有些厂家可能召回有问题的儿童安全座椅。

2. 安全座椅应该依照使用说明书安装，以免遗漏某个重要步骤。儿童安全座椅如果能反向安装，尽可能反向安装，因为反向安装能够最大限度地保护儿童的安全。

3. 安装完毕后，要上下左右用力摇晃，看看是否稳固。检查安全带位置是否适当，以及是否系紧。

4. 确保儿童身上绑的安全带没有扭转翻面情形。不要把拉紧皮带的扣夹放在孩子的肚子上。

5. 安全带要系紧牢固，不能松弛。如果已经把宝宝绑进儿童安全座椅，但仍能在手指间挤压安全带，那说明没有系紧。这样当汽车发生碰撞时宝宝就有可能摔出来，宝宝也有可能被汽车上的其他物件碰伤。

6. 当孩子体重在 18 公斤以下或者 4 岁以内时，用车载三点式安全带固定安全儿童安全座椅，或者自带五点式安全带保护孩子。当孩子体重在 15 ～ 25 公斤或者 4 ～ 6 岁时，可以拆除五点式安全带，用车载三点式安全带固定儿童安全座椅。

7. 膝部安全带必须紧贴着大腿上部而不是腹部跨过，肩部安全带应该紧贴着肩部、胸膛而不是从颈部和脸部跨过。

8. 任何情况下，儿童安全座椅都不能安装在已经启用安全气囊的副驾驶座上。

9. 儿童安全座椅的最长使用寿命一般为 10 年，使用时间超过 5 年的儿童安全座椅应该对其进行仔细检查。

10. 儿童安全座椅的选用要结合车辆的车厢空间、安全带长度、安全带扣环的位置等因素。现在国际上并没有通用的儿童安全座椅标准，并不是所有的安全座椅都适用于每一辆车，也不是所有的车上都带有儿童安全座椅固定装置，所以购买前要充分了解自己的车、所购的儿童安全座椅和儿童安全座椅的安装方法。

11. 千万不要买过大的儿童安全座椅。儿童安全座椅不能在太阳下暴晒。即使是很短的路程，也要使用儿童座椅并确保安全带是正确系上的。

12. 当宝宝超过了体重限制并且可以在不需要帮助的情况下端坐，或者宝宝头部已经高于提篮式儿童安全座椅的顶部，这时可以停止使用提篮式儿童安全座椅。

13. 尽可能不要选择二手儿童汽车座椅。如果坚持选择二手儿童安全座椅的话，一定要保证没有在事故中被使用过。

14. 儿童安全座椅上的各种装饰物，在安全中不起什么作用，如果想选择一个质优价廉的儿童安全座椅，不要考虑装饰物的因素。

15. 在敞篷车的汽车座椅上，安装后向式安全座椅，对儿童的身高和体重有一定的限度，如果安装不当会使孩子感到不舒服。

16. 任何情况下不要擅自对儿童安全座椅或汽车安全带的设计进行任何改动。

第四章　如何经营隔热防爆膜

一张隔热防爆膜，看是十分简单，但绝大多数车主对于隔热防爆膜却不太了解，也不知道如何选择、如何辨别。因此，需要导购员的介绍、引导，才能提高贴膜的达成率。

第一节　如何引起车主对膜的兴趣

对于还没有贴膜的车主，导购员可介绍隔热防爆膜的作用：

"美女，隔热防爆膜，也叫太阳膜，主要有五个方面的作用。第一个作用是隔热，就是隔离太阳光中的红外线，指标要看"红外线阻隔率"，越大越好。第二个作用是隔紫外线，指标要看"紫外线阻隔率"，越大越好。第三个作用是防爆防盗，指标要看膜的"厚度"，越厚越好。第四个作用是保护隐私，指标要看膜的"颜色"，越深越好。第五个作用是打造个性的外观，车主可以不局限于原车千篇一律的玻璃颜色，通过选择不同颜色的膜，打造个性的外观。"

"但是，这些指标综合起来不能影响本车驾驶员的视线，还要看"可见光透过率"这个指标，越大视线越好；也不能影响对面来车驾驶员的视线，还要看"可见光反光率"这个指标，越小越好。"

"同时具备高透光、高隔热、低反光三项性能是需要很高技术的。大多数膜具备二项性能，往往，透光率越高（膜越透明），隔热率越低；反光率越高（膜越反光），隔热率越高。所以，要根据您的习惯、要求进行综合平衡后再选择合适的膜。"

"有辆汽车因为贴了膜，里面黑，小偷没有看见手机，左看右看，被车主发现后，就溜走了。还有一个车被砖头砸碎，幸亏有隔热防爆膜，要不然司机就满脸'花'了！"

"美女，我看您是新手，又这么年轻，隔热防爆膜对您特别适合，隔热、隔紫外线、防爆防盗、保护隐私，样样都有了。要不贴一个试试？"通过导购员的详细介绍，许多车主都会对隔热防爆膜感兴趣。

☞ 小贴士：隔热防爆膜的厚度

隔热防爆膜的厚度主要有下列规格：1.0mil，1.5mil，2.0mil，4.0mil，6.0mil，7.0mil，8.0mil，10mil，11mil，12mil，14mil，15mil，20mil 等。mil（密尔）是隔热防爆膜的厚度单位，1.0mil（密尔）约等于0.0254 厘米，厚度越大，安全等级越高。

1.5mil 的膜，贴在12 毫米或者15 毫米普通玻璃上就可以防弹。4mil 以上厚的隔热防爆膜，贴在普通玻璃上它就有一定的防盗的作用，它每平方厘米的抗张力能达到2000 公斤以上。贴膜之后如果汽车玻璃被撞击，车膜还能够防止破碎的玻璃飞溅伤人，可以很大程度上可以保护车内乘客不被玻璃扎伤。

小贴士：隔热防爆膜的分类

1. 从膜贴的部位分类，隔热防爆膜可分为前窗（前挡）隔热防爆膜、侧后窗（侧后挡）隔热防爆膜。

2. 从膜是否容易褪色分类，隔热防爆膜可分为容易褪色的隔热防爆膜、不容易褪色的隔热防爆膜。

3. 从膜的隔热原理分类，隔热防爆膜可分为反射膜、吸热膜、反射吸热一体膜。

4. 从膜的制作材料分类，隔热防爆膜可分为PET、聚乙烯等。

5. 从膜的制作工艺分类，隔热防爆膜可分为智能复合膜、多层金属溅射膜、化学药水处理膜、普通金属涂层膜、材料原色膜（又称陶瓷膜）、夹层染色膜、表层染色膜、普通膜（俗称茶纸）等。

第二节　如何让车主感觉本店贴膜“专业正规”

一、如何让车主感觉本店贴膜“专业”

车主对贴膜感兴趣后，导购员应当带车主参观一下贴膜的环境与证书。

1. 看无尘车间

导购员可以指着无尘车间说：“美女，这是我们用来贴膜的专用的封闭式无尘贴膜车间，上面有水雾喷淋头，地上有排水地沟，这些都是用来除尘的。贴膜最怕灰尘，一旦在贴膜过程中，膜和玻璃中间粘上沙粒或细微尘土，就容易使膜产生气泡、毛点、沙粒，容易使膜脱层、翘边，会影响膜的使用年限，也会影响美观和驾驶员的视线。”

2. 看贴膜师傅的培训证书

导购员可以指着墙上的证书与照片说：“这是我们贴膜师傅的技术证书，他已经贴了8年了！”

3. 看隔热防爆膜的测试设备

例一，红外线灯。

导购员带领车主来到检测台旁，“这5个都是275瓦的红外线灯，专门检测隔热防爆膜的。5个灯照着5种不同的隔热防爆膜。”

导购员同时打开灯后，照射几分钟，请车主感觉一下每块膜内外的温度。膜外部温度从高到低排列。“体验到了吧，膜外部温度越低说明膜的红外线阻隔率越高。从表面上看，各种膜看着差不多，其实，差不少！”

例二，隔热防爆膜检测仪。

导购员给车主看隔热防爆膜检测仪，“这是隔热防爆膜检测仪，专门检测隔热防爆膜的指标。”然后把隔热防爆膜放进检测仪的插口中，“您看，这种隔热防爆膜的红外线阻隔率已经达到75%了。”

二、如何让客户感觉本店贴膜“正规”

导购员再给车主看一下厂家的授权经销证书。

导购员指着摆放在墙上的证书，“这是 ********有限公司的授权经销证书，那个著名的隔热防爆膜品牌——‘ ***’，就是这家公司的。1998 年，‘ ***’就在国内开始销售了。”

第三节 如何让车主相信本店的膜

导购员带领车主参观后，可把车主带到隔热防爆膜处，一边讲解识别膜的方法，一边介绍本店隔热防爆膜的优点。

（1）导购员请车主用手摸两种隔热防爆膜。“劣质膜很软很薄，容易起皱。优质膜摸上去有厚实平滑感。我们店都是这种厚的隔热防爆膜”

（2）导购员请车主闻两种隔热防爆膜。“劣质膜里有苯，阳光一照有异味。优质膜没有味道。我们店的隔热防爆膜都没有异味。”

（3）导购员请车主看两种隔热防爆膜。“劣质膜颜色不均匀，模糊。优质防爆膜的颜色均匀，非常清晰。您看看，这是我们店里的隔热防爆膜，怎么样？”

（4）导购员请车主用酒精、汽油或沥青清洁剂擦两种隔热防爆膜。“您看，劣质膜一擦就褪色。您再看看，优质膜擦了也不褪色。这就是我们店的膜。”

（5）导购员请车主用指甲划两种隔热防爆膜。“优质膜在正常升降车窗时，膜的表面不会被划伤、发蒙。劣质汽车膜就容易划伤。”

（6）导购员请车主看质量保证卡。“这是我们 ********有限公司的质保卡，您看，这里有质保项目、赔付方式、厂家名称。他们的产品经过了质量管理体系的认证，还是隔热防爆膜行业首家‘正品标识’使用单位。他们的地址是 *******，他们的电话是 *******，他们的全国统一咨询电话是 400 *******，我们的质保是 8 年！”

（7）导购员请车主看厂家的防伪标志。导购员拿着本店的隔热防爆膜，对着灯光，“您看，这是水印，是 ********有限公司的防伪标志。您可以上他们公司的网站，能够查得到！他们的网址是：www. ******. com. ”

通过以上的讲解，使车主相信本店的隔热防爆膜是优质膜。

☞ 小贴士：主要隔热防爆膜的优缺点

1. 吸热膜。主要优点是价格相对低。主要缺点是天热久晒会使前窗玻璃产生高温，使夹胶玻璃的胶层产生质变。

2. 反射膜。主要优点是天热久晒不会使前窗玻璃产生高温。主要缺点是价格相对高。

3. 多层金属溅射膜。在 PET（聚乙烯对苯二酸酯）高分子安全基材上，采用黄金、铂金、钛等贵金属溅镀。主要优点是高隔热且持久（可见光透过率 >70% 时，红外线阻隔率仍可达 50% ～ 90%）、高透视、耐磨、防爆性能好；晶莹透亮，色泽丰富，历久常新；手感厚实，弹性好；耐日晒，质量保证期 8 ～ 15 年。主要缺点是价格非常高。

4. 化学药水处理膜。在 PET 安全基材上，采用化学高分子隔热材料。主要优点是高隔热（可光透视率 >70% 时，红外线阻隔率可达 50% ～ 90%）、高透视、耐磨、防爆性能好；无氧化；手感柔韧；保质期 6 ～ 8 年。主要缺点是色泽单调、无深颜色、隐蔽性差、价格很高。

5. 普通金属涂层膜。在PET安全基材上，采用铜、铝等普通金属涂层。主要优点是隔热且持久（可见光透过率达60%时，红外线阻隔率在30～50%左右）、透视、耐磨、防爆好；色泽丰富，不易褪色；手感厚实，弹性好；质量保证期5年左右。主要缺点是轻度氧化、价格较高。

6. 材料原色膜（又称陶瓷膜）。在PET安全基材上，采用带颜色隔热材料。主要优点是隔热（可见光透过率达70%时，红外线阻隔率在30～50%左右）、透视、耐磨、防爆好；色泽丰富，无氧化，手感厚实，弹性较差；质量保证期5年左右。主要缺点是有少许褪色；清晰度差。

7. 夹层染色膜。在PET安全基材上，采用颜色涂料。主要优点是无氧化、色泽多；用酒精、汽油、化油器清洗剂等清洗不会掉色；保质期1～2年；价格不高。主要缺点是透视差、无光泽、防爆差、模糊不清；日晒6个月后，隔热逐渐失效，1年后开始褪色，2年左右褪色严重；手感软绵，弹性差。

8. 表层染色膜。PET安全基材上，采用颜色涂料。主要优点是无氧化；色彩多，保质期6个月；价格低。主要缺点是透视差、无光泽、防爆差、模糊不清；日晒6个月后，隔热逐渐失效；用酒精、汽油、化油器清洗剂等清洗马上褪色；1年左右褪色严重；手感软绵，弹性差。

9. 普通膜（俗称茶纸）。在聚乙烯上，采用颜色涂料。主要优点是价格很低、色彩多；保质期6个月～1年；主要缺点是隔热差（可见光透过光率最高为40%左右）；透视差、无光泽、易磨损；颜色深且模糊，日晒6个月后严重褪色；手感软绵，无弹性。

第四节　如何向车主推荐膜

一、车主的需求

（1）根据自己的情况，能够选择到最恰当的隔热防爆膜种类。

如，开车的年限？是否长途车？是否经常夜间开车？希望车内的亮度？等等

（2）能够选择到性价比最高的膜。

（3）如何保护膜？

二、如何应对“你这儿贴膜多少钱?”

车主最常问的一句话是：“你这儿贴膜多少钱?”，此时，导购员一定不要马上正面回答价格，也不能说：“你打算贴多少钱的膜?”，这句话给车主的感觉是圈钱而不是设身处地为客户着想。应该说：“不同的客户、不同的车、不同的膜，价钱肯定是不同的。我们可以根据您的情况、车的情况，为您量体贴膜。”

接着，反问车主：

“您开的是什么车?”

“您开车几年了?”

“您经常跑长途吗?”

“您经常开夜车吗?”

"您希望车内亮一点还是暗一点?"

最后，应根据车的价位、车主的回答，推荐膜的价位。

三、如何推荐膜的"透光率"?

（1）开车年限在一年以内的，尽量贴透光率高的膜。

贴透光率低的膜，容易使车主感觉侧窗反光太强。因为：车主还不能完全适应倒后镜，如果再加上深色膜，容易导致车主无法接受这种对比。

（2）开车年限长的，贴什么样的膜都可以。

（3）希望车内明亮一些的，则选择透光率高的膜。

（4）希望车内柔和一些的，则选择透光率低的膜。

（5）在前排左右车窗后视镜的部位，应选择透光度在85%以上的膜，不仅能够保障司机观察后视镜时不受影响，而且夜间行车时还能将后车大灯照射在后视镜上的强烈眩光反射减弱，增加了眼睛的舒适度。

四、如何推荐膜的"红外线阻隔率"?

（1）经常跑长途。对车内环境和舒适度要求都比较高，需要前挡光线柔和，有效减少眼酸、眼胀、眼疲劳等症状。前挡应选择红外线阻隔率高的膜（透光率低）。

（2）少跑长途。一般要求车内采光性能良好，车内环境和舒适度要求一般，但对价格关注度比较高。应选择前挡红外线阻隔率一般的膜（透光率较高）。

（3）经常开夜车。经常遇到会车、大灯等情况，前挡应选择红外线阻隔率高的膜（透光率低），这样前挡光线柔和度好，红外阻隔率在50%以下的不行。

（4）不常开夜车。晚上例行的行车状况，要求较高的前挡透光效果，应选择红外线阻隔率一般的膜（透光率较高）。

五、如何推荐膜的"紫外线阻隔率"

（1）女士开车或女士经常坐副座，应选择"紫外线阻隔率"高的膜。

（2）男士开车，可选择"紫外线阻隔率"低的膜。

六、如何推荐膜的"颜色"

就像夏天选择太阳镜，眼镜的颜色要与人的脸色、气质相符，对隔热防爆膜来说，也要与汽车的颜色与车型、车主的需求等相符。

（1）深色的商务车、豪华车较适合贴深色隔热防爆膜；动感、亮丽、居家的车更适合贴浅色隔热防爆膜。

（2）车主希望从车内往外看眼睛舒服点的，应选择略带绿色或浅自然色的膜；车主希望在外部看显得档次高点的，可选择自然色或黑色膜。

（3）车主希望透光率高的，应选择浅色膜；车主希望透光率低的，应选择深色膜。

（4）车窗带绿色，就柔和舒适；车窗带黑色，就高雅气派。绿色、黑色两种都具备的，自然就是比较高配的组合了。

（5）汽车后市场门店最好能够提供试贴服务，即把车主选好的一小块车膜样品先贴到车子上，车主对试贴效果满意，再按此施工；如果车主感觉不好，还可以重新选择。

七、如何推荐膜的“厚度”

（1）当地治安如果比较好，或者汽车停在车库内过夜，可选择 1.5mil 或 2.0mil 的膜。

（2）当地治安如果比较差，或者汽车停在外面过夜，可选择4.0mil 及以上的膜。

八、如何推荐金属膜

（1）车主希望从车外较容易看到车内的，一般是心理上比较喜欢展现自己，应选择金属性能稍弱的膜。前挡选择透光高的膜，后挡选择金属含量少的膜。

（2）车主不希望从车外看到车内的，应选择金属性能强的膜。

第五节　如何在贴膜时让车主信服

在贴膜时，导购员可以请车主在透明的无尘车间外观看，领略一下本店贴膜师傅的风采。贴膜师傅娴熟的安装，让车主感受到，贴膜是一项专业性很强的工作，贴膜师傅也非常辛苦，从而感觉“物有所值”，对价格也就不会太计较了！

一、裁膜

在原车玻璃上量出玻璃下边的长度，从中间量出玻璃的宽度（加长5～10cm），注意膜的方向性，把玻璃的长度对应膜的长边，玻璃的宽度对应膜的宽边方向裁膜，膜长边有收缩性，膜宽边没有收缩性。

二、玻璃外表面清洗

从乘客右前侧门的位置（1点钟方向）开始，沿汽车以顺时针方向移动，每块玻璃的外表面都进行认真仔细地清洗，轻微下降每块玻璃以擦洗玻璃的顶部，把尘埃控制在最少程度。清洗时，要先用专业清洁剂清洗玻璃外表面，再用辅助器刮净。

如果在不干净的玻璃上烤膜，当膜加热发软后，用刮板刮膜时玻璃上的东西会在膜上留下印迹。这些印迹即使膜贴上去也无法消除，从而影响贴膜的质量、美观和清晰度。

☞ **小贴士：安装隔热防爆膜的顺序**

许多贴膜师傅采用“先易后难”的安装顺序，常常在裁切、修剪完隔热防爆膜后，首先安装侧挡玻璃，然后安装后挡玻璃，最后安装前挡玻璃。

三、烤膜前的整形

用舌头、牙咬开膜的边角，分清有保护层的一面。把保护层的一面朝上，并均衡地铺在玻璃上，裁掉多余的部分（以过玻璃黑边为标准）。从中间把膜向上下两边平均分开，两条宽边的气泡也一起向上下两边平均分开。用刮水板把中间的部分水刮干，注意不要刮到气泡上，以防止把膜刮折，中间部分先刮水，作用在于定型，使隔热防爆膜不会移动，且使膜的气泡平均像两边分开，有利于烤膜。

四、烤膜

把气泡分成大小差不多的等份。从易到难，从小气泡先烤，烤好小的气泡后，再把大的气泡分成小的来烤，烤膜时注意烤枪的温度及膜的受热程度，可用距离远近或速度快慢来调节温度。烤气泡时应使气泡受热均匀，膜边可适当把烤枪提留 1 ～ 2 分钟，使膜边也收缩，才可以刮平。

一边烤膜一边注意膜的收缩程度，当膜出现皱纹状收缩时，用刮板一刮到底，如果气泡太大没有把握时，可用手把膜抚平，再用刮板刮平。烤膜时不能在一个气泡上停留时间太长，以免温度过高。当温度过高时，轻则把膜烤焦，重则爆玻璃。这时不能往车玻璃上喷水，防止玻璃承受不了刺激引发自爆。

五、修边

烤好一块膜后要把多余的边裁掉，前挡风玻璃有后视镜，要割开离黑边 2mm 不透光就可以了。玻璃裁边要求：直、平、齐。

六、玻璃内表面清洗

裁切和所有的热整形完成后，要对玻璃的内表面进行清洗处理。首先用铲刀刮铲污物，再用纯净水、尼龙软擦片擦洗。在清洗后窗玻璃（特别是那些带有除雾金属线和边部有黑色装饰釉点）时，需要特别谨慎。刮擦干净后，边框用软布和擦洗纸擦干净，回复玻璃表面的干净状态。

注意：防止水漏进汽车的音响、电控系统！

七、剥离保护层、上膜

（1）在隔热防爆膜的保护层揭开后，把膜贴到玻璃上，切记：需由下向上装贴！

（2）然后在隔热防爆膜的粘胶表面、玻璃内表面都喷洒安装液。

（3）用贴膜工具将膜刮平。注意：防止水漏进汽车的音响、电控系统！

（4）把膜四角向玻璃框内塞 2 ～ 3mm。

（5）撕走保护层，上膜完毕。

八、挤水

在隔热防爆膜位置固定后，应在隔热防爆膜表面再次喷洒安装液，润滑挤水的表面。使用专用的硬质挤水片对隔热防爆膜进行挤水，以便排除所有的气泡和尽可能多的安装液。注意：防止水漏进汽车的音响和电控系统！

九、边缘检查与密封

检查隔热防爆膜的所有边缘，使用特氟隆硬片等挤兑工具进行挤封，以免固化期间空气、水分、灰粒从边部渗入隔热防爆膜底下。通常，这些挤兑工具边部需要薄吸水材料（纸巾或棉布）包覆，以吸收挤出的水分。

十、最后的清洁和检查

当安装工作完成后，所有的窗玻璃仔细地擦洗（内表面和外表面），去除条纹水迹和污迹，给整个汽车光亮的外观。

把汽车擦净后驶到室外，实现最后的视觉检查。

十一、移交

在日光下检查无任何缺陷后，移交给客户，并向客户解释本店的质保程序和基本的保养维护说明。

☞ 小贴士：贴膜中易出现的问题及解决方法

1. 下料不标准

原因分析：对本车玻璃不熟悉，没有固定的样板。

解决方法：有些贴膜师傅喜欢将隔热防爆膜裁大一点，然后在外边线裁，对于车玻璃不同的车型，放边是不一样的，常规车型上下多出2cm，左右要多出0.5～1cm，而帕萨特等车型左右要少出5mm，当接触到新的车型有失误时，须留下样板，避免下次失误。

2. 烤膜后干胶保护层难撕

原因分析：膜在烤枪加温后，粘胶层起了粘性，粘住了保护层。

解决方法：预定型后的干胶膜不能卷起放很久，要及时进行装贴（半小时内），干胶的施工条件及技术都比湿胶膜困难，所以要注意这方面的技术施工方能达到满意效果。

3. 预定型时膜会起小白泡

原因分析：小折时修复后，膜和保护层分离了，就起了小白泡。

解决方法：出现这种现象不用担心，不会因此影响贴膜后的质量效果。烤的时候应注意烤枪出风温度不要高，烤枪的风口要离膜有一段距离，才可以达到预定效果。

4. 膜难移动定位

原因分析：①清洁液的润滑度不够。②施工动作慢，玻璃表面温度高，水份干得快，所以就难移动定位。

针对问题①的解决方法：在施工中，膜的移动定位时最重要的是对清洁液的检查。清洁液的润滑度直接影响整张膜的施工，清洁液要按规定比例要求调兑。

针对问题②的解决方法：施工时要选择无尘施工房，不要选择高温场地施工，如选择高温场地施工，水份干得快无法定位；当施工不具备以上条件时，就用湿毛巾覆盖玻璃外部来降温。

5. 烤膜看不到收缩

原因分析：膜被电镀过而收缩多次了，所以膜层就看不到收缩。

解决方法：这种膜要湿烤，会看到轻微的收缩现象，慢慢地用刮板进行赶刮方可，绝对不能看不到明显收缩就用烤枪在一个地方烘烤很长时间，否则就会出现拉纵的现象，这种膜需要较高水平的熟练技术人员进行贴方可达到效果。

6. 膜层较厚硬的膜不好烤

原因分析：手势和技法运用不当，造成对膜层较厚的膜不好烤。

解决方法：膜层的厚度不会影响施工，只要技术人员对膜的收缩方式加深了解、运用的方法恰当，就可以达到好的效果，最好选用干烤。

7. 膜较软薄容易出现小折痕

原因分析：温度过高，导致刮板一刮就出现了小折痕。

解决方法：膜层软施工中容易折，注意施工中烤枪的温度不能太高，膜本身收缩到位，一刮就不容易出现折痕，软膜就选用干烤法，施工方便安全。

8. 膜软了，不好贴进侧窗底部密封条的玻璃里面

原因分析：①膜软了，运用钢化平板不当，造成膜不好嵌入密封条的玻璃里。②润滑液不足，会造成膜不能移动到压条里去。

针对问题①的解决方法：应先将膜的两边掀起，贴上玻璃的左右下角，用钢化平板刮将密封条与玻璃隔开，用手慢慢地把气泡向下压，就可以看到气泡消失，然后将膜赶刮就可以了！有的车型（如富康、帕萨特、宝马等）的密封条很紧，照此方法完全可以把膜贴进去。

针对问题②的解决方法：润滑液要足。对于压条紧的车型，润滑液不够就会导致不能贴进压条里面，从而使膜报废。

9. 贴侧窗时干胶膜很容易就移动错位

原因分析：润滑液放太多了，造成滑动太多就错位了，难定位，容易卷起。

解决方法：在施工干胶膜时要注意润滑液的配比，因为干胶不同于湿胶，湿胶加水粘性很强，很好移动定位；而干胶遇水则需要一定的时间，所以在施工时，加少量润滑液，对移动定位效果很好。

10. 侧窗玻璃边角总有气泡、毛点、沙粒

原因分析：①没有用美纹纸包住毛边，导致毛边的粘毛粘到了玻璃上。②清洁液里有沙粒。

针对问题①的解决方法：像帕萨特、奥迪这些边框是毛边的，请用美纹纸把毛边封住，让玻璃与毛边隔离，从而施工就达到了理想的效果；有毛边玻璃框的车辆，亦可用硬毛刷刷掉浮毛，用水打湿来除尘。

针对问题②的解决方法：水中有沙粒，就可能导致玻璃脚有沙点，所以在给水壶里装水时，请用专用的滤沙器进行滤沙，这样贴膜上车就会很少有气泡，从而达到无尘效果。

11. 前后挡边部的气泡难以收缩贴合

原因分析：膜边压陶瓷点裁切，然后在里面就难收贴气泡。

解决方法：在预定型后，精裁时沿着陶瓷点最小边进行裁切，然后在里面贴就很容易收贴气泡，特别是干胶更不能压陶瓷点裁切，不然就更难贴合，甚至导致整张膜报废！

12. 后挡气泡的除雾线处难收贴合

原因分析：后挡有除雾线和陶瓷点相接，所以两边气泡就难收贴合。

解决方法：预定型后，裁切时沿着陶瓷点的最小处进行裁切，不能压点，然后在里面上膜时，请注意膜压除雾线的地方有气泡，因此必须将气泡转移到两条除雾线之间的空白

处，用烤枪再次收缩，对带除雾线、金属线较凸起的车型的玻璃最好用干烤预定型。

第六节　如何让车主对贴膜满意

贴膜后，导购员应陪同车主进行验收工作，导购员应一边看安装质量，一边讲解贴膜的验收标准。

一、如何让车主对前窗贴膜满意

（1）整张安装，不能拼凑。

（2）雨刮有效使用范围内不能有气泡、折痕（雨刮有效使用范围外可以有 7 ～ 12 个小气泡）。

（3）水必须刮干净（从玻璃的左右两侧分别观察，可以看得很清楚）。

（4）坐在驾驶位，透过前挡看车外的景物不存在模糊、色差现象。

（5）前挡玻璃没有强烈的反光现象（外侧）。

（6）膜材的边缘粘贴完好，不能有起边现象。

（7）膜材的边缘要与玻璃的小黑点连接平滑，无明显的凹凸不平的感觉。

（8）前窗玻璃没有损伤。

二、如何让车主对侧窗贴膜满意

（1）每块玻璃均无明显的漏光现象。

（2）驾驶座两侧的贴膜应先整张装贴，从驾驶看两侧后视镜没有影响视线的感觉，若存在这类现象，必须通知车主，并采取挖孔处理，孔型按照车主的要求做好精裁工作，务必边缘线平滑。

（3）车窗玻璃的上缘线与膜材的边缘保持基本平行，刀线平滑。

（4）没有较集中的沙粒夹在玻璃与膜材之间，也没有气泡折痕。

（5）侧窗玻璃没有损伤。

三、如何让车主对后窗贴膜满意

（1）有金属加热线及天线夹在玻璃内侧的情况下，不一定整张帖，可以拼贴，以免长时间加热导致影响其使用寿命。

（2）拼接时没有不对齐的地方。

（3）最下沿的膜材粘接处，没有残留水夹在膜材与玻璃之间。

（4）没有密集的沙点及气泡。

（5）后窗玻璃没有损伤。

在验收完毕后，如果发现存在不足之处，要及时采取措施加以改正甚至重新贴膜。如果没有问题，导购员要请车主在施工单上签字。

导购员对贴膜验收标准的详细讲解与认真负责的精神，能够让车主非常满意，导购员顺势请客户对外宣传一下，也许能够带来新的客户。

☞ 小贴士：贴膜后如何保养

1. 贴膜后，24 小时内如有汽泡必须回到贴膜的店内进行处理，不要擅自处理。

2. 贴膜后的三天内，不能用水清洗车窗，以免水分不干造成车膜滑下来。

3. 不要用指甲或尖锐物将隔热膜边缘拔开，以免污染物进入。

4. 为确保贴膜后膜与玻璃彻底粘牢，一周内不要开启后窗除雾线的开关。

5. 贴膜后只能用湿毛巾、海绵或者柔软布料轻轻擦膜。不要让空调风口对着隔热膜吹风。

6. 贴膜后里面会出现水雾，夜间驾驶可能会有轻微的反光，这是隔热膜在干透过程中的正常现象，经太阳照射，2 ～ 8 周之后会自然消失。

7. 隔热膜固定需要5 ～ 7 天，这几天不能升降车窗，否则，很容易翘边，膜也容易滑动。

8. 如果在洗车时不小心使膜松动，要回到贴膜的店里让贴膜师傅重新固定，以保证效果和持久性。

9. 在贴膜30 天后，就可以用正常的清洗办法来清洁车了。膜面出现污渍，千万不要用有腐蚀作用的化学溶剂擦试，最好用清洁的湿毛巾、纸巾沾水或棉布配合洗洁精清洗，也可以用橡皮刮水器来清洁它。

10. 贴膜后尽量不要在车窗上直接粘贴或悬挂东西，以免在将吸盘或粘贴物拔起的同时将膜拉开空隙。

☞ 小贴士：汽车车窗玻璃遮阳膜标准

根据公安部发布的《中华人民共和国公共安全行业标准 GA/T744—2007》有关“汽车车窗玻璃遮阳膜”的描述摘录（**本标准由上海海晏威固国际贸易有限公司提供**）：

1. 术语和定义

（1）汽车车窗玻璃遮阳膜：粘贴在汽车前、侧和后风窗安全玻璃上，可以遮挡（吸收）部分太阳光，但不影响自身和他人安全驾驶的薄膜。

（2）可见光透射比（τ）：在入射可见光的光谱组成、偏振状态和几何分布给定条件下，透射的可见光通量与入射可见光通量之比。可见光的光谱范围为 380nm ～780nm。

（3）镜面反光：平行光线入射到光滑物体表面，反射光线仍然是平行的，并且入射角与反射角相等的反光现象。

（4）反射率：在入射可见光的光谱组成、偏振状态和几何分布给定条件下，反射的可见光通量与入射可见光通量之比。可见光的光谱范围为 380nm ～780nm。

2. 技术要求

（1）分类：依据遮阳膜可见光透射比的不同，遮阳膜分为 I 类和 II 类。

（2）外观、尺寸要求：遮阳膜不允许存在裂纹、划痕、损伤。去除防粘纸、胶水后，遮阳膜的厚度应不大于 0. 1mm。

（3）可见光透射比（τ）：汽车风窗玻璃（前风窗玻璃）粘贴 I 类遮阳膜后，玻璃面和遮阳膜面的可见光透射比仍应符合相关规定，即可见光透射比不小于 70%。汽车风窗以外玻璃（前风窗以外玻璃）非驾驶人视区部位粘贴 II 类遮阳膜后，玻璃面和遮阳膜面的玻璃面和遮阳膜面的可见光透射比应不小于 10%。

（4）交通信号识别性能：将遮阳膜粘贴在汽车风窗玻璃（前风窗玻璃）及汽车风窗以外玻璃（前风窗以外玻璃）上，透过遮阳膜所看到的道路交通信号灯的颜色应在规定范围内，透过遮阳膜所看到的道路交通标志的图案、颜色、字符应符合规定。

（5）可见光反射率：汽车风窗玻璃（前风窗玻璃）及汽车风窗以外玻璃（前风窗以外玻璃）粘贴遮阳膜后，玻璃面的可见光反射率应不大于25%，遮阳膜面的可见光反射率应不大于20%。

（6）抗磨性能：按规定的抗磨性试验，遮阳膜的雾度应不大于5%。

（7）耐温性：按规定的方法试验，遮阳膜不应产生明显的裂纹、浑浊、气泡、变色、脱胶或其它显著缺陷。

（8）耐溶剂性：按规定的方法试验，遮阳膜不应产生软化、胶粘、起皱、龟裂、变色、溶解或其它显著缺陷。

（9）耐辐照性：按规定的方法试验，遮阳膜不应产生变色、气泡、浑浊、裂纹、脱胶或其它显著缺陷，I 类遮阳膜的可见光透光率不应小于70%，II 类遮阳膜的可见光透光率与试验前相比，其数值变化应在±5 个数值内。

（10）附着性：遮阳膜与汽车风窗玻璃的附着力应不小于15N。

3. 遮阳膜粘贴基本要求

根据规定，汽车车窗玻璃（前风窗玻璃）及汽车风窗以外玻璃（前风窗以外玻璃）不允许粘贴镜面反光遮阳膜。汽车的安全窗不允许粘贴遮阳膜。汽车风窗玻璃（前风窗玻璃）及汽车风窗以外玻璃（前风窗以外玻璃）粘贴遮阳膜后，在有效视觉范围内不应有杂物、气泡、折痕和密集的沙点；遮阳膜边缘应粘贴完好，与玻璃边缘线基本保持平行，刀线应平滑，应无起边现象；玻璃边缘的遮阳膜应无明显凹凸不平；I 类遮阳膜必须单片安装，不得拼接；透过风窗观察车外的景物，不应有模糊、色差等现象。

【案例】

如何推介并安享卓越的威固汽车窗膜

如今汽车越来越多的进入家庭，为爱车做贴膜选择成为有车一族越来越重视的事情。现在车主们对什么品牌、什么型号、何种价格、功能特性等逐渐开始关注并感兴趣。作为汽车隔热膜经营终端需要更加重视品牌化发展、集约式经营才能更好的立足市场。威固品牌始终以高端的品牌定位、优异的产品品质、专业的服务形象服务于市场，并越来越受广大爱车车主的关注，已成为众多高端车主的不二选择。

一、上海海晏威固国际贸易有限公司简介

上海海晏威固国际贸易有限公司是威固隔热膜中国区域的独家总代理，公司自成立以来即专注于威固隔热膜在中国的市场运营与推广。海晏威固不仅是顶级品牌的产品代理商，更致力于打造最优秀的经销团队。公司倾心经营的威固经销体系是目前行业内公认的市场保护、培训实施、价格控制、经销商管理最为规范和严格的系统。

董事长潘丽华女士毕业于中欧国际商学院，现就读香港城市大学与上海复旦大学合办的国际工商管理博士班。潘董事长连续多年获得汽车用品行业的“风云人物”、“优秀企

业家”、“营销精英人物”、“优秀专家导师”，同时，她还担任汽配用品行业协会副会长等多项职务。

海晏威固十分注重合作伙伴的选择与关系的建立维护。迄今为止，海晏威固在国内开发有1000多家优质威固经销商，其中威固专营店多达数百家；各地威固合作伙伴与将近2000家高端车行进行优质的威固贴膜施工服务合作。

公司使命：给爱自己和车的车主提供最优质的车用产品和最专业的服务。

公司愿景：做百年企业，科技·享受生活。

公司宗旨：通过不断的努力学习，在完善自身素质和能力的同时，能帮助合作者提高并体现其自身的价值，从而达到合作共赢。

公司战略：产品服务化、服务产品化。

合作定位：车行隔热膜专业运赢商；保持高端热膜市场的绝对领先地位，引导混乱的隔热膜市场走向健康有序的发展道路，坚持可持续发展，致力于成为车行隔热膜运营的战略合作伙伴，而非简单的供货商。

培训优势：2008年7月起推出系列威固销售及管理运营培训，每年的销售培训人数达上千人。培训对象分为：王牌销售员、金牌店长、投资人三个等级；培训课程涵盖：施工、销售、营销、财务、人力资源管理等各个模块。

运营标准：为系统经销商提供店面设计到经营合作的系统管理服务。有完善的运营手册体系，包括标准销售流程、施工流程、运营流程及终端展示系统。

道具开发：开发和引进超过200个配套物品（道具）来配合膜的销售。

车主关爱：专设400服务热线（400－880－3868）、解决各地客户的咨询、投诉，提高威固系统的客户服务质量。

全球首家汽车隔热膜博物馆：为更好地让国内主机厂、4S集团、行业协会、汽车用品经销商及终端车主全面系统地了解太阳膜的发展历史及生产运营，海晏威固在2010年3月专门投资设立了全球首家汽车隔热膜博物馆。在隔热膜博物馆内，参观客户可系统了解太阳膜的发展历史、技术换代、生产工艺，还可以亲身体验和感受太阳膜的穿透、发射及吸收性能，同时了解全球太阳膜主要厂家的技术优势及生产能力，并学会利用各种专业化的测量仪器对太阳膜进行相关的检测。

二、尖端科技，卓越产品

威固全球制造商韶华科技是位于美国加州帕罗阿托市的纳斯达克上市公司，长期从事军用和空间技术所需的光谱选择性薄膜的开发和生产。公司将源于空间飞行器薄膜部件应用的专利技术转为民用，开始了高性能透明窗用太阳膜的商品化生产。

为了满足全球汽车售后车窗装贴的需求，韶华科技于1998年在美国亚利桑那州、以及2003年在德国德累斯顿先后设立了威固隔热膜专用生产线。威固在全球的布局已涉及28个国家和地区，所设立的专营机构已达到800多个。

作为军用转民用的产品典范，光谱选择技术（XIR）的应用不仅为威固品牌赢得声誉，还为消费者带来了舒适无比的驾乘感受。品牌自诞生以来即立足于隔热膜高端市场，并结合市场的实际情况开发出一系列产品，囊括高端、中端市场，成为世界汽车隔热膜市场最具竞争力的品牌之一。

威固品牌其领先科技的光谱选择性薄膜提供了接近透明且能有效阻挡太阳热辐射的防

护壁垒。产品采用一种复杂的金属溅射多层介质镀膜工艺制成，生产所使用的最现代的多室直流磁控溅射机每台价值达到2400万美元。它能将厚度比头发丝直径还小的氧化铟、金、银等多层稀有金属靶材镀到只占世界聚酯膜产量1%的光学清晰耐久聚酯膜上。

威固膜是通过反射太阳光谱里的红外辐射能量达到减少车内太阳光热量的效果，选择性的阻隔不需要的热量，同时却最大限度的允许可见光透过。降低车内受照表面及空气的温度，进而降低车内空调的热负载。车主可以享受高度的舒适性及提高更佳燃油效率。由于对节能的重大贡献，世界最大科技杂志——美国《大众科学》，评选威固技术为一千年来人类顶尖技术发明之一。同时获此殊荣的有：空调系统、互联网、冰箱、计算机以及室内排水系统……它们的发明都极大的改变了人类的生活质量。

光谱选择技术以其独创性在行业内赢得了领先地位，而这一技术也因威固产品的逐渐推广而深受欧洲名车原产地制造商的青睐。1997年，奥迪和雷诺率先在汽车玻璃中采用了威固隔热技术；1998年，奔驰S系列也同样采用了带有威固技术的汽车玻璃。迄今为止，威固隔热技术仍然是唯一应用于欧洲名车的隔热科技。著名的欧洲汽车制造商，如：奔驰、宝马、奥迪、沃尔沃、大众、雷诺等，均使用了带有威固科技的汽车玻璃，全球已有2200万台名车共同见证了威固的顶尖实力。

在中国，威固顶级型号V-KOOL70最受车主欢迎，高达70%的可见光穿透率与低至3.7%的红外线穿透率，完美诠释了智能光谱选择的高科技含量，是汽车前挡风玻璃贴膜的不二选择。而独有九层稀有金属的V-KOOL40被称为“超级威固膜”，其红外线穿透率仅为2.6%，令人叹为观止。经数年潜心研究，威固新近隆重推出V-KOOL55，其溅射金属多达十层，可阻隔高达70%的太阳能及超过97%的红外线，造就了私密性与透光要求的最高平衡点。

选择威固，让我们拥有更清晰的视野，更凉爽和更环保的世界。

三、如何选购威固正品

亲爱的车主朋友，您知道如何为爱车选购一款真正放心、品质卓越的好隔热膜吗？

近来有部分车主朋友反映：夏天来临，想为爱车贴装一款各方面性能较好的正品隔热膜，选择了威固。不曾想在街边汽车美容店及网上花费了数千元购置了所谓的“威固膜”，使用后总感性能不优，放心不下。后便致电威固中国客服热线咨询。

在此小编提醒广大车主朋友：市场上隔热膜品牌繁多，鱼目混杂，在选择知名品牌的同时，更需要注意假冒伪劣现象。近年来，威固作为知名隔热膜品牌也不可避免受到不法商家的侵害。因此，威固也一直重视市场打假与防伪工作，不希望市场上出现假冒威固隔热膜产品致使车主受到经济损失，车居生活品质受到不良影响。

其实，装贴到正品威固膜非常简单，让我们一起了解一下：

首先，凡威固正式授权店面，都可以在威固官网 www. v - koolchina. com. cn“全国加盟店查询”页面找到。正规威固经销商均有威固特许经销证书，并有欧洲原装车使用威固技术的证明书；

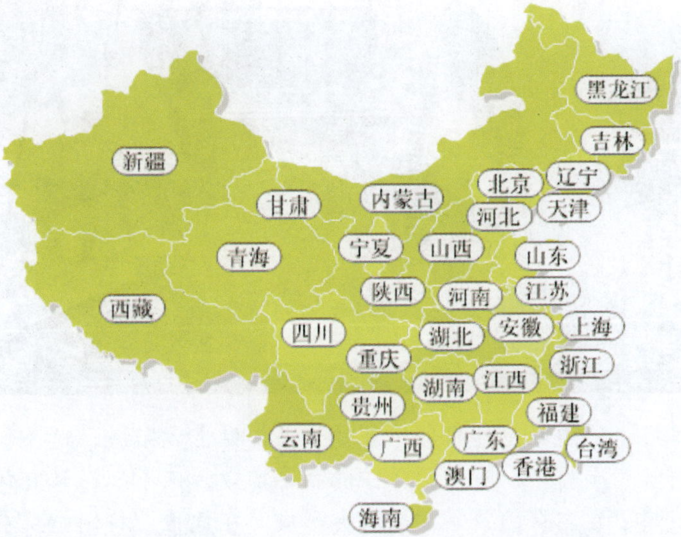

第二，威固产品均标有膜卷号及安全码，购买时记得要求查看；

第三，威固隔热膜质保期限为五年，并于2013年开始全面实行电子质保。贴膜施工后店面会现场登录官网填写生成电子质保编号，客户可登陆威固官网查询验证；

第四，在授权店购买威固，客户均能免费获得威固身份标识“威固安全标”，顶级尊贵用户还可享有“威固银标”。

I'm V-Kool

最后，如您遇到任何产品或施工问题，您都可以拨打威固全国客服热线400-880-3868，客服人员会给您满意解答。

让我们在正规渠道购买威固正品，安心享受威固隔热膜的卓越品质，清凉为道，自在随心！

威固——科技·享受生活！

四、真体验、真消费——威固“魔镜”做主

如今车主买车后，做的第一件事似乎就是为爱车贴上太阳膜，这不仅因为太阳膜可以增加车身美感，同时还有隔热、防爆、保护隐私之功效。殊不知，只有优质太阳膜方能如此，而劣质的不但起不到应有的效果，反而会形成潜在危险。特别是现在的太阳膜市场鱼龙混杂，造成“乱花渐欲迷人眼”之势，消费者一不小心就会中招上当。针对这种现象，业内专业人士发明了一款叫做“魔镜”的太阳膜测试仪，让消费者真切体会到优劣膜的不同，明明白白消费。

“魔镜”的取名来源于格林童话中的名篇《白雪公主》，看过这个童话的朋友或许都还记得那个诚实的魔镜，每当被问“谁是世界上最美的女人”时，它总是如实作答，这让自认为美丽绝伦的恶毒王后常常勃然大怒。而威固魔镜也从不说假话，它可以实事求是地区分太阳膜对热量的阻隔方式，鉴别出隔热膜的好坏！

威固魔镜主要有热能转动仪和能量测试仪、红外线健康理疗灯三部分构成。其中，热能转动仪又称热风车，单从外表看酷似一个简易玻璃球，它是纯机械装置，没有任何机关，里面充有惰性气体，四个黑白的叶面相互交叉成风车状。其中黑色叶面吸收的热量多、白色叶面吸收的热量少，当红外线灯的热量照射到转动仪上时，叶面黑白两边就会形成温差，从而发生顺时针的转动；辐射到转动仪上的热量越多、转动仪的转动速度就越快。反之，转动仪的转动速度越慢！而能量测试仪则可以定量测试出确切的能量数值，其顶部有两个能量接收窗口，可以分别测试辐射到测试仪顶部的可见光及红外线的能量。

威固魔镜主要遵循的是能量守恒定律，我们知道：能量一定是守恒的，“总能量=穿透+反射+吸收”。当我们把贴有威固膜、金属反光膜及吸热膜的玻璃分别放在魔镜前用红外线灯照射时会发现，透过威固膜的红外线能量测定仪是其他膜（金属反光膜）的1/3，热能转动仪转动的相对较慢，近70%的能量直接就被反射阻隔！事实上，俗话中的太阳膜阻隔热量其实分两种方式：吸收和反射！只有反射才是真正的阻隔热量！当把红外线灯关闭后，你会感觉贴有威固膜的玻璃热度远远低于其他膜，尤其是吸热膜。也许有人会问，吸热膜吸收热量，不也是一种很好的隔热方式吗？这个结论看似有理，吸热膜在短时间内隔热效果感觉很好，然而时间一长就如同海绵吸水一样，一旦饱和了就会溢出，起不到任何隔热效果。加上反复的热胀冷缩，这种膜很容易老化，那些所谓质保5－10年的隔热指标根本达不到。另一方面，吸热膜由于快速吸热，这在贴膜施工和高温下行车时很容易引起玻璃爆裂的现象，造成一定的安全隐患。

消费者贴膜曾经是为了美观，如今随着消费水平和消费意识的提高，人们渐渐意识到贴太阳膜不仅仅是外观和价格的问题，更重要的是行车的安全和舒适。这其中就包括太阳膜的清晰度、防眩光、隔热、防紫外线、防爆等，如今市场上不少太阳膜打着国外品牌的旗号进行贴牌生产，声称上述功能应有尽有，让消费者吃尽了苦头。而魔镜则在一定程度上揭开了这层虚假的面纱，作为它的倡导者——威固，一直以来秉承“为商先为人”的商道理念，坚持走高端路线，让消费者明明白白消费，使其感受物有所值，并为太阳膜市场的有序交易尽着最大的义务和责任。我们相信，有了更多像“威固魔镜”这样的诚信鉴定，太阳膜市场那舒畅、动人的乐曲将会尽快奏响！

五、威固的联系方式

威固中国总代理：上海海晏威固国际贸易有限公司

地址：上海市黄兴路1599号新纪元广场12楼

邮编：200433

电话：021－55128855　传真：021－55125850

客服热线：400－880－3868

网址：www.v－koolchina.com.cn

第五章　如何经营改装快修项目

汽车改装快修的项目有很多，例如，DVD 导航、汽车音响、隔音工程、360 度全景泊车系统、行车记录仪、一键启动、原车屏升级、胎压监测、红外夜视安全系统、车载电脑、防盗器、氙气灯（HID）、日行灯、外饰件、进排气系统、改色膜、真皮座椅、缓冲器、四轮定位、底盘装甲、喷漆钣金、免拆清洗、补胎换胎等。下面就几个主要的项目，介绍一下如何经营。

第一节　如何经营车载电子改装

车载电子改装（包括加装与换装）主要包括 DVD 导航改装、汽车音响改装、隔音工程、360 度全景泊车系统、行车记录仪、一键启动、原车屏升级、防盗器改装、胎压监测、红外夜视安全系统、车载电脑改装等。由于车载电子的发展快速，这方面的改装内容不断增加。

一、如何引起车主对车载电子改装的兴趣

导购员可以根据车主的不同情况，在介绍车载电子功能的同时，重点强调车载电子改装能够给车主带来的利益。

1. 对于没有安装导航的车主

当看到车主没有安装导航时，导购员应重点介绍导航，可说："老板/先生，如果您开车进行自驾游或者去其他地方办事，只要您输入目的地，导航就能够引导您一路顺利前行，该拐弯的地方，导航都会自动告诉您，不走弯路的。您到我们老板的车里，试一试导航，怎么样?"

2. 对于已经安装低配置导航的车主

当看到车主已经安装了低配置的导航后，导购员应重点介绍高配置的导航，可说："老板/先生，这是一款高配置的导航，可同时放入六张碟片，可任意选取第几碟片播放，想听哪一张都可以，不像以前来回换，开车时换碟是不安全的！还有蓝牙功能，免提接听，还能语音导购，行车时安全方便！导航软件还能一机双图，非常准确，不会出错。"

3. 对于汽车音响不太好的车主

当听到车主的汽车音响不太好时，导购员应重点介绍："老板/先生，您的主机不错，但喇叭的音质好像不好。"然后，导购员领车主到试音箱旁，"您听一听这个双音盆形电喇叭，怎么样？音质好吧！它的声音很大但噪声很小，要不换一个？塞车时候，出去玩啊什么的可以听听歌，又可以经常在车上享受音乐！"

4. 对于怕出安全事故、怕恶意碰瓷的车主

当看到女性车主或者新手时，导购员可说："汽车的前后左右都有盲区，我们坐在车里，看不到这些盲区，容易在前行、转弯、倒车时发生安全事故，另外，有些坏人也专门

在这些盲区进行恶意碰瓷！我给你介绍一下360度全景泊车系统和行车记录仪。”

“这是360度全景泊车系统，我给您演示一下。当打左转向灯时，屏幕左边显示车辆左侧画面，屏幕右边显示全景图；当打右转向灯时，屏幕左边显示车辆右侧画面，屏幕右边显示全景图；当挂上倒档时，屏幕左边显示车辆后方画面，屏幕右边显示全景图；当正常行驶时，屏幕左边显示车辆前方画面，屏幕右边显示全景图。360度全景泊车系统安装简单，无线旋钮操作，非常方便。机内所有硬件与接插件均采用防振和加固处理，超强防抖，超强夜视，影像非常清晰，还能预防车内的静电。可以忍受零下30度的严寒和80度的高温。”

“这是行车记录仪，开车时边走边录像，相当‘黑匣子’，有夜视功能，能够把时间、速度、所在位置都记录在录像里，万一遇到专业碰瓷的和拦路抢劫的，有了行车记录仪，就能够为交通事故提供确凿的证据，就容易破案了。”

5. 对于担心车被偷、车钥匙丢的的车主

当听到车主特别担心车被偷、车钥匙丢时，导购员可说：“为了防止汽车被盗，可以安装防盗器，还可以安装一键启动。一键启动不仅具有普通防盗器的功能，而且还免去了处处带着钥匙、丢钥匙、找钥匙的烦恼。”

“这款车就安装了一键启动，我给您演示一下。当离开车辆2.5～3米时，门锁会自动锁上并进入防盗状态；当离开时有一个车门没有关或没有关好，车辆会自动发出提示报警声；在车外，可以远程遥控启动空调，夏天提前降温，冬天提前暖车；当走进距车辆1.5～2米时，门锁会自动打开并解除防盗。”

“离车后自动断油或者断电锁定，在顺利通过智能钥匙唯一识别验证后，系统会自动恢复；如果没有通过智能钥匙验证，即使有原车钥匙也无法启动车辆，车辆还会发出声光报警。”

“不用钥匙就能启动发动机，开门进入车内后，无需拿出钥匙，只要踩住刹车，轻按一下一键启动按钮，发动机就启动了；不用钥匙也能熄灭发动机，在发动状态下，只要踩住刹车，轻按一下一键启动按钮，发动机就熄火了。”

“一键启动，采用了世界上最安全的非接触式的自动识别技术，每一个芯片都是全球唯一的，保密性能非常高，芯片不可复制，是目前最安全的汽车防盗系统。”

6. 对于想安装多个车载电子设备的车主

当听到车主想要安装车载GPS、数字电视、倒车后视等多个设备时，导购员应重点介绍：“老板/先生，你想安装的这几个车载电子设备得需要好几个显示屏，但仪表台就这么大的地方，我们可以为您进行原车屏升级，既保持了原车的风格，也不浪费原车屏，省钱！还不涉及原车的解码问题，安全！您看看样品，怎么样？”

☞ 小贴士：部分车载电子的功能与特点

1. 车辆定位导航用于车辆的跟踪与防盗。使用过程中需要借助通信网络以及政府配套系统为GPS车载防盗仪提供信息，因此，要支付信息使用费。

2. 车辆指南导航用于车辆的自主导航。使用过程中不收取任何信息使用费，但用户要购买相应的电子地图（许多厂家免费赠送）。

3. 汽车音响主机的作用包括：①音调调节。统一协调高、中、低不同频率范围的信号，使之更加协调。②响度调节。对于一些响度不够的信号，主机负责适度予以补充，使声音更丰满。③内置均衡。针对不同风格的音乐设置不同的频率增益补充。例如，在面板上按下了“ROCK”键，那么主机将加强低音和高音，突出摇滚的感受。

4. 车载电脑的主要功能包括：能实现所有家用电脑的功能，支持车内上网、影音娱乐、GPS 定位、语音导航、游戏、电话等功能，同时也能实现可视倒车、故障检测等特定功能。

5. 便携式车载电脑。外观与导航无异，比便携式导航略大。主要针对那些希望能够随时在车上上网，但对操作界面要求不高，只是简单浏览信息，而非长时间在车上进行文档处理和复杂操作的人士。它起到的是一种方便以及应急的使用功能，对于真正实现车上上网办公，仍然有较大的局限性。

6. 头枕型车载电脑。采用嵌入座椅头枕的形式，可以将它折叠起来，收藏于头枕里面，当拉上拉链后，几乎不露痕迹。将它的键盘放下，看起来就像是将一台笔记本固定在头枕后面。它采用触摸屏，需要选择菜单时，可用手指点击控制，若想进行正常的办公室文件操作或上网浏览，可以将键盘放下，操作方式与普通的笔记本没有什么区别，让使用者可以在车内完成文案或稿件处理。

☞ 小贴士：行车记录仪的分类

1. 按装配效果划分，行车记录仪可分为便携性行车记录仪与后装车机一体式 DVD 行车记录仪两大类。其中，便携性行车记录仪又分为后视镜行车记录仪与数据行车记录仪两种，后装车机一体式 DVD 行车记录仪又分为前装和后装两种。

2. 按摄像头数划分，行车记录仪可分为 2 路、3 路、4 路、5 路等。

3. 按外观及功能划分，行车记录仪可分为高清行车记录仪、迷你行车记录仪、夜视行车记录仪、广角行车记录仪、双镜头行车记录仪、多功能一体机、眼镜式多功能行车记录仪等。

4. 按产品屏幕尺寸划分，行车记录仪可分为 1.5 吋、2.0 吋、2.4 吋、2.5 吋、3 吋、3.5 吋、4.3 吋等。

5. 按内存容量划分，大部分行车记录仪没有内置内存，要靠内存卡扩展或者移动数字硬盘。根据内存卡扩展的容量，行车记录仪可分为 2G，4G，8G，16G，32G 等；根据移动数字硬盘的容量，行车记录仪可分为 250G，500G，1000G 等。

6. 按视频解析度和帧流率划分，行车记录仪可分为普清、高清、全高清、超清 4 种。

7. 按拍摄角度划分，行车记录仪可分为 120 度、140 度、150 度、170 度、100 度、90 度等。

8. 按视频像素划分，行车记录仪可分为 30 万像素、130 万像素、200 万像素、500 万像素等。

二、如何让车主感觉本店“专业正规”

1. 导购员请车主参观展厅与改装车间

“老板/先生，您看，我们的展厅与改装车间是分开的，非常专业的布局，虽然不算太大，但很干净，电子设备特别怕尘！这是吸尘器。”

“这是我们店的导航，您看，大部分车型的导航都有，高配置的、低配置的也都有。”

“这是价格表，我们店的产品都是明码标价！不像有些店随口喊价。”

“这是试音箱体，这是箱体上的喇叭快速替换夹！您听一下，怎么样?”

“这是车间的专用工具台，您看，各种工具非常齐全，而且摆放整齐!”

“这是线材的展示板，怎么样，一目了然吧!”

2. 导购员请车主看改装师傅的证书

“老板/先生，您看，这是我们店刘师傅的证书，他还是专业的调音师，有 8 年的改装经验。”

在看证书的同时，导购员要详细讲解专业人士的重要性。“汽车电子改装一定要找专业人士才能做好。”

“首先，拆装技术要专业。现在车上所用的仪表台表面基本上看不到螺丝钉，需要撬开装饰部件，如果对所改车辆的结构不熟悉，容易撬坏车上的部件。”

“其次，选择设备、材料要专业。不同的车型、不同的主机、不同的喇叭、不同的隔音材料，搭配不好，就会影响到音质。”

“再次，改装过程要专业。汽车音响改装需要布线、换装扬声器、加装熔丝等，一旦接错线路就会出故障甚至安全事故，布线的线路还不能干扰车中的电脑和电子装置。”

“最后，改装收工要专业。改装完毕后，还要把拆下的门板、门边、仪表台、座椅、装饰板等部件完整地装回去，如果密封不好就会产生噪音。”

3. 导购员请车主看生产厂家的授权证书

导购员指着摆放在墙上的证书，“这是××厂家的授权经销证书。这家企业是国内著名的 DVD 导航生产企业，1996 年就成立了，还是国家级高新技术企业。”

“我们从来不进假冒伪劣产品，有些导航价格虽然低，但用不了多久，经常坏，一分钱一分货。”

4. 导购员请车主看质量保证书

“老板/先生，我们提供上门安装服务，这是我们的质量保证书：第一，自购买之日起三个月以内，没有私自拆机和擅自维修，正常使用出现性能故障的产品，还有非人为因素造成的外观无损伤的产品，都可以更换新产品。第二，所有产品自安装之日起保修一年。第三，终身维修。”

☞ **小贴士：部分车载电子的分类**

1. 从汽车导航是否专车专用分类，汽车导航可分为专车专用导航与便携式导航。
2. 从 GPS 的功能分类，汽车导航可分为车辆定位导航与车辆指南导航。
3. 从车载电脑安装是否固定分类，车载电脑可分为头枕型车载电脑与便携式车载电脑。

4. 从信号源分类，车内主机的信号源可分为收音（FM/AM）、磁带、CD、VCD、DVD和MP3等。将这些信号源分类组合，可以生产出不同款式的车内主机。

5. 从汽车出厂的时间分类，汽车音响可分为原配产品与售后产品。例如，一汽大众的原配音响以飞利浦、松下品牌为主，个别车型配先锋、阿尔派；上海大众的原配音响以飞利浦为主；广州本田的原配音响以阿尔派、松下为主；海南马自达的原配音响以松下、阿尔派为主。售后产品中各种品牌都有。

欧美音响的功放、低音效果好。日本音响的音质纯正细腻、总体平衡。

6. 从喇叭的发音动力分类，喇叭可分为气喇叭与电喇叭。气喇叭是利用气流使金属膜片振动产生音响，外形一般为筒形，多用在具有空气制动装置的载重汽车上。电喇叭是利用电磁力使金属膜片振动产生音响，其声音悦耳，广泛应用在各种类型的汽车上。

7. 从喇叭的外形分类，喇叭可分为螺旋形、筒形、盆形等。

8. 从喇叭的尺寸分类，喇叭可分为高音喇叭（小于2.5寸）、中音喇叭（3寸或4寸）、中低音喇叭（5寸、6.5寸等）、低音喇叭（8寸、10寸、12寸）。喇叭尺寸越大，频率越低，功率越大。美国品牌的喇叭较注重低频部分的表现，欧洲品牌的喇叭较注重中频音与高频音的表现。在设计时，最好采用欧洲喇叭加美国低音的方式组合音响系统。

9. 从喇叭的接线方式分类，喇叭可分为单线制与双线制。

☛ **小贴士：汽车音响系统的构成**

汽车音响系统主要由三部分构成：

1. 音源（即主机）。常见的音源主机有DVD与CD，目前许多国产主机也都带有导航、蓝牙、USB、倒车监视、数字电视等功能。

2. 功率放大器（即功放）。功放的作用是把音源信号进行电压放大而驱动扬声器产生声音。大功率的功放并不代表音量大，而是能够将音乐的细节部分表现得更加清晰，信号的解析度更高，因此，感受的效果更加饱满。

3. 扬声器（即喇叭）。

三、如何向车主推荐车载电子改装项目

1. 车主的需求

（1）根据自己的情况，能够选择到最恰当的车载电子种类。

如，是男性还是女性？是否经常出远门？是否喜欢听音乐？是否发烧友？等等

（2）能够选择到性价比最高的车载电子。

（3）如何保护车载电子？

2. 对于女性车主

女性车主的特点主要有：①方向感相对差，往往容易迷路。②对汽车的结构不敏感，修车能力差，特别不喜欢汽车发生故障。③能够开车的女性，往往对花钱不敏感。④）喜欢在车内听音乐、看影碟。⑤容易在倒车时出事，容易遭受专业碰瓷和拦路抢劫的侵

害。⑥喜欢旅游。⑦女性车主的数量在不断增加。

当女性车主光临时，导购员要热情周到地介绍一些高档的 DVD 导航、汽车音响、隔音、360 度全景泊车系统、行车记录仪、原车屏升级等项目。

“美女，您开的是奥迪 Q5，原车是不带导航功能的，您周末如果到郊区自驾游，很容易迷路的！这样吧，给您的车加装一台××品牌的 DVD 导航，能够触摸手写。再加装一个 360 度全景泊车系统，能够全面显示汽车前后左右的景象，有参考数据线，使倒车准确无误，晚上倒车摄像头会自动补光，倒车时同样看得清，这样倒车时就不会撞上什么东西了。再加装一个行车记录仪，能够全程记录行车状况，就不怕专业碰瓷和拦路抢劫的了。再加装上数字电视和蓝牙。由于屏幕太多，来一个原车屏升级吧！”

“我们采用原厂线组，不破坏原车任何线路，加装本系统后不影响原车任何自带系统，原车娱乐系统、碟盒功能、方向盘控制、行车电脑控制等功能照常使用。”

“导航软件为国内最领先的二个地图软件，可实现一机双图，到任何地方，不论城市还是农村，都能够准确指引方向。地图软件采用 SD 卡存储，运行效率高，更新方便。”

“蓝牙电话功能，与您的手机蓝牙匹配，上车自动对接，下车自动断开，直接在屏幕上触摸拨号，免提接听，保障行车中安全通话。”

“在已经开通播放数字电视的地区可以收看 CMMB 节目，图像与 DVD 一样清晰，而且抗干扰性强，通过数字电视随时随地了解最新的资讯。”

3. 对于实用型车主

实用型车主的特点主要有：①看重必需的功能。例如，导航的准确性、及时收听路况信息、蓝牙、倒车后视等。②关注价格。③偶尔听听歌，但对音质的要求不高。④关注防盗。

当一个车主特别关注功能与价格，而且年龄是在 40 岁左右的男性时，他有可能属于实用型的车主。导购员可以介绍一些对于行车、通讯、倒车、防盗等非常实用的设备。

“老板/先生，您的车是广汽本田的雅阁，可安装 7 寸的数字触摸屏，采用全新正版的 3D 实景导航地图，到其他城市办事，不走弯路；内置 FM/AM 高精度广播，平时开车上下班，可以听听路况资讯，减少塞车，还可以收听国内外新闻、股市讯息。”

“可以支持 2.0 高速传输 USB/SD 接口，方便文件处理；内置蓝牙免提功能，随时接听电话，不影响行车安全；还配有倒车后视功能、夜视屏保时钟，非常实用。”

“这里是防盗设备，有普通的防盗器，还有一键启动。我看您经常自己开车，万一找不着车钥匙很麻烦，适合安装一键启动，防盗性能特别先进！”

4. 对于音响发烧友车主

音响发烧友车主的特点主要有：①对音质要求特别高。②对当地汽车音响改装的价格、技术水平等非常了解。③对于设备的品牌很看重。④喜欢与音响改装师傅探讨音响改装问题，是个行家。⑤经常与其他音响发烧友“斗气”，有事无事就在汽车音响上“折腾”，只要听说有“新玩意”，就要安装，一定要争个第一。⑥只要这个发烧友特别佩服了某个汽车音响改装店，他就会陆陆续续带来一大批客户。

当一个车主来了就和音响改装师傅聊音质、品牌，说得头头是道，年龄在 20 ～ 30 岁的男性时，他可能就是音响发烧友了。导购员要以请教的姿态，重点介绍本店的产品品牌、音质、改装师傅的技术等。

“老板/先生，我一听，您就是音响改装方面的行家了，可否给我们提提意见，看我们有哪些需要改进的地方。”

“这些设备，您肯定比我熟悉，我在您面前是班门弄斧。这是××生产厂家新开发的一款低音炮，在我们当地是第一家，您先请到试音室，听听效果，怎么样?”

☞ 小贴士：如何选购 DVD 导航

1. 音质。DVD 是用来播放音乐的，音质好坏非常重要。因此，选购 DVD 之前一定要问清楚这台 DVD 机的前量输出是几“V”，或者把这台机器和其他 DVD 机进行音质对比。如果 DVD 机的音质能和 CD 机音质一比高下，价钱当然也不会便宜到哪里。

2. 图像和 DVD 机配置。DVD 屏幕有模拟屏和数字高清屏二种。模拟屏的像素一般是 240×240 或 480×240 像素，而高清屏一般都是 800×480 像素或更高。另外，好的 DVD 都是采用双光驱配置，即 DVD、CD 两种光驱。

3. 导航的准确性和使用的便捷性。好的 DVD 厂家都会套用比较好的导航软件，较差的 DVD 导航软件容易在导航的过程中死机，或导航速度慢，导航的准确性也比较差。因为好的 DVD 导航采用的是“双核”模式，即采用两个独立的 CPU 处理系统，这样两个系统互不干扰，导航速度快，准确性高，使用方便。

四、如何让车主对车载电子改装满意

车载电子改装完毕后，导购员一定要陪同车主检验一下改装的效果。基本要求是：第一，不能弄花车主的汽车；第二，不能改变车主的车饰；第三，功能、音质的效果要好。具体改装对象不同，检验的内容也不同。

下面，以导航为例，谈谈导航改装应检验的内容：

（1）检验导航系统的准确性。

“美女，请您开车到您熟悉的路段，或是到东边新开张的酒店那里，看一看系统是否能够准确显示汽车的位置。”因为街道、路段总是在不断地变化，导航系统也必须提供定期的更新服务。

（2）查看导航系统的存储能力。

随着电子地图数据的越来越多，车载导航系统也一定要有相应大的硬盘内存。例如，若是将全美国的地图都存下来，至少需要三片光碟。

（3）检验导航的图像显示。

“美女，车载导航系统的图像显示，可以装在汽车的驾驶仪表盘上，也可以投射到手提电脑甚至掌上电脑的屏幕上。您看看效果如何?”

为了适应不同的天气和光线条件，图像显示屏幕下必须有足够强的亮度，还要有足够的大小和好的分辨率。

☞ 小贴士：主要电子地图的优缺点

1. 凯立德地图的主要优点是信息点丰富、地图详细；在软件功能上，它具有独有的路径规划功能，可以设定必经地以及回避地，非常人性化。主要缺点是区域不均等，它在城市中的表现要优于在乡村、在中国北部的表现要优于在中国南部。

2. 城际通地图的主要优点是内置了一个电子警察提示功能，可以提示前方的测速区以及摄像头。主要缺点是区域不均等，乡村优于城市、南方优于北方。

它和凯立德地图正好可以进行优势互补，所以在一些公司售出的导航中，经常是将这两幅地图搭配起来，做成一机双图，以便客户根据情况选择使用。

3. 高德地图的主要优点是地图非常详细、数据很新。主要缺点是在路径规划上不是十分理想，经常绕远，另外它在路口提示的时候，有点缓慢。

【案例】

如何推介本元公司的OBD车辆远程管理系统

☛ **小贴士：本元项目成立背景**

在知识经济时代，技术、知识迅速更新，手机已经成为车主的必备品。车主对出行安全、行车安全、停车安全以及最新资讯、在线咨询、车辆使用知识、保险到期提醒、驾驶证年审提醒、车辆年审提醒等方面的需求也在更新，车主希望通过手机随时随地了解到这些信息，而经销商、4S店、汽车美容快修店只有通过满足车主不断更新的需求，才能生存与发展。

经销商是典型的资源型企业，依靠资源取胜。经销商依靠长期的搬运工式的经销产品积累客户资源，而这种搬运工式的积累是缓慢而低效的，这种缓慢低效的资源积累并不能给经销商带来可持续的盈利和发展。经销商面临的问题主要有：经销商如何快速有效的积累资源？如何将渠道资源利益最大化？如何改变传统经销商搬运工的角色，做到可持续盈利？如何牢牢掌控客户资源？如何提高客户的回头率？如何提高产值？如何提升品牌的美誉度？如何解决这些问题是摆在经销商面前的重要任务。

同样，4S店（集团）不知道如何解决进店客户的销售转换率低及售后流失比率越来越大的问题；汽车美容快修连锁店也不知道如何解决车主和店面之间一直处于游离状态的问题。

广州本元品牌管理有限公司开发的OBD车辆远程管理系统（也被称为icar365车辆远程管理系统或icar365动态客户管理系统），是一套世界最先进完整的车辆智能管理系统，包括硬件、软件，能够实时读取车辆的各项指标，车主通过配套的客户手机端APP，让车主准确地掌握车辆的各项性能，同时还为车主提供便捷的车况自检、保养提醒、车辆故障告警、加油管理、防盗定位、重大事故告警、驾驶行为分析、隐私设置等功能。

在充分满足车主需求的同时，也为经销商、4S店（集团）、汽车美容快修店提供了优质客户资源，解决了动态客户的管理问题，从而带来了可持续的盈利和发展。

广州本元公司网址：www.gzbenyuan.cn

OBD产品官网：www.icar365.cn

一、广州本元品牌管理有限公司简介

广州本元品牌管理有限公司坐落于广州天河区，地理环境优越，交通十分便捷。公司自成立以来就专注于OBD车辆远程管理系统在中国汽车后市场的运营与推广。广州本元不仅是C－OBD产品的首创者，更致力于打造最优秀的经销商和服务商团队。公司依托人才优势、以全新的经营理念，完善的行业技术并整合优势资源推出的OBD远程管理系统是目前行业内公认的最完整最系统，功能最强大，最能迎合市场需求的系统。其严谨规范的市场保护、培训实施、售后服务等运营管理政策都得到众多客户的认可和好评。作为经营品牌的企业，公司始终视产品品质为生存之本，坚持以诚信和互惠互利为原则，坚持用自己倾心的服务去打动客户。愿与国内各界朋友加强合作，共谋和谐，共创双赢。我们将会更加坚定执着、满怀信心，求真务实、群策群力。以卓越的产品，优质的服务，打造汽车电子产品领域的知名品牌。

iCAR365项目由广州本元品牌管理有限公司自主研发，公司拥有发明专利五项，实用新型专利十几项，软件著作权、软件登记证几十项。其快速的研发能力和持久的创新能力，使产品持续成为同行业的领跑者。

200620065368.7	多功能GSM&GPS汽车防盗报警控制系统
200520054306.1	多功能GSMS汽车防盗报警控制系统
201320013935.4	一种车内后视镜装置
201320013031.1	车载管理设备
201320185409.6	一种安全监护仪
201320185434.4	智能监护仪
201320185444.8	汽车后视镜导航装置
201320185448.6	智能后视镜导航仪
201320185276.2	新型车载追踪器
201320185279.6	GPS车载追踪器
201320185293.6	北斗车载监控管理系统
201310008990.9	汽车监控系统及方法
201310134505.2	物流配货信息交互方法
201310335455.4	汽车运行状态监测电路及其监测方法
200820043046.1	车辆信息管理系统
200720178933.5	便携式GSM&GPS定位系统
201320013934.X	车载咨询设备

二、什么是OBD车辆远程管理系统?

OBD车辆远程管理系统，也被称为icar365车辆远程管理系统或icar365动态客户管理系统，是一套世界最先进的、完整的车辆智能监控系统。

OBD车辆远程管理系统利用客户手机APP与车载OBD硬件功能应用的结合，通过数据采集并利用软件强大的分析计算功能，结合客户管理平台的贴身管理与客户互动，让车主简单轻松的使用车辆，让客户享受增值服务。通过为客户提供精准服务，极大地提升客户的信赖度，提高用户粘性，减少客户的流失，由此带来足够大的增值空间。在帮助客户了解爱车、正确使用爱车、保障爱车在最佳状况运行、保障爱车安全、保障出行安全、保障行驶时安全等方面起到贴身管家的作用。

1. OBD 车辆远程管理系统的作用

OBD 车辆远程管理系统的作用主要有：①提升客户粘度。②提升客户回头率。③提升销售产值。④提供与客户互动的平台。⑤提升品牌美誉度。⑥牢牢掌控客户资源带来的增值运营空间。

2. OBD 车辆远程管理系统的盈利点

(1) 近期盈利点。获得销售产品硬件所产生的直接利润，通过系统管理软件解决车主和店面之间处于游离状态的现状。

(2) 中期盈利点。针对在线客户收取服务费；提升自身店面的品牌美誉度。

(3) 远期盈利点。长期将客户牢牢掌握在手中，为客户提供增值服务，以达到资源利益最大化。

3. OBD 车辆远程管理系统的硬件和软件

OBD 车辆远程管理系统的硬件主要由 OBD、GPS、移动通讯、3D 加速传感等高新技术集成，其功能主要是采集和传输发动机数据、底盘数据、车辆行驶动态等，确保该车运行在最佳状态。当车辆出现尾气超标、油耗增高、故障代码等情况时，系统自动下发指令给车辆 ECU 调整和清除。

OBD 车辆远程管理系统的软件主要由上位机软件、数据库软件、管理中心软件、客户应用软件等组成，其功能主要是将硬件采集的数据进行分析计算，主动、及时、准确地为4S 店、汽车美容快修店和车主提供救援、事故告警、故障提醒、维修保养提醒、车辆远程诊断、车辆防盗等功能应用，根据车辆的实时动态和车主的驾驶习惯精准地对车辆做出有效的管理。

三、如何安装 OBD 车辆远程管理系统硬件

1. 安装硬件后车主手机 APP 附加功能介绍

(1) icar365 车主手机 APP 附加功能及应用主要有：车辆定位、轨迹查询、防盗报警、车辆故障告警、重大事故告警、保养提醒、车况自检、一键扫描、驾驶行为分析、行车报表、信息通知等。

(2) 车主承担的费用。车主需承担基本的硬件使用成本和延续使用硬件产品的服务费。

2. 安装硬件后（CS 端）附加功能介绍

(1) OBD 车辆远程管理系统附加的功能及应用。

(2) 管理系统保养项目表。

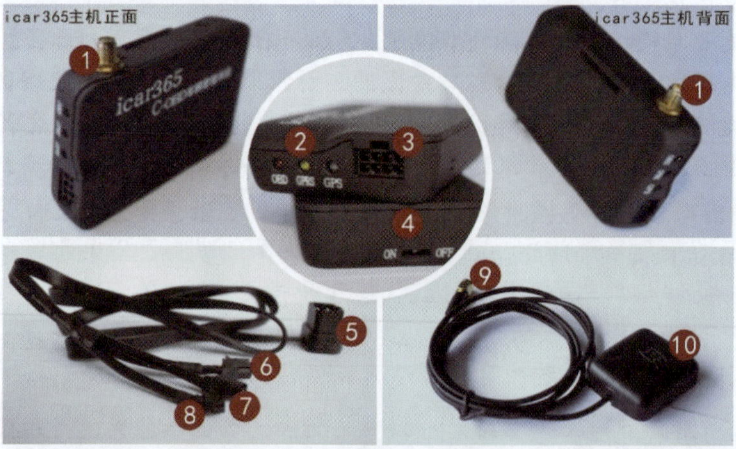

① GPS天线接口 ② 工作指示灯 ③ 接OBD线束口 ④ 内置电池开关

⑤ 接原车OBD口 ⑥ 连接产品主机 ⑦ 监听麦克风接口（选配）

⑧ 配置断油断电接口（选配） ⑨ GPS天线与主机对接口 ⑩ GPS接收器

3. 实施安装 icar365 硬件产品

(1) 汽车美容快修连锁店怎样确保车主安装 icar365 云 OBD 硬件产品？

第一，预存维修保养费赠送本产品。第二，预收押金使用本产品。第三，预交费免费使用本产品。第四，回场维修保养客户优惠购买。第五，积分兑换产品。

(2) 4S 店（集团）怎样确保车主安装 icar365 云 OBD 硬件产品？

第一，做成升级车销售。第二，新车赠送。第三，新车销售赠送礼包方案。第四，购全车保险赠送本产品。第五，新车销售时进行产品推销。第六，按揭贷款车强制安装。

☞ 小贴士：icar365 硬件安装方法与注意事项

1. 必须在全程熄火状态下，才能进行硬件安装。
2. GPS 等配件线束连接好主机。
3. 主机内置电池开关打开。见下图。

4. 安装固定：保持竖直放置（三个信号灯朝驾驶员方向或电池开关朝驾驶员方向都可）

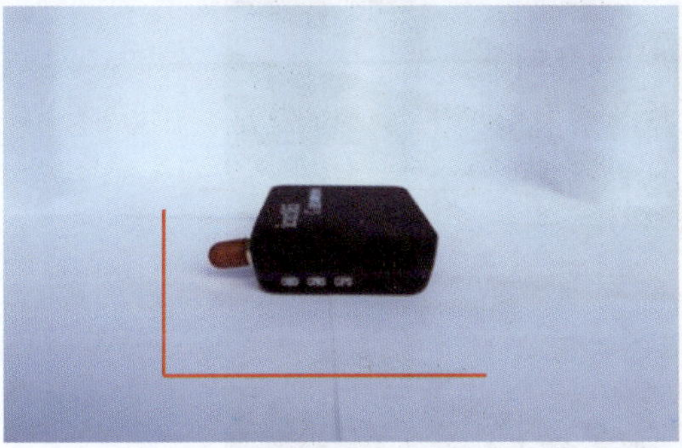

不可横置安装

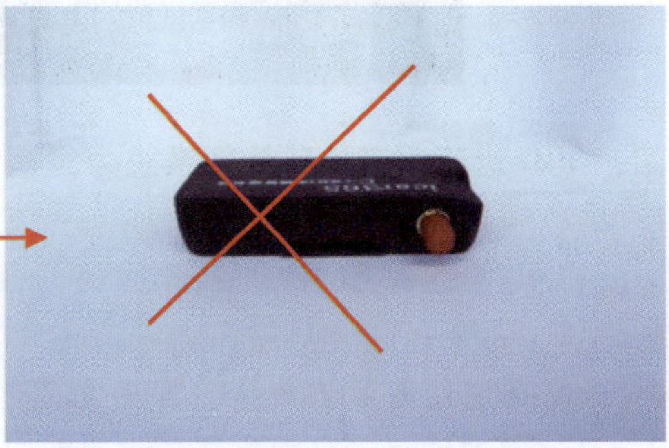

可在竖直状态下倾斜安装【注意事项：不管倾斜还是平放都必须操作3D传感器水平校准】

5. GPS 天线建议安装至 A 柱内。icar365 主机延长线直接对插原车 OBD 端口。

四、OBD 远程车辆诊断管理系统为经销商带来的价值

1. 能够帮助经销商建立起并维护好长年与各级客户的合作关系。

2. 通过与车主的互动，提高车主的粘性和忠诚度。

3. 提升品牌的运营空间。

4. 改变传统的搬运工角色，真正意义上升到项目运营，并牢牢掌握自己的客户群体。

5. 通过掌控终端用户数据资源，做好第三方增值服务运营。

五、OBD 远程车辆诊断管理系统为 4S 店（集团）带来的价值

1. 解决进店客户的销售转换率低及售后流失比率越来越大的行业瓶颈。

2. 解决车主与 4S 店之间的医患关系，增加车主对 4S 店的信任和依赖，加强两者之间的粘度。

3. 解决店面与用户之间的互动，深度化、精细化服务车主，提升店面品牌的美誉度和服务满意度。

4. 提高售后维修保养率和售后产值。

六、OBD 远程车辆诊断管理系统为汽车美容快修店带来的价值

1. 解决车主和店面之间一直处于游离状态的行业现状。

2. 解决不知如何管理现有客户资源的困扰。

3. 解决不懂如何召回流失客户并招揽新客户资源的问题。

4. 解决车主与美容快修店之间的紧密度不牢固困扰，加强两者之间的粘度，提升美容维修产值，提升店面品牌的美誉度和服务满意度。

七、OBD 远程车辆诊断管理系统为车主带来的价值

1. 为车主提供最新资讯、在线咨询、车辆使用知识、保险到期提醒、驾驶证年审提醒、车辆年审提醒等。

2. 保障车辆出行的安全。

（1）一键扫描能够准确的判断该车的发动机、底盘、刹车的各项性能。

（2）手机 APP 的到期提醒，能够随时提醒并告知车主该车的 18 项关键部件的保养和更换的时间。

3．保障车辆行车时的安全。

（1）当车辆出现故障告警的时候，系统自动发送告警信息通知预设定管理人员和车主。

（2）当车辆在行驶的过程中出现严重碰撞的时候，系统自动发送告警信息通知预设定管理人员和救援中心。

（3）当车辆在行驶的过程中出现侧翻的时候，系统自动发送告警信息通知预设定管理人员和救援中心。

4．保障车辆停车时的安全。主要包括：非法启动告警；非法位移告警；车辆蓄电池断电、低电压告警。

八、如何向车主推介 OBD 车辆远程管理系统？

1．针对老车主

对于车主来说不管是人的安全还是车的安全都是很重要的那么我们 icar365 是如何保障车主的安全的呢？

（1）重大事故告警第一时间知道车辆发生重大交通事故，我们的系统会通过绑定的管理号码第一时间来对车主的生命进行救援。那么遇险自动救助针对可能发生的各类意外，系统可向您提供代报警、紧急救援、气囊触发自动求助等相对应的救援服务。

（2）当车辆发生严重的侧翻系统会第一时间主动告警，同时短信电话告警预设的管理人员，来对车主进行救援。

（3）车辆防盗车辆在设防状态下，车辆若有异常，设备会发出告警至用户的手机客户端。

（4）另外，全球卫星定位在追踪，实时跟踪定位，定时定位，可以让车主随时随地知道自己车辆的所属位置。譬如李总将车临时停靠在路边去购物，回来后发现车被偷了，他第一时间打开手机 APP 将自己的车辆位置报给了警察，不到 2 小时，派出所就通知他去领车了。

（5）历史轨迹用户通过网络服务平台查询设备在任一时段的运动轨迹。

2．针对新车主

（1）车辆移位报警。车辆如遇非法位移，用户手机可收到告警及设备的位置信号，非法启动入侵系统也会即时向您发出预警通知。而 GPS 定位服务，则用以追踪车辆动态。譬如某公司老总新买一辆车，4S 店给其安装了 icar365 终端并下载了 APP，新车、新玩意儿，对着 APP 不停的点点看看。夜里入睡后手机 APP 发出提醒，该老总去地下车库一看，其新买的车被盗了……

（2）故障诊断。您开车外出自助游或从武汉开车到仙桃去开会；车行驶在高速上，发动机故障灯亮起，这时候你会很纠结，是继续开车呢，还是送修呢，继续开车有可能给发动机带来更大的损害；送修吧重要的事情都耽搁了，这个时候只要您启动 icar365 故障诊断系统，如属重大故障系统会准确告知。

（3）如果车辆是严重故障，或水温过高，系统也会及时通知车主和服务后台，此时车辆已经严重故障，不能继续行驶，否则发动机会进一步损坏，车辆必须立刻熄火，靠道路边停车，等待救援，；这样可以保证您的车辆的发动机的安全；还有低电压告警以及断电告警，能让车主无需担心因车辆电瓶电压低于正常电压而导致第二天车辆无法启动的局面。

（4）如果4S店或维修店通过远程诊断发现车辆是严重故障，或水温过高，可以马上通知车主，车辆立刻熄火，靠道路边停车，等待救援。

3. 针对女车主

（1）对于女车主来说车上突然出现了故障指示灯怎么办？别着急，icar365系统的远程诊断已经把这一信息发送给了4S店或维修店，甚至在你还不知道的时候，他们已经在帮你想办法解决问题了，你所需要做的，就是抓紧时间把车开去检查。

（2）车况自检。你准备外出自驾游，不用去4S店或维修店，直接通过手机APP一键检测，可以对你的车做一个全面的体检，体检可以检查您车辆的健康状态，要是检测没有什么问题，您就不用再浪费时间跑一趟，可以安全放心的出行了。

（3）作为有车一族对车辆油耗的关注度是很高的，那么我们如何来降低我们车辆的油耗呢。icar365管理系统驾驶诊断智能感应装置对油耗及驾驶习惯等指标实时监测，并进行统计平分，对驾驶状况进行诊断。还可以降低驾驶过程中的二氧化碳排放量，它能够记录车辆在行驶过程中的瞬间油耗和平均油耗，您每踩一次油门踏板，油耗都会即时反映到我们的APP平台上面的加油管理里面，您就能够确认实时油耗的变化情况，这样就可以根据最省油的状态来开车。同时根据驾驶状况诊断，让您充分了解并改善驾驶习惯，实现最低的油耗，减少排放，享受舒心驾乘体验。

（4）保养预约车辆的定期保养对于性能的发挥非常重要，而粗心的车主又很容易忘记即时保养，怎么办呢？icar365系统直接读取车辆里程数，他们会在需要保养时，把保养邀请的信息发送给车主，车主在打开他的手机APP时就会收到这条信息，并且可以直接在手机APP上操作进行预约保养。

譬如：刘小姐是个很细心的人，对自己的车极其爱护，车子一出现点小毛病或要保养了，刘小姐就会开到4S店去，但是因为4S店人很多，刘小姐每次都要等待并花上一整天的时间，自从安装4S店推荐的icar365终端后，刘小姐每次来4S店只需提前预约，2小时就能完成以前要一天的时间完成的事了。

4. 针对男车主

（1）我们男士车主因为平常忙于事业工作经常忘记车辆的常规保养，有了icar365车辆管理系统，您就不用担心老是忘记多少里程该保养，icar365车辆远程诊断系统里能读到您的车辆的实时里程，会在您需要保养的时候通过APP发送短信息及时提醒您需要保养，这个是免费的。当然还有其它服务譬如您的车辆保险到期，年审到期，我们也会电话和短信的方式提醒到您。

（2）当您安装了icar365远程诊断系统后，它能让您轻松的管理好您的车辆，您车辆的故障，年审，保养，保险等等所有的问题，系统里都可以查到相关数据，APP客户端会及时的通知和提醒您并提供召回服务；其实这个远程诊断服务提醒以前只是奔驰S系类，宝马7系，奥迪A8这些豪华车才有的服务；现在我们icar365车辆远程诊断系统就能够实现这些高端车的提醒服务。

（3）icar365不仅能够实现隐形的防盗功能，而且是跟原车电脑结合的；可以实现定位，追踪，防盗，电子围栏，里程行驶轨迹查询，可以连续查询三个月以上的历史轨迹，对您的车辆管理非常方便。

（4）车辆故障告警提示对我们车主来说也是非常实用的，为什么这么说呢因为上次王总从武汉开车到仙桃去开会；可是车行驶在半路高速上，发动机故障灯亮起，此时王总收到 icar365 系统 APP 告警提示车辆故障，这时候王总很无奈，不敢继续行驶，以免给发动机带来更大的损害；就在犹豫时王总接到 4S 店工作人员的电话，工作人员告知王总 4S 店通过远程故障诊断平台诊断出结论是故障原因：普通传感器故障；暂时不会影响王总车辆的正常行驶，但是希望王总开完会尽快到 4S 店对车辆做全面检测，此时王总说幸好有 icar365 远程诊断系统不然会影响到今天的这个重要会议了。

（5）超速告警。当车速超过预设置值时向智能手机发送短信。

九、给客户的建议

OBD 远程车辆诊断管理系统的客户包括有众多车主资源的群体，例如：4S 店、汽车维修店、保险公司、汽车租赁公司、汽车美容终端零售店等。

1. 对有供货给 4S 店的经销商的建议：维持走 4S 店渠道的同时，兼顾好自身门店散客的发展，同时扩展其他美容快修门店业务。

2. 对供货给二级三级网点的经销商的建议：利用自身网络优势，全面覆盖全市资源，整合各级网点力量迅速铺开市场，同时兼顾自身店面的零售客户。

3. 对自身直营门店的建议：通过宣传和推广吸引区域内的车主回店安装 icar365，同时扩展 4S 店和美容快修店等其它客户资源。

☞ 小贴士：icar365 产品说明书

产品名称	Icar365
型号	gt02
外接电源	DC6-30V（ACC 同样）黄色常电、黑色搭铁，橙色 CAN-H、棕色 CAN-L
GSM 模块	GSM 850/900/1800/1900Mhz、GPRS TCP/UDP
GPS 模块	SiRF3 GPS、1575.42 MHz、-159DB 天线
GPS 定位精度	10 米、20 通道
OBDⅡ	标准 OBDⅡ接口定义
整机工作电流	60～100MA
待机工作电流	小于 10MA
3D 加速	内置 3D 加速传感器
工作温度	-40°C～ 85°C
内置电池	内置聚合物锂电池
内置 SIM 卡	中国移动全球通数据卡
天线	外置 GPS 天线和 GSM 内置天线
OBD 接口延长线	1.5 米
扩张	可扩展麦克风和断油装置

☞ 小贴士：icar365 产品硬件使用阅读协议

1. 产品硬件的安装过程规范由专业人员安装，严禁私自安装和更换车辆安装。

2. 因为产品内置3D加速传感器，该车的急加速/急减速/侧翻/碰撞都是由该装置来判断的，所以严禁任何人将产品移动或更换位置和方向，否则，由此而带来的一切后果皆由车主自己承担。

3. 严禁更换产品内置电话卡，严禁将该卡用于其他通讯设备使用，否则，由此产生的后果和费用由车主承担。

4. 该产品安装的OBD接口原本就是该车对外开放的端口，所以不存在任何对原车的破坏和改变原车性能或改变该车ECU的参数。

5. 该产品的GPS定位主要是在车辆出现交通事故的情况之下对车辆和驾乘人员的救援定位，严禁将该数据用作他用，否则，由此带来的一切后果皆由车主承担。

6. 该产品内置的GSM和GPS模块的发射功率符合国家标准，因此不会对车辆的电子设备造成任何干扰。

7. 本产品工作时的功耗为70毫安，待机时电流为5毫安，完全符合国家标准，所以不会造成该车亏电或损坏原车电路。

8. 本产品具备监听扩展功能，但是该功能主要用于在紧急情况之下呼叫第三方，从而监听该车内的声音作为一个后备救援判断装置，请不要将该功能作为他用，因此而损害车主的隐私我们不承担任何责任。

9. 本产品具备断油控制信号的输出接口，我们的断油信号输出是由最先进的复合信号控制技术控制输出，所以不会因为系统的断电/复位/上电等原因而造成车辆的断油，同时请不要在任何时候启动该装置，只有在车辆出现被盗抢的情况之下，在警力的配合之下一起实施控制，由于车主自己的操作而造成的各种后果皆由车主自己承担。

10. 由于该产品和汽车的通讯是通过原车的OBD接口进行通讯的，所以车辆在进行检修或者其他原因拔掉该产品的插头之后，请将它在12小时之内插回去该车的OBD接口，用以保证系统的正常工作，因此而带来的数据错乱或产品损坏，我们将不承担任何责任。

11. 由于本产品使用的GSM信号为公众的中国移动网络的信号，所以通信的基础和质量皆以中国移动的标准为标准，由于在某些无GSM信号的地方导致的通讯网络不稳定或者不及时我们将不承担任何责任。

12. 本系统和硬件获取的相关车辆以及司乘人员的信息以及安全告警的信息将直接发送至该车辆所属的4S店或产品服务运营商，当出现相关消息提示和告警求救时，车主将授权该4S店和运营商对其执行相应合理且及时的操作。

广州本元品牌管理有限公司
地址：广州市天河区燕岭路燕都商务大厦17层
电话：020－38260911／38260912／38260913
传真：020－87221822
网址：www.gzbenyuan.cn

邮箱：gzbenyuan@126.com

icar365 客服热线：400-800-7693

第二节　如何经营氙气灯改装

一、如何向车主推荐氙气灯（HID）改装

导购员可以根据车型、车主的姓别年龄喜好、当地的天气交通路灯等状况，在介绍氙气灯、LED、天使眼、恶魔眼、日间行车灯、食人鱼灯、流氓倒车灯、霹雳游侠灯等改装内容的时候，重点强调这些改装能够给车主带来的好处，同时满足车主的个性化需求。

1. 对于年轻的男性车主

（1）年轻男性车主在夜间会车时，喜欢占有优势，不喜欢对方的灯光比自己还要亮。这些车主一旦在会车中吃过亏后，就会想办法把自己的灯改得更亮。针对这类客户，我们要重点强调我们卖的这个品牌的氙气灯能够实现他的愿望。

“老板/先生，我们这个品牌氙气灯的亮度比你的卤素灯要亮3倍左右，照得更远、照得更亮、夜间会车时，你就不会吃亏了！”

（2）年轻男性看到朋友装了氙气灯，有一种比较的心里，也想要给自己的车灯进行升级。

“老板/先生，和你年纪差不多的有车一族，有很多是在我们这里升级氙气灯的，装过氙气灯的这些人，对亮度和效果都很满意，你的车灯也升级成氙气灯吧，这样你也成为氙气灯一族了！”

2. 对于经常去农村、山区等地方的车主

“老板/先生，你的车灯看起来不够亮哟，走在农村、山区的夜路，是不是经常会出现一些危险状况呢。我们店里的这个品牌的氙气灯，亮度比卤素灯亮3倍左右，照出来的光是白色的，接近中午的太阳光，让你在夜间行车眼睛不容易疲劳，并且照得更远、照得更亮、非常适合你经常去农村、山区的夜路”。

3. 对于车灯亮度变暗的车主

对于有些车灯因为使用时间较长、车灯亮度变暗，这是升级氙气灯一个好机会。

“氙气灯的亮度比你现在用的卤素灯要亮3倍，并且耗电量不到原车的2/3，更省电；同时使用寿命可以达到2000小时以上，而原车的卤素灯使用寿命一般是300小时；并且氙气灯安装方便，不破坏原车的线路和结构。怎么样？老板，把你的车灯升级下吧！”

4. 对于经常有雾地区的车主

“卤素灯的光线偏黄，有一定的穿透力，但由于亮度不够，所以在雾天的能见度有限。氙气灯的亮度比卤素灯亮3倍左右，可以安装4300K色温（白光偏黄）的灯泡，在雨雾天，能见度比原车卤素灯的效果好很多，这样可以大大降低行车的风险。”

5. 对于已经安装了普通氙气灯的车主

氙气灯的种类不断丰富，新产品层出不穷，我们要主动向他们介绍有新功能的氙气灯，通过再次升级或者补差价置换的方式，让车主选购有新功能的氙气灯。

“老板/先生，我们店里新到了一款新型氙气灯，亮度比普通氙气灯还要亮2倍左右，

亮度更亮、照得也更远，并且亮灯的速度比普通氙气灯要快3倍以上，在超车过隧道需要变光的时候，一开即亮，不会有延迟的现象。目前我们店里还有个以旧换新的活动，您只要补个差价就可以了。”

6. 对于已经安装了氙气灯但没有安装LED、天使眼、恶魔眼的车主

已经安装了氙气灯的车主，往往希望大灯改装能更加完美。

“老板/先生，我看您已经安装了氙气灯，如果能够再安装LED天使眼、恶魔眼，有红色、蓝色、绿色、黄色、紫色好几种颜色，安装以后非常漂亮，在车外看相当酷，现在非常流行！请这边看看大灯总成改装的效果，怎么样，安装试试，价钱也不贵！”

☞ 小贴士：氙气灯的发光原理

氙气灯（HID）是一种含有氙气的新型大灯，又称高压气体放电灯，英文简称HID（High Intensity Discharge）。氙气灯（氙，音同“xian”现）是由飞利浦在1991年研发成功的，1996年欧洲正式允许汽车装置HID车灯。

氙气灯的发光原理是使用12V的直流电源，通过安定器控制系统瞬间增压至23000V刺激氙气（XENON）与金属卤化物，使其产生能级跳迁，在两个电极间放电，电离氙气产生电弧而发出原子光谱而发光的。光谱的色温与金属卤化物的成分有关，通常HID的色温可以达到4000K～12000K。

在HID灯泡的灯管内有一颗小小的玻璃球，有两个电极在玻璃球两端，里面没有灯丝，这便是HID与卤素灯的区别。35W的氙气灯能产生2200～3200流明的强光，而55W的卤素灯只能产生1000流明的光。

☞ 小贴士：氙气灯的型号

氙气灯的型号和卤素灯泡是一一对应的，即车上的卤素灯泡是什么型号，那么改装HID的时候，也需要用相同的氙气灯泡型号。如果型号不正确，则安装不上，有时即使安装上了，也会出现散光（不聚光）现象。

氙气灯按灯泡型号分为：

1. H系列：H1、H3、H4、H6（摩托车专用型号）、H7、H8、H9、H11、H13、H15等。

2. 9000系列：9004（也称做HB1）、9005（HB3）、9006（HB4）、9007（HB5）等。

3. D系列：D1S/D1C/D1R，D2S/D2C/D2R，D3C/D3S，D4C/D4S等。

4. 其它系列：880、881、9012（例如奔腾X80就用这个型号）等。

特别说明：

1. 在汽车氙气灯改装中应用较多的是H1、H4、H7三个型号，其次是9005、9006、H11等型号。一般来说，欧洲车系、韩系、国产车的灯泡以H1、H4、H7三个型号为主，美、日车系以9005、9006居多。

2. H8、H9、H11，这三个型号可以互用。

3. H4、H13、9004、9007这四种型号，其原来的卤素灯泡里面都有2根钨丝，一根是远光，一根是近光，而由于氙气灯在一个灯管里做不到近光和远光，于是产生了四个子型号：H4－1（单光）、H4－2（又称一氙一卤灯，或氙卤灯）、H4－3（伸缩灯，或摆角灯/摇摆灯)、H4 -4 (双氙灯管)。H13、9004、9007 和 H4 的原理是一样的。

4. 其它型号均为单光灯泡 (又称单灯,即要么是单远光,要么是单近光)。

小贴士:氙气灯的色温和亮度

色温是指氙气灯所发出光的颜色对应的颜色温度,色温用绝对温度 (单位:K) 来表示。不同色温的灯泡发出来的颜色不一样,亮度也不一样 (亮度单位:流明 lm)。

色温	3000K	4300K	5000K	6000K	8000K
灯泡颜色	黄光(也叫黄金光,黄金眼)	黄白光	白中微带黄	白光	白光泛蓝色
亮度(流明)	3500lm	3200lm	2900lm	2600lm	2200lm
色温	10000K	12000K	TB 天蓝	ZB 紫蓝	粉红
灯泡颜色	淡蓝光	深蓝光	天蓝	紫蓝	粉红
亮度(流明)	2000lm	1800lm	1500lm	1500lm	1500lm

说明:5000 ~ 7000K 时近似白色(其中 5500 ~ 6500K 时最接近白色,太阳光的平均色温为 6000 ~ 6500K)。4300K 和 6000K 两种为常用色温。

通过上表可以看出:一般来说,色温越高,亮度下降,穿透力也下降。例如超过 8000K,雨雾天的穿透力越低,雨雾天越不容易看清路面;色温越低,例如 4300K,雨雾天灯光的穿透力越高,3000K 色温的灯泡建议安装在雾灯上。

流明值越大,亮度越亮!

小贴士:氙气灯的特点

氙气灯与卤素灯相比,主要有下列几个特点:

1. 寿命长。HID 灯寿命长达 2000 小时以上 (一般标称 3000 小时)。卤素灯是利用钨丝来发光的,而钨丝在长久的高热下,钨丝会越烧越细最后烧断,寿命平均只有 300 小时左右;HID 灯是利用气体放电发光,没有钨丝存在,不易损坏!所以,氙气灯的寿命比卤素灯长 8 ~ 10 倍。

2. 节能。一般原车的卤素大灯大多需要耗费 60W/55W 的电力,而 HID 氙气灯只需要 35W 的电力。由于节能,顺应了时代潮流,因此,越来越多的汽车出厂时已经带有 HID 了,改装或加装 HID 也成为了一种潮流。

3. 亮度高。氙气灯可以输出高达 3000 以上流明的亮度,而一般卤素灯泡只能产生 1000 流明左右的亮度,而且氙气灯照得更亮、范围更宽、更远。

4. 安全性高。氙气灯接近正午日光的颜色,人眼的接受度及舒适度最高。夜间行车就像白天一样,亮度更亮,照得更远,照的范围更宽,可以有效减少驾驶人的视觉疲劳,提高了夜间行车的安全性能。

5. 成为潮流。HID 正在普及当中,越来越多的汽车出厂时已经带有 HID 了,改装或加装 HID 正在成为一种潮流。

二、如何让车主选购和改装本店的氙气灯

1. 导购员请车主看改装师傅的证书

“老板/先生，您看，这是我们店张师傅的技术培训证书，他安装氙气灯已经有5年多的时间了。”

在看证书的同时，导购员要详细讲解专业人士的重要性。“安装氙气灯一定要找专业人士才能做好。不专业的人安装，可能会出现不聚光、大灯总成里经常有水雾，还可能造成行车电脑控制模块损坏或者出现安全隐患等等问题。”

2. 导购员请车主看生产厂家的授权证书

导购员指着厂家授权的证书，“这是 *****汽车用品有限公司的授权证书。这个企业是中国氙气灯著名品牌企业，2008年开始生产氙气灯。我们和这个厂家合作5年了，品质和服务都很放心。”

3. 导购员请车主看包装及产品细节

“还有，您看，***品牌就是 ****汽车用品有限公司生产的著名氙气灯品牌，每套氙气灯带有100万平安保险，还有全国联保服务电话、厂址厂名，每个安定器和灯泡上面都有正品防伪标志，包装盒上面也有正品防伪标志。每套氙气灯还有详尽的安装说明、保修卡、合格证等。”

“这个厂家还是 ***汽车用品商会的常务理事单位，是一家信得过的著名品牌企业，品质有保证，售后服务有保障。”

4. 导购员请车主看氙气灯的亮度或者点灯速度

导购员可以拿一个氙气灯与一个卤素灯、两个不同品牌的氙气灯或者一对大灯总成进行对比展示，点亮灯后给车主看看实际效果。“您看，这就是我们这个品牌氙气灯的照明效果，如果安装到您的车主，夜间行车时效果会更好。”

5. 导购员请车主看质量保证卡

“老板/先生，这是 ****厂家带的保修卡，上面有全国统一服务电话、全国联保电话，您在我们这里安装了氙气灯，如果你觉得我们的服务不行，您可以打电话向厂家投诉哟。还有，如果你出差或者旅游到外地，灯有问题了，您也可以打这个厂家的服务电话获得售后支持的。所以，你买得放心，用得也放心。如果您选择一些杂牌或仿牌的氙气灯，服务可能会大打折扣。等你需要服务的时候，可能连厂家都找不到了。”

6. 导购员如何应对客户的讨价还价

“老板/先生，您既然要改装氙气灯，要改就改个好的，改个质量和服务都没有后顾之忧的，安全和时间比钱更重要！”

“网上价格确实便宜，但网上的价格不包括安装费用、也不包括售后服务费用的。万一灯出了问题，您还得再找人拆下来，然后再寄回网上的卖家，这样一来一回，要耽误多少时间啊！您在我们店里安装了，如果有问题，您可以随时过来，还有茶水伺候！”

“老板/先生，我们经销的氙气灯有3个品牌共6个系列，每个系列的功能不一样，适合的车型不一样，价格也不一样。价格有高有低，我先帮您介绍下每款氙气灯的特点和功能吧。您看中哪款，我再帮您申请一个最优惠价格。”

“老板/先生，其他店铺有很便宜的氙气灯，我们也知道为什么很便宜。如果您想要

便宜的氙气灯，我们仓库里也有这种便宜的，因为这种便宜灯的质量和亮度都不好，并且厂家的售后服务也不好，所以这种灯我们已经不卖了，盒子上面估计都有一层厚厚的灰尘了！不过您想要的话，我可以拿过来给您看看。”一般这样讲，很少有车主会要求看。一是面子问题；二是车主既然要装灯，大多想要安装一套好氙气灯！

☞ 小贴士：氙气灯的构成和分类

1. 氙气灯的构成。氙气灯以套为单位，一般来说，一套氙气灯包含2个安定器、2个灯泡（H4－3型号还带有线组）、固定支架、说明书、保修卡、合格证等，不同品牌的配件上略有差异。其中，安定器也被称为电子镇流器、稳定器、稳压器、高压包、主机、火牛、EB、氙气包等，安定器和灯泡的功率必须相同。

2. 氙气灯的分类。氙气灯主要有以下几种分类：

（1）按照输入电压来分：氙气灯分为6V、12V、24V等，用在汽车上的是12V、24V两种。

（2）按照输出功率来分：氙气灯分为25W、35W、45W、55W、70W、100W等，用在汽车上的以35W、55W（也叫超亮型）两种为主；低于35W的会觉得不够亮，高于70W长时间使用可能会因为温度过高而把灯杯烤黄。

（3）按照氙气灯点灯时的启动速度来分：氙气灯分为普通氙气灯（普通氙气灯的点灯速度约4秒达到额度亮度的80%）、2秒快亮氙气灯（2秒内达到80%的亮度）、1秒快亮氙气灯、0.1秒快亮氙气灯等。

（4）按照安定器外壳材料来分：氙气灯分为铝合金、锌合金、冲压五金、塑料等。目前市场上主流安定器以铝合金为主。

（5）按照型式来分：氙气灯分为专车专用（大车专用，小车专用）、通用型、原装氙气灯等。

（6）按照解码方式来分：氙气灯分为标准型（不带解码的氙气灯）、解码3合1型、解码4合1型、解码5合1型等。

（7）按照改装方式来分：氙气灯分为原车自带氙气灯、改装用氙气灯、4S店专供氙气灯等。

☞ 小贴士：汽车灯光升级改装的几种方法

1. 直接更换为大功率灯泡。这种方法花费较低，但是效果有限。例如，将55W的灯泡更换为100W的灯泡，亮度确实会增加，由于功率增加，导致大灯两端的电压下降，亮度并不会增加一倍。相反，这样会引起线路的损害相应增加，造成线路发热，加快线路老化，埋下事故隐患。

2. 加装汽车大灯增光器（增亮器）。汽车大灯增光器采用功率补偿的方法为汽车前照灯提供恒定的工作电压，使大灯发出比原来亮2倍的光，其亮度一般不随发动机转速变化而变化。

3. 加装增光线组。增光线组不同于增光器。增光线组只是在大灯与电瓶之间引入两条由继电器控制通断的较粗的电线，其增光原理就是降低线路的电压损失，使得实际加到大灯两端的电压与电瓶电压基本接近，所以有一定的增光效果。大灯亮度会随发动机转速变化而变化，对于线路老化严重的车辆比较适合。

4. 改装HID氙气灯。亮度高，寿命长，能耗低，随着HID价格的不断下降，正在成为目前大灯升级改装的主要方法。

5. 在大灯总成里加装透镜。即把大灯总成的前罩和后盖打开，然后把透镜植入，透镜一般带有氙气灯。透镜能够解决散光的问题，使亮度均匀、穿透力强、光线散失小。透镜分为单光透镜和双光透镜。单光透镜又分为近光透镜与远光透镜，例如：M6的近光透镜、蒙迪欧远光透镜。双光透镜里面有一个电磁阀控制的遮光片，远近光是通过遮光片实现远近光的，平时是近光状态，当同时开启远光的时候，它通过电磁机构操作遮光片，使近光的灯光也分配到远光照射上去，等于有两个远光一起亮。也就是说，只要一个氙气灯泡，就可以实现远近光都是氙气的（双氙气）！双光透镜在主要应用在中高档车上面，如宝马、奔驰等。但这种改装需要有丰富经验的专业技术人员操作，否则可能会出现大灯里面进雾气或者进水等问题。

6. 更换为双氙气大灯总成。即把原来的大灯总成拆下来，更换成双氙气灯大灯总成。双氙气灯大灯总成一般带有氙气灯、双光透镜、日间行车灯等功能以及LED天使眼、恶魔眼等装饰灯。

7. 改装为LED大灯。LED的光效比HID还要高，更节能、更环保、点灯没有延时、寿命更长等优势，将成为未来大灯升级改装的主要方法。目前，LED应用在汽车大灯上，还在逐步完善中。

三、如何在改装氙气灯时让车主信服

在安装氙气灯、安定器、日间行车灯、大灯总成时，导购员可以请车主在一旁观看。改装师傅在安装时，可以对一些情况简单说明一下，从而使车主感觉到，氙气灯改装不仅是一项专业性很强的工作，而且还是有一定风险的改装活！通过展示本店师傅的技术功力，能够增加客户转介绍的机会。

1. 确认原车的远近灯是否正常

改装前，改装师傅应检查原车的远近灯是否正常，要在原车灯正常的情况下才能开展进一步的改装。

2. 确认原车灯型号

准备安装的氙气灯型号必须和原车型号一致才能安装，所以要确认原车灯的型号。汽车的品牌和型号有数千种，而车灯的型号只有20多种，知道原车灯型号的方法主要有四种：

（1）把要改装车灯的灯泡拆出来，灯泡上面有标明型号，这是最准确、最保险的方法（如果看不懂，可以拍图片发给专业人员）。

（2）通过厂家提供的产品画册或者车型对照表查询，但这种方式查询到的准确度最多90%，同时车型更新太快，很多改装店没有同步的资料。

（3）上网搜索。上网搜索到的信息，准确度不高。

（4）打电话给供货商咨询。

需要提醒的是：同一车型，出厂的年份不同，或者排量、版本不一样，灯泡的型号可能会不同。

3. 确认是否需要解码型氙气灯

是否需要解码型氙气灯关系到改装氙气灯后是否相互干扰导致故障的问题，所以一定要确认。

CAN－BUS 技术已经成为汽车数字化的一个重要标志，随着 CAN－BUS 数字化在汽车上的逐步普及，导致越来越多的汽车在改装氙气灯时会对汽车 CAN－BUS 系列造成干扰。这就是为什么老款车不需要解码、新款车就需要解码的原因之一，也就是我们常说的解码故障。

随着汽车上的电器种类增加，各种电器之间也可能出现互相干扰的问题。在一台汽车上安装氙气灯后，氙气灯和原车自带的电器或者后面改装的电器，就可能出现互相干扰的现象。

由于我们是改装氙气灯，既然是改装，就不可避免会出现一些故障现象，这属于技术范畴，是正常现象，不是产品质量问题！遇到这类问题的时候，需要有较高的技术水平或经验。如果没有把握，建议向专业人士咨询。以免因氙气灯和汽车灯光控制模块不匹配，而烧坏灯光控制模块（也叫烧电脑板）等事故。

所以，在安装氙气灯前，一定要确认这款车是否需要用到解码型氙气灯，以确保安全。

4. 单光型号氙气灯（H1、H3、H4 **单灯**、H7、H8、H9、H11、H15、9012、880、881、9005、9006）**的安装步骤**

（1）将原车大灯电源插头拔下，通上电检查一下。

此时，改装师傅可说：“现在仪表盘上没有出现故障灯报警、远光指示灯不亮或闪烁，说明可以进行下一步安装。但如果出现故障等现象，就必须采用解码型氙气灯（一般用解码 3 合 1、或解码 4 合 1，可以解码市场上 99% 的车型），因为一些车上的车载电脑会检测到大灯断路，仪表盘显示大灯有故障。”

（2）关闭汽车电源，拔下车辆两侧大灯插座，卸下卤素灯泡。

此时，改装师傅可说：“拆卸时一定要十分小心，千万不能损伤外观和线路。”

（3）检查灯泡型号是否正确、灯泡是否会碰到大灯内的灯罩、灯泡放入口是否太小等，检查无误后，方可进行下一步的安装。

（4）小心地将灯泡放入灯壳内，切忌硬塞、硬转，固定好灯泡。

此时，改装师傅可说：“氙气灯座要贴紧汽车的灯杯，如果安装时氙气灯座与汽车的灯杯没有贴紧就会出现散光问题。”

（5）将包装盒内的适配线组接上原来车灯插痤，并开启电源，检查红线是否为正极，黑线是否为负极，确认后关闭电源。

（6）将灯泡引线、适配线与安定器连接，确保每个接头可靠连接。

（7）开启电源，检查灯泡能否点亮，然后关闭电源。

（8）将安定器固定在合适的位置，把适配线组整理顺畅，用尼龙线扎固定好。

此时，改装师傅可说：“安装安定器要尽可能远离汽车发动机、水箱等，以免影响安定器的使用寿命，最好安装在保险杠、大灯总成下面或旁边。”

（9）安装好后，清理安装现场。

（10）开启发动机，通上电，试试灯是否能够点亮，检查光形是否正确。确认没有不良情况出现后，请车主验收。

5. 双光氙气灯（H4－3、H13、9004、9007）**的安装步骤**

（1）将原车大灯电源插头拔下，通上电检查一下。

此时，改装师傅可说："现在仪表盘上没有出现故障灯报警、远光指示灯不亮或闪烁，说明可以进行下一步安装。但如果出现故障等现象，就必须采用解码型氙气灯，因为一些车上的车载电脑会检测到大灯断路，仪表盘显示大灯有故障。"

（2）关闭汽车电源，拔下车辆两侧大灯插座，卸下卤素灯泡。

此时，改装师傅可说："拆卸时一定要十分小心，千万不能损伤外观和线路。"

（3）检查灯泡型号是否正确、灯泡是否会碰到大灯内的灯罩、灯泡放入口是否太小等，检查无误后，方可进行下一步的安装。

（4）小心地将灯泡放入灯壳内，切忌硬塞、硬转，固定好灯泡。

此时，改装师傅可说："如果灯泡与灯罩相碰，必须卸掉氙气灯泡上带的灯罩。"

（5）将灯泡引线与安定器连接，适配线与控制器相连，红线接电瓶的"＋"极，黑线接电瓶的"－"极。

（6）开启电源，检查灯泡能否点亮，高低灯转换是否正常，然后关闭电源。

（7）将安定器固定在合适的位置，把适配线组整理顺畅，用尼龙线扎固定好。

（8）安装好后，清理安装现场。

（9）开启发动机，通上电，试试灯是否能够点亮，检查光形是否正确。确认没有不良情况出现后，请车主验收。

6. 安装氙气灯的注意事项

（1）不可用手直接摸灯泡，以免沾上脏污。如果灯管上有脏污，要小心擦干净，否则灯泡在点亮后，可能会出现冒烟的现象。

（2）不可以长时间直接对着灯光看，长时间看会影响视力。

（3）安装时要小心，不要碰坏灯管，不要弄断灯管旁边的线。

（4）安装过程中，必须要确保灯管固定好。在行车中，如果灯管出现松脱，容易引起大灯总成损坏。

（5）安装好氙气灯之后，把凌乱的线整理好并用扎带扎好，把安定器用支架固定好，同时注意各插头的防水圈是否插到位。**禁止把安定器用隔热材料包起来固定！禁止把安定器用胶固定！禁止安定器悬空而不固定！禁止把安定器靠近排气管及发动机附近！**

（6）安装好氙气灯之后，要确保所有的东西没有遗留在引擎盖里。

（7）安装好氙气灯之后，要对灯光进行调试，具体调试内容包括：灯光的高低、左右符合标准，是否散光，是否2个灯的亮度和颜色一致等。

☞ 小贴士：氙气灯改装的常见问题

1. 加装氙气灯HID是否会影响汽车的年检？

一般不会。交通法没有规定不允许安装HID氙气灯！只有如何规范正确使用汽车灯光，安装的灯光要符合汽车灯光的检测标准。

2. 安装后，氙气大灯能正常亮，但仪表台故障报警灯也亮。

应对方法：（1）用带电阻（25W）的专用线组可以解决问题，25W + 35W，刚好60W，与原车一样，所以电脑检测便正常了。（2）更换55W的灯泡及55W安定器。（3）用回路专用解码器。（4）加装抗干扰器。（5）直接用解码3合1或者4合1安装。

3. 安装后，由于氙气灯和汽车电路不兼容，导致汽车灯光控制模块（俗称：电路板）烧坏。

应对方法：（1）用专用配置电路结构的专用解码安定器可解决。（2）加装专用解码器。（3）用解码3合1或者解码4合1安装。

4. 安装后，无法起动氙气车灯。

应对方法：（1）查看线路是否安装正确。（2）起动时，大灯线路是否有供电不足现象。（3）查看汽车电瓶是否亏电严重。

5. 安装后，会有闪光并时常有熄灭现象。

应对方法：（1）查看大灯线路工作电流是否正常。（2）查看大灯线路是否经过行车电脑，如经过，需将行车电脑内的大灯控制改掉后方能恢复正常。

6. 安装氙气灯后试灯时，一边亮，一边不亮。

经过统计，可能是以下一种或者几种情况造成的。在不知道是什么原因的情况下，先把左右安定器对换下，再根据不同的现象，以确定是产品质量问题还是其它问题引起。

（1）未亮的灯是否正负极反接，或者是否接触不良造成。

（2）是否安装快亮型。因为快亮型氙气灯的启动电流一般大于8A，而原车的卤钨灯工作电流约5A，这样原车的线路在启动的时候大电流过不了，灯就会亮不起来。一般可以加快亮专用线组，或者更换标准型氙气灯。

（3）开灯前要起动发动机。有时电瓶电压不够，也会影响到氙气灯的启动。有些车在启动发动机之后，灯光就正常了。

（4）需要解码的车型，安装了不匹配的氙气灯导致故障发生，换匹配的解码型氙气灯可以解决。

7. 安装氙气灯后，不聚光，或者照得太近或太远。

不聚光分轻微和严重2种情况，一般来说，轻微的不聚光现象是正常的，毕竟是改装氙气灯，肯定和原装在聚光效果上是有差异的。如果是严重的不聚光，则必须要调整过来。

严重的不聚光原因有：安装的型号不正确，灯泡没有固定好或者没有固定到位，不合格的灯头（装配尺寸存在较大误差）等。

8. 安装氙气灯时，总是烧保险丝。

一般更换保险丝25A以上，可以解决。如果换更大的保险丝也不管用，一般是安定器坏了导致内部短路造成的。

9. 氙气灯在刚启动时，慢慢亮起来，差不多要5秒左右，感觉亮灯太慢。

这是普通氙气灯的一个特性，在启动1秒钟之内达到额定亮度的20%，约4秒钟达到80%，约8秒钟才达到额定亮度。

如果觉得氙气灯亮灯速度慢，建议选用快亮型氙气灯。

10. H4伸缩灯/摆角灯，不变光。

一般来说，灯泡亮，但不变光，这说明安定器和灯泡是没有问题的。可以重点检查H4专用线组：是否搭铁良好、是否正负极接反、各插头是否连接好、是否遇到了正极搭铁的车型、线组本身的继电器是否坏了、线组上的保险丝是否断了等。

☞ 小贴士：如何调整氙气灯光的高低左右（如何检测汽车前照灯）

1. 用屏幕法检测前照灯照射位置

根据GB7258－2004《机动车运行安全技术条件》附录D，将检测车辆停置于屏幕前，并与屏幕垂直，前照灯基准中心距离屏幕10m，在屏幕上确定前照灯基准中心离地面高度H的水平基准线及车辆纵向中心平面在屏幕上的投影线，分别测量左右远近光束的水平或垂直照射方位的偏移值。如下图：

（1）侧面示意图

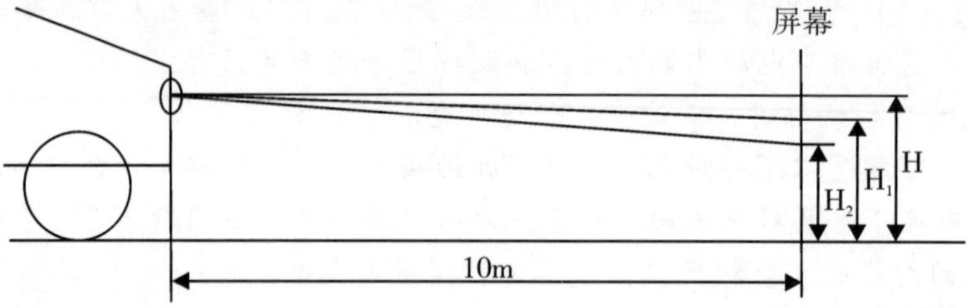

（2）正面示意图

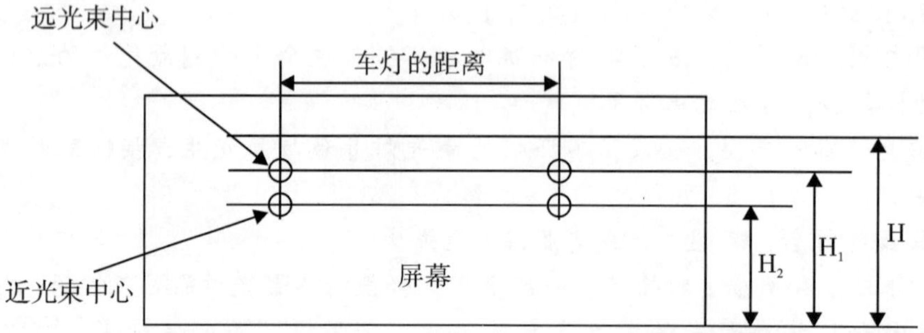

说明： H是指前照灯基准中心距地面高度（也就是灯泡离地面的高度）。H_1是指远光束中心点距地面高度。H_2是指近光束中心点距地面高度。

2. 前照灯光束照射位置标准

改装HID氙气灯后，其灯光检测标准和原来卤素灯的检测标准一致。

（1）检测前照灯近光光束照射位置时，在距屏幕10m处，乘用车前照灯近光光束明暗截止线转角或中点的高度应为0.7H～0.9H（H为前照灯基准中心高度），其它机动车应为0.6H～0.8H。

（2）机动车前照灯近光光束水平方向位置向左偏不允许超过170mm，向右偏不允许超过350mm。

（3）检测前照灯远光光束及远光单光束灯照射位置时，在距离屏幕10m处，对乘用车为0.9H～1.0H，其它机动车为0.8H～0.95H。

（4）机动车前照灯远光光束水平位置要求，左灯向左偏移不允许超过170mm，向右偏移不允许超过350mm，右灯向左或向右均不允许超过350mm。

四、如何教会车主正确使用氙气灯

在改装师傅安装完毕氙气灯后，导购员应教会车主正确使用与保养氙气灯。

“老板/先生，氙气灯的工作温度标称是-40℃～105℃，实际使用中可能会小于这个区间，这是正常的。如果超过工作温度，氙气灯可能会熄灭，这是氙气灯的高低温保护功能起作用。”

“老板/先生，一定要在启动汽车之后，再打开车灯。您试一试，效果不错吧！”

“由于氙气灯的灯管点燃后会热，要等灯管冷却15分钟后再进行维护，不然容易烫伤手。同样道理，也要等灯管冷却15分钟后再洗车，以免损坏灯具。”

“清洁时，用一块湿布，轻轻地将镜面的污垢擦拭掉，若要清除污垢，可以使用专用的清洁剂来清洁。”

“一定要注意，千万不要让氙气灯接近易燃物品，例如纸张、油、喷雾、油漆、稀释剂这些物品。任何情况下，请不要私自拆卸和改装，否则，责任自负。”

“另外，提醒您一下，夜间会车时，要开近光灯，不要开远光灯，也不要随意闪车灯，容易出交通事故，也会引起别人的反感。”

小贴士：关于车灯方面的法律法规

1.《中华人民共和国道路交通管理条例》

第三十九条　机动车在夜间路灯照明良好或遇阴暗天气视线不清时，须开防眩目近光灯、示宽灯和尾灯；夜间没有路灯或路灯照明不良的，须将近光灯改用远光灯，但同向行驶的后车不准使用远光灯；雾天须开防雾灯。

第四十二条　车辆通过有交通信号或交通标志控制的交叉路口，必须遵守下列规定：

（一）机动车须在距路口一百至三十米的地方减速慢行，转弯的车辆须同时开转向灯，夜间须将远光灯改用近光灯。

第四十八条　机动车行驶中发生故障不能行驶时，须立即报告附近的交通警察，或自行将车移开；制动器、转向器、灯光等发生故障时，须修复后方准行驶。

第四十九条　机动车会车，必须遵守下列规定：

（四）夜间在没有路灯或照明不良的道路上，须距对面来车一百五十米以外互闭远光灯，改用近光灯；在窄路、窄桥与非机动车会车时，不准持续使用远光灯。

第五十条　机动车超车，必须遵守下列规定：

（一）超车前，须开左转向灯、鸣喇叭（禁止鸣喇叭的区域、路段除外，夜间改用变换远近光灯），确认安全后，从被超车的左边超越，在同被超车保持必要的安全距离后，开右转向灯，驶回原车道。

2.《中华人民共和国道路交通安全法实施条例》

第四十七条　机动车超车时，应当提前开启左转向灯、变换使用远、近光灯或者鸣喇叭。在没有道路中心线或者同方向只有1条机动车道的道路上，前车遇后车发出超车信号时，在条件许可的情况下，应当降低速度、靠右让路。后车应当在确认有充足的安全距离后，从前车的左侧超越，在与被超车辆拉开必要的安全距离后，开启右转向灯，驶回原车道。

第五十八条 机动车在夜间没有路灯、照明不良或者遇有雾、雨、雪、沙尘、冰雹等低能见度情况下行驶时，应当开启前照灯、示廓灯和后位灯，但同方向行驶的后车与前车近距离行驶时，不得使用远光灯。机动车雾天行驶应当开启雾灯和危险报警闪光灯。

第五十九条 机动车在夜间通过急弯、坡路、拱桥、人行横道或者没有交通信号灯控制的路口时，应当交替使用远近光灯示意。

第八十一条 机动车在高速公路上行驶，遇有雾、雨、雪、沙尘、冰雹等低能见度气象条件时，应当遵守下列规定：

（一）能见度小于200米时，开启雾灯、近光灯、示廓灯和前后位灯，车速不得超过每小时60公里，与同车道前车保持100米以上的距离。

（二）能见度小于100米时，开启雾灯、近光灯、示廓灯、前后位灯和危险报警闪光灯，车速不得超过每小时40公里，与同车道前车保持50米以上的距离。

（三）能见度小于50米时，开启雾灯、近光灯、示廓灯、前后位灯和危险报警闪光灯，车速不得超过每小时20公里，并从最近的出口尽快驶离高速公路。

遇有前款规定情形时，高速公路管理部门应当通过显示屏等方式发布速度限制、保持车距等提示信息。

第三节　如何经营进排气与外饰件改装

汽车进排气系统改装包括进气系统改装与排气系统改装。汽车外饰件改装主要包括大包围、前后杠、踏板、尾翼、车标、行李架、开孔发动机盖、窗边晴雨挡、降低车身等。下面重点介绍一下进排气系统改装、大包围的经营方式。

一、如何向车主推介进排气与外饰件改装

导购员可以根据车主的性别、年龄、当地流行情况等，在进排气系统、大包围、前后杠、踏板、尾翼、车标、行李架、开孔发动机盖、窗边晴雨挡、降低车身等改装内容时，重点强调这些改装能够给车主带来的利益。

1. 对于想要发动机响应快或觉得“有呼呼的声浪，车辆才带劲”车主

当导购员听到车主想抱怨发动机响应太慢时，可说：

“要想发动机响应快，提速快，可改装一下进气系统，您看，这是改装过进气系统的车辆，您开一开，怎么样？提速是不是快了？您的车也改装一下看看效果？”

当导购员听到车主觉得“有呼呼的声浪，车辆才带劲”时，可说：

“汽车有呼呼的声浪，确实带劲，特别酷，可改装一下排气系统。您看，这是改装过排气系统的车辆，您开一开，感觉一下效果，怎么样？”

2. 对于想改变车身外观或希望高速时汽车平稳的车主

当导购员听到车主想要迅速简便地改变车身外观或希望高速时汽车稳定时，可说：

"改变车身外观比较迅速、简便、便宜的方式就是加装空气动力套件。空气动力套件的俗称叫大包，包括进气格栅、车侧扰流板（侧裙）、后包围以及后扰流板（尾翼）等。"

"如果在原厂保险杠上加装一片下扰流板，就叫下巴。如果没有更换前后保险杠，只是加装下巴，也有人叫小包。"

"加装了大包，不仅使汽车的外观更具运动气息，而且能够使车跑得更平稳，减少耗油量。"

二、如何让车主感觉本店改装"专业正规"

1. 导购员请车主看改装师傅的证书

"老板/先生，您看，这是我们店王师傅的技术培训证书，他改装方面已经有 5 年的时间了。"

在看证书的同时，导购员要详细讲解专业人士的重要性。"改装汽车外观和进排气系统一定要找有经验的师傅才能做好。搞得不好，容易出事故。"

2. 导购员请车主看生产厂家的授权证书

导购员指着挂在墙上的证书，"老板/先生，您看，这是上海飚利汽车科技有限公司的授权经销证书，这家公司是世界领先的 PUR 汽车部件生产企业，1999 年就开始生产汽车部件了，多年来一直从事 PUR 及 PURRIM（聚氨酯及聚氨酯加强件模内成型）工艺生产大包围、尾翼、底护板、行李架等。PUR 是奔驰、宝马等高档汽车部件的主要材料，许多4S 店都采用他们的汽车部件。CFRP 是高端汽车改装及电动汽车的外观件的最新材料工艺，目前享誉全球的超级跑车兰博基尼、阿斯顿马丁、法拉利都是采用这种材料作为汽车的车身部件，宝马从 2013 年开始在所有电动车系列采用 CFRP 作为轻量化车身材料。"

3. 导购员请车主看质量保证书

"老板/先生，这是我们的质量保证书：1 年包换、2 年保修。"

三、如何在改装进排气与外饰件时让车主信服

1. 如何在改装进排气系统时让车主信服

在改装进排气系统时，改装师傅可一边干一边讲解：

"老板/先生，进排气系统的改装有欧美系及日系之分，不一样的。"

"您的车是 1.8L 自动挡的高尔夫，属于德系车。您想要更快的发动机响应速度，同时又不想让发动机声音太大，想保持一个安静的乘坐空间。""这辆车的进气系统改装方面，可以选用 K&N 高流量空气滤芯替换原厂的滤芯，以加大进气量。在排气系统方面，不需更换排气管段和中段，只要换用 ABT 原装尾排来适当地降低排压即可。这样能够在不影响尾气的排放以及不会产生很大排气噪音的情况下，提升发动机的响应速度。"

"老板/先生，您看，那一辆是翼豹，属于日系车，车主希望车辆动力性能进一步提升。""进气系统可选用 Blitz 进气冬菇和管路，以最大限度地扩充发动机进气量，在安装时首先将原厂空滤箱摘除，然后将冬菇放置于尽量远离发动机、通风良好的位置，再将拆下的空气流量计重新安装在冬菇管路上。在排气部分，可选用 GPSports 的中尾段组合，这样可以降低排压，同时增大排气通畅程度，带来浑厚的排气声浪。"

通过改装师傅以上的讲解，可以给车主留下技术专业、经验丰富的良好印象。

小贴士：进气系统的主要改装内容

1. 空气滤清器改装。进气系统的首要改装是换用高效率、高流量的空气滤芯，以降低发动机进气的阻力，同时提高发动机运转时单位时间的进气量及容积效率。如果换了高流量空气滤芯仍不能满足车主的需求，可将整个空气滤清器总成换成俗称“香菇头”的滤芯外露式滤清器，进一步降低进气阻碍，增强发动机的“肺活量”。

2. 进气道改装。进气道的改装可分为形状改装与材质改装两个方面。改变进气道形状的目的是增加进气蓄压与进气的流速。改变进气道材质是为了不吸热、重量轻，目前最常用的就是碳纤维的材质，但价格比较高。

如果原厂发动机进气系统有谐波增压或储气室等特殊设计时，最好不要轻易改动进气道。

3. 直喷式歧管改装。这方面改装主要用于赛车改装，因为赛车所需要的是高转速的动力表现，可牺牲低转速时的马力输出。直喷式的进气歧管与经过空气动力学设计的碳纤维进气道是赛车改装的最佳组合。

4. 二次进气改装。二次进气是指除了原有从空气滤清器吸入的空气外，再利用进气歧管的真空压力差，从引擎 PCV（曲轴箱强制通风）管路外接另一进气装置，导入适量的新鲜空气来达到提高容积效率的目的。

进行大幅度的进气系统改装时，必须考虑与供油系统的配合问题、噪音问题。虽然进气增加可以大幅提高动力，但也加大了发动机的工作强度，不利于发动机的寿命。由于进气系统改装后直接裸露在空气中，所以很容易脏，需要经常打理和清洗。

小贴士：排气系统的主要改装内容

1. 排气鼓（俗称死气喉）改装。排气鼓位于排气的尾部，它是排气管产生内部阻力最大的地方，是目前改装最多的部分。排气鼓有两类：第一类是利用交叉隔板造成反射波的方式减低音量，原厂产品几乎都是采用这种方式；第二类是直线型吸音绵式，改装产品往往采用这种方式。直线型排气鼓的声浪要比隔板式的大。

2. 中鼓改装。第一种改装设计是“短粗型”，也就是尽量减少管体长度，并加大管径，这种改法并不适合日常市区行车。第二种改装设计是“细长型”，主要是更换管体材质，并没有改变原来的弯曲外形，甚至尾段稍微变细，这种改法适合日常市区行驶。

3. 排气歧管（俗称死气蕉）改装。排气歧管与引擎缸盖排气口相连，作用是将流经缸盖排气口的废气收集后，可以顺畅排走。死气蕉算是最重要的排气系统改装部分，也是效果最明显的。

原装死气蕉的材质大部分是铸铁（只有宝马等部分车型会选用不锈钢），原装的死气蕉不仅内壁很粗糙，有时连排气歧管的长度都未必一致，于是就出现了所谓排气干涉的现象。

改装用的死气蕉，一般选用不锈钢的材质，具有耐高温、重量轻、内壁比较光滑、易弯曲、易于切割等优点。

4. 头批改装。头批在涡轮增压废气端出口之后。除了起桥梁作用，使废气流进三元催化外，还有一个作用就是可以使引擎与排气管实现软性连接。

5. 三元催化器改装。三元催化器主要起环保作用。如果将排气管的三元催化器去掉，会造成排放的废气浓度增加，这种方法不太可取。

改装后的车由于排气管较粗，不易涉水，也应避免停放在水多的地方。在北方行驶时还应少走稻草路和干草路，避免因排出高温气体而引起干草燃烧。

2. 如何在改装大包围时让车主信服

在改装大包围时，改装师傅可一边干一边讲解：

“大包围应选用高质量的产品，比如，韧性要好，耐热不变形，表面要平滑，重量要轻，与车身密合度要高。大包围安装在车上，也就与车成为了一个整体，日常的磕碰在所难免，如果大包围材质脆弱，刚性过大，就很容易碎裂，那样不仅增加更换成本，也平添了不少的麻烦。”

“最好不要选用需要拆掉原车保险杠才能安装的大包围，因为大包围所用的材料抗撞击能力较差，所以，应选用将原杠包裹其中的大包围，这样不会影响车辆的牢固性，但如果一定要选用拆杠包围，可将原杠中的缓冲区移植到新的大包围中，以起到保护的作用。”

“装上包围后的车高与地面距离最低不能少于 9 厘米（约一包烟的高度）。而催化遮热板与地面距离不能低于 5 厘米。”

☞ 小贴士：大包围的分类

1. 从是否拆下原来的保险杠分类，大包围可分为保险杠款（泵把款）和唇款两大类。泵把款类大包围是指将原来的前后杠整个拆下，然后再装上另一款保险杠（泵把）。唇款类大包围是指在原来的保险杠上加上半截的下唇，唇款类大包围的质量与安装技术要求极高。

2. 从制作材料分类，大包围材料可分为 ABS 塑料、FRP 玻璃纤维、PUF 软质玻璃纤维、树脂纤维、合成树脂、PU 聚脂塑料、PUR 加强型聚氨酯等材料。

（1）ABS 塑料。以真空吸塑成形，厚度较薄、韧性一般，破损后不易恢复原状。因此不能制作保险杠款大包围，只能制作唇款类大包围。

（2）FRP 玻璃纤维。耐轻微擦撞，破损易修补，价格较便宜，塑型容易，线条感较佳，款式多。但重量大，韧性不好，若发生擦碰容易断裂。

（3）PUF 软质玻璃纤维。表面稍软，耐轻微擦撞，可稍微扭曲，容易安装。但烤漆处理较烦琐且不易附着漆料，受热较易变形。

（4）树脂纤维材料。价格较为便宜，款式较多。但不太耐用。

（5）合成树脂材料。收缩性较小，韧性较好，耐热不变形，产品表面光滑。但价格相对较高。

（6）PU 聚脂塑料。低温下注塑成形，有很高的柔韧性与强度，与车身的密合度好。但耐高温性很差，不能做烤漆处理。

(7) PUR 加强型聚氨酯材料。此材料是在 PU 工艺基础上添加混合特殊复合材料加工而成，这是顶尖的 PU 加强工艺，目前国内只有上海飚利车研掌握该项生产工艺，PUR 因为在原材料内加入了特殊的复合材料，使得制品不但具有更好的韧性、刚性，更可以耐高温，PUR 材质的大包围与尾翼在高低温下不会变形，是欧系高端越野车原厂保险杠的首选材料。PUR 材料多为国际知名改装厂（AMG，ABT，ACSCHNITZER，CARACTERE 等）生产大包围与定风翼的主要原料。目前上海飚利车研生产的各类 PUR 汽车空气动力件可以与欧洲原厂件媲美，有些产品甚至比原厂件更具耐热性，可以直接做烤漆，克服了以往单 PU 部件遇高温变形的缺点。

☞ 小贴士：PUR 及 CFRP 包围产品质量标准

（本标准由上海飚利汽车科技有限公司起草）

1. 范围

本标准描述了上海飚利汽车科技有限公司及相关零部件委托生产企业各个环节产品验收时所遵循的标准。

本标准适用于上海飚利汽车科技有限公司生产的各车型的相关附件产品验收工作。

2. 规范性引用文件

下列文件对于本文件的应用是必不可少的。凡是注日期的引用文件，仅所注日期的版本适用于本文件。凡是不注日期的引用文件，其最新版本（包括所有的修改单）适用于本文件。

GB/T 1040 塑料 拉伸性能测定

GB/T 1633 热固性塑料维卡软化温度（VST）的测定（GB/T 1633－2000，ISO 306：1994，IDT）

GB/T 1766 色漆和清漆 涂层老化评级方法

GB/T 1865 色漆和清漆 人工气候老化和人工辐射暴露（滤过的氙弧辐射）（GB/T 1865－1997，ISO 11341：1994 EQV）

GB/T 2411 塑料邵氏硬度试验方法（GB/T 2411－2008，ISO 868：2003，IDT）

GB/T 9286－1998 色漆和清漆 漆膜的划格试验（ISO 2409：1992，EQV）

GB/T 9341 塑料弯曲性能试验方法（GB/T 9341－2000，ISO 178：1993，IDT）

GB/T 10125－1997 人造气氛腐蚀试验 盐雾试验（ISO 9227：1990，EQV）

GB 20182－2006 商用车驾驶室外凸出物

3. 验收标准

3.1 材料

①委托方应按照本公司要求的材料或所提供样品的相同材料进行产品的加工生产。

②塑料材料应满足产品生产的需求，具有良好的流动性、收缩率等设计特性。

③原材料应符合国标标准，并附有产品合格证书，生产日期等信息。

④材料性能要求：

塑料件的主要性能应符合以下要求：邵氏硬度 D（50 ～ 70），弯曲模量（≥30MPa），维卡软化点（70 ～ 100℃），拉伸强度（≥20MPa），断裂伸长率（≥10%），耐温度性能（试样经过耐温度试验后，其外形和尺寸应无明显变化，应无明显褪色及无龟裂、破裂、溶胀、表面粘附等现象）。

3.2 成品外观质量

塑料零部件的表面应无缩痕、白化、毛边、划痕、斑迹、色泽不均、龟裂等缺陷。

3.3 包装

①产品包装应与样箱相同（包括纸质、外观尺寸、印刷图案字体logo）或按照本公司提供的包装设计方案制作完成。(包装箱表面应有如下标识：产品名称；规格、型号；产品数量；出厂日期；制造厂名称；制造厂地址；执行标准号）

②包装应牢固、可靠。包装箱内每套产品应附有合格证、说明书、保修卡（甲方提供印刷资料并排好版后直接交给乙方印刷）。

③产品包装运输过程中应防止烈日曝晒、雨雪淋袭。装卸时禁止摔扔、挤压等不良作业。产品入库后包装应完好无损，不得损坏。

④对标志、包装、运输和储存有特殊要求时，由本公司进行特殊规定。

3.4 性能要求

3.4.1 覆盖层要求

产品表面需进行覆盖防腐处理时，覆盖层应符合以下要求。

序号	项目	粉末涂层	镀层	
			镀锌	镀铬
1	厚度	≥ 60 μm	≥ 8 μm	≥ 15 μm
2	附着力	应不低于GB/T 9286－1998中规定的1级	两条线之间的镀层不应有任何脱离	
3	耐冷热性能	不起泡、不剥离、不失光、不变色、无龟裂	不应有起泡、开裂、脱落等现象	
4	硬度	≥2 H	——	
5	耐腐蚀性能	应达到GB/T 6461－2002中规定的9级以上		
6	耐气候老化性能	变色应不低于1级，失光应不低于2级，无粉化、无开裂、无剥落、无起泡	——	

3.4.2 耐振动性能

经过振动试验后，安装本体应不出现断裂和明显松动。

4. 试验标准

4.1 材料检验

4.1.1 塑料件检验

4.1.1.1 材料检验

塑料检验按国标规定进行，试验结果应国标标准。

4.1.1.2 硬度检验

塑料装饰件硬度按GB/T 2411的规定进行测量，试验结果应符合4.1的要求。

4.1.1.3　弯曲模量测定

按 GB/T 9341 的规定进行弯曲模量测定，测量结果应符合 4.1 的相应要求。

4.1.1.4　维卡软化点测定

按 GB/T 1633 的规定进行维卡软化点的测定，测量结果应符合 4.1 的相应要求。

4.1.1.5　拉伸强度、伸长率测定

按 GB/T 1040 的规定进行拉伸强度、伸长率的测定，测量结果应分别符合 4.1 的相应要求。

4.1.1.6　耐温度性能试验

4.1.1.6.1　耐温度性能试验分类

耐温度性能试验分为常规耐热试验、耐寒试验和冷热交变试验。

4.1.1.6.2　试样

试样应从制造后至少放置 24 h 的制品中随机抽取，每次试验的试样应不少于三个，其中二个做试验用，另一个为比较样品。试验前，试样在试验环境中放置的时间应不少于 4 h。

4.1.1.6.3　常规耐热性试验

调节恒温箱的温度达到 80 ℃ ±2 ℃时，将试样放置在恒温箱中保持 4h 后取出，并立即进行目测。试验结果应符合 4.1 的要求。

4.1.1.6.4　耐寒试验

调节低温箱的温度达到 −40 ℃ ±2 ℃时，将试样放置在低温箱中保持 4 h 后取出，并立即进行目测。试验结果应符合 4.1 的要求。

4.1.1.6.5　冷热交变试验

冷热交变试验温度和一个循环的试验时间按表 3 的规定，高温试验方法按 5.1.2.6.3 低温试验按 5.1.2.6.4 的规定进行，共进行二个循环。试验后对试样进行目测，试验结果应符合 4.1 的要求。

试验温度，℃		一个循环的试验时间，h			
高温	低温	高温	室温	低温	室温
80 ±2	−40 ±2	3	0.5	2	0.5

4.2　一般要求检查

4.2.1　结构检查

尺寸、角度的测量采用专用量具进行，其它要求检查应将产品安装在配套的车辆上，在车辆行驶过程中观察进行，检查结果应符合产品设计图纸中相应要求。

4.2.2　外观质量检验

以目测、手感或在比色箱对照样板（或样件）进行外观检测是否符合 4.2 的要求。

4.3　性能要求试验

4.3.1　覆盖层检验

4.3.1.1　厚度测量

取一段合适的基体按相同工艺进行涂、镀后的产品作为试样。测试时，在试样上任选五个测试点，用精度不低于0.1 μm的厚度测量仪器测试每个测试点的覆盖厚度，以五个测试点厚度测量值的算术平均值作为测量结果，并保留一位小数。测量结果应符合4.4.1的相应要求。

4.3.1.2　附着力试验

4.3.1.2.1　粉末涂层附着力试验

粉末涂层的附着力按GB/T 9286的规定进行试验，试验结果应符合4.4.1的相应要求。

4.3.1.2.2　镀层附着力试验

采用磨为30°锐刃的硬质钢划刀，相距约2 mm划两根长为20mm的平行线。在划两根平行线时，应当以足够的压力一次刻线即穿过覆盖层切割到基体金属。如果各线之间的任一部分的覆盖层从基体金属上剥落，则认为覆盖层未通过此试验，即试验结果不符合4.4.1的相应要求。

4.3.1.3　耐冷热性能试验

4.3.1.3.1　粉末涂层耐冷热性能试验

按下列规定进行：

a）恒温箱、低温箱

恒温箱、低温箱应能满足试验中的高、低温度要求。

b）试样

从已粉末涂层的产品上取一段合适的试样，或是取一段合适的基体按相同工艺进行涂层处理的产品作为试样，共取三个试样，其中二个作为试验用，另一个作为比较用样品。试样外观应符合4.2的要求。

c）试验步骤

试验前，试样在室温试验环境下放置时间不少于8h。试验时，将试样放置在温度为80 ℃的恒温箱内保持8h后，将试样取出在室温试验环境中保持4h，然后将试样放置在－40 ℃的低温箱中保持8h，再取出试样放在室温试验环境中保持4h，此为一个试验循环，如此重复进行四个试验循环。

d）试验结果

在每个试验循环结束时，将试验试样与比较试样进行比较，目测试样外观是否符合4.4.1的相应要求，如果不符合，则可终止试验，并判试样试验结果不合格。

4.3.1.3.2　镀层冷热性能试验

按下列规定进行镀层冷热性能试验：

a）试验箱

试验箱应能满足试验中的高温的要求。

b）试样

从已镀层的产品上取一段合适的试样，或是取一段合适的基体按相同工艺进行镀层处理的产品作为试样，共取三个试样，一个作为试验用，另一个作为比较用样品。试样外观应符合4.2的要求。

c）试验步骤

将试样放置在温度为100 ℃的烘箱内保持1h，然后迅速将试样取出并浸没在冰水并完全冷却，此为一个试验循环，如此重复进行10个试验循环。

d）试验结果

每次试验循环结束时，将试验试样与比较试样进行比较，目测试样外观是否符合表2中序3的相应要求，如果不符合，则可终止试验，并判试样试验结果不合格。

4.3.1.4　粉末涂层硬度测量

从已粉末涂层的产品上取一段合适的试样，或是取一段合适的基体按相同工艺进行粉末涂层处理的产品作为试样。测量方法按GB/T 6739的规定进行测量，测量结果应符合4.4.1的要求。

4.3.1.5　耐腐蚀性能试验

试样从已涂或镀的产品上取一段合适的试样，或是取一段合适的基体按相同工艺进行涂层或镀层处理的产品作为试样，共取三个，其中二个作为试验用，另一个作为比较用样品。试样外观应符合4.2的要求。

粉末涂层、镀蓝锌层、镀黑锌层、镀军绿层的试验按GB/T 10125－1997中的中性盐雾试验方法（NSS）的规定进行，镀铬层的试验按GB/T 10125－1997中的铜加速盐雾试验方法（CASS）的规定进行，评级按GB/T 6461的规定进行，其中试验时间为：粉末涂层为500h；镀蓝锌层为48h；镀黑锌层、军绿层为120h；镀铬层为24h。试验后，将试验试样与比较试样进行比较，试验结果应符合4.4.1的相应要求。

4.3.1.6　粉末涂层耐气候老化性能试验

试样从已有粉末涂层的产品上取一段合适的试样，或是取一段合适的基体按相同工艺进行粉末涂层处理的产品作为试样，共取三个，其中二个作为试验用，另一个作为比较用。试样外观应符合4.2的要求。试验方法按GB/T 1865的规定进行，评级按GB/T 1766的规定进行。试验后，将试验试样与比较试样进行比较，试验结果应符合4.4.1的要求。

4.3.2　振动试验

按产品在车辆中的实际安装状态及方式的要求，将相应产品安装在振动试验台上后，按下表规定的试验参数进行振动试验。试验结果应符合4.4.2的要求。

项　目	单位	参　数
加速度	m/s^2	67
频率	Hz	33
试验方向/时间	h	上下方向：4 左右方向：2 前后方向：2

5. 检验规则

5.1　检验形式

检验分为出厂检验和型式检验。

5.2　出厂检验

每套产品应经制造商检验合格后方能出厂，并附有产品质量合格文件。

5.3　型式检验

5.3.1　有下列情况之一，应进行型式检验：

a）新产品试制定型鉴定时；

b）正常生产时，如材料、工艺有较大改变，可能影响产品性能时；

c）正式生产时，每年进行一次；

d）停止生产半年后，恢复生产时；

e）出厂检验结果与上次型式检验有较大差异时；

f）国家质量监督机构提出要求时。

5.3.2　型式检验项目见表5，其中材料项目检验，如材料供应商提供了相关合格证明，可不重复进行。

检验项目		要求	试验方法
材料		3.1	4.1
外观质量		3.2	4.2.2
覆盖层要求	厚度	3.4.1	4.3.1.1
	附着力		4.3.1.2
	耐冷热性能		4.3.1.3
	硬度		4.3.1.4
	耐腐蚀性能		4.3.1.5
	耐气候老化性能		4.3.1.6
耐振动试验		4.4.2	4.3.2

5.3.3　型式检验的样品应从出厂检验合格的同一批产品中随机抽取。

5.3.4　型式检验过程中，若有不合格的项目，可允许加倍抽样对不合格的项目进行复检，复检后仍有不合格项出现，则判该次型式检验不合格。不合格批次的产品按既定合同内容处理。

【案例】

如何推介世界领先的PUR汽车部件：飚利

一、如何向车主介绍“飚利”的先进性

当车主想要改装优质的大包围时，改装师傅或导购员可说：

“先生，您要想改装优质大包围，我建议您选用上海飚利生产的PUR大包围。PUR产品能够适应－50℃到＋90℃之间巨大的温差，比ABS、玻璃钢的大包围适应的温差都要大得多，非常紧固，不易变形，不易断裂，抗紫外线能力强，环保，而且还可以直接做烤漆，大大减少了安装时间。”

“奔驰、宝马、奥迪、大众、沃尔沃这些高档车都使用了 PUR 材料，比如宝马最先进的 7 系列的后盖箱、仪表台。”

“目前，国内只有上海飚利掌握了 PUR 及 CFRP 的生产技术与工艺，价格比国外同类产品便宜一大截。飚利已经为上海大众、上海通用、一汽丰田、东风日产这些大型汽车厂家以及国内最大的 4S 集团像中升、庞大提供各类 PUR 材质的大包围、保险杠。”

小贴士：飚利车研简介

上海飚利汽车科技有限公司创立于 1999 年，逐步建立了具有自主知识产权的品牌。2010 年初，上海飚利联合国内众多改装业界的同行、专业媒体共同发起组建了全国工商联汽摩配协会汽车改装专业委员会，并且作为汽车改装件包围部分的标准制定单位，上海飚利已经在 2010 年 7 月向有关国家专管部门提交了包围与汽车扰流部件的生产和检验的标准草案。上海飚利在 2010 年荣获中国汽车改装十大领导品牌第一名，同年荣获了中国汽车优秀零部件生产商称号。

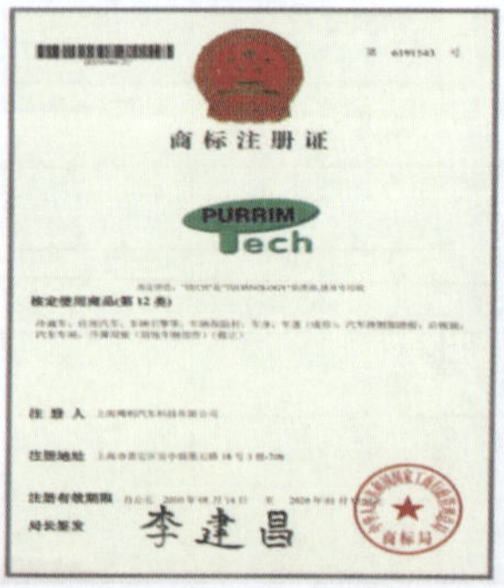

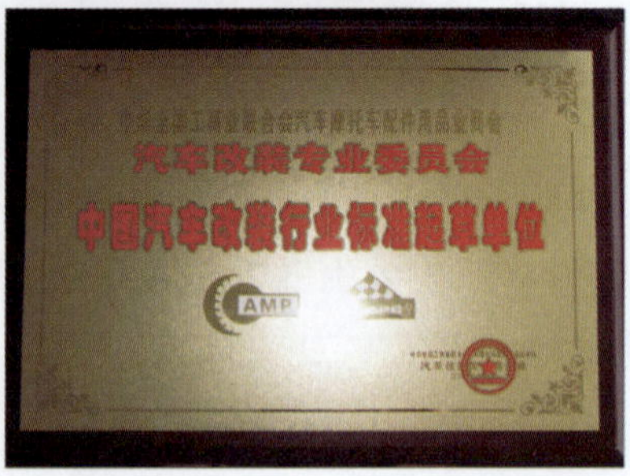

1. 成熟的 PUR 及 CFRP 生产工艺

经过多年生产研发实践，飚利与全世界范围的 PUR 及 CFRP 原料与设备供应商合作，开发出目前拥有自主知识产权的最新 PUR 生产工艺，是整个亚太地区唯一一家可以用 PUR 与 CFRP 工艺开发生产汽车空气动力件的生产厂家。上海飚利车研花费了十多年的时间及巨额的研发投入，无论是在原料配方及成型技术的掌控和经济性的模具开发技术，均已累积相当丰硕的成果且广销世界各地市场而取得好评。

飚利车研自主研发的 PUR 及 CFRP 汽车空气动力件生产工艺填补了国内汽车高分子非金属材料运用的空白。

2. 卓越的创意设计实力

从中国制造到中国创造需要创新的理念，汽车改装行业本身就是一个创意行业。飚利车研拥有国际一流的汽车空力套件创意团队，设计总监 Jason Wu 先生在汽车外观设计方面拥有将近 30 年的经验。从 2008 年开始相继为上海大众的 POLO 运动款、上海通用的 WTCC 款克鲁兹、上海大众的最新 2011 款途观、进口 2012 款途锐等车型开发大包围等部件，飚利车研将 PUR 生产技术与一流的创意设计相结合，两者相得益彰，使得“飚力”的 PUR 空气动力套件在国内外享有盛誉。

3. 优秀的沟通能力

任何设计与生产的产品最终要到消费者的手里，所以要了解消费者的真正需求非常重要，飚利车研在长期的市场实践过程中与各地的经销商、终端消费者有着良好的互动，能第一时间将市场的各种信息反馈到工厂，为消费者提供最新的产品、服务。

4. 美好远大的愿景

飚利的愿景是：“引领您的梦想，达致您的企望”。飚利车研期望在汽车改装领域，与行业内的合作伙伴、加盟商、经销商、员工一起共同努力，为中国及世界的汽车后市场提供更多、更好、更有创意的高品质产品。

5. 饱含深意的 LOGO

飚利的 LOGO 有三个。

第一个 LOGO 中的“PURRIM”是加强型聚氨酯模内成型工艺的英文缩写，全称为“Poly Urethane Reinforced Reaction In Moulds”，“Tech”为科技“Technology”的英文缩写，整个 LOGO 是一棵绿色的树，根部与树干是“TECH”科技，树冠与枝叶是生产工艺与产品，寓意上海飚利车研依靠自身的科研技术为客户及终端消费者提供绿色环保的各类“PUR”加强型聚氨酯汽车空气动力件。

第二个 LOGO 是上海飚利车研为了推广安全健康，个性创意的汽车改装连锁加盟而专门设计的。“飚力“两个遒劲有力的行草字体源自千古明君唐太宗，“飚”为“风火”之飚，为正义凌然的风，“清飚自举”、“飚起电至”寓意汽车改装事业风风火火，生意兴隆发达。

第三个 LOGO 是上海飚利车研最新的“CFRP”加强型复合碳钎维生产工艺的英文缩

写，全称为“Carbon Fiber Reinforced Plastic”，这项工艺将为未来汽车工业尤其是电动车提高高强度，轻量化的复合材料。飚利车研也是国内首家拥有该项技术的生产厂家。

6. 飚利车研的联系方式

联系电话：020 - 37657961　　传真：020 - 37657962

加盟热线：15821114391

网址：www. purrim. com　　电子邮件：pu@ tyd. net

飚利车研公众微信号：purrimtech

飚利车研公众微信二维码：

二、如何向车主介绍“飚利”的创意改装

当车主对飚利的 PUR 大包围感兴趣时，改装师傅或导购员可说：

“先生，您看，这些照片都是飚利在改装方面的创意案例。”

“这是飚利为唐山庞大集团生产的斯巴鲁 2012 款 XV 城市越野空气动力件。”

“这是飚利为重庆百事达集团进口大众 2012 款途锐生产的空气动力件。”

“这是飚利为福特集团生产的2013款福克斯空气动力件。”

“这是飚利为上海通用设计的2013款宽体科鲁兹空气动力件”

“这是飚利最新研发的产品蒙迪欧空气动力软件”

“怎么样，漂亮吧！您的车是科鲁兹、蒙迪欧的，要不也按照这个创意改装一下?”每一款飚利出品的包围产品都是自主设计，拥有注册专利证书。

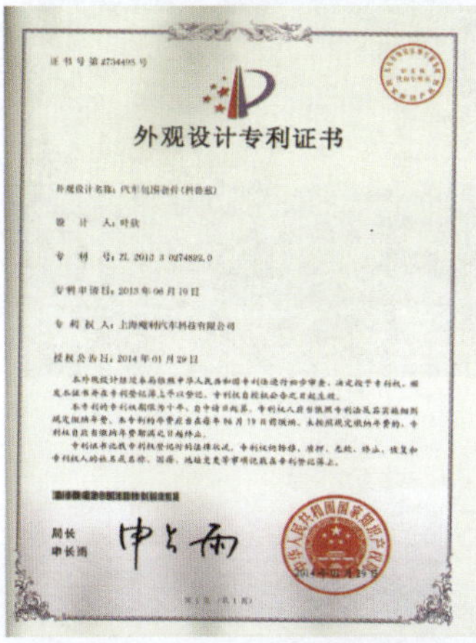

外观设计专利证书

专利权人：上海飚利汽车科技有限公司

授权公告日：2014年01月29日

局长 申长雨

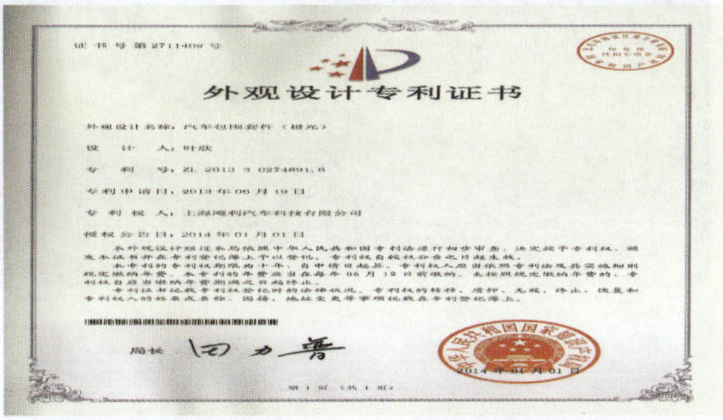

证书号第2711409号

外观设计专利证书

专利申请日：2013年06月19日

专利权人：上海飚利汽车科技有限公司

授权公告日：2014年01月01日

局长 田力普

左图为宽体克鲁兹空动力软件外观专利证书

右图为极光空动力软件外观专利证书

小贴士："飚利"PUR（路虎极光）的安装说明

下面以飚利极光空动力软件安装为例，说明一下飚利汽车PUR在安装步骤与要点。极光是路虎品牌中车身最为紧凑的SUV车型。作为路虎LRX概念车的量产版本，其定位略高于神行者系列。极光2010年12月的广州车展上全球首发，最初确定为"揽胜极光"这一中文名称，并于2011年下半年正式进入中国市场，普通版售价为52.80万~63.80万，分为三门版和五门版。但在褪除了"揽胜"的光环之后，目前在市场上已经有了大幅的优惠。

隶属于SUV的路虎极光在外观设计上跨界风格突出，因此，这次加装"飚力"版宽体空气动力套件，上海飚利车研也在充分尊重原车风格的基础上，对原车的前后护杠，尾翼，侧裙，轮眉进行了包围设计，对全车进行了更体贴的保护。据飚利车研介绍，此次改装加装的材料是使用德国顶级的进口PUR（加强型聚氨酯），他们是亚太地区最早生产PUR及RTM碳纤维复合材料汽车空气动力件的制造工厂，PUR（加强型聚氨酯）是德国进口顶级汽车部件的专属制造原料，专门用来生产高端汽车的空气动力件，具有极佳的耐候性（摄氏-80度至90度）与耐撞性。

1. 改装前的路虎极光。

2. 用于改装的"飚力"版宽体空气动力套件，正安安静静地摆放着，等待着装。工具到齐，准备动工。

3. 先把前护杠位置比划好，预留的倒车雷达位置做好标记，画好线。

4. 车身做好清洁后，在划线的区域内涂上3M胶带专用助粘剂。

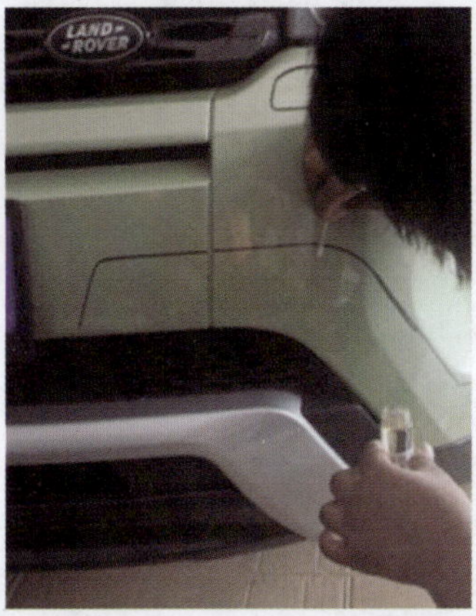

5. 用200度左右的高温烘烤护杠，使红色的3M胶条尽量软化，并在贴车部位打上专业的聚氨酯钣金胶。

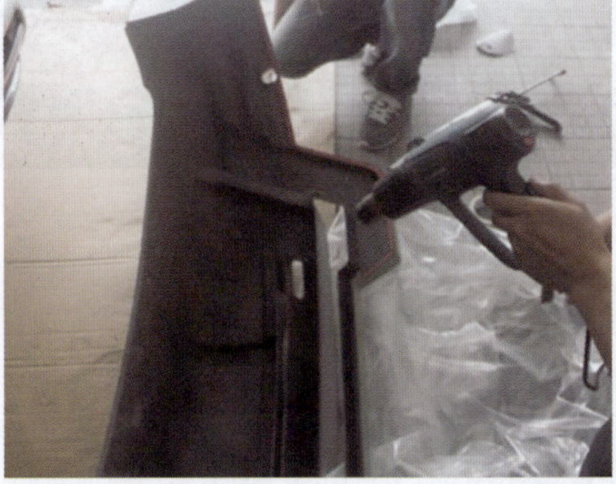

6. 装上前护杠后，撕掉红色胶带，使护杠与车身紧密贴合。

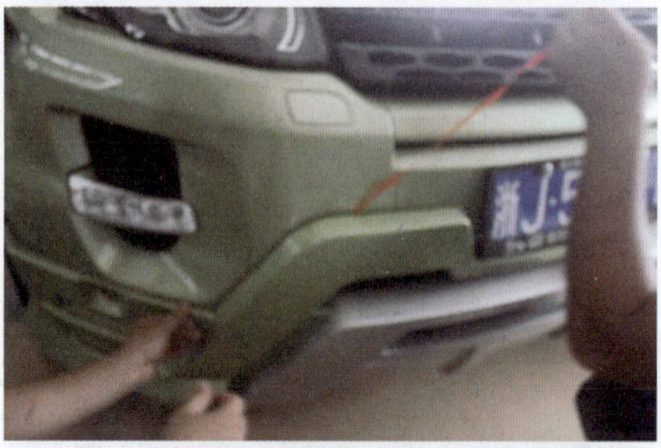

7. 上好紧固螺丝，保持护杠的稳固，前护杠就基本大功告成了。

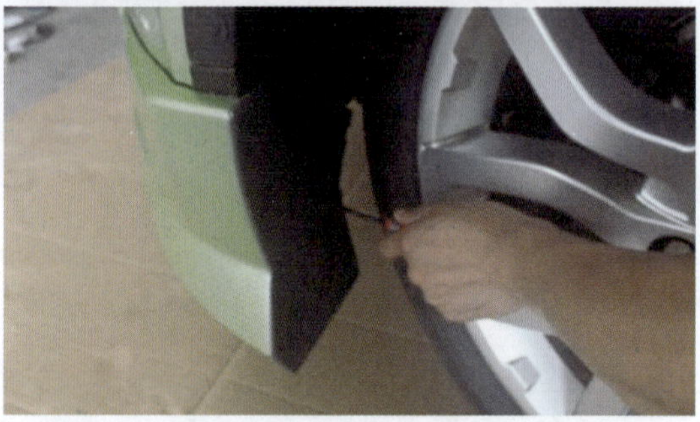

8. 开始安装前轮的轮眉。

9. 依次安装门护板、侧裙和后轮轮眉。

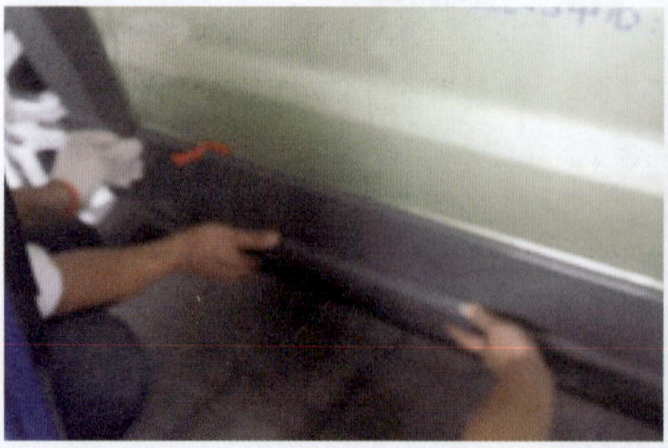

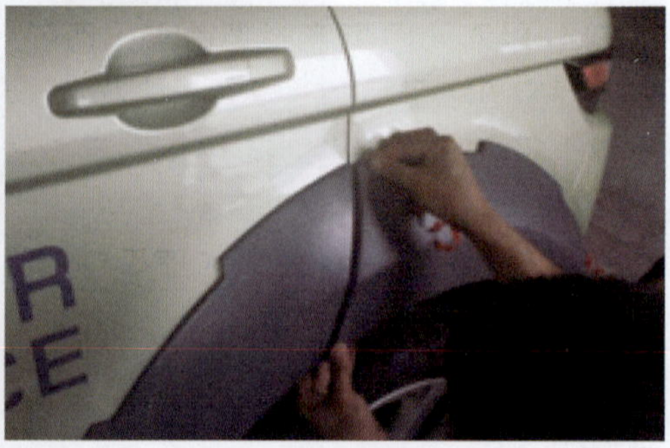

10. 安装大块头的后杠。

11. 安装尾翼。

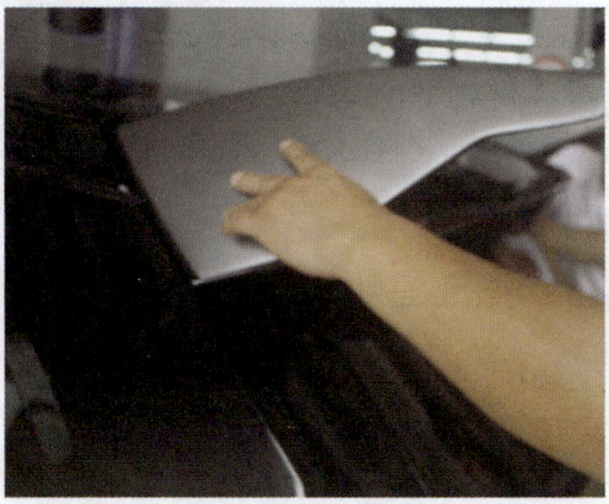

此时，大功告成了吗？还没有呢，现在部件是装上去了，如果上路的话，说不定要在路上捡零件的就是你了！

12. 升上升降机后面，要进行各个安装部件与车身固定螺丝的加固。

13. 每个螺丝部位都有专门的橡胶圈做连接和减震。

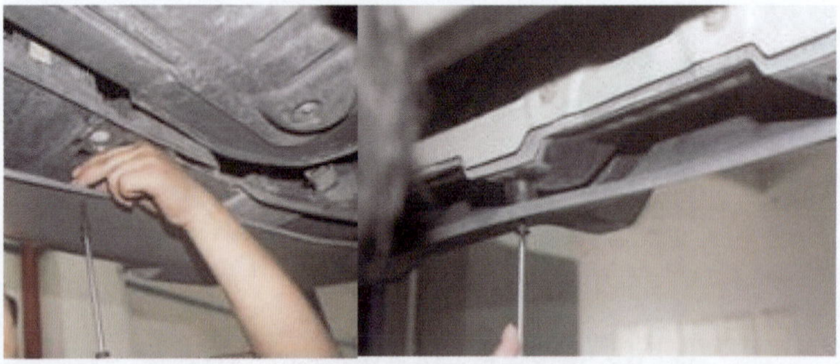

14. 现在，才叫大功告成！看，威武很多了吧！

飚利车研自主研发并具有外观专利权的路虎极光宽体空气动力件由国际著名的汽车设计大师JASON WU亲自操刀设计，在欧美引起极大的轰动，欧洲、日本、美国众多著名的改装品牌都要求代理销售，这也是飚利车研历经14年的艰辛研发，在汽车改装领域采用的自主研发的工艺在国际上首创用PUR材质生产制造宽体包围（欧洲因为开发成本及工艺限制，大多采用PUR制造唇边款式的小包围），为了方便4S店及广大改装店家，飚利车研可以提供面漆处理好的包围产品，两个专业技师只需要不到2个小时就可以完成整套包围的安装。

☞ **小贴士：“飚利”PUR（科鲁兹重装包围套件）的安装说明**

一、主要部件

宽体科鲁兹重装包围套件的主要部件有：包围套件有24件，贴花有6组件。

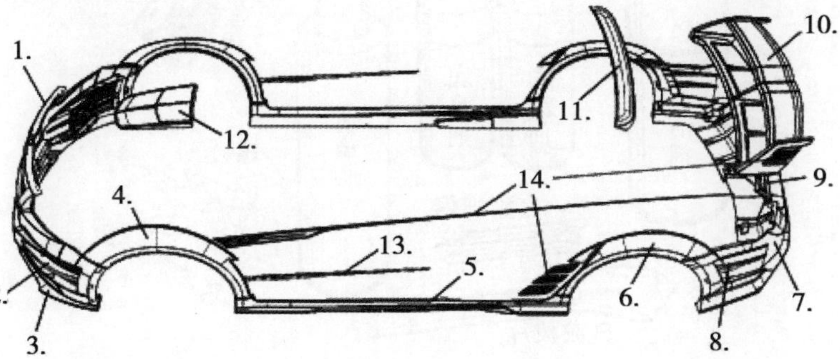

编号说明：

1. 前包围1件。
2. 前包饰条（左/右）2件。
3. 前包压板（左/右）2件。
4. 前轮眉（左/右）2件。
5. 侧裙（左/右）2件。
6. 后轮眉（左/右）4件。
7. 后包围1件。
8. 后包饰条（左/右）2件。
9. 后包中出气框1件。
10. 尾翼1件。
11. 顶翼1件。
12. 机盖罩1件。
13. 前门饰条（左/右）4件。
14. 贴花（左/右）6件。

二、组装的基本步骤

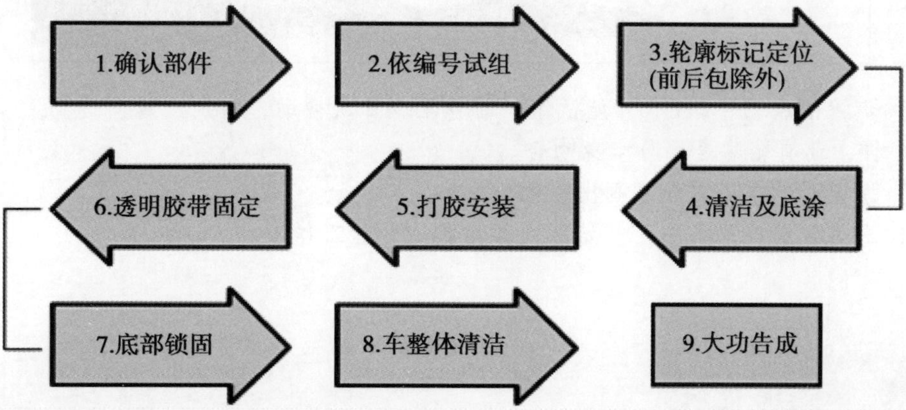

三、组装附件

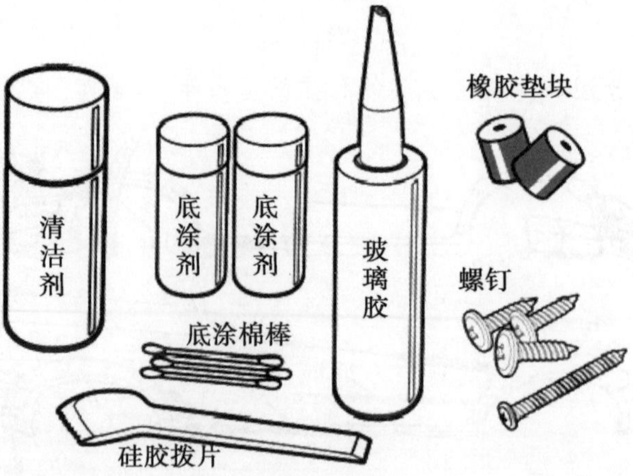

1. 清洁剂用以清洁车身与加装部件的贴合部位。
2. 助粘剂（又称底涂）用以增强3M胶带的粘性。
3. 玻璃胶用以加强包围面与车身的粘合。
4. 橡胶垫块用以前、侧、后包底部与车身紧固之间的连接。
5. 自攻螺丝用以紧固前、侧、后包底部与车身的连接。

四、注意事项

1. 记号笔使用

（1）步骤依照编号“1”开始试组，前包至少3人协助，特别注意两边高度及左右关系是否一样，还有轮廓是否与车身吻合。

（2）用记号笔在包围轮廓画出轮廓线来。

（3）再将包围件取下来，开始做内面粘胶的处理工作。

2. 底涂使用

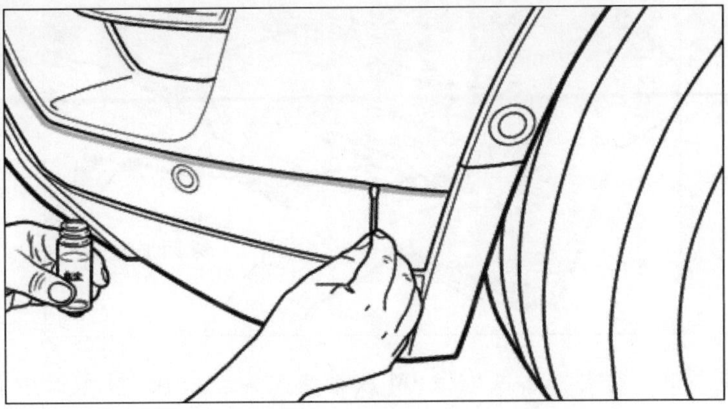

（1）在画好轮廓线范围里面，先用清洁剂将车身面擦拭干净。

（2）再用棉签粘附件的底涂剂，涂在轮廓线范围里的要粘胶面区。

（3）这时包围件的粘胶区及玻璃胶区都已经准备好，即可合力把包围部件装到轮廓线的位子。

3. 玻璃胶使用

（1）先将要打玻璃胶的区域用清洁剂擦拭干净。

（2）将玻璃胶挤出，挤出范围的宽为15～20mm、高要比3M胶带区高。

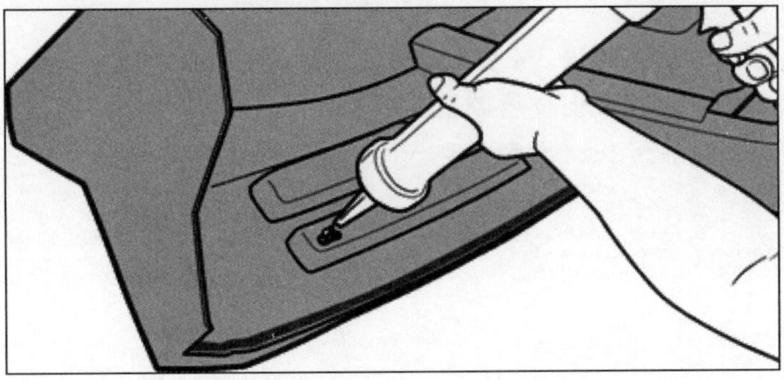

4. 热风枪使用

（1）在安装之前，需要用热风枪将3M胶带烤热，以增强3M胶带的粘性。这个步骤在冬天尤其重要（特别在北方），夏天烤一下也比较好。

（2）热风枪温度在200℃，快速来回加热至红色胶带皮有点起皱即可。

（3）安装之后，也需要用热风枪在3M胶带与车身贴合面热烘，以增强粘合度。

（4）如果产品因为在运输途中挤压或者仓库存放时间太久出现变形，可以通过热风枪烘烤来恢复。

5. 胶带红皮抽取

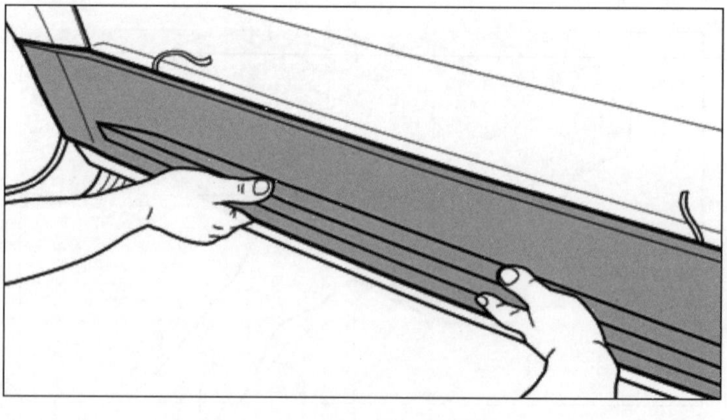

（1）前面步骤完成后，接下来将3M胶带红皮两端折翘出来，以利抽拉动作。

（2）这时合力（1～2人）组装，要对到轮廓线下缘。

（3）对好线后，即可将两端3M胶带红皮抽拉出来。

（4）对整体包围上边缘及上玻璃胶区，稍微用力压实，增加牢固性。

（5）最后用透明胶带绑住，固定外观36小时后再拆掉，尤其前、后包围及尾翼，要特别注意。

（6）对于之前记号笔画出的轮廓线，在组装完成后，可以用附件中的清洁剂或软布擦拭干净。

6．举升机位子

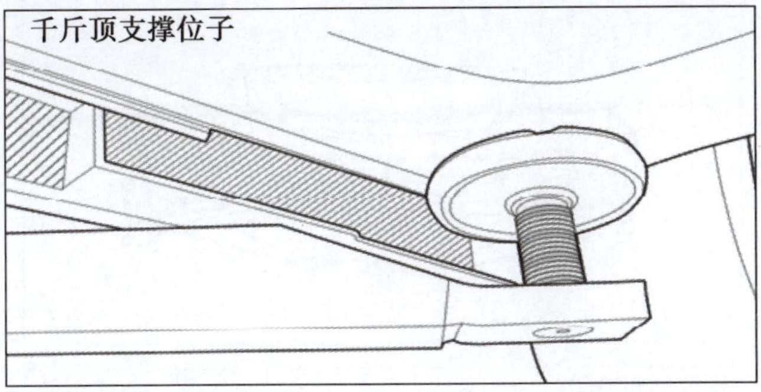

（1）举升机举升车体的时候，举升的支架必须放在侧包的内侧，车身千斤顶的位子，以免损坏侧包部件。

（2）若支点不够高，请垫上橡胶块，不要使举升臂压到侧包围件。

五、前包围组装

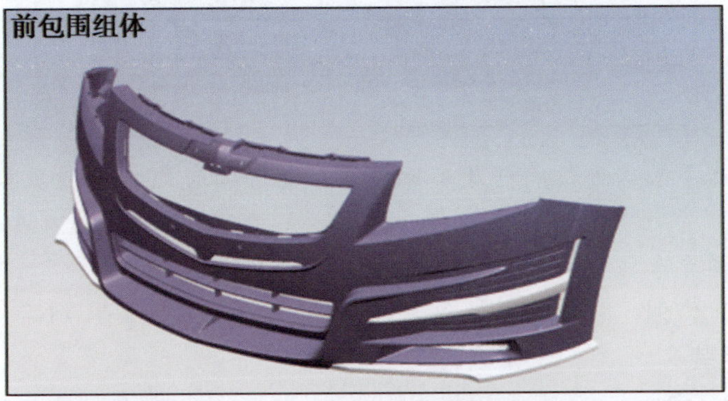

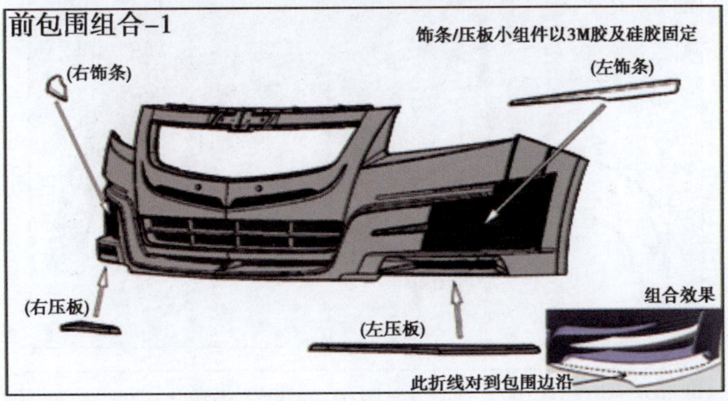

1．先用清洁剂清洁前包围与小部件要黏贴的部位。将底涂剂均匀涂在包围3M胶条黏贴处。

2．在图（前包围组合-1）中所示之空余处打上玻璃胶。用热风枪烘烤3M胶条以增强3M胶条的粘性，这一步在冬季尤其重要。

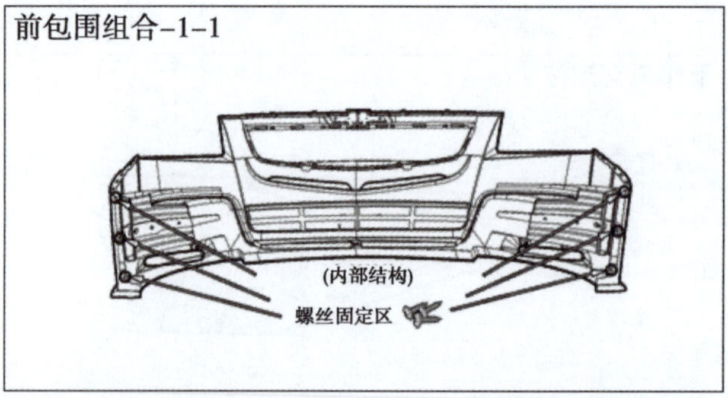

3. 将保杆拆卸下来，进气隔栅及车标也拆下装于新包围件上或更换新隔栅，本组套件不包含此件。

4. 组装方式同原车保杆组装。

5. 前包围轮边内侧左右各3支螺丝固定，如图（前包围组合-1-1）中所示。

六、前眉轮组装

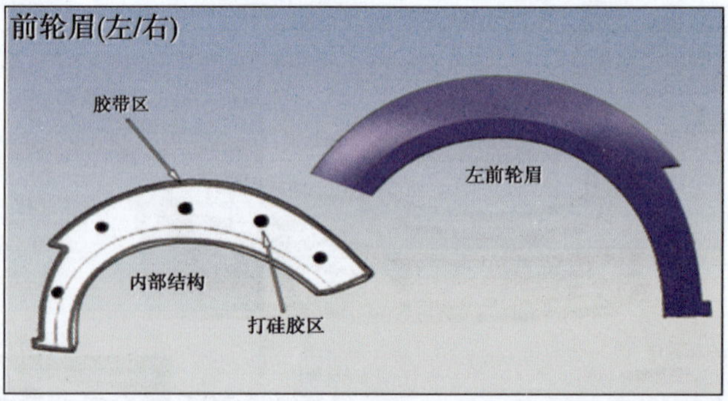

1. 用清洁剂清洁前叶子板与前轮眉需要黏贴的部位，然后试组轮眉用记号笔画出轮廓线，将底涂剂均匀涂在车身3M胶条黏贴处

2. 并在图中所示之处打上玻璃胶。

3. 用热风枪烘烤3M胶条以增强3M胶条的粘性，这一步在冬季尤其重要。

4. 将所有3M胶条两头各撕起一小段，调整好位置对准轮廓线下后，撕下红色胶皮。最后将轮眉上下晃动施力，让3M胶玻璃胶和车身更密合。

5. 用透明胶带将轮眉与后叶子板绑住，36小时后拆除，在此期间不能洗车。

6. 右轮眉组装同上步骤说明。

七、侧裙组装

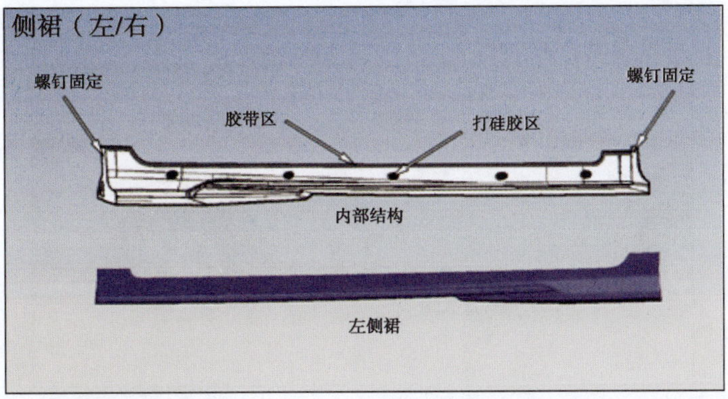

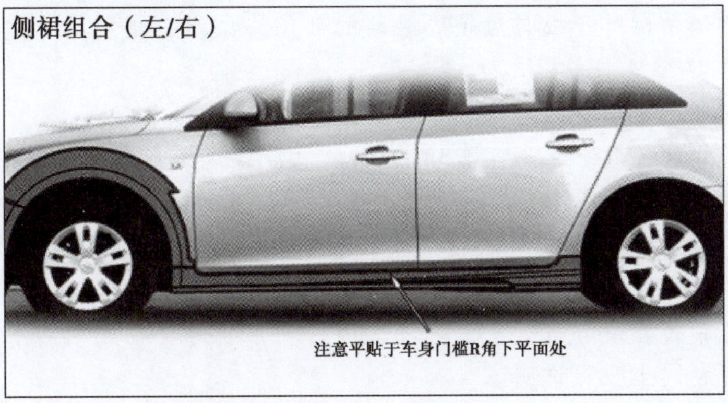

1. 用清洁剂清洁车身裙边与侧裙包围需要黏贴的部位，然后试组侧裙用记号笔画出轮廓线，将底涂剂均匀涂在车身3M胶条黏贴处

2. 并在图中所示之处打上玻璃胶。

3. 用热风枪烘烤3M胶条以增强3M胶条的粘性，这一步在冬季尤其重要。

4. 将所有3M胶条两头各撕起一小段，调整好位置对准轮廓线下后，撕下红色胶皮。最后将侧裙上下晃动施力，让3M胶玻璃胶和车身更密合。

5. 用热风枪轻微烘烤侧裙跟车身的3M贴车位，增强贴车部位的贴合度。

6. 轮拱内侧以螺钉固定，如上图所示。

7. 用透明胶带将前后门护板与前后门绑住，36小时后拆除，在此期间不能洗车。

8. 右侧裙组装同上步骤说明。

八、后眉轮组装

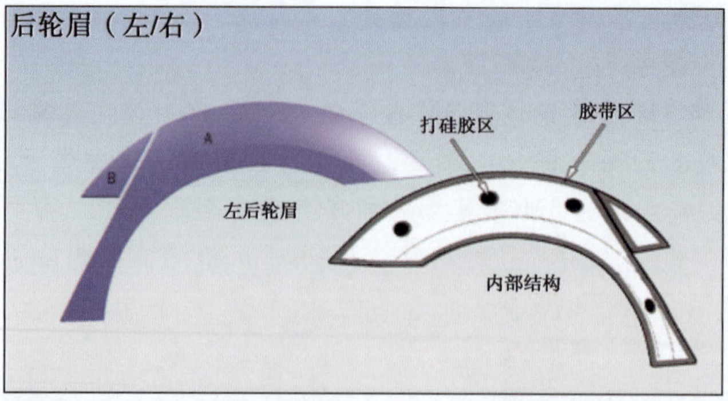

1. 用清洁剂清洁后叶子板与后轮眉黏贴的部位，试组轮眉用记号笔画出轮廓线，将底涂剂均匀涂在车身3M胶条黏贴处。

2. 并在图中所示之处打上玻璃胶。

3. 用热风枪烘烤3M胶条以增强3M胶条的粘性，这一步在冬季很重要。

4. 将所有3M胶条两头各撕起一小段，调整好位置对准轮廓线下后，撕下红色胶皮。最后将轮眉上下晃动施力，让3M胶玻璃胶和车身更密合。

5. 用热风枪轻微烘烤轮眉跟后叶子板的3M贴车位，增强贴车部位的贴合度。

6. 用透明胶带将轮眉与后叶子板绑住，36小时后拆除，在此期间不能洗车。

7. 右轮眉组装同上步骤说明。

九、后包围组装

后包围组合-1

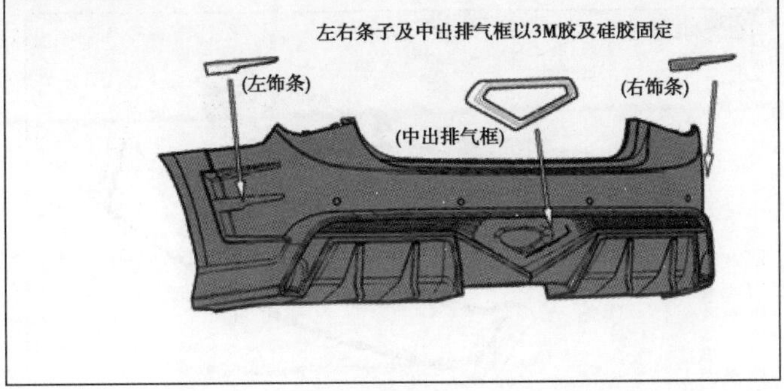

1. 先用清洁剂清洁后包围与小部件要黏贴的部位。将底涂剂均匀涂在包围3M胶条黏贴处。

2. 并在图（后包围组合-1）中所示之空余处打上玻璃胶。用热风枪烘烤3M胶条以增强3M胶条的粘性，这一步在冬季尤其重要

后包围组合-1-1

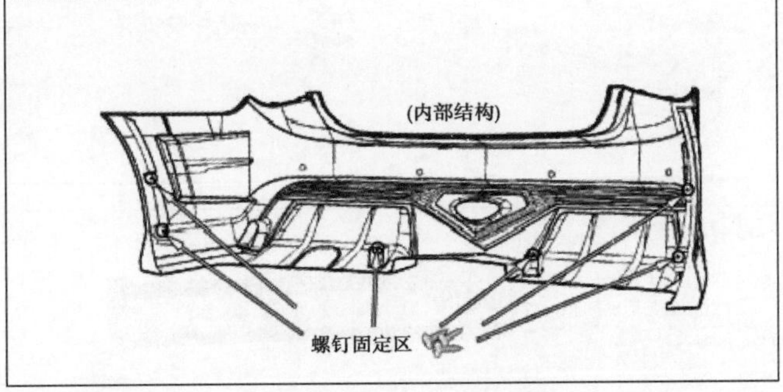

后包围组合-2

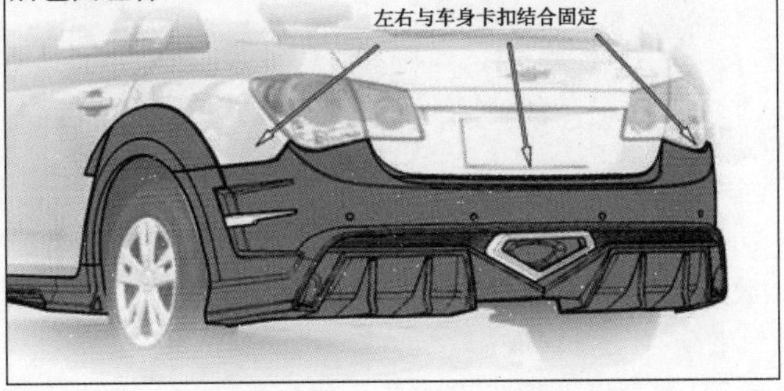

3. 将保杆拆卸下来，更换本组套件。

4. 组装方式同原车保杆组装。

5. 后包围轮边内侧左右各2支螺丝固定，中间区有2支螺丝固定。

6. 如图（后包围组合-1-1）所示。

7. 本产品不提供中出尾管，有此需求请自行改装。

十、尾翼组装

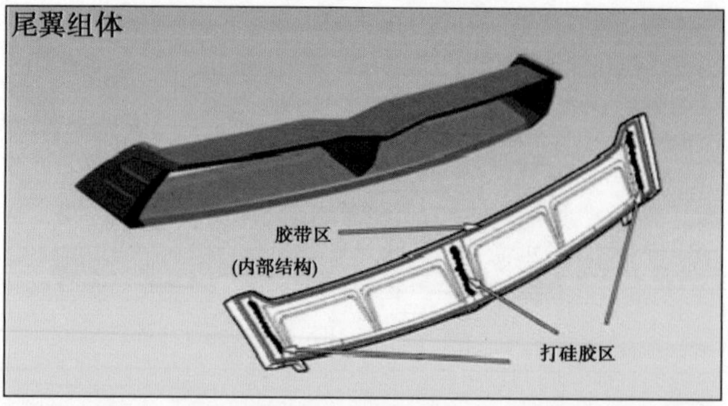

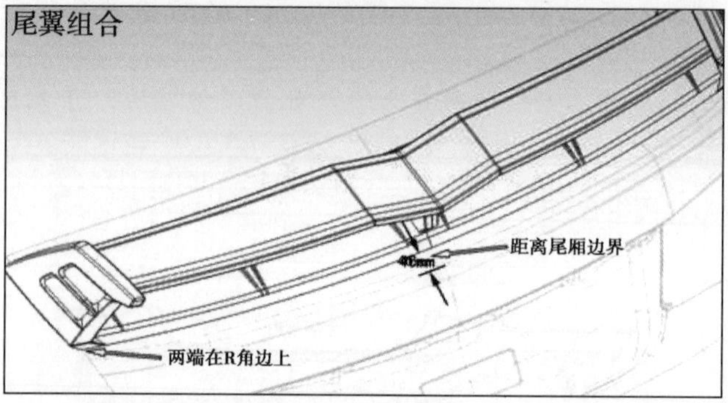

1. 用清洁剂清洁后备箱与尾翼黏贴的部位。试组尾翼用记号笔画出轮廓线，将底涂剂均匀涂在车身3M胶条黏贴处。

2. 并在图中所示之处打上玻璃胶。

3. 用热风枪烘烤3M胶条，以增强3M胶条的粘性，这一步在冬季尤其重要。

4. 将所有3M胶条两头各撕起一小段，调整好位置对准轮廓线后，撕下红色胶皮。最后将顶翼向下施力，让3M胶玻璃胶和后窗玻璃更密合。

5. 用热风枪轻微烘烤顶翼与后窗玻璃的3M贴车位，增强贴车部位的贴合度。

6. 用透明胶带将尾翼与车顶绑住，36小时后拆除，在此期间不能洗车。

十一、顶翼组装

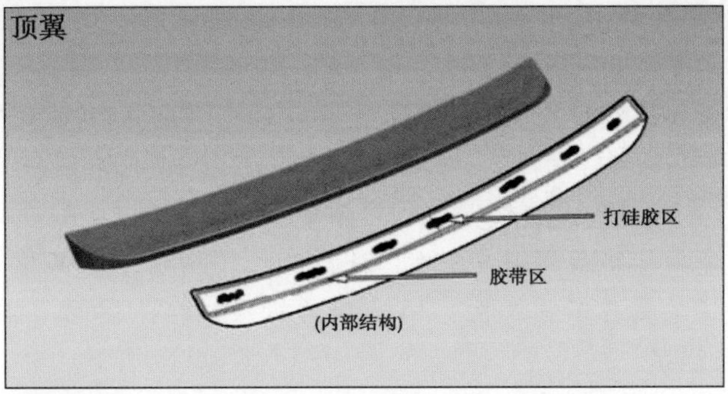

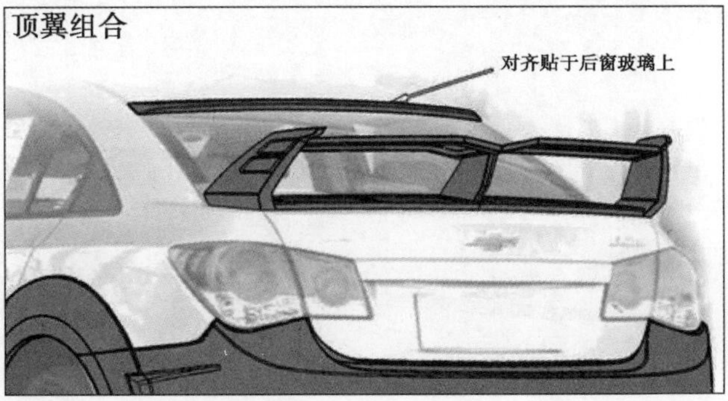

1. 用清洁剂清洁后窗玻璃与顶翼粘贴的部位，试组顶翼用记号笔画出轮廓线将底涂剂均匀涂在玻璃3M胶条粘贴处。

2. 并在图中所示之处打上玻璃胶。

十二、机罩盖组装

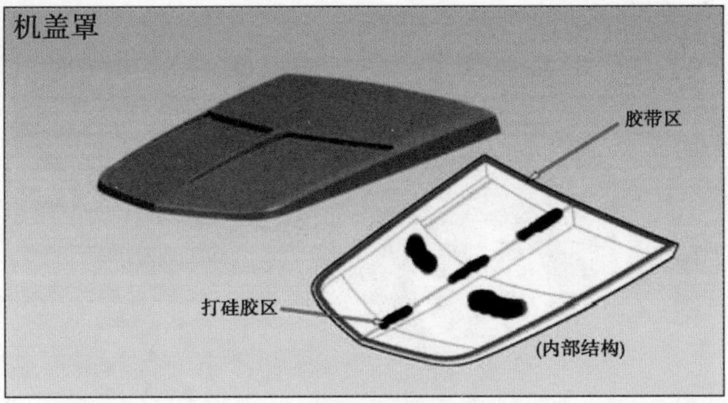

1．用清洁剂清洁机盖罩与机盖粘贴的部位，试组顶翼用记号笔画出轮廓线将底涂剂均匀涂在机盖3M胶条粘贴处。

2．并在图中所示之处打上玻璃胶。

3．用热风枪烘烤3M胶条，以增强3M胶条的粘性，这一步在冬季尤其重要。

4．将所有3M胶条两头各撕起一小段，调整好位置对准轮廓线后，撕下红色胶皮。最后将机盖罩向下施力，让3M胶玻璃胶和后窗玻璃更密合。

5．用热风枪轻微烘烤机盖罩与机盖的3M贴车位，增强贴车部位的贴合度。

6．用透明胶带将尾翼与车顶绑住，36小时后拆除，在此期间不能洗车。

十三、前门饰条组装

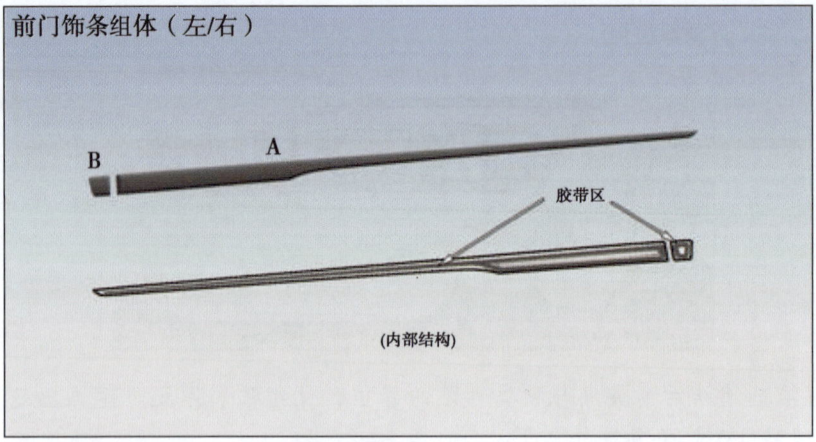

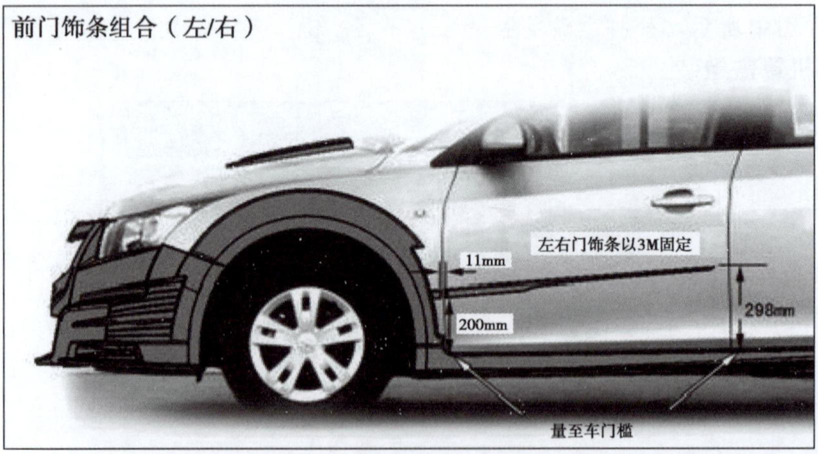

1．用清洁剂清洁机饰条与叶子板前门粘贴的部位，试组饰条用记号笔画出轮廓线将底涂剂均匀涂在叶子板前门3M胶条粘贴处。（注意：请根据图示尺寸来确定饰条位置。因饰条胶软，为求笔直，可以在上延拉纸胶带，来对应笔直性。）

2．用热风枪烘烤3M胶条，以增强3M胶条的粘性，这一步在冬季尤其重要。

3．将所有3M胶条两头各撕起一小段，调整好位置对准轮廓线后，撕下红色胶皮。最后将饰条施力，让3M胶玻璃胶和后窗玻璃更密合。

4．用热风枪轻微烘烤机盖罩与机盖的3M贴车位，增强贴车部位的贴合度。

5．用透明胶带将尾翼与车顶绑住，36小时后拆除，在此期间不能洗车。

十四、贴花组装

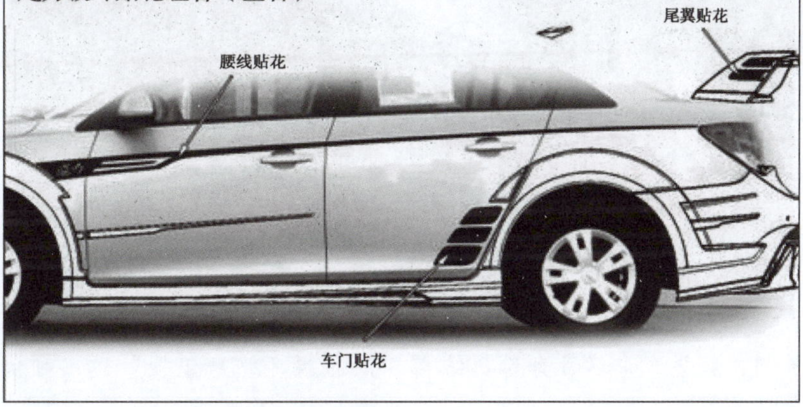

飚力碳纤贴花组合（左右）

十五、飚利车友会会员标识及增值服务

客户购买产品成为飚利会员，每套产品附送一片带有会员号码的铝制“飚力”车友会标识的车身贴（请依照说明书张贴），并赠送一套飚利在马来西亚特别定制的由东马神秘的“帝王木”制作而成的车内挂饰和手链系列护身套件。

1. 铝制“飚力”车友会标识的车身贴

2. 马来西亚血龙木系列护身套件

Raja Kayu——大马土著语“木王”。意：万树之王，乃结晶化之木。密度高，入水沉，带清香，具药性。温润如玉，光照可透，呈荧荧红光。具强大灵力与正向能量。为历来首领高僧所喜持。能助人消灾祈福，趋吉避凶。

“帝王木”制作而成的车内挂饰和手链系列护身套件：

加入会员制，突显客户尊贵身份。结合“产品损坏终身包换”这一项优越的条件来取得客户的最终认可。

飚利车研打造至炫极酷的动感时尚
Crafting The Most Stylish Auto Fashion

第四节　如何经营改色膜

一、如何引起车主对改色膜的兴趣

对于还没有贴改色膜、害怕“钥匙帮”伤害或想改变车身颜色的车主，导购员可介绍改色膜的好处：

“汽车贴改色膜是对车身漆面做了一层保护膜，可以达到既改色又保护原车漆面的作用，一举两得！”

“汽车改色主要是通过喷漆和贴改色膜两种方式来实现的。喷漆前一般需要去掉原厂车漆，一旦喷漆质量不好，有时会发生色差、局部老化、脱落、裂纹、跳壳等问题；另外，将来卖车时，去掉原厂车漆会让别人以为出过大事故，汽车会贬值很多。而贴改色膜没有色差、不变色、不褪色，特别是，有些人想要经常换一下个性化的颜色，贴改色膜就比喷漆更合适！如果想恢复原车漆，只要到施工店揭掉改色膜就可以了！”

“贴改色膜还可以长期解决‘钥匙帮’的问题，改色膜抗磨耐用、不怕‘钥匙帮’、不怕小磨小蹭、不怕酸雨、抗紫外线、不易燃、防潮、抗老化，能经受110度的高温和零下50度的严寒，色彩持久稳定，使用寿命3～7年。不用再封釉镀膜镀晶了，打蜡次数也减少了许多，会节省许多费用的！”

“贴改色膜比全车喷漆施工时间短，全车贴膜只需要2～3天，而全车喷漆需要5～7天！怎么样，您看上哪种颜色的了？”

小贴士：如何识别改色膜的优劣

1. 问价格。俗话说“一分钱一分货”，优质改色膜比较贵，劣质改色膜比较便宜。

2. 看色泽。优质改色膜色彩饱满均匀，没有色差，不褪色。劣质改色膜色彩效果不佳，有色差，易掉色。

3. 用手摸。优质改色膜的膜面细腻，厚度适宜，相对厚一点，不易出现折痕，拉伸的时候不会断。劣质改色膜的膜面粗糙，相对薄一点，容易出现折痕，拉伸的时可能会断。

4. 闻味道。优质改色膜没有刺激性气味。劣质改色膜有一点刺激性的气味。

5. 看背胶。优质改色膜的背胶，在贴的时候可能不是很黏，但是贴上过 24 小时之后，就特别粘，经过多次的反复揭贴后，粘贴强度仍可保证，揭下没有残胶。劣质改色膜的背胶，在揭贴一两次后，就能明显感觉到粘贴力度的下降；背胶的粘贴强度不够；在低温条件下会出现附着力下降、变脆、易裂等问题，时间稍长就会起边；只能贴在平面上，贴不了曲面和边角；揭下会有残胶，影响车漆光泽度。

二、如何让车主感觉本店贴改色膜“专业正规”

车主对改色膜感兴趣后，导购员应当带车主参观一下贴改色膜的环境与证书。

1. 看贴改色膜师傅的培训证书

导购员可以指着墙上的证书与照片说：“这是我们贴改色膜师傅的技术证书，他已经贴了 3 年多了！”

2. 看厂家的授权经销证书

导购员指着摆放在墙上的证书，“这是 ********有限公司的授权经销证书，那个著名的改色膜品牌——‘ *** ’，就是这家公司的。2003 年，‘ *** ’就在国内开始销售了。”

3. 导购员请车主看质量保证书

“老板/先生，这是我们的质量保证书。”

三、如何向车主推介改色膜

1. 从改色膜的价格方面推介

导购员可说：“老板/先生，如果您不想长期改色，想经常变换车身颜色，追求个性，可以选择价格便宜的改色膜。这种改色膜就是 3000 元！3 年质保。”

“如果您追求长期改色，最好选择价格贵的改色膜，价格最低的 6000 元，5 年质保；最贵的 30000 元，7 年质保。

2. 从改色膜的品种方面推介

导购员可说：“老板/先生，我们店改色膜的品种有很多，主要有：亚光膜、透明膜、电光金属膜、亮光膜、亮光金属膜、电镀膜、拉丝膜、透明渐变膜、哑光金属膜、碳纤维膜、哑光膜、哑光电镀膜等。”

（1）对于注重漆面保护、喜欢容易打理的车主，可重点推介亚光膜、透明膜、电光金属膜。

"您看，这是亚光膜，它是平面的，没有亚光漆那种细小的凹凸，不易沾灰尘，易清洁，也比亚光漆耐用时间长。亚光膜不需要抛光、打蜡，可以为您省去不少的费用！"

"您看，这是透明膜，晶亮透明，具有超强的韧性，耐磨，耐划伤，不易变色，自动修复功能强，能持久保护漆面！"

"您看，这是电光金属膜，光滑晶亮，质感强，车身线条突出，容易打理保养，适合高端商务轿车！"

（2）对于年轻喜欢时尚动感的车主，可重点推介亮光膜、亮光金属膜、电镀膜、拉丝膜、透明渐变膜。

"您看，这是亮光膜，色彩鲜亮明快，时尚动感，比较适合超跑一族、运动型家轿！"

"您看，这是亮光金属膜，剔透明亮，发出点点晶光，又有珍珠般的柔滑细腻，适合时尚男女，为爱车增添灵动气息！"

"您看，这是电镀膜，表面反射，耀眼突出，特酷，适合各种炫酷超级跑车！"

"您看，这是拉丝膜，表面拉丝细腻，金属质感超强，时尚动感，适合年轻一族！"

"您看，这是透明渐变膜，透明闪亮，在光线的照射下，随着不同的坏境，不同的角度，渐变成各种靓丽的色彩，璀璨无比！"

（3）对于中高端汽车、稳重的车主，可重点推介哑光金属膜、碳纤维膜、哑光膜。

"您看，这是哑光金属膜，膜层含有闪亮金属颗粒，改色膜表面光滑细致，靓丽奢华，是高端汽车的首选改色方案！"

"您看，这是碳纤维膜，哑光表面，立体感强，典雅高贵，主要以黑白灰色为主，适合中高端稳重车型！"

"您看，这是哑光膜，低亮度反射，暗哑高贵，适合稳重大气车型，更显绅士风度！"

（4）对于特男人的车主，可重点推介哑光电镀膜。

"您看，这是哑光电镀膜，看上去好像金属，非常刚性，线条流畅，立体感强，适合硬汉车主！"

"老板/先生，您的车高端稳重，车身线条也比较复杂，适合贴哑光膜、碳纤维膜，可以做得像原车的漆面一样平滑。要不，用这种看看效果？"

四、如何在贴改色膜时让车主信服

在车身贴改色膜时，导购员可在一旁讲解：

"车身贴改色膜看起来很简单，师傅如果手艺不行，贴得皱皱巴巴，像老太太的脸，那可就难看了！"

"老板/先生，您看，我们师傅就连您的后视镜这样的曲面都贴得像喷漆一样，没有一点折痕！这可不是一年半载的功夫哦！"

☛ 小贴士：贴改色膜的施工步骤

1. 干贴法

干贴法主要用于汽车上的小面积贴改色膜。

干贴法使用的工具为：干净抹布、刮片与信用卡等。

（1）清洁车身的粘贴位置，有条件的可以使用无纤维脱落的布蘸以50%的酒精或异丙醇或丙酮加以擦洗，也可用肥皂水加以擦洗；经溶剂清洗的表面，需要等溶剂彻底挥发后，方可用粘贴。

（2）要缓慢地，一边贴、一边用工具刮平、一边揭底纸。

（3）如果改色膜长宽都小于10厘米，可以把改色膜全部撕下再贴。但必须小心，不要发生意外粘连或掉下地面粘起灰尘。

（4）用干净抹布或刮片（电话卡、信用卡）在改色膜上反复用力斜擦或刮几下，直至改色膜内没有气泡为止。

2. 湿贴法

湿贴法主要用于汽车上的大面积贴改色膜，需要双人操作。

湿贴法使用的工具为：喷壶、风筒、干净抹布、刮板、美工刀等。

（1）将需粘贴的表面清洗干净。在准备粘贴改色膜之前，将玻璃水均匀喷在需粘贴表面（清洁车身后，再将要贴的车身部位上用喷壶喷水），这样可以降低改色膜的粘度，方便调整位置。

（2）在需要贴的位置，一个人将改色膜从右至左（或从上向下）揭起，与此同时，另一个人用干净抹布将其压贴在车表上。然后，用这种方式，缓慢地，一边贴、一边用抹布压平、一边揭底纸，两个人协调一致。

（3）遇到门把手或防撞条，要根据情况把材料割开并包入或裁掉。

（4）适时调整，将图形大体位置确定无误后，用刮板反复刮去水和气泡，使用刮板时就由右向左斜刮。

（5）遇车门和车缝处，用美工刀均分划开，向内包贴。

（6）尽量让改色膜里的水分干透，也可用风筒适度加热烘干。

☛ 小贴士：改色膜贴完后的注意事项

1. 改色膜贴完后的2天内，改色膜附着力较低，不要用力触摸改色膜的边缘部分。

2. 改色膜贴完后，可能会产生个别的气泡或水泡，这是正常现象，经过10～20天后会慢慢消失。

3. 不要把带有胶粘剂之类的物品，粘贴到改色膜的表面。

4. 改色膜贴完后的7天之后，方可清洗车辆。但不要用高压水枪对着改色膜与车漆接缝处直接喷射。

5. 除亚光膜外，其他膜完全可以进行正常的车身护理。不用封釉、镀膜、镀晶，只要打腊后就能取得很好的镜面光亮效果。抛光时转速不可超过1500转/分，但不建议经常抛光，以免抛光技师操作不当将车身膜抛薄。

6. 不要使用刷子、研磨剂或带有研磨剂的海绵等容易对改色膜表面造成损伤的清洗工具，来清洗改色膜的表面。

7. 如果需要去除车身改色膜时，要由专业技师操作。

8. 车辆改色后，需要到车管所进行颜色变更申请。

第五节　如何经营润滑油

润滑油，也称为机油，被誉为汽车的“血液”，是汽车的必备品。同一个厂家生产的同一批次润滑油，在不同的门店销售，具有不同的价格。不同型号的汽车、不同的季节，要使用不同的润滑油。相同的汽车，不同的驾驶方式，更换润滑油的里程也不同。同时，一些门店销售假冒伪劣的润滑油。因此，车主特别希望到正规、专业的门店去更换或购买性价比高的润滑油。

一、如何让车主感觉本店的润滑油“正规”

1. 给车主看营业执照与授权经销证书

导购员指着摆放在墙上的营业执照与授权经销证书，对车主说：“这是我们店的营业执照，那是 ******** 有限公司的授权经销证书，那个著名的润滑油品牌——‘ *** ’，就是这家公司的。这个品牌，我们店已经卖 5 年了！”

2. 给车主看外包装

导购员一边拿着一桶润滑油，一边介绍：“正规厂家生产的润滑油，外包装都非常规范，油封盖是一次性盖子，封口处有封口锡纸。一些名牌油为了防止假冒，在封口锡纸、标签贴纸、罐底、罐盖内侧、把手这些不显眼的地方都有特殊标记。没有这些特点，有可能是假油。您看，这几个地方就是厂家的特殊标记！”

3. 给车主看标识

导购员指着润滑油外包装上的标识，说：“正规厂家生产的小包装润滑油，应该标注上油品的名称、牌号、生产厂家的名称、毛重、净重、批次编号、等级。润滑油属于液体石油产品，还应标明是易燃品、严禁烟火等警示事项。如果是进口的润滑油，还应标注是从哪个国家进口的。您看，这是从美国进口的！”

4. 给车主讲假冒润滑油的特点与本店的规定

导购员对车主说“假冒润滑油主要有三种：第一种是用回收的废油，经过处理后灌装上市；第二种是用单纯的基础油混合一下，不加任何添加剂；第三种是购买低档油灌装，以次充好，并且把假润滑油的颜色调得与真油颜色差不多。”

“真油色浅透明，没有杂质，没有悬浮物，没有沉淀物，晃动时流动性较好。假油的情况不相同，有的假油颜色较深；有的假油有杂质沉淀物；有的假油味浓有刺激性；有的假油特别稠，用手一摸可能有拉丝现象。”

“有些门店在换润滑油时，背着客户，加入的是散装润滑油而不是包装润滑油，散装润滑油可能是冒牌的。我们店规定，必须当着客户的面，加入包装润滑油。”

5. 给车主看购物凭证

导购员对车主说：“到我们店不论是换润滑油还是买润滑油，我们都给购物凭证，一旦出出现质量问题，您可以回来找我们。”

6. 请车主拨打厂家的防伪电话

导购员：“我们还建议您拨打这些厂家的防伪电话，问一问就知道是不是假冒润滑油了！”

通过以上的讲解，使车主相信本店的润滑油都是正规优质的产品。

☞ 小贴士：润滑油的简单识别方法

低质润滑油或者变质的润滑油都对发动机有损害。因此，应掌握一些润滑油的识别方法：

1. 手捻法。将润滑油捻在大拇指与食指之间反复研磨，优质润滑油有润滑性、磨屑少、无摩擦；若感到手指之间有砂粒之类的摩擦感，则表明润滑油可能杂质多，不能使用。

2. 光照法。在天气晴朗的日子，用螺丝刀将润滑油撩起，与水平面成45度角，对照阳光，观察油滴情况。光照下，润滑油中无磨屑者为良好；若磨屑过多，则不能使用。

3. 油滴痕迹法。取一张干净的白色滤试纸，滴油数滴，待润滑油渗漏后，若表面有黑色粉末，用手触摸有阻塞感，则说明润滑油里面杂质很多，不能使用。优质润滑油无粉末，用手摸上去光滑，痕迹呈黄色。

4. 油流观察法。取两只量杯，其中一个盛润滑油，另一只空放在桌面上，将盛满润滑油的量杯高举离开桌面30～40厘米并倾斜，让润滑油慢慢流到空杯中，观察其流动情况。优质润滑油的油流细长、均匀、连绵不断。如果出现流速忽快忽慢，时而有大块流下，则说明润滑油已变质，不能使用。

5. 观色法。优质润滑油是蓝色半透明的，润滑油中含有较多的水则呈褐色。如果发动机运转一段时间后，润滑油呈乳白色，并伴有泡沫，说明润滑油里含有较多的水，不能使用。

6. 燃烧法。把铜棒烧热后放入被润滑油中，若有“噼啦”响声，说明润滑油中含有较多的水，不能使用。也可将润滑油注入试管中加热，当温度接近80℃～100℃时，试管中产生“噼啦”声，则说明润滑油中含有较多的水，不能使用。

7. 放水法。发动机停机后，让发动机静止30分钟左右，松开放油螺塞，如有水放出来，则说明机油中含有较多的水，需要更换润滑油。

二、如何让车主感觉本店换润滑油“专业”

为了增进车主对本店润滑油的进一步了解，导购员应当带车主参观一下润滑油的检验设备。导购员可一边讲解润滑油的有关知识，一边介绍有关的检验设备。

“润滑油是用在汽车上用来减少摩擦、保护发动机等机械的液体润滑剂，主要有润滑、冷却、防腐防锈、清洗杂质、绝缘、功率传送、密封和缓冲等作用。”

“润滑油根据来源分为动物油、植物油、石油润滑油和合成润滑油四大类。其中，石油润滑油的用量占总用量的97%以上。”

1. 给车主看粘度计

“润滑油最主要的性能是粘度、氧化安定性和润滑性。粘度是反映润滑油流动性的重要质量指标。不同的使用条件要求不同的粘度。”

“您看，这是我们店的粘度计，是便携式的，可以插入润滑油里进行测量，很快就能显示出粘度数。非常方便、可靠!”

“我们对新采购的润滑油也进行检测，保证新购润滑油的粘度合格。我们可以对您爱车里的润滑油进行检测，看看粘度是否合格、是否需要换润滑油。”

2. 给车主看快速油质检测仪

“您看，这是我们店的快速油质检测仪，是智能型、便携式的，大屏幕显示，3 分钟内就能检测出润滑油的污染程度以及添加剂的消耗程度，以确定是否需要换润滑油。还能检测出 60 微米以上的金属磨粒、油中的微量水含量、油腔是否清洗干净，能够判断出新采购的润滑油是否合格与质量级别。非常先进!”

3. 给车主看颗粒计数器

“您看，这是我们店的颗粒度计数器，用来检测润滑油中的各种固体颗粒污染程度，以便确定是否需要换润滑油，也用来检测新采购润滑油是否合格。”

4. 给车主看原子发射光谱仪

“您看，这是我们店的原子发射光谱仪，灵敏度超高！可以全面检测润滑油的各种指标是否合格，连最微小的差别都能够检测出来，非常先进！用来检测新采购润滑油是否合格，也用来检测汽车的润滑油是不是需要换了。许多店没有这种先进设备!”

5. 给车主看铁谱仪

“您看，这是我们店的铁谱仪，主要检测润滑油的品质，还能够检测出汽车发动机、变速箱、轴承的磨损情况，以便判断汽车润滑油是否需要更换了。”

“我们店的这些设备，非常先进，也非常齐全。很多店没有这么先进齐全的检测设备，这就是专业!”

通过以上的讲解，使车主相信本店在检测润滑油方面非常专业！采购的润滑油也都是优质产品。

☞ **小贴士：润滑油的作用**

发动机是汽车的心脏，发动机内有许多相互摩擦运动的金属表面，这些部件运动速度快、环境差，工作温度可达 400℃～600℃，需要润滑油降低发动机零件的磨损、延长使用寿命。因此，润滑油被誉为发动机的血液！润滑油的作用主要有下列：

1. 润滑。发动机在运转时，活塞和汽缸之间、主轴和轴瓦之间都存在着快速的摩擦，要防止零件过快的磨损，则需要在两个摩擦表面间加入润滑油，润滑油会粘附在摩擦表面上形成一层油膜，而油膜能将摩擦表面隔开，从而能减少摩擦。油膜的强度和韧性是发挥其润滑作用的关键。

2. 冷却。燃料在发动机内燃烧后产生的热量，只有一小部分用于动力输出，发动机中多余的热必须排出机体，否则发动机会由于温度过高而烧坏。其中，润滑油能够将部分热量带回机油箱再散发至空气中帮助水箱冷却发动机。

3. 清洗清洁。发动机工作中，会产生许多污物，如不清洗下来，就会加大机件的磨损。润滑油的流动能够将发动机零件上的积炭、油泥、磨损金属颗粒等污物通过循环带回机油箱，从而起到清洗清洁的作用。

4. 密封。发动机的气缸与活塞、活塞环与环槽以及气门与气门座间均存在一定间隙，润滑油在这些间隙中形成的油膜，保证了气缸的密封性，减少气体的泄漏和防止外界的污染物进入。

5. 防锈防蚀。润滑油形成的油膜，可以防止水、空气、酸性物质及有害气体与发动机零件的接触，防止产生腐蚀、锈蚀。

6. 抗磨。润滑油在磨擦面之间可以减少磨粒磨损、表面疲劳、粘着磨损等所造成的摩损。

7. 减震缓冲。当发动机气缸口压力急剧上升，这时，轴承间隙中的润滑油将缓和活塞、活塞销、连杆、曲轴等机件所受到的冲击，使发动机平稳工作，起到减震的作用。

☞ 小贴士：什么是润滑油添加剂

润滑油添加剂是指加入润滑油中的一种或几种化合物，以使润滑油得到某种新的特性或改善润滑油中已有的一些特性。

润滑油添加剂按功能分主要有：抗氧剂、金属减活剂、极压抗磨剂、摩擦改善剂（又名油性剂）、洁净涣散剂（又名清静分散剂）、泡沫抑制剂、防锈剂、抗氧防腐剂、流点改善剂、粘度指数增进剂、抗乳剂等种类。市场中销售的润滑油大多加入了上述添加剂的复合品，只是成分有所不同。

三、如何向车主推荐润滑油

除了向车主展示润滑油检验设备的专业外，门店更应该展示出润滑油销售员的专业水平，能够根据不同情况推荐最合适的润滑油。

1. 车主的需求

（1）根据自己爱车的情况，能够选择到最恰当的润滑油。

如，哪个汽车生产厂家？什么价位的汽车？什么季节驾驶？什么地区驾驶？行驶多少里程？什么行车环境？等等

（2）能够选择到性价比最高的润滑油。

（3）知道何时添加润滑油、何时需要更换润滑油？

☞ 小贴士：润滑油的美国级别划分

在润滑油的外包装上，往往会看到API和SAE。其中，API是美国石油协会的简称，API后边的标号是润滑油的质量级别；SAE是美国汽车工程协会的简称，SAE后边的标号是润滑油的粘度级别。

1. API

API发动机润滑油分为两类：S开头代表汽油发动机用油，规格有：API SA，SB，SC，SD，SE，SF，SG，SH，SJ，SL，SM，SN。C开头代表柴油发动机用油，规格有：API CA，CB，CC，CD，CE，CF，CF-2，CF-4，CG-4，CH-4，CI-4。当S和C两个字母同时存在时，表明此润滑油为汽柴通用型。

在S或C后面的字母，每递增一个字母，表明润滑油的性能都会优于前一种，例如

SM优于SG，字母越靠后，质量等级越高。

API的级别都是向下兼容，API SL质量级别的润滑油可以用于要求API SH润滑油的发动机。一般来讲，发动机润滑油的质量级别越高，价格越贵，但不能反过来讲。

2. SAE

SAE润滑油粘度分类的冬季用油牌号分别为：0W、5W、10W、15W、20W、25W，符号W代表冬季，W前的数字越小，其低温粘度越小，低温流动性越好，适用的最低气温就越低。

SAE润滑油粘度分类的夏季用油牌号分别为：20、30、40、50，数字越大，其粘度越大，适用的最高气温就越高。

SAE润滑油粘度分类的冬夏通用油牌号分别为：5W－20、5W－30、5W－40、5W－50、10W－20、10W－30、10W－40、10W－50、15W－20、15W－30、15W－40、15W－50、20W－20、20W－30、20W－40、20W－50。代表冬季部分的数字越小（适用最低气温越低），代表夏季部分的数字越大（适用的最高气温越大），表明适用的气温范围就越大。

用W前面的数字加“－35℃”就可以计算出汽车可以在零下多少度正常启动。例如：0W表示汽车最低可以在零下35度正常启动；5W表示汽车最低可以在零下30度正常启动；10W表示汽车最低可以在零下25度正常启动；15W表示汽车最低可以在零下20度正常启动；20W表示汽车最低可以在零下15度正常启动。

W后面的数字代表汽车耐外部高温的度数。例如：20代表汽车可以耐外部高温20℃；30代表汽车可以耐外部高温30℃；40代表汽车可以耐外部高温40℃；50代表汽车可以耐外部高温50℃。

5W－40润滑油表示汽车能够适用－30℃～40℃的外部温度；而10W－30润滑油表示汽车能够适用－25℃～30℃的外部温度。

☛ 小贴士：添加润滑油和更换润滑油的区别

1. 添加润滑油

润滑油液位高度正常应保持在润滑油标尺的MAX和MIN之间。当润滑油液位低于MIN时，可能导致发动机润滑不良，影响发动机的动力性与经济性，此时应及时添加润滑油。

添加润滑油时首先应测量润滑油的液位。测量润滑油液位前，应先将车辆在熄火状态下、在水平地面上停置至少5分钟。拔出润滑油标尺，用干净的布擦拭干净后，再重新插入标尺导管，停留约5秒后，拔出标尺查看润滑油液位。

特别注意：不同厂家生产、不同品牌、不同档次的润滑油，不可混加；同一厂家生产的、级别不同的润滑油也不能混加。因为它们的配方组成不相同，若互不兼容，则会产生反应、沉淀等，对发动机是不利的。

2. 更换润滑油

在整车运行一段里程或时间后，由于各种原因导致润滑油的性能全面下降，不再能可靠地保证发动机的良好运行和长期寿命，此时应该全面更换发动机的润滑油。

可以润滑油的颜色作为简便的更换标准。颜色为棕褐色时，需要更换润滑油；颜色为黄色、流动性较好时，不需要更换润滑油。

2. 如何根据汽车生产厂家或生产年份推荐润滑油

润滑油销售员可以说："选择发动机润滑油要根据汽车生产厂家的说明书要求来确定相应的质量级别或更高的级别。车辆说明书推荐的润滑油是根据发动机的性能和销售地域的气温等情况而定的，对润滑油的选用有一定的指导作用，并留有较大的安全系数，同时也是发动机保用期内索赔的前提条件之一。"

"如果没有说明书，可按照下列方法选用合适的润滑油：

（1）根据发动机的使用燃料，选择润滑油的系列。例如：汽油机选用 S 系列润滑油；柴油机选用 C 系列润滑油；液化石油气发动机选用液化石油气专用润滑油。

（2）根据附加装置的类型，选择汽油润滑油的质量等级。例如：没有附加装置的汽油发动机可选用 SD 级润滑油；有曲轴箱强制通风（PCV）装置的汽油发动机可选用 SE 级润滑油；有废气再循环（ECR）系统的汽油发动机应选用 SF 级润滑油；装有催化转化器或中低档电喷系统的汽油机，要选用 SG 级以上的润滑油；对于采用新型材料和新技术的中高档电喷汽油机则应选用 SJ 以上的润滑油。

（3）对于从欧、美、日等汽车生产国进口的汽车，根据生产年份，大致选择汽油润滑油的使用等级。例如：1989 ～ 1993 年生产的汽车选用 SG 级润滑油；1994 ～ 1996 年生产的汽车选用 SH 级润滑油；1996 ～ 2001 年生产的汽车选用 SJ 级润滑油；2001 年以后生产的汽车选用 SJ 或 SL 或以上级的润滑油。这是因为汽车的生产年份越靠后，其性能改进的越多，润滑油的工作条件通常要比早年生产的汽车苛刻。"

3. 如何根据汽车价位推荐润滑油

当看到经济型轿车或者中档车时，润滑油销售员可说："全合成润滑油虽然性能好，但用在经济型轿车或者中级轿车上并不一定合适。由于经济型轿车发动机的制造工艺和技术没有高级轿车高，加注全合成润滑油既不利于冷启动，也会影响密封性能，容易造成发动机磨损。所以经济型轿车最好使用半合成润滑油或厂家指定型号的润滑油。"

4. 如何根据季节推荐润滑油

在冬季或夏季，润滑油销售员可说："因为油品的粘度会随温度变化而变化，所以选择润滑油一定要考虑季节的变换。"

"冬天润滑油粘度会变稠，可使用较稀的润滑油。要选用冬季防冻润滑油，或者选用全年通用的 SF 或 SG 级以上的多标号高品质润滑油。"

"夏天润滑油粘度下降会变稀，要尽量选择 40 或 50 油品粘度高一点的润滑油。"

5. 如何根据地区推荐润滑油

中国地域辽阔，南北温差很大，润滑油销售员可说："润滑油与温度的关系密切，比如：四川地区，一年四季正常情况下可选用 SAE15W－40 的润滑油比较适合；重庆地区夏天较热，最好选择粘度为 50 的润滑油；东北地区冬天时间长，可以选择 SAE5W－30 这类低温流动性较好的润滑油。"

6. 如何根据行车里程推荐润滑油

对于行车里程，润滑油销售员可说："一般更换润滑油的里程为 7000 ～ 8000 公里。

新车初驶的几千公里称为磨合期，磨合期用 15W－40 机油或 10W－40 比较适合。”

“从省钱方面考虑，对于普通中档车和经济性轿车，如果选择半合成油，可在 8000 公里左右更换一次润滑油；如果选用全合成油，可在 15000 公里左右更换一次润滑油。”

7. 如何根据行车环境推荐润滑油

对于行车环境，润滑油销售员可说：“如果汽车长期在多尘、高污染地区以及气温低于－20℃的寒冷地区行驶，则需适当缩短换油里程。”

“路况会影响到润滑油的寿命，路况较差的地区，也要缩短润滑油的换油里程。”

8. 如何根据其他因素推荐润滑油

对于其他因素，润滑油销售员可说：“经常重载或比较老旧的车应选择粘度较高的润滑油，可选用 50 或 20W－50 的润滑油。”

“涡轮车须使用全合成机油，还要选择粘度更高的机油，0W－30 绝对是涡轮车的杀手，建议选择 5W－50 或者 10W－50 的润滑油。”

“如果发动机设计采用了电子控制燃油喷射、催化转换器、EGR、PCV 和涡轮增压、中冷等技术，发动机的工况更加严苛，要选用高质量级别的润滑油。”

“车型比较早的汽车，可选择 5W－30 的润滑油。一些紧凑型轿车可使用 5W－40 的润滑油。重负荷和低速度的车辆要选用高粘度润滑油。”

☞ 小贴士：润滑油的更换步骤

如果车主自己换润滑油，可以按照下列步骤进行：

1. 运转发动机，使其达到工作温度。然后使用千斤顶将车辆顶起，拉起手刹并将前轮用木楔挤上。

2. 在油底壳下方放置旧油容器，找到油底壳的放油螺栓，慢慢拧开放油螺栓，小心不要接触到热油。让润滑油多滴下一段时间。检查放油螺栓，重新安装放油螺栓，注意不要将螺栓拧得过紧，防止油底壳损坏。

3. 将盛油容器移到油滤下方，使用润滑油滤芯扳手将滤芯拧松，再用手将其拧下。如果滤芯依然很热，记住一定要戴上手套。即便之前滤芯拧得很紧，也不必担心在拆下过程中会损坏滤芯，只要不损坏安装滤芯的接口螺丝和滤芯周围的部件就可以了，毕竟拆下的滤芯不再使用。

4. 参照用户使用手册选择合适的机油滤芯。

5. 使用新润滑油涂抹新滤芯的接口垫圈。如果滤芯安装位置是垂直的，可以在滤芯中倒入一些新润滑油，这样可以在下次发动机启动时减少干磨。用手将滤芯拧入，按照指示的方法将滤芯拧紧（通常是在用手将滤芯拧紧后再拧入 3/4 圈）。

6. 将新润滑油倒入油底壳，注意参照用户使用手册的介绍。可以使用漏斗，防止将润滑油倒在发动机外部。检查发动机下部是否有泄漏。如果没有泄漏，放下车辆，检查机油尺，并启动发动机，启动后仪表上的指示灯应该马上熄灭。最后，关闭发动机重复检查润滑油量，并根据当地法规处理旧润滑油和滤芯。

☞ 小贴士：使用润滑油的常见错误

1. 润滑油尽量多加

润滑油液位超过 MAX，不仅会使润滑油消耗过快、形成积炭，还将有可能损害三元催化装置，造成车辆排放指标下降。因此，润滑油量应该控制在润滑油标尺的上、下刻度线之间为好。

2. 润滑油变黑才换油

如果润滑油没有加入洁净涣散剂，颜色变黑的确是润滑油已严重变质的表现。如果润滑油加入了洁净涣散剂，颜色变黑时，润滑油并未完全变质。因此，单纯根据润滑油是否变黑来判断是否换油，是不准确的。

3. 润滑油只添加而不更换

只添加而不更换润滑油，无法完全补偿润滑油性能的损失。润滑油在使用过程中，由于污染、氧化等原因质量会逐渐下降，所以，在适当时候，要更换润滑油。

4. 喜欢自行加入添加剂

优质润滑油的配方中已含有多种添加剂，润滑油非常讲究配方的均衡以保障各种性能的充分发挥。自行添加添加剂不仅难以给车辆带来额外的保护，而且有可能造成润滑油综合性能的下降。

【案例】

如何推介酯类合成润滑油领导品牌：巴赛尔

众所周知，目前所有的润滑油成品都是由基础油和添加剂两部分构成。基础油统分为矿油型和合成型两大类，具体分为五种类别：第一类，传统溶剂精炼矿物油；第二类，加氢裂解矿物油；第三类，高度加氢裂解或加氢异构脱蜡；第四类，聚 α－烯烃（PAO）合成油；第五类，酯类及其他合成油。

目前绝大多数基础油（约 95% 以上）是矿物油，矿物类基础油是从原油中精炼而来。矿物类润滑油是由石油经过提炼分馏出汽油、煤油、柴油等一些产品后所残留的一种重质油（又称塔底油）。

合成润滑油则是通过化学合成方法制备成较高分子的化合物，再经过调配或进一步加工而成的润滑油。合成分为 6 类：有机酯、合成烃、聚醚、聚硅氧烷（硅油）、含氟油、磷酸酯。

合成润滑油比矿物润滑油具有多方面的优势：第一，具有较好的高温性能。合成润滑油比矿物油的热安定性要好，热分解温度、闪点和自燃点高，热氧化安定性好，允许在较高的温度下使用。第二，具有优良的粘温性能和低温性能。第三，大多数合成润滑油比矿物油粘度指数高，粘度随温度变化小。在高温粘度相同时，大多数合成油比矿物油的倾点（或凝点）低，低温粘度小。第四，具有较低的挥发性。合成油一般是一种纯化合物，其沸点范围较窄，挥发性较低，因此可延长油品的使用寿命。第五，具有优良的化学稳定性。第六，具有抗燃性。第七，抗辐射性好。

聚α-烯烃（PAO）形象比喻就是一颗挺拔的大树，杂枝叉枝很少，性能好结构稳定。而酯或是双酯则是酸与醇的化学合成物，由于其在极残酷（极高温与极寒）条件下的优异表现，一直以来应用在航空航天及极地考察，作为民用也只是近几年的事。由于成本高的原因，目前真正使用第四类PAO合成油和第五类酯类合成油的厂家并不多，在中国市场上，来自欧洲的巴赛尔润滑油则是酯类合成润滑油中的领导者！

一、利安德巴赛尔公司简介

利安德巴赛尔公司是世界上最大的聚合物、石化产品和燃油公司之一，是全球聚烯烃技术、生产和市场的领导者；是环氧丙烷及其衍生物的先驱；燃油及其精炼产品，包括生物燃料的重要生产商。BASELL公司是全球最大的聚丙烯生产商，也是聚乙烯和改性聚烯烃行业的领导者，另外BASELL也是全球聚丙烯和聚乙烯工艺和催化剂的领导者。通过研发，利安德巴赛尔公司开发了创新型的材料和技术，带来特殊顾客价值和产品，为全世界人民提高了生活质量。

利安德巴赛尔公司清楚的认识到在社区中做一个负责任的守法公民的重要性。利安德巴赛尔工业致力于在最高要求的正直、良知和责任感以及最高标准的责任关怀下来运行企业。

利安德巴赛尔公司的亚洲总部设在香港。珠海利安德巴赛尔润滑油有限公司是利安德巴赛尔石油（香港）有限公司在中国大陆的下属公司，主要负责“BASELL巴赛尔”和“LYONDELL利安德”两个品牌润滑油在中国大陆的销售与服务。

二、巴赛尔产品简介

巴赛尔润滑油主要由第四类聚α-烯烃（PAO）合成油和第五类酯类合成油组成，具有下列特点：

1. 挥发性。同样分子量或者粘度的状况下，酯类基础油具有更低的挥发性和更高的闪点。

2. 润滑性。酯类因为极性存在，同时也会跟金属表面更牢固的吸附在一起。因此，就形成了很难擦除的保护膜，减少了气缸金属与金属间的接触机会，从而提供了很高的润滑性，并且降低了能耗。

3. 清净分散性。酯类的分子极性是润滑油具有更好的清净分散性。它可以很大程度的将已经变质或者氧化的分子平均分散到润滑油中，有效防止了由变质分子的集聚而造成发动机遭受油泥颗粒影响出现。酯类的此极性也能有效的使添加剂更好的溶解在润滑油中。

4. 生物降解性。由于酯类较强的抗氧化和抗高温性能，因此微生物可以很容易的进入酯类分子使其降解。故，酯类产品具备更好的环境友好性。

三、巴赛尔告诉您：如何选择润滑油品牌？如何将代理的润滑油品牌做大？

在针对如何做大自己所代理的润滑油品牌方面，多数代理商都普遍认为润滑油行业竞争加剧、代理商难以拓展市场网络、代理商拓展市场方法不当、多数代理商手中无核心的品牌等等诸多问题并寻求帮助，利安德巴赛尔润滑油公司的纪万斌总经理结合自己多年的工作经历，畅谈了代理商如何做好自己手中的品牌：

其实在任何一个行业，做生意也都不存在早和晚的问题，因为生意没有早晚，只有好坏。我认为，做生意不是没有机会，而是机会遍地，不管什么行业都是如此，关键是你如何去做。在做生意中我们要善于学习别人失败的经历。与“幸福的家庭是相似的，而不幸的家庭各有各的不幸”这句话有异曲同工之处，成功优秀的代理商都需要机遇、努力、魄力等，但失败的企业各有不同的失败原因，因此想要做好品牌代理，我更喜欢看别人失败的经验。从他们失败的过程中总结经验，找出成功的方法。

对于如何把代理品牌做好做大，我认为要点一：选择品牌比努力更重要，尤其选择好一个有潜力的品牌是更显重要，对于选择品牌要基于几点：企业整体规模实力和后续的延展性、企业本身生产流程是不是采取国际上先进的标准制度流程化、市场销售模式和运作思路是不是迎合目前的行业发展，结合这几点我认为选择利安德、巴赛尔等品牌是比较有长远眼光和睿智的，目前利安德巴赛尔公司润滑油产品刚刚进入中国，整体具有很强的上升空间，该公司不仅是世界知名企业、酯类润滑的领导者，产品还非常环保，符合国家发展的方向，起点高、品牌影响力大、价格优势明显等都是亮点。现在“利安德”品牌销售市场支持也很好，针对代理商采取的是扶持、协作、同发展，切实把代理商看作是品牌利益保障共同体，并积极推进终端市场“蜘蛛网”工程，都将会在行业内掀起一种新的行销模式和市场新局面。而“巴赛尔”品牌由于是全酯类合成润滑油，效果体现在改装、WDS、方程式赛车的发烧群体内，后续随着体验式营销的逐步释放，后劲非常强劲！都将会对传统矿物润滑油领域形成冲击，即将在中国的润滑行业内掀起全合成油的革命！

要点二：想把自己的代理做好做大，要有一个核心的主销品牌，现在市场品牌鱼龙混杂，多以擦边球的牌子居多，尤以“洋品牌”自诩，这就需要我们代理商一定要通过实地考察，实地了解企业的整体规模和实力，看看到底自己操作的品牌是采用哪里的基础油、哪家的添加剂，切实的感受一下你所做品牌的实力，因为你的眼睛是不会出卖你的，对于一些业务人员的夸夸其谈，你就权当是浮云。只有你把你所销的核心品牌企业了解透了，做起来才会得心应手。所以说像利安德巴赛尔这样的世界性企业都会忠诚的欢迎代理商朋友参观考察的。相信“利安德”和“巴赛尔”品牌会是你一个很好的选择！

要点三：不要光以挣钱为目的，要以争取自己在行业中的地位为目的。不论作为企业还是代理商，都要把行业的发展作为出发点，利安德巴赛尔公司其核心价值观就是：合力同行创新共赢，致力于在最高要求的正直、良知和责任感以及最高标准的责任下运行企业。因为专注专心做润滑油，所以做的很出色，成为了酯类润滑油的领导者，也是绿色环保润滑油的先锋！为了更好服务中国大众，于2013年在珠海成立了利安德巴赛尔润滑油有限公司，负责中国大陆的全部业务，相信不久的将来就会成为中国大陆润滑油行业中的佼佼者。也只有这样才能让代理商把代理的“利安德”和“巴赛尔”品牌做好做大。

要点四：在大家都觉得难做时，你把事情做好，才算有本事，目前很多人感觉市场整体行情困难，说明行业已经逐步发展成从混沌割据到行业洗牌整顿的时候，这将是传说中整个行业的阵痛期，因为要梳理，就要忍痛割肉，把不好的小企业整合掉，把不优质没有核心品牌的小代理商洗掉，这样整个行业就会出现行业自律，到那时候，还以酸洗油、非标油为主的小代理商将会无处遁形。就逐步会形成一些优秀的企业和优秀代理商的竞合平衡。所以在困境中只要你努力把事情做好，就能在行业整合中处于不败之地。

要点五：要明确自己的核心竞争力，要有核心操作的品牌，不要单纯地模仿别人，如果你只是追求别的代理商同样的品牌去做，没有自己的独家代理品牌，不论多努力你永远只能是排在第二位。要清楚区分好自己的主销品牌、利润品牌，竟价品牌，这点是很关键，当然向别人学习也是在所难免的。如果你要超过他，你就要在学习的基础上加点儿创新。通过规模降低成本，搞立体化的营销（产品线立体化、渠道上立体化、政策上立体化）。走出自己的特色出来，如果你始终无法与其他人区别，就会被恶性竞争压倒的。我认为，作为厂家想把生意做大，我们不但要有持之以恒的信心和耐心，我们更要有良好的心态和技巧，只有通过不断在生意洽谈中寻求自己的优势，寻求自己产品的卖点和不同点，通过差异化的市场营销和便捷阳光服务，才能不断有新的突破；作为代理商在寻求生意做大，首当其冲的就是获得合作厂家的鼎立支持，获得一定的优势资源在结合自身渠道方面的优势，才能更好的把市场做大做强。

正如一个智者所说一句话：“你的心境有多大，你的生意就会有多大！”的确，在竞争纷杂的市场竞争中，战胜竞争对手的最高境界是屈人于不战而胜，前提是你企业规模实力有足够的市场号召力、强大的市场独特竞争力、以及足够大的规模优势，才是更能持久长远的把生意做大最强，同时还要拥有做大生意的意境和远大的谋化。

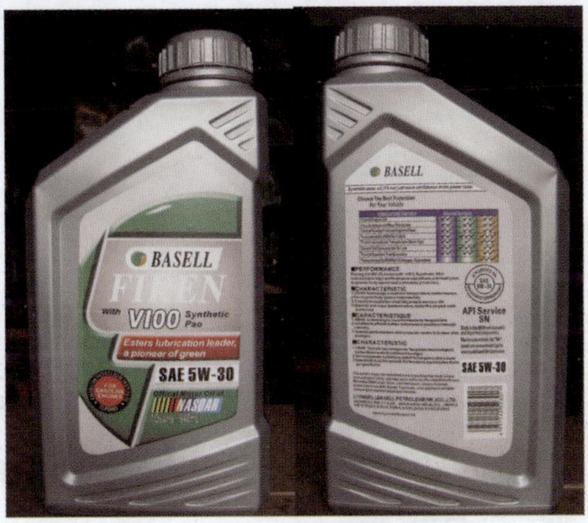

四、巴赛尔告诉您：代理品牌后如何突破传统困局?

很幸运，我们生正逢时，遇上了润滑油行业蓬勃发展的经济盛世，搭上了快速发展的列车，润滑油企业老板扮演着列车长这一角色，为了领先到达目的地，悄悄地发动了市场营销这场战争，于是价格战、广告战、人海战、促销战，大张旗鼓，拼得头破血流、死去活来。以期望列车在短暂的停留中载上更多客源，但传统营销已陷入困局，促销，有时候有促却不销，要维持营销车厢的高效益，就要做到速度提升、价格适当、服务超值，这样的列车才能真正适应时代潮流。那么，在票价、车速与服务等几个因素中该怎样调节？怎样争夺更多的客源呢？这里利安德巴赛尔润滑油公司的纪万斌总经理结合多家企业的发展经历，分享以下经验：

1. 跳出价格战，洞察客户需求做增值服务。

对于广大的润滑油代理商企业而言，传统营销常常干的活儿，就是打价格战，不管价格战处于主动还是被动，但结局相同，都是杀敌一千自损八百。即使把竞争对手杀死后，自已也是元气大伤。在繁争无序的市场，要寻找属于自己的蓝海，就得跳出价格的围墙，做一只增值服务的袋鼠。普通客车价格虽然便宜，但大多数人出行还是选择空调快车。

首先，要深度洞察客户需求，孙子云：“上兵伐谋、攻心为上”，找准了客户的需求无异于找到了通往财富的丝绸之路，接下来，价格只列为参考因素，而非决定因素。否则名牌的价值如何体现？比起竞争对手而言，谁更能满足客户的需求？这个优势恰恰正是客户所期望的，很有效的绝招就是帮客户增值。

跳出润滑油行业，我们一起看一个案例：流行美原本是个普通的发夹，一个不起眼的夫妻小店，如今已发展到超千家店，品牌资产过4亿，创造了一个美丽的经营神话。流行美经市场调研，深知客户们需求的时尚和美丽，所以出手的招法不是以价格突破，而是价值的突围，它跳出价格的围墙，不与竞争对手竞争，而是标新立异的做一只增值的袋鼠。流行美创造了终生免费梳头的服务，通过卖服务、卖时尚、卖美丽来取悦客户，几块钱的发夹从而摇身一变，一跃到几百块不等，用增值去对抗价格，赢得的不仅是市场，更重要的是俘虏了客户的心，对于我们后金融时代，尤其要注重价值的提升，少在价格方面做文章，多在价值方面下功夫!

我们润滑油行业，随着竞争的加剧，越来越多的企业认识到增值服务的重要性，对于我们的润滑油行业，跟随汽车服务配套的增值服务越来越被客户推崇，比如换油送洗车、组织用户俱乐部等等，越来越多的细致关怀体验给予用户，已经不仅仅是一瓶油品那么简单了。但是可惜的是意识到并不代表做得到，更多的代理商老板知道这个道理，在企业内部实施增值服务的时候，却因为人力，物力等等因素，很多构思仅仅停留在念想之中，无法实施在行动中。

2. 活化终端，给广告增加一勺鲜美鸡精。

这是一个信息泛滥成灾的时代，当我们拿着遥控打开电视，屏幕的画面配着嘹亮的声音："好吃！好喝！"画面充斥着奇装异服的俊男靓女，时不时的大牌明星出场，引发众人阵阵高呼喝彩！当我们抱着枕头进入梦乡，细心静数看了什么广告？什么产品好？这时头脑犹如白纸早已忘却，这么来说，这支无效的广告等于交了聘金娶不到媳妇，无异于在烧钱，在诸多嘈杂的信息中，如何让广告做得有滋有味、大放光彩？那得在平淡无奇的广告中加勺鲜美的鸡精，让广告这盘菜达到鲜美极致的地步。在这里有三点建议：

（1）提炼记忆点。没有记忆的广告等于没有口味的白开水，不能根植于客户脑海之中，更不能引起客户购买的共鸣，这世界谁都不愿和陌生人打交道；所以在广告语或者广告画面里面一定要有大家容易记忆的内容，简单明了。例如"巴赛尔是酯类润滑的领导者"，"巴赛尔不仅仅是润滑油，还是驾驭者信心的保证"都能切入到车主的心里！

（2）终端生动化。广告本身是枯燥的，说实在，没人愿看广告，但终端的广告做得生灵活现，只要客户一接近就打招呼，就能让人倍感亲切，主动想接近，让客户近水楼台先得月。

（3）增强互动性；广告原本只能感知，看似不可互动，如若增加沟通的公关活动，并与之互动，增进产品与客户之间的交流，以博得客户会心一笑，在满意的微笑之后就是销售的开始。

虽然无机油试验在我们润滑油行业已经是老掉牙的手法，但是佛山市的代理商陆生却将这个老手法玩出了新花样，陆生联合厂家购买了产品保险，在当地打出征集勇敢的无油试验车主的广告，应征的车主如果敢于使用他提供的机油，运行一定的里程数字之后，敢于用他的车辆进行环市无油试验，那么陆生给这个车主提供终身免费送机油的收益。这个活动通过当地的汽车改装行与赛车漂移大赛组委会的介绍之后，很多车主跃跃欲试，陆生在众多报名者中挑选出奔驰、宝马车各一台，车主入围之后还有些后怕，毕竟用上百万来赌一年几瓶机油钱，好象有些不值得。正是由于这些因素存在，陆生的活动引起了整个城市开车的人关注，在一个节假日，陆生当众开始了无油环城跑，很多车主围观看热闹，媒体也来现场报道，结果试验很成功，陆生虽然以后承担几十年的免费给车主供应机油的义务，但是他赢得了整个城市开车人的关注，企业知名度大大提升，产品销售量结果可想而知。这一结果，其实就相当于广告中加了鸡精！

3. 细分定位，量身定制满足个性化需求。

在做销量的时候，很多润滑油代理商认为，追求的是量，往往喜欢扩展整个产品线，汽油机油，柴油机油，工业润滑油，润滑脂……，基本上是吃的、喝的、玩的，样样都经营，这时还得意的强调，现在做的是多元化，冷静头脑认真分析：每样都卖得好吗？每样都挣钱吗？

在区域市场，美 X、X 牌等石油开采企业的名牌产品，经销商按照产品线划分很细，汽油机油，柴油机油，工业润滑油，特种油……，按照不同的产品类型握手不同的经销商，往往这些经销商都是区域市场的 NO.1，他们成功背后有一对隐形翅膀，如今客户逐步走向个性化，对产品的专业性需求高度显得与日俱增，大众的产品无法满足全民的需求，在大海捞针市场环境中，巴赛尔要真正细分市场来定位，分类出的那群只爱毛虫的蚂蚁。细分市场不等于抛弃整个市场，而是形成自己独特的卖点和竞争力，例如巴赛尔的酯类合成在竞争剧烈的市场中，集中力量打造赛车、改装车、爱车发烧一簇的这一点上，做出专业化，往往会让大家赢得意想不到的惊喜！

市场好比江湖，营销如剑法，如何新生？根据处于不同的市场环境，如何出剑快？招法准？战胜对方才是硬道理，当我们深陷价格战、广告战、促销战之中，疲惫之后不妨试试新招，寻找营销巴赛尔列车提升之道。

五、巴赛尔告诉您：代理商业务经理如何带领销售团队？

前不久，跟一些代理商聚会，其中有一位代理商带了一个业务员，在聚会的时候，这位姓朱的经理问："大哥，我是刚刚从业务升为业务经理，现在有四位下属，以前没有带过团队，现在不知道如何带团队。我感觉现在四位下属相互交流不多，而且做事情总是达不到我的要求，怎么办？"

这位朱经理问到的问题，很多代理商企业也碰到这样的问题。近年来，代理商企业招聘人比较难，招聘能力好的人更加难，因此，"山中无老虎，猴子当大王"，在公司里面挑选一个工作时间长一些或者稍灵活一些的人，提升为业务经理来带团队，这种没有带团队经验的人，自然会碰到很多问题不知道如何着手解决。

其实很多业务经理有过以上朱经理提到的类似经历，可以说是失败的带团队经历，无法将团队拧成一股绳，无法驾驭团队的异类分子，无法将团队内部相互交流，相互提高等等，往事总是不堪回首。这里利安德巴赛尔润滑油公司的纪万斌总经理结合多年带团队经历，分享以下经验：

如朱经理这样的刚提拔起来的新手，带团队应该有五个步骤：团队融合，文化塑造，绩效考核，内部竞争，心得交流。

第一步：团队融合。

刚刚升为主管，有四五位下属，这几位下属都是新招聘的，刚刚入门，因此，这几位下属之间都是陌生的，相互不了解的，因此，必须首先让团队内部的同事相互交流与结识，相互了解彼此的个性与爱好，相互了解对方的背景与禁忌，相互了解双方的共同点。

有一个朋友告诉我，团队融合有三板斧：吃饭，唱K，体育活动。在吃饭中，大家知道了各自的姓名与酒量，唱K中了解了对方的家乡，体育活动中了解了对方的爱好。别小看这些活动项目，经过几次之后，大家相互协作起来，就没有隔阂，就变得容易沟通交流，而不会因为陌生感导致不能相互理解。

其实团队融合的方法不仅仅限于上面三种方法，还可以有课堂培训会、报告会、座谈会等，户外拓展也是不错的一种方式，很多学校与企业都会采用这种方式进行团队融合。团队融合是带团队的第一步，这一步是下面三步的基础，只有团队融合了，才能开展下面三个步骤。

第二步：塑造文化。

每一个团队都有一种团队文化，这种团队文化是团队内部成员行为做事的标准，当企业规章制度不能够规范到的地方，团队文化往往起到关键的作用。团队文化塑造又是与团队主管息息相关的，可以说，团队主管是什么样的行为作风，团队文化就是什么样的行为作风。

当我的团队成立的第一天，我就告诉他们我的行为规范：速度，作风，专业。特别对于我们营销人来说，用速度提升客户，用作风感动客户，用专业指导客户。我所服务的每一个客户，不管结果如何，客户对我与我的团队都十分认可，因为我们团队始终贯穿速度、作风、专业的指导原则。应该如何塑造团队文化呢？我的心得有两个：

（1）身先士卒，必须带头。当一项工作来临的时候，你的态度是什么样子的，你的团队所有眼睛都看着你。比如，在星期日加班这件事情上，你是否带头，起到示范表率作用，决定了团队的行为。

（2）心得共赏。当我带团队的时候，我总是会发一些心得或者优秀案例文章给团队每一位成员。比如，我对一件事情有心得，或者在网上看到一篇好文章的时候，我都会把文章转发给团队中每一位同事，让他们分享，因为这些文章是许多优秀营销人智慧的结晶，肯定可以帮助他们提高。另外一方面，这些文章提到的许多思想与行为，都是我个人对团队要求的信息传递，他们不能决定的时候，他们会想起文章中的某些观点，因此，团队成员会模仿使用。当然，其它还有许多方法能够塑造团队文化，不局限于好文共赏。

第三步：绩效考核。

团队经过融合之后，再加以团队文化的熏陶，团队成员的脚步已经走上了正规，也就是说，团队成员已经会“做正确的事”，下一步就是“正确的做事”。如何让团队成员“正确的做事”，就需要绩效考核。在这里，我提醒到，团队考核一定要尽量量化！量化！再量化！无法量化的指标往往会让团队内成员心中怀疑以至于不满意，伤害严重的往往会导致团队成员离职。

2008 年，我刚开始带领一个团队的时候，当时自己还不知道如何绩效考核，往往根据公司模糊标准与个人感觉对团队成员进行打分。一次月度考核结束后，一位团队成员告诉我：不公平，他做事情都完成，却没有另外一位同事分数高。事后，我思考了一下，这位同事做事情很不错，但是疏于与我沟通，结果导致我打分偏低。因此，团队绩效考核，三四个维度即可，每个维度都要量化，不能量化的维度也要把动作量化出来。

第四步：相互竞争。

竞争无处不在，不仅仅在公司产品之间，而且在团队内部，也必不可少。虽然团队成员对内部竞争有很大的抵触心理，但是，内部竞争是团队进步最大的动力，这一点我深表认同。团队内部竞争，促使团队内部成员相互比较，相互攀比，相互进步。如何让团队内部相互竞争呢？有如下几招可以使用：

（1）信息透明交流。作为团队主管，一定让团队内部的信息进行透明，比如，你属下有几名业务人员，你可以将几名业务人员的绩效信息（销售额业绩，铺货业绩，促销信息，培训信息）动态，每天公布一次，让团队内部成员无时无刻不感受到竞争的压力。

（2）读书报告会。除了正常的竞争，也需要团队内部其他形式的竞争，这些竞争可以缓和团队内部正常的业绩竞争，平衡团队成员的心理竞争。比如，你可以用一本书作为奖励，如果哪一位在报告会表现突出，可以当场奖励。

第五步：心得交流。

如果说内部竞争展现的是团队内部残酷的一面（黑脸）的话，那么心得交流展现的则是团队温情的一面（白脸）。心得交流的方式有很多种，可以采用一对一的方式，还可以采用座谈会的方式。

心得交流的内容需要包括以下几个方面：工作总结心得，下一步工作规划，遇到什么困难，需要提供什么协助等。这几个方面可以让内部员工有一个信息反馈的机制，而不是说自己将各种怨言与不满埋在心里，导致做事情无法按照正常心态去做，导致影响整个团队的绩效。

另外，对于团队内出现的不良现象，一定在第一时间给予制止，比如团队内部有人提交工作不及时、做的不到位的情况，利用座谈会一定将此现象扼杀到摇篮当中。

对于新人带团队，以上是我个人的想法，有一些步骤区分的并不是很明显，而且有许多步骤可以交叉使用。另外，这些方法需要根据团队实际情况因人而异，因地制宜。

六、巴赛尔告诉您：如何促进终端零售店提升销售量？

润滑油行业的销售终端，无非就是那些零售店，其中包括：汽车修理厂，养护中心，换油中心，快修店，4S店，汽配市场的档口……这些店，在区域市场范围内，均是代理商铺货的对象。代理商将产品铺到这些店面，如何促进他们实现实际销售，如何促进他们上量，是大家都在思考的问题。

让终端零售店销售上量是新产品上市和终端推广永恒的话题，也是所有厂家希望做到的工作。下面是利安德巴赛尔润滑油公司的纪万斌总经理的经验分享：让零售店销量提升的一些工作技巧与管理模式。

1. 要让零售店上量，要着重考核以下五个指标，这五项指标达不成，不可能有销量。

（1）铺货率指标。一般铺货率应该达到70%以上。

（2）陈列要求达标率。例如终端零售店柜台产品标准陈列面4个为达标终端。

（3）售点宣传达成率。公司规定的几项终端宣传POP组合达到标准的零售店。

（4）终端客情关系指标。可以把客情关系量化，实现在一系列量化指标，实践中很是有用。

（5）目标终端销量达标率。根据不同产品和销售时期规定A、B、C级终端的月销售水平。

量化考核方面是很多代理商企业的软肋，代理商企业往往配备了很多终端人员，可是他们是否在工作状态、工作是否有效，如果没有最后的销售量（或者叫做纯销量）考核，可能会流于形式。

2. 保证拜访工作量，保证你的人员不在睡觉或者偷懒。

（1）工作量。每人负责40～60家零售店。

（2）每天最少拜访5家零售店。

（3）每周最少拜访4天以上。

（4）不同零售店拜访频次不同，具有要求为：A类零售店，4次/周，上午班次和下午班次各拜访两次。B类零售店，2次/周，上午班次和下午班次各拜访一次。C类零售店，1次/周。

记住：要定期或者不定期地进行监督。

3. 找合适的人办事，提高工作效率。

(1) 熟悉零售店各级人员的主要职责。

店老板：负责零售店的全面工作，对店的销售额及利润负责。店经理：分管某一部分工作，如仓储、采购或人事、财务、营业等。修理工师傅：负责修理厂的技术与员工操作管理。修理工：负责维修车辆，销售店内产品。仓管：盘查、管理零售店的进货品种，提出采购计划，负责产品的出库、入库工作。财务：收款及按经理意图执行货款给付。

(2) 拜访前的准备——找合适的人做合适的事。

如果您目前的主要任务是铺货和想做更多POP宣传，占领有利地形，那店经理当然是您的主要联系人。如果您想将产品陈列得更好一点，修理师傅与修理工就是您必须重点沟通的人。如果您想与零售店洽谈灯箱、橱窗或其他位置的店内广告，店老板是关键决策人。如果您想提高零售店的销售量和了解竞争品牌的销量，修理工是最能帮助您的人。如果您想催收货款，会计就是您要找的人。如果产品出了投诉或质量问题，店经理您必须光临拜访。如果您想做更多的促销活动，维修师傅也许最关键，但必须得与店经理打个招呼。如果您想理顺进货渠道、采购，店经理会和您讨论。如果您想了解产品库存，仓管最有发言权。

4. 做好关系行销，培养铁杆店员标准。

任何时候都得记住，产品是靠维修工卖出去的，而不是你自己。因此关系行销才能让销售上量。关系行销的关键是培养上下班次各一个“铁杆”维修工。

(1) 有其详细档案。

(2) 做到与铁杆维修工之间相互认识与熟悉。

(3) 首推我们的产品。

(4) 熟悉且会推荐我们的产品。

(5) 店里有什么变化和我们产品的销量、库存、动销状况等及时向我们通报。

5. 培养铁杆维修工的方法。

(1) 定期拜访、回访、慰问。第一，自信、热情、礼貌、周到、微笑地介绍产品。第二，通过拜访和慰问，可直接与经理、维修工建立朋友般的感情。第三，最好能使拜访时间周期固定化，使客户记住你的拜访时间，使客户有机会做一些力所能及的拜访请前的准备工作。

(2) 满足维修工需求，使其成为铁杆维修工。第一，要多掌握维修工的资料，如家庭情况、性格、爱好、生日等，以便更好地与之沟通。第二，对零售店经理、维修工的情况要制作登记卡，加深与他们的感情沟通，满足其一些特殊需求，例如：探病、搬迁、孩子升学。第三，赠送礼品、包括生日礼品、加深感情。第四，积极主动地协助其解决一些力所能及的事情。第五，组织其参加有关活动及联谊活动。

(3) 先让店员记住你。例如：用特别的方式介绍你自己；每次都重复你的名字；用特别的服饰或者饰物包装自己；每次拜访都用特别的打招呼的方式或者维修工感兴趣的新闻事件，让维修工形成记忆；重复多次发名片；用特别的签名让维修工记住；用特别的声调语调让维修工记住。

(4) 培养诚信意识，让维修工觉得你可信。第一，定期定时拜访。第二，承诺的事情一定按时做到。第三，缩短带金销售的兑现间隔时间。第四，通过帮助维修工一些生活小事取得维修工信任。

（5）人文关怀——培养铁杆维修工的关键。例如：记住维修工的名字、生日、年龄、哪里人以及其它维修工觉得比较特殊的日子，及时祝贺；节假日不忘以短信、电话、卡片方式及时祝贺；记住维修工的上下班时间；及时送一些有创意又很便宜的小礼品；送一本维修工喜欢的图书杂志；每次拜访都带去一个笑话故事或者短信；在他寂寞时陪他聊天；陪他一起上街或者旅游；随时随地以最适宜的方式赞美他；倾听他的诉说，分享他的喜怒哀乐进入他的情感世界；帮助他解决工作中的一些问题；教他如何上网如何在网上聊天；和他一起去录像厅看一部流行影片；向他介绍异性朋友；介绍他更好的工作与生活环境；指导他提高销售业绩，获得更多奖励；告诉他更多相关产品和使用知识；不直接拒绝他的无理要求。

6. 教会维修工卖你的东西。

仅有客情关系是不够的，维修工毕竟不是你的业务员，他们要接触的产品也非常多，不可能把每个产品的特点、优点、卖点都记住，因此代理商业务员就要主动收集各种产品和价格等异议的处理技巧，然后以各种方式教会维修工这种卖货技巧，这样才能提高销售量，可以把 FAB 技法教给维修工。

FAB 说服技法：因为……（特性），故而可以……（功效），所以对您而言……（利益）。

Feature 特性：产品的各种特点、优点或与其它产品不同之处。

Advantage 功效：产品的特性会发挥/提供的作用、优势，又可称为一般利益。

Benefit 利益：产品的各种特性或产品的功效，能够提供个别或特定消费价值和好处。即协助客户达成目标，满足需求或解决问题。又可称之为特定利益。

以上是终端提升销售量的实战方法，希望给予各个巴赛尔代理商朋友参考。

七、巴赛尔告诉您：车主如何选用润滑油？

利安德巴赛尔润滑油公司的纪万斌总经理结合多年的实践，分享以下经验：

为了使机油能发挥其主要的功能－－润滑，它的粘度（用于测量它的浓度或防流动性）必须做到即使在发动机处于极端温度下仍能保持稳定。油品加热时变稀，冷却时变稠。因此根据车主行车周围温度选择合适的油品是十分重要的。

如何选择适合使用者的机油，这需要首先明确使用者的需求。站在车辆保养效果和经济性的角度上，推荐使用者尽量使用全合成机油。因为使用矿物润滑油持续一段时间后的保养烦恼比较多，也并不见得能省钱，尽管矿物润滑油的价格非常便宜。综合来讲，全合成机油甚至可能比矿物润滑油更加节省保养发动机的费用。如果矿物润滑油并不能达到省钱的目的，我个人认为他真的不值得应用，但是现实中，很多人还是因为这种机油自身的售价低廉而选用。

矿物润滑油的老化周期非常短，抗剪切等各项性能衰减快，所以许多汽车厂商在保养手册中建议 5000 公里的换油周期，其实就是因为 4S 店标配的机油就是矿物润滑油。而标配全合成机油的汽车厂商，往往建议换油周期超过 10000 公里，比如 BMW、BENZ 等。4S 店往往将此解释为国内外油品和道路环境的差异，我认为这种差异确实存在，但是他并不能用来解释 5000 公里与 10000 公里换油周期的差异。实际上无论是 5000 公里或者 10000 公里的换油周期，都大大小于欧美国家的 10000～20000 英里建议换油周期（1 英里大约是1.6公里）。任何整车制造商或者润滑油制造商，对于换油周期均无明确的硬性规定，仅仅是推荐一个相对常见的换油周期。

矿物润滑油除了老化速度快之外，矿物润滑油氧化后形成的油泥较多，对机油滤清器的压力也更大，所以长期使用矿物润滑油的发动机内部油泥是较多的，润滑性能较差，机油散热效果不好，均会导致发动机磨损快，从实践经验来看，大部分连续5年使用矿物润滑油的发动机的输出马力，大约只有新发动机的八成左右。而连续使用全合成机油的发动机的马力输出表现，与新发动机的区别不太明显。由于发动机输出的动力下降是个缓慢渐变的过程，不是特别细心的车主不会注意到马力的变化。

随着时间的推移，发动机保养的费用会大幅增加。磨损带来缸压下降，除了导致马力不足之外，还有噪音及震动加大加剧了将发动机固定于副车架的缓冲胶老化、机油散热效率的降低带来的冷却水循环系统的负载长期较大、主电子扇磨损加快、汽缸垫容易老化等等一系列问题，较多的积碳还会导致爆震、传感器经常通知电脑强制点火提前、导致油耗增加输出马力减少、火花塞寿命降低等一系列麻烦。由于不同换油里程对应配合的机油滤清器性能要求也不同，短换油周期配合采用的低性能的滤清器也不能完全滤掉机油中的油泥。虽然发动机长期处于这种工况，但是身处驾驶舱的驾驶者却浑然不知。直到水温表偏高、发动机怠速抖动、加速无力等故障明显时才去维修，这时才会体会到七分养三分修的道理所在。

即便大家听从我的建议放弃了矿物润滑油和半合成机油，选用全合成机油也有很多种品类，那么应该如何选择呢？接下来就该谈谈大家都关系的润滑油级别和粘度了。

很多人都问过我为什么合成油不用灰壳和美×一号？我记得前面讲过，对于石油开采企业来讲，首先是消化它开采的石油，它的品牌润滑油都来自开采石油（矿物油）生产链上，也就是说它的矿物基础油都用不完，还有多少纯化工合成的PAO或双酯类、多酯类（Easter）？要让他们抛弃原有炼厂，从头再搞化工全合成，那可不是几年或几十年完成的工作！也就说他们也许没有多少精力去从事大规模化工合成了，从某种意义上讲只要是这类的原油类开采企业生产出来的大多数是矿物质润滑油，不是真正意义上的合成油（化学合成油），这里就不再多解释！那么有人又问：同是酯类润滑的巴赛尔FIFAN V100和莫×300V到底哪一个更好，我可不能告诉你哪一个不好。不过有部分人感受是莫×300V的高转速噪音表现实在让人有些反感，而巴赛尔FIFAN V100表现更稳定，我想总体来讲他们两个性能都差不多。就像高露洁和佳洁士的牙膏，到底哪一个更好呢，也许有人会说某一种气味更加不让人反感。

全合成机油近几年已经从SM逐步发展到SN，如果看到SN级别的机油，基本可以理解为最新科技的配方，无论是什么品牌或是什么系列，SN均代表了目前最高级别的民用发动机润滑油产品。至于粘度，有点小复杂，但是讲清楚也不太难。提升机油性能的思路是围绕着“在同样的环境下，高温更低粘度且润滑性能更强，散热更好，油膜更薄且抗磨性强，更难氧化，更难产生泡沫，更难与积碳一起形成油泥，低温流动性更强”这个主线条来发展的。无论是巴赛尔它的基础油是采用聚烯类（PAO）或双酯类或者多酯类（Easter）或者是PAO与Easter共同合成的，它的目的都是围绕着这个主线条来提升性能。所以在SN级别的前提下，更低粘度的产品更能代表机油的高性能。简单讲，5W的要比10W贵，0W的最贵，这个表达直白吧。但是选择适合你的机油，绝不是只买贵的，不买对的。不同的配方有不同的性能优势。

1. 对于新车，应该选用巴赛尔粘度较小的0W－30机油。

2. 对于车况较老的车，应该选用巴赛尔粘度较大的5W－50或20W－50的机油。

3. 对于赛车，应该选择巴赛尔5W－60或10W－60的高粘度赛车油。

4. 对于新购置的最新款车型，尤其是自然吸气且排放超过欧V标准的汽油发动机，发动机内部各部件严丝合缝，碰巧你又是个介意发动机噪音的车主，推荐你选用巴赛尔SN级的全合成0W－30。在北方冬季时选用巴赛尔0W－20是符合最佳性能思路的，发动机运行时的机油阻力最小，噪音最轻，抗磨性也出色。低温流动性好，热车迅速。如果你平时以郊区道路或者快速道路为主，换油周期在15000～20000公里以上完全可以。需要特别注意的是，必须配合使用高性能的长效机油滤清器，而不是普通机油滤清器。巴赛尔FIFAN V100配合KN（或安索）的长效机滤，是许多专业车迷的常配。

5. 如果你的车是涡轮增压或者机械增压的发动机，而且你又是一个操控达人，喜欢低档位高转速的压榨你的发动机输出每一匹马力，平时都穿着横滨的AdvanSport系列的半热熔跑胎，你不考虑发动机噪音，驾驶风格就是特不省油的类型，当然也不指望机油能帮你节省燃油了，所以机油流动阻力和低温流动性都见鬼去吧，抗衰性也不重要，良好的散热性能与极高温黏性能才是你所追求的，这时，你最应该选择的润滑油是巴赛尔FIFAN V100 5W－50！

6. 对于追求性价比高的车主。

（1）当车的里程数不超过15万公里时，冬天应该选择巴赛尔FIFAN V100 5W－30，在夏天应该选择巴赛尔FIFAN V100 5W－40。

（2）当车的里程数超过15万公里时，如果经常在拥堵的市区行驶，可以选择巴赛尔FIFAN V100 5W－40。但在夏天开着空调并且拥堵一段时间后，压缩机、冷却水的水泵和电子扇都开始工作，发动机负载进一步加大，半开节气门状态经常会出现轻微爆震，通俗的讲，就是缓踩油门不到一半，会听见发动机发出连续清脆的咯哒咯哒咯哒的声音，很多人都有过这种经历，日产的VQ系列和本田VTEC两款发动机尤其此现象明显。这个时候，更换为巴赛尔FIFAN V100 5W－50能大大缓解这种爆震情况，因为这种高稠黏度机油能增加缸压，同时改善散热。

八、巴赛尔告诉您：换润滑油的注意事项

利安德巴赛尔润滑油公司的纪万斌总经理结合多年的实践，分享以下经验：

说到换油的合理周期，我再次强调一个观点：没有任何一款车，也没有任何一种机油，非要使用者每5000公里或者10000公里去换一次机油。那么到底该在什么时候去更换机油呢？

以选择巴赛尔FIFAN V100系列为例，如果你大部分时候都是在市内游车河，那么在12000公里的时候就可以换油了；如果你大部分都在郊区的快速路、排量大于1. 8L、综合油耗从来没有超过百公里10L，我认为你在18000公里左右换油也是可以的；如果你所在的地区风沙较大或者城市建设导致的路面灰尘较多，洗车频度不到3天，那么你应该在10000公里就换掉机油；如果整个换油周期都处在华南的夏天，换油周期为10000公里左右。

通过抽出机油尺，大概体会一下机油老化程度也是可以的。但是颜色较深并不代表机油的老化程度，只能说明你的发动机内积碳偏多或者你所在城市的空气质量不好，当然，机油滤清器的性能也是一个方面。有时候有些人会告诉你，颜色深说明你的机油清洁能力很强，所以机油很脏，如果机油的清洁性能不好，那么机油就应该颜色和新机油接近。我实在搞不明白，什么机油的清洁能力差到了用了几千公里之后的颜色和新机油颜色差不多，呵呵。这种以讹传讹的笑话，实在不值得驳斥，但作为酯类润滑的领导者，绿色环保的先锋的巴赛尔 FIFAN V100 的高端机油本身就是绿色的，又怎能与黄色相比？实在无法想象，就体验以下，加入巴赛尔 FIFAN V100 机油行驶 8000 公里后化验一下数据就知道了！决不低于没开封一般的合成油的数据！呵呵！这是我干过的事！

对于专业车迷们，我建议你在更换机油的时候，保存一小瓶盖的新机油，用来和几千公里后的机油比较一下黏度的变化。大拇指和食指之间蘸取少量机油，来回摩擦体会一下，然后分开两个手指头，仔细体会新旧机油的不同感觉，如果差别不大，就不必换油，如果差别很大，而且里程数也超过 10000 公里了，这个时候就是你需要换油的时候了。我不能准确的用文字来表达这种手指间的感觉，但是我推荐你用新旧对比的方式肯定能让你亲身感受到机油的变化。最后多提醒一句，如果你不打算超过 10000 公里更换机油的话，普通的机油滤清器即可应付，但是如果你打算在 10000 公里以上才更换机油，最好你还是使用高性能的长效机油滤清器。

九、如何回答销售“巴赛尔”过程中的常见问题？

1. 问：我的汽车不是名牌，不是什么好车，为啥要用那么好的润滑油？

答：好的润滑油可以使好车的性能发挥的更淋漓尽致，可以使差车的性能有超过寻常的表现。正如胃不好的人，更应该食用些高营养价值的食品。

2. 问：市面上××润滑油很知名，巴赛尔润滑油的价格与它的价格差不多，但我却没听过巴赛尔这个品牌，为什么要选择巴赛尔这种润滑油？

答：有名的品牌不一定是最好的，例如在中国服装的花花××品牌，人人皆知，但在欧美它只不过是一个普及品牌，并不是最好的品牌！道理一样，巴赛尔虽然不是人人皆知，但它本身是第三大石化企业，确实是最好的合成润滑油。巴赛尔更注重的是产品性能，而非价格。

3. 问：巴赛尔润滑油太贵了，我的车可不是公车，我为什么要用这么贵的润滑油？

答：巴赛尔的产品配方，从性能上可以对你的车辆起到更多的保护。或许，此刻你觉得油是贵的，但使用巴赛尔后，为你节省的保养维护的费用，远远多于其他品牌。

4. 问：各商家都说自己的产品是国外原厂的，怎么证明巴赛尔润滑油是欧洲原厂的？

答：最直接的证明是性能表现。巴赛尔机油，从你使用的第一天开始，就让你明显感受到这就是欧洲原厂的感觉。

5. 问：巴赛尔容易保存吗？我打开后用不完怎么保存？

答：酯类配方的强抗氧化性能，使巴赛尔比其他产品有更长的保存期限。如果打开后用不完，可用塑料膜封口即可。

6. 问：什么情况下更换为巴赛尔润滑油最合适？

答：巴赛尔润滑油处在目前合成机油类产品的最尖端水平。只要选择合适的粘度，任何车辆都可以使用此产品，并且可以得到其他产品无法比拟的效果。

联系方式

珠海利安德巴赛尔润滑油有限公司

广东省珠海市横琴新区

中国区服务电话：4008－365－008

网址：http://www.lyondellbasell.hk

广州经销商：广州泰复春商贸有限公司

地址；广东省广州市天河区沙太南路418号A21

电话：020－37302166

邮编：510510

其它地方之“利安德”“巴赛尔”经销商请拨打电话或上网查询！

第六节 如何经营快修

汽车快修的内容非常广，例如：

（1）免拆清洗：润滑系统免拆清洗、冷却系统免拆清洗、燃油系统免拆清洗、变速箱免拆清洗、制动系统免拆清洗、转向系统免拆清洗等。

（2）发动机部分：更换正时皮带、更换水泵、更换空调皮带、超声波调校、清洗喷油器、清洁调整化油器或电喷气门、更换节水器、更换汽油泵、更换离合片、更换气门上盖垫、更换涨紧轮、更换液压挺柱、更换油封、更换油底壳垫、更换进气支管、更换排气支管、更换油门或风门拉线、更换离合器拉线、更换汽缸床垫、调整气门间隙、调整校对正时（及CO、HC值）、更换发动机胶垫、更换散热器总成、更换清洗油箱、更换缸盖总成等。

（3）电器部分：更换暖风机、更换仪表总成、检修电器控制系统、雨刷检查和更换、更换车灯总成、检修电动后视镜、更换发动机四缸或六缸、更换电子扇、更换组合开关、更换里程表、更换全车大线、电瓶维修和更换、加注电池液、喇叭检查和调整、四轮定位、灯光检测和调试、电脑检测等。

（4）底盘部分：更换桶式减震器、更换前后刹车片、更换后V型梁胶套、更换后轴头、更换转向器、更换方向锁轴承、更换转向助力泵、更换前悬三角支臂、更换前后轮轴承、更换刹车总成、更换ABS、更换平衡杆、更换前元宝梁、手动变速箱大修等。

（5）车身部分：更换机盖拉锁、更换车锁门、更换门内外把手、更换手动拉杆线、更换排挡连动机构、更换点火锁、快速补胎、测胎压打气、轮胎更换或换位、轮胎动平衡、钣金喷漆等。

下面主要介绍一下免拆清洗、钣金喷漆与四轮定位的推介话术。

一、如何向车主推介免拆清洗

当导购员看到车主的汽车冷车启动困难、加速不良、费油或者冒黑烟时，可说：“老板/先生，您的车发生这些问题，应该是燃油系统内部特别是喷嘴、气门积累了太多的胶质和积炭，应该清洗一下才行。”

“传统清洗需要把发动机解体，用机械刮削或使用碱液、煤油等进行清洗。但是，拆卸几次以后，车辆的性能就会下降了。这主要是因为拆卸过程中，破坏了原车各机件之间的配合关系，造成发动机原始参数改变、性能受损、密封性被破坏或者原配件损伤，从而损伤了发动机。”

“我们店有先进的免拆清洗机以及免拆清洗产品，不用拆解发动机，用免拆清洗产品替代燃油，开动免拆清洗机后，利用发动机原有系统的循环网络，完成对发动机的清洗。这样就不会损伤发动机，时间还短，只需要十几分钟就可以了。”

“您看，这是我们店的免拆清洗机，有燃油系统免拆清洗机、全自动多功能汽车积炭免拆清洗机、润滑系统免拆清洗机、冷却系统免拆清洗机，非常先进！”

“您看，这是我们店的免拆清洗产品，有喷油嘴清洁剂、喷射系统清洁剂、燃烧室清洁剂、进气系统清洁剂、发动机清洁剂、发动机强力修复剂、重油清洗剂、润滑系清洁剂、发动机止漏剂、水箱防锈剂、水箱止漏剂、水箱快速清洁剂、水箱冷却剂、进气阀清洁剂、自动变速器止漏剂、自动变速器调节剂、制动清洁剂、空调内部清洁剂，都是正规厂家生产的！”

“老板/先生，怎么样，试一试燃油系统免拆清洗的效果？”

☞ 小贴士：六大系统的清洗养护

1. 润滑系统的清洗养护

润滑系统主要作用就是对汽车发动机的各个部件进行有效的润滑，以防过度磨损。在正常情况下，汽车每行驶5000～10000公里时就需要清洗养护一次，或者在发动机噪音过大、加速无力、水温过高时也需要清洗养护一次。以清除发动机内部的油泥和其它积物，避免机油高温下的氧化稠化，有效清洁发动机润滑系统各部件，阻止酸性物质和金属碎屑的危害，充分发挥润滑油的润滑性能，减少新润滑油的二次污染，减少发动机部件的磨损，延长发动机寿命，提高发动机的动力。

2. 燃油系统的清洗养护

正常情况下，汽车每行驶10000～15000公里时需要清洗养护一次，或者出现引擎喘抖、迟滞、加速不良、冒黑烟、无力、费油时也需要清洗养护一次。以清除燃油系统内部特别是喷嘴、气门的胶质和积炭，防止有害腐蚀的发生，改善燃油雾化，恢复喷油脉宽，提高燃油效率，增强发动机的动力。

3. 冷却系统的清洗养护

一般情况下，汽车在冬夏换季时应清洗养护一次，正常行驶中每6～8个月清洗养护一次，或者当水温过高、漏水、开锅时清洗养护一次。以清除导致发动机过热的痕迹和水垢，有效防止有害的腐蚀发生，避免密封件和水箱的渗漏，彻底更换旧的冷却液。

4. 变速箱的清洗养护

常规情况下，汽车每行驶20000～25000公里时清洗养护一次，或者当变速箱打滑、水温偏高、换挡迟缓、系统渗漏时清洗养护一次。以清除有害的油泥和漆膜沉积物，恢复密封垫和O型圈的弹性，使变速箱换档平顺，提高动力输出，彻底更换旧的自动变速箱油。

5. 动力转向系统的清洗养护

一般情况下，汽车每行驶40000～45000公里清洗需养护一次，或者当转向困难、转向系统渗漏，更换动力转向机配件后，也需要清洗养护一次。以清除系统中有害的油泥、漆膜，消除低温时的转向困难，制止动力转向液的渗漏，清除转向噪音，彻底更换旧的制动转向液。

6. 制动系统的清洗养护

一般情况下，汽车每行驶50000公里清洗养护一次，或者当ABS反应过早、过慢时清洗养护一次。以清除系统中有害的油泥、漆膜，消除超高温或超低温时工作失灵的危险，有效防止制动液变质过期，彻底更换旧的制动液。

☞ **小贴士：积炭的危害**

容易产生积炭的部位主要有：进气门头部和颈部、进气门、进气歧管、节气阀、活塞和燃料室等。积炭的危害主要有：

1. 汽车加速不良。积炭减少了进气通道、降低了充气系数，从而引起气缸压力增高、点火时间推迟，导致发动机功率下降。

2. 车辆难以启动。积炭落入进气门座的通道，会造成气缸压力不足。此外，启动时喷射的燃油被积炭吸附，导致气缸内混合器稀薄，发动机无法正常启动。

3. 发动机怠速不稳。当积炭附着在进气门和节气阀时，发动机无法准确控制送往燃料时的汽油和空气的数量，从而引起发动机怠速不稳。

4. 油耗增加。当积炭堆积在燃烧室时，容易引起爆震，导致发动机点火时间推迟，功率下降，油耗增加4%～5%。

5. 废气排放超标。积炭导致汽油和空气的混合比失调，从而导致汽油燃烧不充分，尾气中CO、HC含量增加，排放不达标。

6. 发动机故障。当进气门杆上附有积炭时，会使活塞撞击气门，引起发动机异响，从而导致进气门和活塞的损坏。

二、如何向车主推介钣金喷漆

1. 如何向车主推介喷漆

当导购员看到车主的汽车被刮蹭一块车漆或者车漆起皮时，可说：

"老板/先生，我们是专业做钣金喷漆快修的，这是我们的《特种行业许可证》。我们采用先进的数码调漆方法，新车漆与原车漆没有色差，您看，这是我们以前喷漆的照片，怎么样？颜色一样吧！"

"我们用的漆是高光树脂和色彩抗衰变添加剂，您看，这是产品的授权证书。这种车漆弹性好，附着力特别强，修补以后不会出现起皮、龟裂、脱落这些现象，车漆能够长久保持鲜艳。我们的保质期是1年，1年以内如果不是刮蹭，只要出现起皮、龟裂、脱落等，我们免费重新修复，这是我们的质量保证书。"

"这是我们的烤漆房，我们使用的是当今最先进的德国喷涂系统，采用先进的多层渐进无痕的喷涂工艺，如果没有伤到底漆，最快1个多小时就可以搞好，快得很！"

2. 如何向车主推介钣金

当导购员看到车主的汽车被被撞了一个坑时，可说：

“我们这里的李师傅，有20多年的钣金经验，这是他的技术证书。您再看看，这是他修过车的照片，怎么样？看不出修过的吧！活干得漂亮！”

“这些是我们的钣金工具和设备，车身校正平台，钣金修复机、保护焊、气焊、地锚、倒链、夹具、拉具、角磨、电钻等。”

“我们采用国际领先的德国凹陷修复技术，不损坏铁皮，不影响强度，还不用抹腻子，修复后直接在漆面破损的地方打磨喷漆，将来不会出现传统钣金修复的石膏龟裂现象。”

“这种方法非常先进，即便车体底材和底漆都受损，钣金再加上喷漆，只要预约，一般当天就能交车。”

☞ **小贴士：汽车喷漆的主要步骤**

1. 头道底漆。填充工件底层的砂痕及微孔，增加下层涂料的附着力，掩盖缺陷。
2. 中涂底漆。为面漆准备一个完整光滑的涂层，增加附着力，隔离面漆。
3. 面漆。面漆是色彩的确定层和装饰保护层，分为单层漆和多层漆。

单层漆通称为素色漆，也叫普通漆，可以一层施工工序完成。

多层漆分为银粉系列漆和珍珠系列漆，分为双层或多层施工工序完成。银粉漆是由特制铝质材料制成，具有较高的保护性及户外稳定性和很强的可观性。珍珠系列漆是由云母片及贝壳等材料通过高科技提炼而成，是色彩丰富装饰性极强的高级涂料。

面漆部分的喷涂质量要求非常高，要做到清洁、丰满、光亮、不垂、不挂、光泽均匀、不漏喷、不花枪、流平好、不咬底、不浮躁、不偏色。

☞ **小贴士：钣金喷漆的主要内容**

钣金喷漆的主要内容有：

1. 快速钣金坑凹修复。
2. 局部碰损修复。
3. 汽车钣金件换件。
4. 底漆原子灰处理。
5. 补漆前抛光打磨处理。
6. 划痕快速补漆。
7. 局部快干补漆。

三、如何向车主推介四轮定位

当听到车主说：“最近发现刚买的车子在行驶中总是跑偏，车轮的磨损也差异非常大，是不是什么地方出现故障了？”导购员可说：“如果车辆没有因事故损坏减震系统，而且胎压正常，那么四轮定位出现问题的可能性最大。”

当听到车主说：“本来在笔直的公路上行驶，却需要不断地调整方向盘才能保持汽车直行，另外，在高速公路上，方向盘经常抖动，这是怎么回事?”导购员可说：“如果胎压正常，四轮定位就可能有问题了。”

另外，当听到车主谈到，车辆在转弯后没有自动回正或需要较大外力才能回正、新车在驾驶3个月后、上次四轮定位后半年或跑一万公里了、刚刚更换新胎或发生碰撞事故维修后等情况时，导购员都可建议车主做一下四轮定位。

小贴士：四轮定位不良导致的故障情况

定位角度	原因	故障情况
主销后倾角	太大	转向时，方向盘沉重
	太小	直行时，方向盘摇摆不定。 转向后，方向盘不能自动归正。
	不等	直行时，车轴往小后倾角一边拉。
车轮外倾角	太大	轮胎外缘磨损，悬架配件磨损。
	太小	轮胎内缘磨损，悬架配件磨损。
	不等	直行时，车子往大外倾角一边拉。
前束角	太大	两前轮外缘磨损，且整个轮胎胎面呈锯齿状磨损；方向盘漂浮不定。
	太小	两前轮内缘磨损，且整个轮胎胎面呈锯齿状磨损；方向盘漂浮不定。

“老板/先生，四轮定位有许多好处，可以保证车辆的直行稳定性，紧急情况时能够增加轮胎的抓地力，有利于行车安全，增加轮胎的使用寿命，减少汽油消耗，降低底盘悬挂配件的磨损等。”

“老板/先生，您看，这是我们新买的四轮定位仪，它是当今最先进的3D影像定位仪，目前主要在欧美国家使用。它是用CCD数码相机采集装在车轮反光板上的图像信息，除了能计算出四轮定位角度外，还能计算出轮距、轮差、轴距、轴差、摩擦半径、转向轨迹等数据。测量时间仅为传统定位仪的五分之一。”

“老板/先生，其实，四轮定位仪并不是用来调整、改变定位角度的仪器，它只用来测量定位角度，因此，四轮定位仪先进只是调整好四轮角度的一个基础。然后还是需要师傅与原厂的设计角度比较后，对定位角度进行调整和改变，使其回复到原厂的设计角度。所以，师傅非常重要，我们的刘师傅，有20多年四轮定位的经验，这是他的技术证书。您看看。”

在汽车四轮定位后，导购员可以对车主说：“老板/先生，要想保护好四轮定位，以后您再通过障碍物时尽量缓行、绕行，不要在不平的路面上高速行驶，轮胎气压不要超出标准范围。”

☞ **小贴士：四轮定位的含义与内容**

四轮定位是指车辆出厂时，其悬挂系统的定位角度。这些定位角度都是根据设计要求预先设定好的，以确保车辆行驶的安全性。这些角度是指悬吊系统和各活动机件间的角度，保持正确的四轮定位角度可确保车辆的直进性、操控性及转向系统的回复性，避免轴承不当受力而受损并失去精度，更可确保轮胎与地面紧密接合，减少轮胎不当的磨损，保证汽车转弯时的稳定性。

四轮定位分为前轮定位和后轮定位。前轮定位包括主销后倾角、主销内倾角、前轮外倾角和前轮前束四个内容。后轮定位包括车轮外倾角和逐个后轮前束。

☞ **小贴士：四轮定位仪的构成与种类**

四轮定位仪主要由定位仪主机与附件构成。

定位仪主机包括机箱（大机箱带后视镜）、电脑主机（含显示器、打印机）、四个机头（定位传感器）、通讯系统、充电系统、总供电系统共六部分。

附件包括方向盘固定器、刹车固定器、转角盘、夹具共四部分。

四轮定位仪有前束尺和光学水准定位仪、拉线定位仪、CCD 定位仪、激光定位仪和 3D 影像定位仪等几种。

第七节　如何经营轮胎

轮胎是汽车的重要部件之一，它直接与路面接触，承受着汽车的重量，对汽车的安全运行起着非常大的作用。同时，轮胎又是一种耗材，经过一段时间的使用后需要更换。由于市场上存在着许多翻新轮胎，因此，车主非常希望到正规专业的店铺更换或购买轮胎。

一、如何让车主感觉本店的轮胎“正规”

1. 给车主看营业执照与授权经销证书

导购员指着摆放在墙上的营业执照与授权经销证书，对车主说：“这是我们店的营业执照，那是 ******** 有限公司的授权经销证书，那个著名的轮胎品牌——‘***’，就是这家公司的。这个品牌，我们店已经卖 3 年了！”

2. 给车主讲翻新轮胎的特点

导购员对车主说“买轮胎，一定要看是不是翻新轮胎，有些店铺卖翻新轮胎，以次充好，很便宜。”

“首先，要观察轮胎的色彩和光泽，翻新后的轮胎颜色和光泽都比较黯淡。您看，这是我们店卖的正规轮胎，那是翻新轮胎的样品，比较一下就能看出区别了吧！”

“其次，翻新轮胎的标志都是翻新后重新贴上去的，而崭新轮胎的这些标志则是和轮胎一体的，鉴别方法就是用手指甲抓挠这些标志，一般翻新胎的这些标志贴得都不是很紧，能抓掉的肯定是翻新胎。您抓一下，试试看！”

“我们店是从来不卖翻新轮胎的！”

3. **给车主看购物凭证**

导购员对车主说："到我们店不论是当场换轮胎还是买轮胎，我们都给购物凭证，一旦出现质量问题，您可以回来找我们的。"

4. **请车主拨打厂家的防伪电话**

导购员："我们还建议您拨打这些厂家的防伪电话，问一问就知道是不是翻新轮胎了！"

通过以上的讲解，使车主相信本店的轮胎都是正规优质的产品。

小贴士：轮胎的分类

1. 按照轮胎的结构划分，轮胎可分为子午线轮胎与斜交轮胎。子午线轮胎与斜交轮胎相比，优点是：弹性大、耐磨性好，可使轮胎使用寿命提高 30 ～ 50%；滚动阻力小，可降低汽车油耗 8% 左右；附着性能好，缓冲性能好，承载能力大、不易穿刺。缺点是：胎侧易裂口，由于侧面变形大，导致汽车侧向稳定性差，制造技术高、成本高。

2. 按照轮胎的花纹划分，轮胎可分为纵向花纹轮胎、横向花纹轮胎、混合花纹轮胎与越野花纹轮胎等。

3. 按照轮胎的用途划分，轮胎可分为轿车轮胎（PC）、轻型载货汽车轮胎（LT）、载货汽车及大客车胎（TB）、农用车轮胎（AG）、工程车轮胎（OTR）、工业用车轮胎（ID）、飞机轮胎（AC）、摩托车轮胎（MC）等。

二、如何向车主推荐轮胎

1. **给车主介绍更换轮胎的时机**

导购员可说："当轮胎出现三种情况之一时，就应该换新胎了。"

"第一种，胎面损耗接近磨损标记。您看，这是轮胎在胎面沟槽底部设置的磨损标记。一般轿车轮胎的磨损标记高度为 1.6 毫米，载重轮胎上的磨损标记高度为 2.4 毫米。您看，您的轮胎已经接近磨损标记了，应该换新胎了！"

"第二种，轮胎出现裂缝或鼓包。有时候轮胎会被钉子、石头扎到或者碰到马路牙子，轮胎就容易出现裂缝、鼓包、掉皮、胎侧磨损严重等现象。尤其是鼓包，随时可能会爆胎！"

"第三种，轮胎的年限到期了。轮胎的使用年限一般在 5 年左右，哪怕是全新的轮胎，像备胎，放置 5 年，也就不能用了，超过 5 年，轮胎就会老化，表面硬化，有龟裂纹，存在爆胎风险。您的轮胎几年了？"

2. **给车主推荐合适的轮胎**

导购员可说："换轮胎，首先要考虑原厂轮胎，原厂轮胎是最能配合汽车速度及汽车最大载重的。"

"其次，要选对轮胎的花纹。经常在南方行驶的汽车，应该选择那些排水性比较好的这种小块花纹的轮胎。需要越野和跑长途的汽车，应该选择那种大块花纹的轮胎。经常在一般硬路面上中速行驶的车辆应该选择横向花纹或者混合花纹轮胎，就是这种！经常在高速公路行驶车辆应该选择纵向花纹或者混合花纹轮胎，就是那种！”

“最后如果你对车辆原来的操控性不满意，可以考虑更换扁平比更低的轮胎，这样转弯才更安全。当然，外观视觉效果也更威猛！但是，低扁平比轮胎会显得娇贵一些，要注意爱护。”

☞ 小贴士：选择轮胎的注意事项

1. 在选择轮胎的时候，千万不要把不同类型的轮胎混合使用。例如，不要把越野车轮胎和一般轿车轮胎混合使用，也不要把定向的跑车轮胎和一般胎轮混合使用。

2. 一般说来，车辆出厂时所配备的轮胎都是厂家经过反复测试后选择的最佳规格。如果车主想要更换轮胎尺寸，必须在专业人员的指导下进行，不能随意而为。

3. 按照轮胎规格选购。在轮胎的边缘会有一组数字、字母的标记，包括胎宽、扁平比、轮毂直径、载重指数、速度指数等，就是轮胎的规格。

4. 选择合适的轮胎花纹。轮胎的花纹，不仅仅是为了好看，更重要是为了防止打滑，不同的花纹对地面的吸附力和排水力也不同。

5. 选择合适的轮胎截面。有些轮胎的截面较为方正，有些轮胎的截面则较为圆滑。轮胎截面较为方正的轮胎在抓地力方面稍微不如轮胎截面较为圆滑的轮胎。

6. 选择合适的生产厂家。看商标，商标是轮胎生产厂家的标志，包括商标文字及图案，一般比较突出和醒目，易于识别。当然，名牌轮胎比较贵。

7. 选择最近的生产时间。看轮胎的生产批号，在轮胎上有一组数字及字母标识，表示轮胎的制造年月及数量。例如：“13N09A6578”表示2013年9月A组生产的第6578只轮胎。生产批号用于识别轮胎的新旧程度及存放时间。

☞ 小贴士：汽车轮胎的规格

轮胎规格主要标识为：胎宽mm、扁平比（胎厚与胎宽的百分比）、R、轮毂直径（英寸）、载重系数、速度标识，或者，胎宽mm、扁平比（胎厚与胎宽的百分比）、速度标识、R、轮毂直径（英寸）、载重系数。例如：

轮胎的规格为：195/65 R15 88H 或者 195/65H R15 88

其含义是：195表示胎宽为195mm；65表示扁平比（胎厚与胎宽的百分比）为65%（即胎厚=126.75，126.75/195*100=65%）；R代表单词RADIAL，表示是子午线轮胎；15表示轮毂直径为15英寸；88表示载重系数为88（载重560公斤）；H表示速度系数为H（最大时速为210km/h）

说明：1. 轮胎的胎宽、扁平比（胎厚与胎宽的百分比）、R、轮毂直径（英寸）对更换适合汽车的轮胎有指导作用。2. 轮胎的载重系数、速度标识对行车安全有指导作用。3. 现代轿车轮胎的扁平比（胎厚与胎宽的百分比）多在50～70，数值越小，轮胎形状越扁平，其行驶的稳定性和抓地力越大。4. “R”表示子午线轮胎，“D”表示斜交轮胎。

小贴士：轮胎上的速度标识的含义

速度标识	最大时速（km/h）	常用车型
B	50	
C	60	
J	100	
K	110	
L	120	
M	130	
N	140	备用胎
P	150	
Q	160	雪胎，轻型卡车胎
R	170	轻型卡车胎
S	180	
T	190	
U	200	
H	210	运动性轿车
V	240	跑车
Z	240	跑车（或大于240km/h）
W	270	特型跑车
Y	300	特型跑车

说明：1. 较常见轮胎速度标识为：P，S，T，H。2. 如轮胎无速度标识，除非另有说明，一般认为最大安全速度为120km/h。

小贴士:轮胎常用载重指数对照表

载重指数	载重（公斤）	载重指数	载重（公斤）	载重指数	载重（公斤）
70	335	85	515	100	800
71	345	86	530	101	825
72	355	87	545	102	850
73	365	88	560	103	875
74	375	89	580	104	900
75	387	90	600	105	925
76	400	91	615	106	950
77	412	92	630	107	975

续上表

载重指数	载重（公斤）	载重指数	载重（公斤）	载重指数	载重（公斤）
78	425	93	650	108	1000
79	437	94	670	109	1030
80	450	95	690	110	1060
81	462	96	710	111	1090
82	475	97	730	112	1120
83	487	98	750	113	1150
84	500	99	775	114	1180

三、如何让车主对换轮胎满意

1. 教给车主安装轮胎的注意事项

在安装新轮胎前，换胎人员可给车主讲解一下安装轮胎的注意事项：

“第一，不同类型、不同花纹的轮胎，一定不要任意混装。”

“第二，对称性花纹的轮胎，可以不分内外侧随意放置。”

“第三，非对称性花纹的轮胎，排水抗滑，在轮胎上面有个箭头，要一律按顺方向放置，才能够提高排水效率；如果反方向放置，其排水效率比非滑水轮胎的还要差!”

“第四，根据安装位置选择正确的轮胎放置方向。例如，越野花纹轮胎，若安装在驱动桥上，则应顺方向放置，‘人字形’花纹尖端嵌入雪泥地，抓着能力强，而且嵌入花纹沟槽中的雪泥可从两侧被挤压出来，花纹具有自洁性；若安装在从动桥上，由于不输出牵引力，为减少滚动阻力和磨损，要反方向放置。”

“第五，看准平衡标志进行安装。轮胎上的平衡标志，用彩色橡胶制成，印在胎侧，就是这个！表示轮胎此处最轻，组装时应正对气门嘴，以保证整个轮胎的平衡性。”

2. 教给车主换胎的方法

换胎人员可一边换胎，一边给车主讲解更换轮胎的方法：

“第一步，用千斤顶将车身顶起，顶到轮胎离地即可。在顶起车身前，要先用扳手将螺丝拧松，因为一旦车轮悬空，拧螺丝将不好使劲了。另外，千斤顶要放在平坦的地面上，不要支点不稳。”

“第二步，旋螺丝。在旋螺丝前，将备胎垫在车底部，这样可以避免千斤顶万一放不稳，汽车倒了砸伤自己。在旋螺丝时，扳手和地面成45度夹角比较好用力。”

“第三步，卸轮胎。在卸轮胎时，如果轮胎卡得太死，可用脚交替踢轮胎的左、右、下几个部位，使轮胎松动。最好戴着手套，防止弄脏手或者弄伤手。”

“第四步，装新轮胎。轮胎加上轮毂的重量不轻，可以先将轮胎套好，再去对螺丝孔。在旋螺丝时，一定要对角旋螺丝，即旋好一个螺丝后，再旋其对角处的螺丝。不要顺时针或逆时针挨个旋，否则会导致轮胎安装不正。”

☞ 小贴士：如何提高轮胎的使用寿命

1. 限制行车速度

汽车行驶的速度越快，轮胎在单位时间内与地面的接触次数就越多，摩擦也越频繁，使轮胎的变形频率越增加，轮胎的使用寿命越短。

2. 根据路况选择不同的车速

汽车在平整、宽敞且视野良好的道路上行驶，可适当提高车速。在不平整的碎石路和矿区路上行驶，应降低行车速度，以防止爆胎。在冰雪路面上行驶，一旦打滑，不要原地空转，避免轮胎急剧生热，可将后轮顶起，铺上石块、砖头、稻草，低速行驶。在转弯频繁的路面上或陡坡上行驶，应当慢速。

3. 根据天气温度选择不同的行车方式

天气高温时行车，胎温急剧上升，胎内气压也随之增加，会加速橡胶老化，降低帘线与橡胶的粘合力，致使帘布层脱空或爆破损坏，除应降低车速外，有条件的情况下可在早晚气温较低时行车，或车辆行驶一定距离后停车休息，防止胎温过高。严禁采用放气降压的做法，因放气后轮胎变形增大，会使胎温升高，最后也会因过热而损坏轮胎。

天气低温时行车，轮胎散热快，不容易产生高热，胎面较为耐磨。但在车辆过夜或长时间停放后重新行驶时，为了提高轮胎温度，最好在起步后头几公里以低速驾驶为宜。

4. 掌握正确驾驶方法

（1）汽车起步不可过猛，无论空、重车都应低速平稳起步，以减少胎面磨损。

（2）在良好路面上行驶，应保持直线前进，除会车和避让障碍物外，禁止左右摇摆和急剧转向，以防轮胎和轮辋之间产生横向的切割损伤轮胎。行驶在拱度较大的路面时，要尽量居中行驶，以减少一侧轮胎负荷增大而使轮胎磨损不均。

（3）汽车下坡时，在坡长、路陡、路况复杂的情况下，应挂挡行驶，并利用轻微制动控制车速下坡，可避免紧急制动，减少轮胎磨损。

（4）汽车上坡时，应尽量利用惯性行驶，适时变速，及时换挡，上坡时要保持车辆有适当的余力，不要等车停了再重新起步，以减少轮胎的磨损。

（5）汽车转弯时，不要高速转弯。否则，容易使车载货物倾斜，还会损坏轮胎。

（6）汽车在会车、超车、通过城镇、交叉路口、过铁路时，应掌握适当的行车速度，减少频繁制动和避免紧急制动，以减少胎面磨损。

（7）汽车在不良道路上，应减速行驶，避免双胎之间夹有石子。

（8）汽车在途中停车时，要用安全滑行的停车方式，在停车前要选择地面平整、干净和无油污的地面停放，必要时可将后轮顶起。

5. 把胎压控制在正常范围内

胎压经常超出正常气压的20%，轮胎的寿命就会降低10%；若胎压经常低于正常气压的30%，轮胎寿命则会减少52%。

6. 不要超载行驶

一般情况下，超载20%则轮胎寿命减少30%，超载40%则轮胎寿命减少50%。

☞ 小贴士：如何避免轮胎的不正常磨损

1. 中央部分磨损过大。主要原因是充气量过大，不但影响轮胎的减振性能，还会使轮胎变形量过大，与地面的接触面积减小，正常磨损只能由胎面中央部分承担。如果在窄轮辋上选用宽轮胎，也会造成中央部分磨损过大。

2. 两边磨损过大。主要原因是充气量不足或长期超负荷行驶，使轮胎的两边与地面接触面大。

3. 一边磨损量过大。主要原因是前轮定位失准。当前轮的外倾角过大时，轮胎的外边形成早期磨损，外倾角过小或没有时，轮胎的内边形成早期磨损。

4. 胎面出现锯齿状磨损。主要原因是前轮定位调整不当或前悬挂系统位置失常、球头松旷等，使正常滚动的车轮发生滑动或行驶中车轮定位不断变动而形成轮胎锯齿状磨损。

5. 个别轮胎磨损量大。个别车轮的悬挂系统失常、支承件弯曲或个别车轮不平衡都会造成个别轮胎早期磨损。出现这种情况后，应检查磨损严重车轮的定位情况、独立悬挂弹簧和减振器的工作情况，同时应缩短轮胎换位周期。

6. 出现斑秃形磨损。主要原因是轮胎平衡性差。当不平衡的车轮高速转动时，个别部位受力大，磨损加快，同时转向发拦，操纵性能变差。若在行驶中发现某一个特定速度方向有轻微抖动时，就应该对车轮进行平衡，以防轮胎出现斑秃形磨损。

第六章　如何管理店面员工

目前，汽车后市场门店有数十万家，大部分是单店，许多门店是夫妻二人共同打理，再加上亲属、朋友、外招的人员，一般在 6 ～ 15 人左右。人数虽然不多，但管理起来却非常头疼，例如，洗车工难招、难管、难留，员工经常跳槽，工作效率差，老板只要不在员工就散了，等等。

第一节　如何管理洗车工

一、如何招聘洗车工

洗车工人是汽车后市场门店的重要组成部分，洗车工的工作比较辛苦、工作环境相对差、学历要求低，有些人认为洗车工是比较低等的工种。

当前，中国各地相继出现了"用工荒"现象，20 岁左右、初中学历的年轻小伙比较容易找到工作。这些年轻人以 90 后为主，大多数是家中唯一的男孩，在家里也比较受宠，不愿意干洗车工。同时，许多家长希望自己的接班人能够在外学到一技之长，将来养家糊口，也不希望自己的独苗当洗车工。因此，许多汽车后市场门店出现了洗车工难招、难管、难留的现象，这也是许多老板最头痛的事情。

要想招聘到洗车工，必须给洗车工一个好前途、当地稍高待遇才行。下面列举一个招工启事：

急　　招：汽车美容洗车工 5 名，男女不限，小学以上学历。

工资待遇：底薪 1000 ～ 1200 元，加上提成、奖金等，每月 1500 元以上。

生活待遇：包吃包住，每人每天伙食费 20 元（一天三顿），住集体宿舍（有电视、空调）。

免费培训：汽车美容、贴膜、汽车装饰、氙气灯改装、导航改装、钣金喷漆等技术。

试工期限：试工三天，试工三天内包食住但不计算工资。试工三天后合格者正式聘用，工资从试工第一天开始计算。工作一个月后根据个人表现变更工资待遇。

工作时间：上午 8 点～下午 6 点 30 分，每月工作 28 天，轮休。

工作地点：本市 ××区 ××街

联系电话：88888888（上午 8：30 ～下午 6：30）

我们注意到，在这个招工启事里有免费培训一项，这是给洗车工一个成长发展的机会。有些汽车后市场门店老板会觉得，免费培训技术会培养出一个新老板，将来可能成为自己的竞争对手。

其实，大可不必这样想，一方面，不是每个人都适合当老板，不是每个懂技术的洗车工都愿意开店；另一方面，如果一个洗车工真想开店，他也可以花钱学会技术，照样开店。

反过来，洗车工技术水平提高了，可以提高服务水平和工作效率，能够给本店增加收入。如果自己的洗车工将来真的开汽车后市场门店，你们之间还可以联合采购，降低采购成本，成为合作者。

小贴士：奥格尔维管理法则

美国奥格尔维·马瑟公司总裁奥格尔维，根据自己多年的管理经验，提出了一个管理法则："如果我们每个人都雇佣比我们自己更强的人，我们就能成为巨人公司。"因为，如果你所用的人都比你差，那么他们就只能做出比你更差的事情来。

二、如何给洗车工编组

1. 把洗车工与美容工编成一个组

（1）二者地位要平等。美容工也要洗车，洗车工也可美容。这样可以增强洗车工的自信心，不要总是感觉低人一等。

（2）二者待遇不一样。美容工比洗车工的底薪、提成要高，好的洗车工可升为美容工，不好的美容工可降为洗车工。

2. 尽量男女搭配

俗话说"男女搭配，干活不累！"洗车、美容的工作辛苦，时间长了，感觉枯燥，20多岁的年轻人，男女在一起工作会感到有趣，工作效率能够提高，穿着会整洁，同时，会大幅度减少偷懒、偷盗、说脏话、喝酒闹事等情况的发生。

3. 可以让女性当组长

当洗车工、美容工大多为20多岁的男性时，让其中一个男性当组长，其他男性不一定服，这是"同性相斥"的结果。此时，如果让一个女性当组长，她再有点管理能力，反而所有的男性都可能服从她的管理。

如果实在没有女性，可以让一个德高望重的师傅当组长。

4. 生熟搭配、熟手带生手

比如，新招了3个人，应该安排一个熟手带一个生手，不用一个星期，生手就能很快地上手并独立工作了。对于打蜡、封釉、镀膜、贴膜、改装等项目，应由熟手示范，生手在一旁学习，并给予动手的机会。往往通过观察生手的独立操作水平，就可以看得出这个人是不是"这块料"了。

三、如何分配奖金

汽车后市场门店老板可采用扣分制分配奖金，对于有功人员要给予奖励或加分。

下面，试举一个汽车后市场门店用扣分制分配奖金的例子，可以作为参考，各店可制定符合自己实际情况的奖金分配办法。

（1）洗车工每人月初100分。

（2）上午8点准时上班，下午6点30分为下班时间。上下班都要打卡，迟到、早退累积时间达到1小时，扣1分。提前上班、下班晚走累积时间达到1小时，加1分。

（3）上下班不打卡、漏打卡者，扣1分。

（4）上班时间，要身穿整齐工衣，不许穿拖鞋。否则，扣1分。

（5）无事坐客户车上或开CD、空调者，扣1分。

（6）过夜车钥匙必须交到营业室，否则，扣1分。

（7）车洗不干净扣1分，客户投诉扣2分。

（8）下班后，应收拾好岗位、设备等卫生，摆放好工具、产品等，方可离开。否则，扣1分。

（9）客户表扬加2分。

（10）对汽车后市场门店作出有功事项者，视情况当即给予奖励或者加分。

（11）月末按照实际总分平均，按照得分情况分配奖金。

小贴士：其他管理制度

1. 上下班替别人打卡者扣除当日工资。

2. 需要请假者，需提前一天请假（特殊情况，可后补假条）。不请假者或请假不批未来上班者，均扣除当日工资。

3. 需要驾驶客户车辆离开车间或工作区以外的，应当向领导请示。否则，店里可能报警。

4. 工作期间出现意外事故，导致客户车辆受损情况时，如工作人员按照公司规定流程施工，可以不负责任；如果工作人员没有按照规定流程施工的，按照责任人负责30%、公司负责70%的比例进行赔偿。如果发现是个人故意行为，由当事人负责全部赔偿。

5. 如果客户车内丢失贵重物品时，立刻报警，一经查出责任人，立即开除并扣除当月工资、奖金、提成等作为赔偿金。

6. 店面的设备日常保养由师傅负责，设备一旦出现问题，师傅第一时间负责维修。

7. 新进的产品，师傅要第一时间学会使用或安装。

8. 一旦店面活多，人手不足时，师傅应无条件帮忙，汽车后市场门店根据情况当即给予奖励。

9. 每天下班前负责清点、收拾设备与工具，不得缺失。

10. 如能拉到客户，按照销售额，提成20%。

第二节　如何培训提拔员工

一、如何培训店面员工

（1）把客户所有可能的问题写下来。

（2）把最好的答案写下来。

（3）总结本店产品和服务的20个以上的优点。

（4）每个人把答案和优点都倒背如流。

（5）对客户的回答都一样。

二、如何提拔员工

1. 提拔员工要看管理能力，不能只看业绩贡献

一个优秀的美容技师，可能会引来了众多的回头客；一名优秀的导购员，可能会大幅度提高本店的业绩，这些都属于业绩上的“贡献”。

而店长、组长需要的是管理能力，业绩贡献大的技师、导购员，其管理能力不一定也强。

管理能力表现为组织能力、指挥能力和号召能力。

2. 应提拔权力欲强的员工

根据每个人对权力欲的强弱，可以把员工大致分为权力欲较强的员工与依附欲较强的员工两大类。

权力欲较强的员工，喜欢领导别人、指挥别人，往往有较强的管理能力。如果权力欲较强的员工长期得不到提拔重用，就会产生不满的情绪，甚至带头与老板作对。

依附欲较强的员工，喜欢做事、被领导，不喜欢领导别人。如果提拔依附欲较强的员工担任组长、店长，他往往不知道如何领导别人，结果是他累得够呛，但没有一个人满意，反而经常抱怨他。

因此，应当提拔权力欲较强的员工担任组长、店长。

3. 不能轻易提拔小人

许多老板往往喜欢小人，因为小人有三大特点：

第一，爱打小报告。私下喜欢成为老板的眼线，老板经常依靠他获取情报，老板也很信任这种人。

第二，不公正。小人往往不公正，根据与他的关系亲近，判断对错。发生一件事故，如果责任人与小人关系好，小人就大事化小、小事化了；如果与他的关系不好，他就会小事化大。

第三，拉帮结派。小人喜欢拉帮结派，形成自己的派系，然后打击对立面。

由于君子公正、不喜欢打小报告、不喜欢拉帮结派，往往君子斗不过小人。如果提拔小人，君子只有三十六计走为上策。

小贴士：老板喜欢用鲶鱼效应

挪威人喜欢吃活的沙丁鱼，可是，渔民每次出海打渔归来时，绝大多数沙丁鱼都已经死掉了。但是，有一个渔民船里的沙丁鱼都活蹦乱跳，原来，他在装沙丁鱼的船舱中放了几条鲶鱼，鲶鱼咬沙丁鱼，结果沙丁鱼就不断游动，从而就避免了窒息而亡。

其实，小人就类似鲶鱼，沙丁鱼类似君子。君子斗不过小人，只有走。

小贴士：君子斗不过小人的原因

君子想着做事，小人想着整人；

君子胸怀宽广，小人斤斤计较；
君子讲究诚信，小人不守信用；
君子表里如一，小人阳奉阴违；
君子顾全大局，小人只顾私利；
君子当面明说，小人私下汇报；
君子实事求是；小人弄虚做假；
君子爱讲正理，小人言辞诡辩；
君子适可而止，小人揪住不放。

第三节　如何让员工认真执行命令

每个老板都希望员工服从命令，往往早会宣布的任务，晚上完成不了。要想让员工认真执行命令，最好的方式是用“表格”。

表6－1　任务交办表

编号	任务名称	完成标准	负责人	协助者	完成时间

任务下达时间：　　　　　　　　负责人：　　　　　　　　命令人：

切记：老板在下达任务时，一定要写明任务名称、完成标准、负责人、协助者、完成时间、任务下达时间。一定要负责人签字，告诉他，我一定要在“完成时间”进行验收。

员工往往把自己与老板亲自签字的任务，放在第一位，在规定时间内，会全力以赴去完成，结果在“完成时间”之前顺利完成。

☞ 小贴士：适合用“表格”下达的任务

1. 给抽水机加油。每星期应检查一次机油是否足够，不足的要及时添加或更换，否则缺油会导致抽水机拉缸罢工。

2. 给吸尘器、抛光机更换碳刷。吸尘器、抛光机罢工多数是由碳刷磨损导致的。

3. 给地毯甩干机更换轴承。由于地毯湿的时候重量增大不少，会使得甩干机的轴承很快磨损并松动，松动后会出现异响。

4. 给打气机放水。打气机正常情况下每星期需要放水一次；如果下雨，则要在下雨的次日放水一次。

5. 给打气机更换机油。

6. 检查气管、气管接口是否漏气，检查水桶是否漏水，检查毛巾是否需要更换等。

第四节　如何激励惩罚员工

一、如何制定薪酬

汽车后市场门店员工的薪酬主要包括基本工资、提成或奖金。

老板往往认为自己制定的薪酬很有吸引力，但员工往往不满意。这是因为，每个员工的能力不同，对待薪酬的态度也不同。

最好的办法就是让员工自己选择，自取所需，即自助餐式的薪酬：把薪酬分成基本工资、提成两部分。

每个员工根据自己的能力，可以自己确定基本工资、提成的比例，以及基本工资的数量。每季度（或每个月）可以重新确定一次。

老板可以根据每个员工选择的比例、大小，初步判断出这个员工的能力、适合做什么工作，也能够给员工创造自主竞争的环境。

1. 老板可从二者的比例变化，了解到员工的能力与适合的工作

（1）基本工资比例高（最高为100%），提成比例低（最低为0%）。

表明，这个员工的技术能力、销售能力都很差，比较适合做会计、后勤、仓管等工作。

（2）基本工资与提成的比例各占50%。

表明，这个员工的技术能力、销售能力尚可，可以做一般的技术、销售工作。

（3）基本工资比例低（最低为0%），提成比例高（最高为100%）。

表明，这个员工的技术能力或销售能力非常强，比较适合做贴膜师傅、美容师傅、改装师傅、快修师傅、导购员等工作。

2. 老板可从基本工资定的多少，了解到员工的能力与状况

（1）员工定的基本工资比老板定的基本工资多。

表明，这个员工的技术能力或销售能力比较强。老板可以问他："你把基本工资定得这么高，你怎样才能赚到超过这个数?"

所谓"艺高人胆大!"，既然员工敢于定这么高的工资，必然有原因。通过交流，老板也许能够了解到这名员工的特殊本领。

这样的员工，如果仅凭老板定工资，容易跳槽!

（2）员工定的基本工资比老板定的基本工资低。

表明，这个员工的技术能力或销售能力比较差。老板可以问他："你把基本工资定得这么低，你难道嫌钱咬手吗?"

通过交流，老板也许能够了解到这名员工的特殊状况与原因。

3. 给员工自主选择的机会，能够创造一种自主竞争的环境

以前是老板定工资，员工们容易抱团对抗老板；现在是自己定工资，“天高任鸟飞，海阔凭鱼跃!”各人都凭本事吃饭，大家反而不怨老板了!

4. 老板的注意事项

对于定高工资，但完成不好的员工，老板要先宽容，员工有时自己会找老板降工资的。

如果老板确实吃了点亏，也会赢得员工的忠诚，也许将来他会报答老板的。

从一些企业试行自助餐薪酬的实践来看，效果还是令老板们颇感满意的，新方案带来的新景象往往是原先不曾想过的。

☞ **小贴士：不要偷着给员工发“红包”**

一个汽车后市场门店老板每个月发奖金，不是公开发，而是采用给员工发“红包”的方法。

没过多久，消息就出来了。有的员工平常干得一般，但经常给老板打小报告，“红包”很大；有的员工，累得要死，“红包”却一般。员工们认为干好不坏无所谓，只要经常给老板打小报告，就能得大“红包”，于是，大家相互猜疑，人心涣散，几个骨干纷纷跳槽，业绩一路下滑。

二、如何发放提成

传统上，对于员工的提成，老板们往往当月一次性发放。但如果改为以平均分摊方式发放提成，效果会大不相同。

例如，某汽车美容店规定每推销出一套汽车座垫可得提成320元，但提成发放不是一次性的，而是分8次发放，每个月40元。

某导购员小李的销售业绩如下表所示，假如提成采取每月一次性发放，可以发现，小李的月最高收入9600元与最低收入0元之间相差非常悬殊。假如提成采取平均分摊方式发放的方式，可以发现，小李下半年的月收入大致稳定在4000～6000元之间。

表6-2　不同的提成发放法

月份	一月	二月	三月	四月	五月	六月
销售量（套）	3	5	10	15	20	25
Ⅰ. 一次发放提成法	960	1600	3200	4800	6400	8000
Ⅱ. 平均分摊提成法	120	320	720	1320	2120	3120
月份	七月	八月	九月	十月	十一月	十二月
销售量（套）	30	25	20	5	0	10
Ⅰ. 一次发放提成法	9600	8000	6400	1600	0	3200
Ⅱ. 平均分摊提成法	4320	5320	6000	6000	5600	5400

采用一次发放提成方法时，导购员会因不同销售季节的业绩起伏而造成收入的波动。销售旺季，提成数额很高，大家都抢货源，影响团队的和谐。销售淡季，提成很少甚至没有，一些员工可能会跳槽。

采用平均分摊方式发放提成时，能够限制部分员工的赌博行为，特别是当员工跳槽后，每月还能从原公司领取到薪酬，一般不好意思说原公司的坏话。由于还有这条提成的线没有断，当原公司老板想要跳槽员工回来时，可说："我非常想念你，这里非常需要你，回来吧!"跳槽员工回来后，薪酬还能够接着领。

三、如何给员工股权

许多汽车后市场门店没有给员工股权的计划，有的店想给，但又不知道如何给。其实，一些员工特别是亲属、骨干员工非常希望得到一定比例的股权，但往往不好意思开口要。

有一个真实的案例，可以说明股权的重要性。

一个汽车美容店18个人，老板夫妻二人创办，老板娘就一个弟弟，在店里负责贴膜，他的贴膜技术在当地非常有名气，为这个店带来了不少的客户。老板给这个内弟的薪酬也不错，老板夫妻二人出门时，就交给内弟打理，他是这个店的骨干。几年下来，这个店发展得很好，利润很可观。

一天，这个内弟突然提出："姐姐、姐夫，我不想干啦，准备出去开店。"老板夫妻还真离不开他，苦苦挽留，给他涨工资，他不要；给他股权，他也不要。

后来，老板实在没有办法了，就打电话给我，我说："老板，你把他的电话号码给我，我给他聊一聊。"一打电话才知道，这个内弟是想拥有部分股权，但又不好意思说。

我就给老板说："老板，你卖给他20%的股权，10万元。"

老板一听，就急了："王老师，您别开玩笑了！我白给他，他都不要，他还能买?"

我就说："你试一试，看看。"

第二天，晚上，他们三个人加上岳父岳母一起吃饭，老板说："小弟，我准备卖给你20%的股份，10万元，怎么样?"令老板没有想到的是，内弟竟然愉快地答应了。他们与岳父岳母一起，签订了三方合同。

第三天，内弟就把10万元交给了老板。

第四天，老板打电话给我："王老师，我现在都不知道，这是怎么回事?"我告诉他："这个10万元，你可千万不能真要。你给他买个房子，10万元付个首付。"

后来，老板听从了我的建议。他们双方又和好如初了。

其实，许多亲属加骨干的员工也想拥有部分股权，但总是开不了口。如果老板卖给他，他可能会要。但是，如果老板把这个钱通过其他方式再还给他，他一定会感激老板一辈子的。

☞ 小贴士：股权计划分类

1. 股权购买计划：员工在一定时间内以一个折扣的价格购买该企业一定数量的股权。例如：0.5元1股（原值1元1股）。

2. 股权奖励计划：给骨干员工或有功员工一定数量的干股。例如：年终送500股。

3. 股权回收方案：上市卖掉或老板回购。例如：5年内，如果员工离职，老板按照原价回购；5年后，员工如果离职，老板按照5倍的价格回购。这样，可以大幅度降低员工的跳槽率。

四、如何罚款

如果把罚款给公司，员工会认为这是老板变相拿员工的钱，从而造成员工与老板的敌对。

设立“乐捐箱”是罚款的一种有效方法。

乐捐：就是快乐地捐款。

就是把罚款集中在一起，不给老板，而是用于集体活动或者用于救助有困难的员工。

这样，既处罚了员工，也减少了老板与员工的矛盾。

五、如何激励员工

1. 恩威并重

“恩”是指“好处”，是把不该给员工的“好处”给了员工。例如，一个员工在农村的母亲病重，老板把他的母亲接到城市看病，并报销了全部2万多元的医药费，这就是“恩”。这名员工会一生感谢老板。“恩”要重点给“外人”。

“威”是指“惩罚”，凡是制度规定的惩罚照样适用于“自己人”。例如，一个老板的亲侄子偷了客户车里的东西，按照制度规定，应该开除并罚款。老板不徇私情，坚决执行制度，这就是“威”。“威”首先要对准“自己人”。

如果一个老板总是喜欢给别人“恩”，而不给别人“威”，员工就不怕这个老板，制度就形同虚设。如果一个老板总是喜欢给别人“威”，而不给别人“恩”，员工就感觉这个老板太缺乏人情味，对老板往往敬而远之。

所以，恩威都要有，而且要并重。

2. 赏罚分明

“赏”是指奖励、表扬。“罚”是指惩罚、批评。赏罚要分明，不能搅和在一起，该赏的就赏，该罚的就罚。

3. 赏要及时，赏要在人多的时候

一旦员工有了功，老板要马上给这名员工奖金或者当众表扬，同时一定要说明“赏”的具体原因。

例如，一天上午10点，老板说：“今天早上8点钟左右，小张在门口捡到一个皮包，里面有3000元钱，主动交给了公司，我们已经交给了派出所，这是拾金不昧的高尚行为，大家要向他学习！公司决定现在奖励小张200元！”

4. 罚可延后，罚可在人少的时候

一旦员工有了过失，老板可先找他私下谈谈，问清原因，如果员工确实该罚，可以不着急处罚，让员工有一个自我反省的过程，等员工真正认识到了错误，老板再处罚他，他也不会采取过激行为了。

老板千万不要“不管三七二十一，上去就是批评一通。”

5. 钱不够，话来凑

如果一个员工有了功，而老板又暂时给不了钱奖励，这个时候，老板一定要马上当众先表扬他，可说：“今天上午10点，我们店里，正在改装氙气灯的时候，不小心着火了，幸亏小李及时把火灭了。大家知道，现在公司资金确实紧张，但这件事，我一定记下来，将来一定奖励！”

这名员工，虽然暂时没有得到奖金，但心里是热乎乎的！

第五节　如何培养员工的忠诚

一、老板的榜样：刘备

刘备是古今中外5000年以来最为成功的老板之一。他的手下，文官有诸葛亮，武将有关羽。诸葛亮是中国历史上聪明人的化身，关羽被尊为“关帝”，而刘备文武都不行，也没有多少钱，可是诸葛亮、关羽对刘备都忠心不二。

诸葛亮被活活累死，死的时候还写信感谢刘备的知遇之恩。如果现在的老板遇到诸葛亮这样的手下，必然是睡觉都偷着乐！

诸葛亮、关羽如果到曹操那里打工，曹操给的薪酬肯定比刘备给的多。但他们都选择了刘备，这是因为，刘备讲诚信，给手下“名”，给手下“权”，感恩手下。

二、老板要讲诚信

当今，“诚信”是最宝贵的东西了，非常稀缺！许多老板经常忽悠客户，有时对客户也能讲点诚信，但对供应商往往不讲诚信，能骗则骗！

但许多老板忽略了一个事实：员工是老板最大的供应商，也是离老板最近的供应商。员工是老板劳动力的供应商，而且是“赊货”一个月的供应商。

当老板对某个供应商不诚信时，他的员工看在眼里，记在心里，心里在想：“他早晚也会这样对我们！不如赶快离开这里！”

这样的老板难以得到员工真正持久的忠诚，也得不到供应商的长久信任，最终是做不大的。

例如，就因为刘备在荆州问题上没有对孙权讲诚信，所以，才丢掉了荆州，还丢掉了关羽、张飞两位兄弟的脑袋。

三、老板要学会感恩员工

如果一个老板总是对员工说：“我能成功，全靠你们，你们是来帮我的。”那么，员工就会忠诚。

如果一个老板总是对员工说：“我给了你们饭碗，如果没有我，你们就失业了。”那么，员工不久就会离开他。

四、老板要给员工“名”

人的追求大约有三个目标：名、利、权。如果一个老板名利权三个目标都要，公司往往做不大。

(1)“小老板”留“名”。“小老板”往往喜欢“有才外露”，什么都是“我最行”，坚决留住“名”，与员工争“名”。

(2)“大老板”不留“名”。往往“有才不露”，把露脸的机会让给下属，把“名”给了下属，自己留“利”。

例如：刘备把“义”的“名”给了关羽，把“能”的“名”给了诸葛亮。

五、老板要给员工“权”

1. 老板信任员工，就是把部分“权”给员工

老板在哪个方面信任员工，就是在哪个方面给了他部分的“权”，员工可以自己做主。

例如：刘备信任关羽，先是把自己的老婆托付给关羽照顾，后来把荆州托付给关羽看守。刘备信任诸葛亮，临去世前，把自己年幼的儿子刘禅托付给了诸葛亮。

重任在肩的人往往具有极大的积极性，老板的信任是启动员工积极性的引擎，从而会激起员工高度的自信心与责任感。

2. 信任就要授权

不管多能干的老板，也不可能把全部工作都承揽过来，这样做只能使管理效率降低，员工成长慢。通过授权，管理者可以提升自己及员工的工作能力，更可以极大地激发起下属的积极性和主人翁精神。

许多汽车后市场门店的老板和老板娘，集中了全部的权力，从早忙到晚，累得半死，只要老板或老板娘不在店里，业绩就大幅度下降。于是，一些老板总是抱怨下属无能。其实，“大树底下不长草”，老板的过分能干，往往是员工不能干的原因。

那些能够“以一当十”、“以一当百”的老板，终究会发现自己不可能“以一当千”、“以一当万”。因此，培养部下，带出一支队伍，是比发挥老板个人才干更重要的工作。“英雄老板”只能成就小企业，只有“英雄团队”才能成就大企业。

(1)“小老板”留“权”。“小老板”往往精明能干，紧紧抓住权力不放，店里时刻离开不了老板或老板娘。

(2)“大老板”不留“权”。“大老板”往往放权给下属，整天溜溜达达，喝茶聊天，到处出差，似乎“可有可无”。

☞ **小贴士：老板要留个缺口给员工**

一位著名企业家在作报告，一位听众问：“你在事业上取得了巨大的成功，请问，对你来说，最重要的是什么？”

那位企业家没有直接回答，而是拿起粉笔在黑板上画了一个圈，但并没有画圆满，留下一个缺口。他反问道：“这是什么？”

听众七嘴八舌地答道："零"，"圈"，"未完成的事业"，"成功"，……。

他说："其实，这只是一个未画完整的句号。你们问我为什么会取得辉煌的业绩，道理很简单：我不会把事情做得很圆满，就像画个句号，一定要留个缺口，让我的下属去填满它。"

留个缺口给他人，并不说明自己的能力不强。实际上，这是一种管理的智慧，是一种更高层次上带有全局性的圆满。

用人就像：给猴子一棵树，让它不停地攀登；给老虎一座山，让它自由纵横。也许，这就是老板用人的最高境界。

第七章　如何在竞争中胜出

市场经济条件下，竞争是正常现象。随着汽车后市场门店的不断开张，竞争也越来越大，但仔细观察会发现，有的店门前车水马龙，有的店门前稀稀拉拉；有的门店赚钱很多，有的一年到头白忙活，有的还亏损。

这些都是不同的竞争策略导致的结果。

第一节　如何找准竞争对手

许多汽车后市场门店的老板认为：凡是与自己店经营同样项目的都是竞争对手。这是广义的竞争对手，但需要进一步细分，才能找准真正的竞争对手！

想想看，卖宝马的4S店与卖比亚迪的4S店是真正的竞争对手吗？广义上是竞争对手！但细分一下，你会发现，想买50万元宝马的人宁可加价、半年后提车，也不会买4万元、马上提车的比亚迪！

但是，想买宝马的人可能会到卖奔驰等高档车的4S店看看，因此，卖宝马的4S店的真正竞争对手应该是卖奔驰等高档车的4S店。

同样，在哈尔滨的宝马4S店与在海南岛的宝马4S店，相隔这么远，也不是真正的竞争对手！

一、谁是真正的竞争对手

汽车后市场门店真正的竞争对手，必须满足下列条件：

1. 周围8公里范围内

（1）周围4公里范围内，是汽车美容快修的核心商圈，客户密度最大，约占客户总数的60%左右。

（2）周围5～7公里范围内，是汽车美容快修的次级商圈，客户较为分散，约占客户总数的30%左右。

（3）周围7～8公里范围内，是汽车美容快修的边缘商圈，客户大多为慕名而来或偶然而来的，约占客户总数的10%左右。

当然，周围8公里范围以外也会有一些路过的车，随机过来的，比例比较小。

2. 服务同等价位的车型

根据汽车的销售价格，车型大致可分为30万元以上、20万～30万元、10万～20万元、10万元以下几个价位。

（1）30万元以上的部分车型。

例如：保时捷的卡宴、宝马的7系、宝马的1系、一汽奥迪的A4L、一汽奥迪的Q5、一汽奥迪的A6L、北京奔驰的C级、大众的CC、广汽丰田的汉兰达等。

（2）20 万～30 万元的部分车型。

例如：上海大众的途观、上海大众的 PASSAT 领驭、上海通用别克的君威、广汽本田的雅阁、广汽丰田的凯美瑞、北京现代的 ix35、一汽大众的迈腾、东风本田的 CR－V、一汽马自达的睿翼等。

（3）10 万～20 万元的部分车型。

例如：上海通用雪佛兰的科鲁兹、上海大众的朗逸、上海大众的 POLO、东风日产的阳光、东风日产的逍客、长安福特的福克斯、北京现代的伊兰特、东风本田的思域、一汽大众的宝来、一汽大众的速腾等。

（4）10 万元以下的部分车型。

例如：上海通用雪佛兰的赛欧、帝豪的 EC7 系、长安福特的嘉年华、长安马自达的 Mazda2、长安铃木的奥拓、长安铃木的雨燕、奇瑞的 A3、比亚迪的 F0、瑞麒的 M1、一汽大众的捷达等。

3. 同样项目、同等价位的收费

（1）洗车。

绝大部分汽车后市场门店都有洗车项目，例如，普通洗车，如果两个店收费都是 20 元，那就是真正的竞争对手；但如果你的店收费 20 元，别人的店收费 40 元，那就不是真正的竞争对手。

（2）打蜡。

例如，普通洗车后打的亮光蜡，如果两个店收费都是 80 元，那就是真正的竞争对手；但如果你的店收费 80 元，别人的店收费 150 元，那就不是真正的竞争对手。

（3）汽车座垫。

例如，如果两个店的汽车座垫都是 400 ～ 800 元的价位，那就是真正的竞争对手；但如果你店的汽车座垫是 400 ～ 800 元的价位，别人店的汽车座垫是 1000 ～ 2000 元的价位，那就不是真正的竞争对手。

（4）钣金喷漆。

例如，如果你的店有钣金喷漆项目，别人的店没有钣金喷漆项目，那就不是真正的竞争对手。

由于汽车服务的项目特别多，车型、价位也比较多，在一个区域里，拥有完全相同的项目、完全相同的价位的真正竞争对手不多。

大多数汽车后市场门店与其他的店存在部分项目的竞争，但几乎每个项目都有真正的竞争对手。例如，一个汽车后市场门店在洗车、打蜡方面与 A、B、C 三个店是真正的竞争对手，在汽车座垫、脚垫等精品方面与 D、E 二个店是真正的竞争对手，在钣金喷漆方面与 F、G 二个店是真正的竞争对手。

二、首先攻击的目标是谁

符合上述条件的竞争对手可能有许多，不可能都同时攻击，你只能首先选择一个进行攻击。选择的原则有下列几个：

（1）把距离最近的店，当作首先攻击的目标。

汽车服务与距离的关系最密切，所以，要选择最近的店作为进攻目标。

（2）把影响本店利润最大的店，当作首先攻击的目标。

把自己店的每月利润进行一下比较，看一下，哪些项目在利润方面贡献最大，找到影响这个项目最大的竞争对手首先进行攻击。

（3）把实力最弱的店，当作首先攻击的目标。

实力最弱，最容易攻击成功。

第二节 如何找准优势与劣势

确定好首先攻击的目标后，要仔细摸清、分析和比较敌我双方的各种优势与劣势，以便“知己知彼百战不殆”。

1. 租金成本

店面的租金往往是成本的最大部分之一，是直接影响服务价格的主要因素，如果双方相距较近，每平方米的租金差距不会太大，但如果店面面积不同，每月的租金会不一样。

2. 装修成本

双方店面的装修不一定相同，存在一定的差异，会影响一定的成本。

3. 进货成本

这是影响服务价格的重要因素，也是同区域进行竞争的关键手段之一。如果能够拿到低成本的产品或者赊货，就占有优势。

4. 技术水平

这是留住并扩大客户的重要因素，特别是在车载电子改装、氙气灯改装、汽车外观改装、进排气改装、汽车快修、贴膜等项目方面，技术水平往往起关键作用。

5. 产品品牌的大小

如果经营的产品品牌大，能够吸引到中高档车型，利润率相对要高，在竞争方面占据优势地位。

6. 与一些有车单位的关系

如果与一些有车单位的关系密切，固定客户比较多，就占据有利地位。

7. 资金实力

如果一个老板的资金实力大，就不怕一时的亏损，就可以打价格战、持久战。

8. 停车位的数量

汽车后市场门店为汽车服务，汽车来了需要停车，停车位越多，能够同时接待的车主越多，生意就越容易红火。

9. 口碑的好坏

一个汽车后市场门店的口碑形成，需要一段不短的时间。如果一个店的口碑好，在当地就有相对多的客户群，就有了竞争优势。

第三节 如何进行竞争

通过对比双方的优势与劣势，找到了自己的优势，也找到了对方的劣势。竞争的有效方式就是用自己的优势去攻击对方的劣势，才能尽快取得成功。

一、价格竞争

价格竞争是指通过直接降价以增加客户量、提高销售量的竞争方式。价格竞争属于正面竞争，是正面竞争中最有力的竞争手段。

价格竞争对于定位中低档车型的汽车后市场门店非常有用。因为，中低档汽车的车主对于价格非常敏感，愿意购买性价比高的产品或服务，即同样的产品，谁的价格低，车主就买谁的。

价格竞争要求自己的成本必须低于对方，例如，进货成本、租金成本、装修成本等。

双方比的是成本！

☞ 小贴士：偏僻处开店也能赚大钱

《重庆晚报》2011 年 11 月 18 日发表了记者李琦的一篇文章：《这个汽车美容店老板思维有点怪，专找偏僻地方开店，竟能月赚 5 万元》。说明汽车后市场门店能否赚钱的关键在于经营策略，不完全取决于选址。现转载如下：

都说开店要找闹市，可那个名叫潘毅的农村小伙开的汽车美容店却专门找了个偏僻地方。奇怪的是，偏僻地方店的生意比在闹市区的店还好。昨天，重庆晚报记者专程前往探询他 1 个月净赚 5 万元的奥秘。

1. 朋友不照顾他业务，让他悟出了生意经

潘毅今年 29 岁，2008 年在奥体开了个汽车美容店。开店初期，有个朋友家住大公馆，离他开在奥体中心的店很近，但只要洗车总往江北跑，为此要多跑几十公里路。过了好久，他终于忍不住去问朋友：为什么有生意舍近求远？

朋友的说法很直白：你这里店面太小，生意稍微忙点停个车都不方便。江北那边虽然地方偏一点，去了车子从来都是随便停。还有就是人家的活做得也比较细致，收费还比你便宜。

请朋友带着去看了一番，潘毅彻底明白了。原来江北那家店门面租金很低，这就让老板敢于大幅让价。

这下子潘毅豁然开朗。经过反复推敲，他决定：以后开店都找偏僻地方。

2. 专找偏僻地方开店，同样租金门面更大

1 个多月前，潘毅的新店在歇台子歇虎路开张了。新店远离主干道，从歇台子小学往里走 300 米，还要经过一个小巷子，当地很多人都不知道那地方该叫啥。

门店偏僻自然人流不足，会不会没生意？潘毅称，选址偏一点，好处不光是好停车，更重要的是门面租金便宜。这样一来，花同样的成本就能租更大更好的门面。他以自己的新老店对比说，同样花每月 1 万 5 的租金，奥体中心店室内 100 多平方米，室外占点道可用 300 平方米；新店室内 450 平方米，室外不用占道都有 500 平方米。可以容纳的车多了。

3. 成本降低薄利多销，人气一旺带动全盘

新店要打响招牌，潘毅选的突破点，是所有车主都需要的洗车服务。考虑到人工成本，他的店不做 15 到 25 元靠人堆的常规洗车业务，而只做精细洗车项目。

在市内汽车美容店，精细洗车要洗外表和内饰，有的还加洗发动机外壳，一般收费在180～220元左右，潘毅只收88元。潘毅说，一辆普通小轿车做精细洗车，大概要4个人洗1小时。他为此算了一笔账：一个洗车工1个小时成本10元，人工加上清洗剂、水电费用，洗一辆车成本至少要70元。

洗车不赚钱，开店为哪桩？潘毅说，洗车比别人便宜这么多，肯定能吸引人来。只要人来了，就让他感受到我们的好。他一信任我们，我们推什么项目和产品对方都能接受。这样，只要我们的收费比别人低点，那生意肯定就是我的了。

潘毅这样说，也这样做。在他的新店中，常规的贴膜，外面收1800元的，他收1500元。他说，这样客户就愿意照顾他的生意，这就来了量。有了量，也就能赚钱。据他称，目前他店里基本都是回头客，以及回头客带来的新朋友，新朋友又变成回头客，雪球般越滚越大。现在，同样做汽车美容生意，他的客户量是其他同行的至少3倍。

二、技术竞争

技术竞争就是通过提高技术水平以提高利润率的竞争方式。技术竞争属于侧面竞争。技术竞争能够使同样的成本、同样的产品，得到更高的利润率。

汽车服务的直接对象是汽车，车主绝大部分不太懂车。车主想要的就是：汽车美容好、装饰好、改装好、维修好、保养好，不要总是隔三差五的出毛病！

每个汽车后市场门店师傅的技术水平不一样，做过几次活以后，车主心里对一个店的技术水平就有谱了。

技术竞争对于吸引车载电子改装、氙气灯改装、汽车外观改装、进排气改装、汽车保养、汽车快修、贴膜等项目的车主特别有效。例如，发烧友一定会选择特别专业的汽车音响改装店进行汽车音响的改装，价格不是问题，看重的就是技术专业！

技术竞争要求老板或师傅的技术水平要比对方技高一筹。

双方比的是人才！

三、产品竞争

产品竞争是指通过购买高质量或大品牌的产品以增加销售额、提高利润率的竞争方式。产品竞争属于正面竞争。

汽车服务的间接对象是车主，有高档车的人都比较爱面子，“好马配好鞍”，防盗器、导航、音响、汽车座垫、汽车脚垫、汽车香水等产品都喜欢用大品牌、高质量的产品。

随着城市化的加快和人均收入的提高，高档汽车越来越多，2011年就出现了高档车脱销、低档车滞销的局面。

当然，大品牌、高质量产品带来的就是销售额高、利润率也高。

双方比的是产品！

四、环境竞争

环境竞争是指通过提高店面装修的档次以增加高档车主、女性车主客户量的竞争方式。环境竞争属于侧面竞争。

高档车主在汽车美容、快修、保养期间，希望得到一个非常优雅的休息、谈心、上网、读报的环境。

女性车主特别在意店面的环境，有的女性车主一看到脏乎乎的店面、一身脏兮兮的工人，马上就会离开，以后也不会再来了！

随着拥有两部车家庭数量的不断增加，女性车主越来越多，而且女性对于汽车维修、保养、美容特别容易“迷糊”、特别舍得花大钱。

高档车主、女性车主带来的往往是大单！

双方比的是环境！

五、服务竞争

服务竞争是指通过提供细致周到、全面体贴的服务以增加客户回头率的竞争方式。服务竞争属于侧面竞争。

汽车后市场门店的服务不同于一般的商业服务，需要同时提供两种服务：

(1) 服务于汽车。需要专业的技术与产品，打造出一种汽车的“美”，例如，洗车、内室消毒、打蜡、贴膜、贴纸、装饰、天使眼改装、氙气灯改装、大包围改装、排气系统改装等。

(2) 服务于车主。让车主有一种“家”的感觉，感到心情舒畅。例如，休息室、上网、咖啡、茶水、短信问候、短信提醒、上门服务等。

这两种服务缺一不可，要同时提供，才能获得高的回头率。

双方比的是服务质量！

六、差异化竞争

差异化竞争是指通过提供独有的差异化产品、差异化品质或差异化项目，以增加利润率、提高知名度的竞争方式。差异化竞争属于侧面竞争，是侧面竞争中最有力的竞争手段。

差异化竞争的典型案例是“北京烤鸭”。全世界到处都有鸭子，鸭子的吃法也很多，但唯独“北京烤鸭”最有名、利润率也最高。

(1) 产品差异化。例如，在方圆8公里区域内，唯独我能够提供某种品牌的产品，其他店里买不着，这是生产厂家区域保护的结果。

(2) 品质差异化。例如，在方圆8公里区域内，我的店做汽车音响改装的品质最好，价格也最高，但其他店做不到。

(3) 项目差异化。例如，在方圆8公里区域内，我的店能做“手动变速箱大修”这个项目，其他店做不了。

差异化打造的就是小区域里的垄断性。

双方比的是差异化！

七、口碑竞争

口碑竞争是指通过汽车后市场门店的好口碑效应以吸引车主的竞争方式。口碑竞争属于侧面竞争，一旦在当地拥有了好的口碑，竞争力会非常大。

一个单店在当地经营多年后，会自动形成某种口碑或者通过媒体的宣传提高知名度。如果口碑好或知名度高，一旦需要，当地的车主会首先想到这个店。如果口碑不好或知名度低，车主就不愿意来。

一个连锁店拥有的品牌与口碑效应相对大，如果加盟，可以迅速获得这种好的口碑，但可能会付出相应的加盟费等。

许多车主，为什么明知4S店的服务收费贵，还去4S店？就是因为4S店的口碑效应：相信4S店能够提供“正厂件”或者品质有保证。

口碑竞争就是打造自动吸引客户的一种引力。

双方比的是口碑！

☞ 小贴士：新车车主换机油为何偏爱4S店

换机油是许多汽车美容店的服务项目，但现在很多新车都偏偏跑到4S店去。一家汽车美容店老板无奈地说：

“我这里，140元就可以换很好的机油，相当于4S店320元价位的机油，但一些新车车主还是喜欢到4S店。”

“很多新车主看重4S店的口碑，不相信汽车美容店的机油质量，加上一部分汽车美容店的机油质量确实不过关，给整个行业造成了一些负面影响。”

“到我店里换机油的以旧车居多，一个月差不多有二十多台旧车来换机油。”

第四节　如何与竞争对手合作

在一个方圆8公里的范围内，有时候，生意上的竞争对手，私下里可能是多年的邻居或者远房的亲戚。如果打得不可开交，可能导致长期的怨恨，划不来！

其实，竞争对手也可以合作共赢！

一、协商错位经营

目前，在中国的汽车车型有数千个，不重样的零部件共有27万多，还有数以万计的专车专用的导航、氙气灯总成、脚垫、座套、机油等汽车精品与汽车保养用品。所以，汽车服务的种类特别多，两家相距这么近的店何必都经营同样的业务？

如果竞争对手的双方能够坐下来，协商一下，错位经营，互相介绍客户，就能够实现双赢。

二、联合采购

如果处于竞争对手的双方，能够联合采购，就可以降低采购成本，把附近的客户都吸引过来，从而增加双方的业绩。

三、明面互相打，实质是一家

有一个真实的案例，一个县城里有两个相临的汽车美容店，双方互相攻击，洗车、精品经常打价格战，结果，到他们两家门前的小车越来越多，加上当地媒体的报道，结果把整个县城的私家车都吸引了过来，利润不降反而增加了。

后来，有人发现，在老家，他们不仅是邻居，而且还是亲戚，“价格战”只是他们商量好用来吸引客户的一个策略！

第五节　如何加盟连锁

一、连锁经营能够提高竞争力，是汽车后市场门店的未来发展趋势

汽车后市场门店连锁经营是以经营汽车美容、装饰、改装、快修等同类商品或服务的若干个店铺，以一定的形式组合成一个联合体。连锁经营能够实现集中采购、统一配送、店铺分散销售，采用统一标识、统一盈利模式、统一价格的方式。连锁经营能够降低采购成本，杜绝假冒伪劣产品，提高服务质量，获取规模效益和品牌效益，从而提高汽车后市场门店在当地的竞争力。

从发达国家的经验来看，汽车后市场门店的连锁经营相继战胜了单店，例如：德国博世公司在137个国家和地区拥有万余家品牌连锁店，建立了最大的全球汽车维修网络；美国AC德科是全球最大汽车快修连锁品牌，拥有25000家加盟店；美国NAPA被称为汽车售后服务的“麦当劳”，拥有10500家连锁店；日本最大的两家汽车服务连锁店分别是日本澳德巴克斯与日本黄帽子。

中国汽车后市场门店的未来发展趋势也必将是连锁经营。目前，已经进入中国的外国汽车服务连锁品牌主要有：美国3M、美国霍尼韦尔、美国龟牌、日本澳德巴克斯、日本黄帽子、英国尼尔森、德国SONAX等。

中国本土的汽车服务连锁品牌主要有：新焦点、新奇特、非常城市、上美、爱义行、月福、置信经典、正道、云鹰、百年汇、小拇指、华胜、汇成、人仁宽等。

二、选择哪种连锁经营

汽车后市场门店的连锁经营的种类主要有直营连锁、特许连锁、自由连锁等。

1. 直营连锁

直营连锁是指总公司直接经营的连锁店，即由公司总部直接经营、投资、管理各个汽车后市场门店的经营形态。

大多数汽车后市场门店不能选择这种连锁经营形式，除非把自己的店卖给了某个连锁品牌。

2. 特许连锁

特许连锁是指总部授权加盟的连锁店，也称合同连锁、契约连锁等。总部同加盟店铺签订合同，特别授权其使用自己的商标、服务标记、商号和其他为总部所独有的产品或技术，在同样的形象下进行汽车服务与精品销售。

加盟店拥有店铺的所有权，负责洗车工、美容工、贴膜师傅、改装师傅、维修师傅等各种人员的招聘。加盟店向总部缴纳一定的加盟金或者按照营业额提成一定比例给总部。

总部负责采购各种设备、工具、产品，然后销售、配送给加盟店；总部负责加盟店人员的培训与咨询；总部负责对加盟店的监督。

特许连锁经营的特点：

（1）在一个特许连锁组织中，设一个总部和许多个加盟店。

（2）特许连锁是通过总部与加盟店一对一地签订特许合同而形成的。

（3）特许连锁关系主要是总部与加盟店的纵向联系，加盟店之间没有横向联系。

（4）特许连锁的核心是特许权的转让，总部是转让方，加盟店是接受方。

（5）特许连锁的所有权是分散的，经营权是相对集中的。

（6）总部在教给加盟店完成事业所必要的所有信息、知识和技术的同时，还要授予店名、商号、商标、服务标记在一定区域内的垄断使用权，并且在开店后继续进行经营指导。

（7）加盟店对于这些权利的授予和服务，以加盟金、销售额的提成给予回报。

大多数汽车后市场门店可以选择这种连锁经营形式，但要选准品牌。

3. 自由连锁

自由连锁是指由多个汽车后市场门店自愿联合组织成总部的连锁店，实行共同进货、配送的连锁经营形式，也称自愿连锁、志同连锁、任意连锁等。

总部同加盟店之间是协商、服务关系。总部负责集中订货、统一送货、统一制定销售战略。

各加盟店保留各自的所有权，不仅独立核算、自负盈亏、人事自主，而且在经营品种、经营方式、经营策略上也有很大的自主权。

总部不以盈利为目，类似“团购”秘书处，加盟店要缴纳加盟金或按采购额提取一定的服务费，以维持总部的运转。

大多数汽车后市场门店也可以选择这种连锁经营形式，能够降低采购成本，但难以获取品牌效益，也不能得到总部的有效管理、培训、咨询与监督等服务。

三、加盟连锁的注意事项

随着汽车后市场门店的竞争越来越激烈，一部分店感到盈利越来越难，于是想要加盟别人的连锁店，但加盟连锁时需要注意下列事项：

1. 加盟要选择好的品牌

加盟就是为了获取知名品牌的知名度、美誉度、培训、咨询和技术等，加盟一定要选择好的品牌，选准专业的汽车美容品牌。

目前汽车美容市场不规范，很多品牌鱼龙混杂，许多总部没有能力兑现培训、咨询等承诺，只是要求加盟店购货。加盟者可以到网上搜索一下，看看车主、加盟店对于这个品牌的评价。

2. 确认总部拥有此品牌的所有权或使用权

所谓加盟，就是总部将品牌（商标、标识等）授权给加盟店使用。如果总部总部不拥有此品牌的所有权或使用权，将来一旦被迫更改品牌名称，加盟店要花费许多冤枉钱。

3. 考察其他的加盟店

加盟前不一定看总部专门指定的样板店，但一定要看看其他加盟店的情况，例如，总部对加盟店的培训咨询等服务情况、加盟店的盈利状况、产品和服务是否得到车主的认可等。

4. 认真阅读合同条款，保护好自己的权利

（1）仔细查看权利金的支付方式。

总部向加盟者收取费用大约有三种：加盟金、保证金、权利金。

加盟金是指总部为加盟店在开店前做整体开店规划、教育训练等收取的费用。有的总部免收加盟金。

保证金是指总部为确保加盟者履行合约、准时支付货款等而收取的费用。

权利金是总部收取加盟店使用商标的费用。有的总部免收权利金。如果收取权利金，往往按年收费。如果遇到总部要求一次性收取合约期限（例如五年）内全部权利金时，加盟店要务必在合同上加注：当加盟店收店不再开店时，总部必须退回未到期的权利金。

（2）限制总部供货的价格。

大多数加盟合同中，总部都要求加盟店一定要向总部进货，不得私下进货。

加盟店在签定合同时，应写明总部供货的价格不得高于市场行情，或是高出市场行情百分之多少是可以接受的，以免日后双方为了价格问题争执不休。

（3）要总部明确商圈保障范围。

总部为确保加盟店的利益，都会设有商圈保障，也就是在某个商圈之内不再开设第二家分店。

为了日后减少纷争，加盟店要写明下列内容：总部明确写明商圈的范围；总部在商圈内不得再发展营业内容完全相同的第二品牌。

（4）避免总部在管理规章上做文章。

许多加盟合同上，最后一个条款通常都会写上："本合同未尽事宜，悉依总部管理规章办理。"如果加盟店遇到这样的情形，最好要求总部将管理规章附在合约后面，成为合约的附件。因为管理规章是由总部制定的，总部可以将合约中未载明事项，随时修改、大做文章，到时加盟店就被动了。

（5）要总部明确双方的违约处罚方法。

许多加盟合同上，往往只有对加盟店的违约处罚内容，而缺少对总部违约的处罚内容。加盟店应要求总部明确双方的违约处罚方法，以免日后加盟店被动。

（6）要缩短竞业禁止的时间。

竞业禁止是指总部为保护其技术、经营方法等不因开放加盟而外流，要求加盟者在合同存续期间，或结束后一定时间内，不得从事与原加盟店相同行业的规定。这样的要求是合理合法的。

如果竞业禁止的时间太长，就会影响加盟者日后的生计，加盟者在签约时可要求缩短年限。

5. 不要依赖连锁总部

汽车后市场门店的业务分为两种类型：

（1）容易复制的业务。主要有：洗车、装饰、精品、保养、车险等。

（2）不容易复制的业务。主要有：美容、快修、修理、定损、钣金、烤漆、改装等。不容易复制的业务受制于员工的技术水平，而员工是加盟店自己招聘的，总部能否培训成为合格的人才，取决于总部和员工两个方面。

连锁总部会派店长、技师上门，一方面派来的人水平不一定行，另一方面总部派来的人走了以后还是要自己的员工来干。

所以，加盟店不要指望别人帮你“养孩子”！

第八章　如何增加客户量

第一节　如何提高专业形象

绝大多数车主在汽车美容、装饰、贴膜、快修等方面不是专业人士，因此，车主们非常希望把自己的爱车交给专业的店、专业的人去打理。所以，吸引车主的第一步就是提高店面的专业形象。

一、如何提高店面外部的专业形象

（1）把自己的定位写在“门头”上，让车主知道“我大概是做什么的”。

店铺名称是反映定位的最好方式之一，车主一看就知道这个店是大概做什么的了。路人一看是“××汽车美容店”，就不会想到这里来吃饭。例如：

××汽车美容装饰专业店

××汽车音响改装店

××汽车用品超市

××汽车贴膜中心

××汽车快修中心

（2）把自己的项目写在“门头”或“门柱”上，让车主知道“我具体是做什么的”。

一个车主发生了轮胎爆胎，想要补胎，但这个店只有洗车、汽车美容、汽车装饰、个性改装、精品超市几个项目，没有补胎的项目，就会到其他店看看。

（3）把ISO认证写在“门头”上，让车主知道“我做得怎么样”。

ISO认证是一个质量方面的专业形象标志，车主一看就知道这个店的活做得怎么样了。

（4）在“门头”上方，安装“立体、晚上发光”的灯，让车主晚上看到。

（5）大门入口处安装摄像头，可以马上识别出不同的客户。

通过拍下汽车牌照，摄像头可马上识别出老客户和已经预约的客户到了，店里的有关服务人员，可以马上做出应对措施。

并且电脑里会显示出老客户的一些信息，当接待人员说出老客户的过去信息时，会让老客户感到惊喜！

二、如何提高店面内部的专业形象

（1）在服务台的上方或旁边挂上相关证件。

例如：《营业执照》、《税务证》、《特种作业许可证》、《生产厂家授权书》，技师的照片、技师的技术证书、技师的简介等。

车主进来一看，就知道这个店非常合法、正规、有专业的技师，可以把自己的爱车交给这个店了。

☞ 小贴士：向医院学习

许多医院把医生的照片、职称、主治等贴在墙上，患者一看就知道这个医院是正规、专业的医院，可以把自己交给这家医院了。

其实，汽车后市场门店就是汽车的“医院”。

（2）在接待室的墙面上应悬挂“汽车美容项目与标准收费牌”。

明码标价，可以让车主心里有数，打消顾虑。

（3）设置“透明车间”，让车主始终能够关注着自己的爱车。

这样，既能让车主放心，又能增加操作的透明度，让车主了解自已的汽车是怎样由旧变新的。

（4）办公室墙上要悬挂各个岗位的职责说明。

（5）卫生间面积应大一些，装修高档一些，一定要保持干净、无异味。

由于许多马路上缺少卫生间，有些车主就是因为内急，才到汽车后市场门店的。干净、高档的卫生间可以给车主留下一个难忘的美好印象，这也是招揽客户的一个重要方式。

（6）每个洗车工位都要安装洗车机。否则，将导致洗车工位闲置、工位使用效率低。

（7）对 VIP 客户要配备专用毛巾，可使 VIP 客户感受到一种优越感。

（8）产品尽可能都贴上防伪标识（可到商业防伪公司购买），可以使客户感到产品的正规性。

（9）如果项目需要，可购买进口超声波电脑底盘检测仪、漆面干磨机等设备，可以使客户感觉这个店特别高档、专业。

（10）如果有汽车音响改装项目，应设置专门的音响试音柜。

（11）如果有贴膜项目，应有“无尘车间”和专门的裁膜台。

（12）养护维修车间与钣金喷漆车间一定要分开，可以提高施工效率，保障施工安全。

（13）装饰美容工位一定要独立，不能把大部分的面积都用于精品卖场与维修。

（14）精品卖场货架上一定要摆满精品，不要空闲。否则，一方面导致资源浪费，另一方面会让客户感觉这个店营业状况不佳。

三、如何提高店面人员的专业形象

一般而言，要求所有员工都要统一着装，回答问题都要统一口径，对待客户要热情、礼貌等，这是对全体员工基本的要求。

在员工之中，最能够代表店面人员专业形象的是导购员，每个汽车后市场门店都应有至少 1 名导购员。导购员最好是 20 ～ 25 岁的年轻、漂亮的女性，性格温和，语言流利，举止大方，面带微笑，尤其是在接待客户方面，要具备下列的知识、能力与技巧。

1. 导购员要记住本店的基本情况

主要包括：本店的发展历程、规模、实力、未来的发展规划、经营理念、行业地位、荣誉、权威机构的评价，以及老板的籍贯、经历与荣誉等。

2. 导购员要记住本店的各种产品

包括产品名称、适用的车型、使用方法、使用周期、零售价格等知识。导购员要相信本店的产品是最好的，是能够为客户带来好处的产品，是值得客户购买的产品，从而增强说服客户的自信心。

3. 导购员根据客户类型采取不同的接待方式

客户大致有三种类型：已决定要买产品的客户、未决定买产品的客户和随意浏览的客户。

（1）如何接待已决定要买产品的客户。当客户自己拿起产品，或导购员把产品拿给他后，他会询问几个问题，然后就会付款。接待这类客户时，导购员一般不必对产品进行详细介绍，除非客户提出要求。

（2）如何接待未决定要买产品的客户。这类客户担心买错东西，在选择商品时犹豫不决，往往要花很长时间。在这种情况下，导购员要帮助他们做出选择。

首先询问："老板/先生，您的车是什么车型？买了几年了？希望达到什么目的？"

然后推荐：相应的产品及服务，介绍能够给客户带来的好处。

最后回答：客户的有关问题，促成销售成功

（3）如何接待随意浏览的客户。这种客户常说的一句话是："我只是随便看看。"这样的客户或者不要求导购员提供什么服务，或者怕导购员纠缠。

导购员不要问"您想买什么"，而要热情地招呼他们："好的，老板/先生，您看一下自己喜欢的精品，我是本柜的小李，您有什么需要，请随时喊我！"使他们有宾至如归的感觉，找准机会攀谈一下。

4. 导购员常用的销售话术与技巧

（1）如何同时接待多个客户。要重点接待第一位客户，同时分发宣传品给第二位客户，抽空回答第三位客户的提问或提供一些帮助。

（2）如何寻找接近客户的最佳时机。最佳时机主要有：当客户长时间凝视某一产品时；当客户注视并触摸产品时；当客户注视产品一段时间，把头抬起来时；当客户突然停下脚步时；当客户目光与导购员目光相碰时；当客户与朋友谈论某一产品时；当客户寻求导购员帮助时。此时，导购员可主动与客户接近。

（3）如何找话题与客户接近。

第一种话题："老板/先生，您很有眼光，这款汽车座垫，风格确实很独特！"（采用赞美的方式接近客户）

第二种话题："老板/先生，我们这款雨刮现在卖的非常好，我来帮你介绍一下。"（单刀直入，开门见山）

第三种话题："老板/先生，您好，这款是我们刚刚进的汽车香水，香味特别，与众不同，我帮您打开闻闻！"（突出产品的特点）

第四种话题："老板/先生，您好！这款是今年最流行的抱枕款式，不但款式新颖，而且它的海绵还特别，这边请！我为您详细介绍一下。"（突出新款的特别之处）

第五种话题："老板/先生，您眼光真好，这种汽车脚垫是专车专用的，非常适合您的车型，要不试一试?"。(突出专车专用)

导购员不要过分热情，硬性推销；也不要突然出现，惊扰了客户。

(4) 如何揣摩客户的需求和喜好。一方面可看客户的表情，另一方面可说："您对这产品感兴趣，是吗?""这个款式最近非常流行，您看怎么样?""您是准备自己用，还是准备送人?""您以前用过这种产品吗? 觉得怎么样?"

导购员切忌以貌取人，不要打断客户的谈话。

(5) 如何介绍产品。导购员要介绍产品的特性、优点及带来的好处；可展示产品，并附上说明书加以引证；让客户了解产品的使用情形，示范一下并解释使用的方法，必要时鼓励客户试用一下产品等。

(6) 如何用事实说话。在面对客户对产品表示怀疑时，不能简单地介绍产品的功效，要用事实说话。可领客户到车间观看有关的操作，如封釉、镀膜、贴膜、改装、喷漆、钣金等。同时要暗示，如"镀膜是不是车身很亮，而且光彩照人!"

(7) 如何介绍价格。可说："才 128 元"，"才 188 元"，"顶多××钱"，"其实并没多花钱"，"一次打蜡才 98 元，可以保持一个月。"

在导购员与客户的交谈中，将自己的产品与竞争产品结合在一起分析出优劣，能够吸引客户购买。

(8) 如何处理异议。

首先说："我很同意您的观点!""我原来也这么理解。"

然后说："虽然……但是……"，不厌其烦地耐心解释。

最后说："有什么问题，请告诉我，我们都会尽力帮你解决。"

导购员切忌与客户争执，也不能让客户难堪，更不能强迫客户接受自己的观点。

(9) 如何促使尽快成交。

成交信号如下：当客户不再提问而进行思考时；当话题集中在某种产品时；当客户不断点头对导购员的话表示同意时；当客户开始注意价钱时；当客户反复询问一个问题时；当客户与朋友商议时等。

导购员促进成交的技巧如下：

不要再给客户介绍其他产品，让其注意力集中在目标产品上；

进一步强调产品所带给客户的好处；

强调购买后的优惠条件，如赠礼、价格优惠等，促使客户做决定；

强调机会不多，可说："这几天是优惠期，不买的话，几天后就涨价了。"

强调产品库存不多，如"这种产品很好销，今天不买，就要等下一批货了。"

直接建议客户购买，可说："这种产品能给您这么多好处，我看您应该买!"

假定已成交，给客户开售货单；

假定已成交，请客户选产品，可说："您看您是要这套座垫，还是要那套座垫?"

导购员应大胆提出成交要求，但切忌表示不耐烦。

(10) 附加推销。在客户完成购物后，导购员可推荐相关的产品，引导客户进一步消费。可说："谢谢您，您可以再看看其他产品，是否有合适您用的。""您再买个防滑垫，搭配您刚才买的那瓶香水，放置在仪表台上就不滑动了!""您车里买了瓶香水，是不是也给您父母或者好朋友的车里也带上一瓶呢?”等。

如果客户不立即购买相关产品，也可令客户留下良好的专业服务印象。

(11) 安排付款。

客户决定购买后，希望付款过程简单快捷、钱货无误。导购员可说：

“谢谢，一共888元，请到收银台付款，我给您拿着脚垫。”

“老板/先生，请您把车打开，您看好，这一套脚垫是新的，我把它铺到您车里，好吗?”

(12) 礼貌送客。

当客户即将离开时，导购员可说：“谢谢！有空请再来，再见！”

导购员要保持微笑，目送客户远去。如急需招呼其他客户，应向该客户表示歉意。切忌匆忙送客。

第二节　如何促销最有效

许多汽车后市场门店尝试过各种形式的促销活动，例如，样品促销、优惠券促销、赠品促销、特价促销、打折促销等等，效果一般，由于各种商家天天都在搞这些促销活动，人们似乎对于促销已经麻木了。

但有一种促销最为有效，就是免费。例如，免费洗车。

☞ 小贴士：免费洗车搞火了生意

有一个小城市的汽车后市场门店开业一个月，生意冷清，没有几个人来。于是，老板决定免费洗车。

免费洗车的招牌一挂，很快就招来了大量的出租车。店里的10来个人，从早干到晚。后来，这个小城市的大部分出租车都来排队免费洗车。

这件事引起了当地媒体的关注，经过交通电台、电视台、报纸等媒体的报道，许多车主知道了这个汽车后市场门店，都来看看。一些已经免费洗了一个多月车的出租车司机也感觉有点不好意思了，纷纷到店里买一些汽车座套、把套、雨刮等。

结果，这个汽车后市场门店的生意从此就火了起来。

其实，我们已经进入了“免费时代”。

例如，百度非常有用，但是免费，百度公司的主要收入来源是“百度推广”的广告收入，而且收入很多。

再如，QQ非常有用，但是免费，腾讯公司的主要收入是广告、游戏、网上宠物、网上礼物等，而且收入很多。

再如，国美的家电价格本来就比百货大楼、超市的家电价格就低，还经常搞一些免费促销，包括空调免费加氟、免费送货安装、免费停车、专家免费咨询、免费试机、特供礼品免费赠送等，所以，很快就打败了百货大楼、超市，成为中国最大的家电连锁企业之一。

☞ **小贴士：免费洗车可用广告费作为收入来源之一**

当免费洗车招来的车主非常多时，汽车后市场门店就具有了广告的价值，可以把广告费作为收入的来源之一。

可利用汽车后市场门店内外部的空间、墙体、地面、图片、视频、广播等为汽车用品、汽车零部件、汽车维修设备、汽车维修工具、房地产、保险公司、手机等产品做广告，收取广告费。

第三节　如何开发新客户

一、如何用互补联盟开发新客户

汽车后市场门店与附近的加油站、沐足中心、桑拿中心、娱乐场所、酒店、售楼中心等建立互补联盟。因为进入这些场所的大多是有钱人，许多是车主。互补联盟双方采用互相打折、互换代金券的方式，相互开发新客户。

例如：在汽车后市场门店消费1000元，可在酒店打一折。

在酒店消费500元，可在汽车后市场门店打一折。

二、如何用汽车俱乐部开发新客户

汽车俱乐部是车主活动的重要场所，其会员都是车主，对会员有一定的影响力。

例如：美国AAA代表了美国、加拿大69个地区俱乐部的4900万车主会员，仅雇员就有38000多人。

再如：德国ADAC拥有1540万车主会员，即1/3的德国车主都是它的会员，它的碰撞测试非常出名，进口车如果不能通过ADAC的碰撞测试，在德国很难卖出去。

目前，中国的汽车俱乐部也纷纷建立起来，汽车后市场门店可以与本区域的汽车俱乐部合作，采用汽车俱乐部介绍车主拿一定比例提成的方式，开发新客户。

三、如何用停车场开发新客户

香港、新加坡明文规定：只有租到停车位，才能给新车办理上牌。所以，香港、新加坡停车位的租金非常贵。

目前，北京市治堵的措施之一就是大幅度提高停车的收费标准。因此，停车场逐渐成为了大城市的稀缺资源。

汽车后市场门店可将本区域或附近繁华的一条街上的主要停车场垄断经营，出租停车位，吸收会员，从而开发新客户。

四、如何用4S店开发新客户

一些汽车美容快修店把4S店视为最大的竞争对手，其实，4S店最关注的是卖车与维修，而汽车美容、贴膜、改装等项目往往不是4S店重点关注的领域。

一些4S店由于工位比较有限、人手不够或经验不足等原因，难以大规模开展汽车美容、贴膜、改装等项目。汽车美容快修店可以通过与周边4S店的合作，来开发新客户。

（1）如果4S店的人手不够或经验不足，汽车美容快修店可以承包4S店的汽车美容、贴膜、改装等项目。即在4S店里干活，车主的钱交给4S店，双方分成。

（2）如果4S店由于工位少，汽车美容快修店可以与4S店达成协议，4S店每卖出一辆汽车就送一张会员卡，并且可以在一定期限内享受一次免费或特别的优惠服务，从而最大限度地吸引新增汽车用户。而汽车美容快修店则给予4S店一定的提成，这对双方都是双赢。

五、如何用酷车开发新客户

一家汽车后市场门店老板把自己五万多元的铃木奥拓改装成了暴力赛车，外形特别酷。停在门口，吸引路人。他还在车上贴上自己店的名称、地址、电话，偶尔也开出去转转，不久就打出了自己的名气。后来，许多低端车的车主也希望把自己的车子改装的牛一些、酷一些，所以就慕名前来请求改装。

六、如何开发单位客户

各级政府机关、团体及各种企事业单位都有公务车，他们是单位客户，是集团消费，有时他们一单的消费额可能是汽车后市场门店正常一个月的营业额。

开发单位客户的方式是有两种：

（1）要主动出击，对可能的单位客户紧追不放，一定要想方设法与单位领导交上朋友。经常邀请单位客户的后勤负责人到店铺坐一坐，参加店铺周年庆典等各种活动。

（2）对单位客户不能当作散客对待，应当给予大买主应有的待遇。例如：优惠的价格，特殊的服务，满足特殊的要求，赊账等。

七、如何用亲友开发新客户

亲朋好友介绍的客户往往比较“铁”，忠诚度较高，是最稳定的客源，要经常进行感情联络。

（1）广泛发动亲朋好友介绍客户，经常请请客、吃吃饭等加强感情联络。对于汽车美容、维修等，适当优惠，给些礼品。

（2）经常组织亲朋好友介绍的客户搞些活动，例如：自驾车游，篮球比赛等。

八、如何用名人名车开发新客户

名人、名车往往具有明星效应，会招来许多人的观看，从而能够迅速提高汽车后市场门店的知名度和新客户数量。

1. 利用名人招揽客户

聘请知名度高的歌星、影星、体育明星等来汽车后市场门店进行表演，或者免费为歌星、影星、体育明星进行汽车美容、贴膜、改装、快修等项目，或者请名人为车主签名或把名人用过的物品作为礼品赠送给车主等，都能够招揽客户，快速提升店铺的知名度。

☞ 小贴士：刘翔的“幸运裤”碎片网上拍出天价

2009 年 10 月 25 日济南，第十一届全运会男子 110 米栏决赛，刘翔获得冠军，成为“三冠王”，赛后脱下“幸运裤”抛给观众。

刘翔裤子碎片网上起拍价三万。

刘翔裤子碎片网上拍卖，有人开出 500 万天价。

如果汽车后市场门店也能够邀请到类似刘翔的名人，可以为名人免费更换汽车用品，然后将名人用过的汽车用品进行拍卖或送人。例如：将名人用过的座套、座垫、脚垫等切割成为小块，请名人签名，免费送给在本店消费超过 1 万元的客户。

2. 在店铺门前放置一辆名车，以招揽客户

这种名车，既可以是豪华车，也可以是名人用过的车，都具有吸引路人的特点，都能够用来招揽客户。

☞ 小贴士：毛泽东武汉用车“吉斯 110”

20 世纪 50 年代，斯大林赠送给毛主席一辆“吉斯 110”，毛泽东在武汉从不坐别的车，只乘坐这辆汽车。2008 年 4 月 28 日，在武汉东湖宾馆，当时的香港特首曾荫权想拿 2 辆“奔驰 600”换这辆“吉斯 110”，但没有成功。

九、如何用开业开发新客户

汽车后市场门店可许诺：凡在试营业期间和开业当天到店铺内进行汽车美容装饰的客人能获得特别的优惠，例如：办理洗车卡 5 折优惠，开业后不再发放同等优惠或更优惠的消费卡。虽然优惠消费卡的价格比较低，但可以迅速回笼一些资金，也可以有一批稳定的客户。

当然，汽车后市场门店要信守承诺，开业以后再次发放优惠卡时，优惠幅度应低于开业前所发出的优惠卡，这样能够稳住这批客户。

十、如何用旧零件开发新客户

把旧汽车零部件、旧汽车用品制作成工艺品、纪念品或礼品赠送或出售，既能变废为宝，也能成为一个景点，招揽客户。

例如：泰国艺术家用汽车零部件做成艺术品“变形金刚”出售。

十一、如何用广告开发新客户

汽车后市场门店要牢固树立品牌观念，这个品牌不是指某个产品或项目的品牌，而是指整个店铺的品牌。推广品牌，车主口碑固然重要但比较慢，而广告却能够快速提高店铺的品牌知名度，吸引新客户。

做广告，首选当地的交通广播台。因为，在下午下班的高峰时间段，有许多车主愿意收听交通广播台关于道路情况方面的信息，并且下班之后才有时间给汽车做美容保养，在这个时间段进行广告宣传投入的回报率要高于其他时间段。同时，在交通广播台的广告费用比电视台要少许多。

第四节　如何留住老客户

留住老客户对店铺的经营发展至关重要，老客户可为企业贡献25%～80%的利润。如果老客户流失严重，一方面要减少一定的经济收入，另一方面，流失的老客户很可能把对本店的坏口碑传递给潜在的消费者，从而增加了开发新客户的难度。

一、如何用省钱留住老客户

例如，能修的就不换，能小修的就不大修，能不做的项目就不做，等等。

客户感到：这里的老板不错！不是整天想着怎么赚我的钱，而是想着怎么为我省钱！性价比高！

二、如何用质量保证留住老客户

目前，许多汽车后市场门店没有汽车美容方面的质量保证书，导致许多车主很不满意。但是，2010年末，全国十佳乘用车销售服务商——重庆百事达，率先推出了《百事达汽车装饰美容质保书》，其中包括：三包承诺、服务承诺、保修承诺、服务指南、特别提醒五部分。因此，留住了许多老客户。

三、如何用全年美容养护方案留住老客户

废除：以“次数”计算的汽车美容充值卡。

改为：提供“量体定做”的美容养护方案。

因为：大多数车主不知道何时、进行何种美容养护。

汽车后市场门店可为本区域每一辆汽车“量体定做”每年的美容养护方案，提前提醒车主。

例如：2010年12月份，广州一家汽车后市场门店为一辆购买3年的丰田凯美瑞“量体定做”了一套2011年美容养护方案。该方案如下所示。

2011年汽车美容卡：1780元，节省1280元

1月份：首次全车整车彻底专业美容护理。内容包括：镜面无机镀膜+全车内饰清洁杀菌消毒+全车外饰件复原翻新+轮胎轮毂清洁护理+引擎外部及机舱清洁保养。

3月份：常规去渍打蜡增亮。

5月份：三重水晶防水增亮护理+漆面中度研磨护理镜面封釉。

7月份：三重水晶防水增亮护理。

8月份：常规去渍打蜡增亮+内饰清洁杀菌消毒。

10月份：漆面去氧复原纳米封釉。

11月份：三重水晶防水增亮护理。

一年下来，车主不用操心，到时汽车后市场门店会打电话约他，而且还节约了费用。

四、如何用三档定价法留住老客户

三档定价法可以使同样的产品或项目卖得更多。即同样的产品或项目，价格定为高中低三个档次。

例如，同样材质的汽车座垫、汽车脚垫，只是款式、颜色不同，而成本、进价都一样。如果只是定一个价格，卖得一般。如果定成三个价格，就会都卖得好。

这是因为，买东西往往受心理感受的影响。有钱的人，要“面子”，要与众不同，所以一定要买最贵的。穷人家，只是想着能凑合着用就行了，就买个最便宜的。一般工薪阶层，没有这么多的钱买最贵的，但也不想让有钱的人瞧不起，就买个中价的吧！

☞ **小贴士：“张良卖剪刀——贵贱一样货”**

汉高祖刘邦的谋士张良，早年拜黄石公为师学习时，白天靠卖剪刀积攒学费，晚上回来才读书。后来他觉得读书的时间不够用，就把剪刀分成上、中、下三等，上等的价钱不变，中等的在原价的基础上少一文钱，下等的少两文钱。结果，只用了半天的时间，卖出剪刀的数量比平日多了两倍，赚得钱比往日多了一倍，读书的时间也比往日多了。从此，民间有了一句谚语：“张良卖剪刀——贵贱一样货。”

五、如何用档案留住老客户

汽车后市场门店应该在日常经营记录的基础上做好客户的资料档案，这既可以方便与客户联系，又能够准确地计算各种消费积分。例如：把客户积分卡和客户档案积分记录相结合，万一客户到店里消费时没有携带积分卡，就可以先在客户档案里记载，并附注未计入积分卡，等以后方便时再补记到积分卡上。这样，当客户来店铺里接受服务时，根据其档案或积分卡上的信息，服务人员就可以为客户提供最有针对性的服务。

六、如何用免费培训留住老客户

车主总是希望能够找到一个师傅或内行人，经常咨询一些汽车保养、节油、科学使用的知识或技巧，但又希望是免费的。

如果汽车后市场门店的老板或师傅经常给车主讲一些这方面的知识，车主就会经常光临店铺，时间长了，就会成为店铺的忠诚客户了。

☞ **小贴士：如何保养汽车的三大软系统**

汽车的三大软系统是指气路、油路和电路。通过三大软系统的科学保养，能够提升发动机的性能，降低油耗，减少尾气排放，延长发动机的使用寿命。

1. 气路。保养的目标是：增加单位时间内进入发动机气缸内的空气量，减少发动机进气阻力，使发动机转速爬升更快、动力更强。主要保养方式是：更换原装位的高流量风格，加装风爆贴，让发动机达到稀薄燃烧的状态。

2. 油路。保养的目标是：提高汽油雾化的效果，充分燃烧，降低油耗。主要保养方式是：加装物理式燃油增压器，或者采用稀有元素能量胶圈，使喷油嘴的汽油雾化效果更好。

3. 电路。保养的目标是：提高点火能量，增快火焰传播速度，缩短火焰传播距离，使发动机燃烧更好，从而减少了积碳、废气排放。主要保养方式是：更换点火线、火花塞，加装汽车电力保护器电流平衡装置，减少电力负荷，解决空调、音响、灯光、电动窗等的“抢电”问题。

☞ 小贴士：如何保养发动机

1. 足够的量，才能让发动机劲大。

如果柴油、汽油和空气供应不足，就会出现起动困难，燃烧不良，功率下降，发动机不能正常运转等现象。如果机油供应不足，会使发动机润滑不良，机体磨损严重甚至出现烧瓦现象。如果冷却水不足，就会使机温过高，功率下降，磨损加剧，降低使用寿命。

2. 足够的纯，才能让发动机快乐。

如果柴油、汽油不纯净，会使精密的配合机体磨损，配合间隙增大，造成漏油、滴油，供油压力降低，甚至造成油路堵塞、抱轴烧瓦等严重故障。如果空气不纯净，将会加速缸套、活塞或活塞环的磨损。如果冷却水不纯净，会使冷却系统水垢增多，妨碍发动机散热。如果润滑油不纯净，机体就会磨损严重。

3. 足够的度，才能让发动机舒服。

起动后，应待水温达到40℃～50℃时再投入作业。停车后，应待水温下降至40℃～50℃时，再放净冷却水（已注防冻液的发动机除外）。

4. 足够的查，才能让发动机长寿。

发动机的气门间隙、配气相位、供油提前角、喷油压力以及点火正时等都应及时检查并调整，防止螺栓、螺母松动，以保证发动机经常处于良好的技术状态，既能节省燃油，又能延长使用寿命。

☞ 小贴士：如何减少油耗

1. 现象：如果爱车的水温降低、化油器不能正常工作，汽油雾化不良就会增加油耗。措施：检查温控开关和节温器。

2. 现象：如果在行驶中发现爱车现在的滑行距离明显减少，应检查一下轮胎的气压，轮胎充气不足，耗油量会增加。措施：适时为轮胎充足气。

3. 现象：如果排气管冒黑烟，油耗会增大，应检查化油器。措施：如果化油器太脏可以用清洗剂直接向化油器进气口喷一喷，若还冒黑烟，那就把化油器拆开清洗了。

4. 现象：如果在急加速时发现发动机转速表增加很快，但车速增加却很慢，说明离合器打滑了。措施：更换离合器片、离合器压盘或驱轮。

5. 现象：如果轮胎磨损严重时，就会经常出现打滑现象，增加耗油量。措施：更换新的轮胎。

6. 现象：如果车提速减慢，应检查火花塞，火花塞损坏会使点火的能量下降，油耗明显增加。措施：更换火花塞。

7. 现象：如果在行驶中或启动时发现车轮有异常响声，就会影响车速，使油耗加大。措施：检修轴承及刹车系统。

8. 现象：如果爱车已经行驶二三十万公里时，汽缸压力往往不足，油耗会明显增加。措施：大修发动机。

☞ 小贴士：春季如何保养爱车

1. 车身的春季保养。春季风沙较多，柳絮、沙粒特别多，要及时清理发动机周围的尘土，但切勿干擦车身，也不要用汽油、煤油、三氯乙烯、强碱水和酒精等擦洗油漆表面和有机玻璃表面。在使用高压清洗机时不要直接射向变速器、转向机构、散热器和发动机舱内。不要刮车身上的沥青渍和保险杠上的沥青渍或汽油渍。

2. 空气滤清器的春季保养。将滤芯从空气滤清器中取出，清除杂质。安装中注意所有连接处的密封性。

3. 内室的春季保养。春季是各种细菌繁衍生长的季节，因此要特别注意汽车室内的杀菌，让驾驶室内保持干爽卫生，特别是对汽车座垫、脚垫、方向盘套、出风口这些卫生死角更要做好清洁工作，保持车内环境的干爽整洁。

4. 雨刮器的春季保养。春季雨水的增多必然让雨刮器承担更多的责任，车主可以将雨刮开关置于各种速度位置处，注意一下雨刮在工作中是否有震动和异响，观察刮水的状态，以及刮水支杆是否存在摆动不均匀或漏刮的现象。如果发现问题，应及时更换雨刮片。

5. 轮胎的春季保养。如果轮胎跑偏一定要做一次四轮定位，还应经常检查轮胎气压是否符合标准。严禁在轮胎内加装内胎。

6. 制动液的春季保养。入春以后，雨水越来越多，空气的湿度会越来越大。如果制动液在雨季到来之前就有少量水分，那将是很危险的。有些制动液吸水较严重的车辆，在制动液油杯盖上就能看见水珠。所以在保养时必须要检查制动液，以保证驾乘者的生命安全。

7. 底盘的春季保养。经过了冬天的雪后泥泞道路，汽车底盘上都会沾满厚厚的泥土，泥土里含有化雪时的碱性药剂，对底盘腐蚀极大，而且也会堵塞底盘上的通风孔。要将底盘上的泥土冲洗干净，最好做一次底盘装甲。

☞ 小贴士：夏季如何才能省油

1. 上车先开车窗再开空调。

2. 定期清洁空气滤清器、汽油滤清器和油路。

3. 后备箱放东西越少越省油。

4. 启动的次数越多，空油耗也就越大。

5. 轮胎应充氮气，可降低轮胎内部的温度，不但省油，还能防止车辆爆胎。

6. 车的经济时速为 70～90 公里范围内，此时使用高速挡行驶最省油。超过或者低于这个速度行驶，都会带来不同程度的油耗增加。

7. 在安全的前提下，尽量不刹车。车主可以通过观察路况，如果遇见需要刹车的情况可以提前收油。

8. 发动机温度过高或者过低都会使油耗增加，夏季不要暴晒爱车。

☞ 小贴士：秋季来临如何保养爱车

1. 蓄电池的保养。如果发现蓄电池的电极接线处有绿色的氧化物，要拿开水冲掉，这些绿色氧化物不清除的话，会引起发电机发电量不足，使电瓶处于亏电状态，严重时会引起电瓶的早期报废，或者是打不着火。用开水冲掉后，要用压缩空气吹干水分，然后喷涂上专用的防护剂，防止氧化层再次出现。

2. 空调的保养。夏天雨水多，空调冷凝器下部不可避免地沾上泥沙。一个夏天，泥沙及灰尘大量淤积，影响空调使用寿命，因此，要检查、清洁一下空调。

3. 充电系的保养。要着重检查发电机皮带在经过雨打、高温后是否老化或者开裂，以及皮带的松紧度。皮带过松，会使皮带产生噪声，使皮带早期磨损；皮带过紧，又会造成发电机轴承的偏磨，从而给车主带来不必要的麻烦。

4. 点火系的保养。点火系关乎着车辆能否启动，夏季湿度大，插头部位容易生锈，一旦生锈，要使用专业清洗剂处理。在清洗剂的选择与使用上，要选用正规汽车美容养护店的养护产品，以达到最佳效果。

5. 正时皮带的保养。正时皮带是使车辆活塞与气门进行同步运转的部件。在多雨的夏季，车辆容易进水，一般会有水沾到皮带上，而水中的杂质则会加速皮带的老化，造成皮带突然断裂。因此，秋季来临时，要检查、清洁或更换正时皮带。

☞ 小贴士：冬季如何保养爱车

1. 风挡玻璃。玻璃水中可加些风挡除冰剂。风挡结冰时，将玻璃水喷上，冰即可融化。也可换成防冻型的风挡玻璃，以免冬季结冰。

2. 雨刮器。如果雨刮器被雪水粘在挡风玻璃上，可将空调开至热风，吹风模式为前风挡，让雨刮器自然化开。千万不要用热水直接冲洗。

3. 防冻液。防冻液应两年换一次，更换之前最好用清水把冷却系统冲洗干净。不要混用，也不要用假冒伪劣产品。防冻液看似小事，但对车的影响甚大，轻则堵塞管路，重则腐蚀损害缸体。

4. 轮胎。轮胎气压不可太高，也不可过低。尽量避免使用补过一次以上的轮胎，要经常清理胎纹内夹杂物。

5. 冷却系统。及时检查、修复或更换水箱、水泵、皮带、水管、补水罐等，不要为了一根小水管，浪费了一桶防冻液。

6. 底盘。在入冬前，最好给底盘做个底盘装甲。

7. 暖风。暖风在冬季非常重要，应检查暖风水管中的防冻液是否凝结堵塞了循环管路。

8. 蓄电池。蓄电池最怕低温，入冬前应补充蓄电池的电解液，调节好电解液的比重。同时清洁蓄电池的接线柱，并涂上专用油脂加以保护，保证启动可靠，延长蓄电池寿命。如果车辆在露天或冷库停放数周不用，应拆下蓄电池，存放在较为温暖的房间内，以防蓄电池结冰损坏。

9. 机油。冬季冷车机油过稠，会影响启动，还加大机件磨损。要选用适合冬季的优质复合油，在入冬前更换。

10. 车身。入冬前，最好给爱车镀膜或镜面釉，能抵御酸雨、雪、盐水的侵蚀。

☞ 小贴士：刮风时最好不要罩车衣

车辆停在室外，如果遇上刮风的天气，车衣的内层就会反复抽打车漆，尤其是如果车衣内吹进了风沙，就会在车身上划出无数道细小的划痕，时间一长还会造成漆面发乌。另外，风沙过后不要直接用掸子或抹布清理车身上的沙粒，而应该用清水冲洗，同样也是为了防止掸子和抹布上的沙粒划伤漆面。

☞ 小贴士：如何保养车漆

1. 车漆氧化。

阳光中的紫外线是造成汽车涂层氧化的主要原因。如果车身在阳光下暴晒时还挂着水滴，那氧化的速度会加快很多。如果是轻微氧化，可以用蜡来除去，一旦氧化严重则必须研磨、抛光。

2. 车漆龟裂。车漆是金属漆，容易产生车漆龟裂。龟裂的初期肉眼很难发现。当肉眼能觉察到时已经比较严重了。经常打蜡是减少龟裂发生的好办法。如果喷漆的质量存在问题，车漆中的树脂会因“萎缩”而产生龟裂，只能重新喷漆。

3. 车漆褪色。大气层中的油烟和污染物是造成车漆褪色、变色的主要原因，一般发生在车身的前盖、车顶和后厢盖。褪色与氧化是不同的，氧化时车身整体发乌、发白，而褪色时车漆出现不均匀的色差。轻微的褪色病可以通过打蜡抛光来治理，中度褪色可用研磨治理，严重时必须重新喷漆。

4. 车漆水痕（水纹）。水痕纹呈环状，是水滴蒸发后留下的痕迹。被氧化的车、常用洗涤灵的车及有龟裂的车更容易染上水痕病。水痕纹轻微时打蜡抛光可以去除，严重时就需要研磨或喷漆。

5. 车漆蚀痕。蚀痕和水痕是不同的，水痕是发生在水珠的一圈、呈环状，而蚀痕则是整个水珠的一片、不是一圈。鸟粪和昆虫的尸体、树叶、焦油沥青都有可能引起蚀痕。常用高级蜡抛光车漆有助于防止蚀痕的出现，很轻微的蚀痕可以用研磨抛光来解决，稍严重的蚀痕只能喷漆。

☞ 小贴士：听声音可判断汽车故障

1. 嘶嘶声，像气球漏气。如果在车的底部还能看到液体，可能是冷却系统出现了故障；再有，轮胎大漏气或发动机真空室漏气也会出现这种声音。

2. 嘀嗒声。也许是驱动轴的万向节损坏了，也许是轮胎里的小石块敲打轮胎的声音，也许是风扇叶片弯曲松动造成的响声。

3. 啸鸣声。大多出现在汽车转弯时，有时轮胎气量不足，也出现这种声音。也可能是风扇传动带松动或已磨损。

4. 嗡叫声，像蜜蜂发出的声音。可能是某零部件松动，也可能是发动机底部的塑胶或金属部件、空调或压缩机的固定支架松动。

5. 轰鸣声，从车上发出带有一种“呜汪……”的叫声。可能是轮子里、压缩机里或水泵里的滚珠轴承坏了，也很可能是空调或压缩机出现了故障。

6. 变调声。可能是电机老化发出的声音。

7. 尖叫声。很刺耳，通常是刹车有问题。

8. 撞击声，像金属铁器撞击的响声。可能是引擎固定架因长时间严重磨损，当引擎速度变化时就会发生撞击；也可能是汽车的前后悬架出现损坏，或者是传动液过少引起的。

9. 重敲声，像沉闷的敲门声。可能是发动机内部、车辆老化所致，也可能是轴承或发动机阀门损害。

10. 轻敲声，声音类似重敲声，但声响要小。这种声音出现时，车主要想一下是否使用了劣质汽油，如果使用劣质油还可能出现爆鸣声响。

第五节　如何获得特殊的客户

一、如何获得夜间的客户

具有夜间需求的客户，主要是急活，对于价格相对不在乎，因此，利润率相对高。汽车后市场门店可实行24小时服务，以满足具有夜间需求的客户。

二、如何获得“有闲”车主

“有闲”车主对于时间往往不在乎，但可能在乎价格，因此，汽车后市场门店可实行分时定价。例如：

周一～周五，洗车、汽车美容、养护、贴膜、精品、改装、快修等项目降价。

周六、周日，洗车、汽车美容、养护、贴膜、精品、改装、快修等项目提价。

三、如何获得“忙”的客户

“忙”车主对于价格相对不在乎，但对于时间特别在乎，因此，汽车后市场门店可自带工具、配件等，实行上门服务。

☞ 小贴士：洗车服务也可“送外卖”

最近，创业者翁文华的车行推出新服务，即“上门洗车”。他经常会接到客户打来的洗车订购电话：“喂，是洗车行吗？麻烦到我家楼下帮我洗车，我的车牌号是……”。接到这样的电话，翁文华就会在第一时间坐上面包车，和同伴一起赶去送“外卖”洗车服务。

翁文华是一位小本创业者，他创立了上门洗车俱乐部，上门洗车的价格为15元，由于开业期间优惠促销，翁文华只向客户收取了一半的费用。他表示，刚开始营业，主要目标不是赚钱，而是希望有更多的客户能体验和认同这种新型的服务模式，先把市场做起来再说。

翁文华说，一次偶然的机会让他接触到了上门洗车这个项目。不久前，他听到一位朋友向他抱怨，由于物价上涨，洗车价格从 10 元涨到了 15 元、20 元，再加上开车去洗车店的燃油费，车子都快洗不起了。当时他并没有在意这个信息，后来在网络上看到兴起上门洗车服务、省钱又省时间受欢迎的报道时，联想到朋友的抱怨，他的脑袋里突然闪现出一个念头，何不开办一项上门洗车服务呢？

于是，他把目标瞄准了年轻人聚居的时尚社区，特别是工作繁忙又追求便利的“有车一族”，在细分市场中拓展新型洗车服务。为了减轻“上门洗车”带来的环境污染，他又引进了无水洗车项目，使上门服务更干净、更周到。

资料来源：创业黄金路网站

第九章　如何与供应商打交道

采购是降低汽车后市场门店总成本的重要环节，对于提高店铺的竞争优势具有重要的贡献。

第一节　如何买到性价比高的商品

性价比是指性能价格比，性价比 = 性能/价格。例如，一款优质 DVD 导航的价格是 2000 元，而一款劣质 DVD 导航的价格是 1000 元，但由于劣质 DVD 导航经常出毛病，导致车主浪费许多时间、金钱去维修，车主非常不满意，再也不回头了。所以，虽然价格相差一半，但优质 DVD 导航反而比劣质 DVD 导航的性价比高。

要想买到性价比高的商品，必须把 **"同样产品价格最低"** 与 **"同样产品总成本最低"** 都作为购买的指导原则。总成本既包括购买价格，也包括售后服务的成本。

为此，要把汽车后市场门店所需要采购的设备、工具、美容护理产品、精品、改装用品、快修用品等进行分类，以确定不同的供应商、采用不同的采购原则。

一、如何采购设备

汽车后市场门店设备主要包括汽车美容设备、贴膜设备、装饰设备、改装设备与快修设备等，当然，各个店铺之间可能不一样。见表 9 – 1。

其主要特点有：

（1）店铺自己使用。

（2）价格相对高。

（3）需要供应商提供售后维修。

对于汽车后市场门店设备的采购要遵循下列原则：安全可靠，质量上等，结实耐用，价格适中（不一定最低），供应商能够提供及时的技术指导、售后维修等服务。

表 9 – 1　汽车后市场门店主要设备

类别	序号	设备名称	数量
汽车美容设备	1	高压洗车机	1 台
	2	泡沫机	1 台
	3	吸尘器	1 台
	4	蒸汽机	1 台
	5	空气压缩机	1 台
	6	封釉机	1 台

续上表

类别	序号	设备名称	数量
汽车美容设备	7	脱水机	1台
	8	打蜡机	1台
	9	抛光机	1台
	10	吹尘枪	1把
	11	光触媒喷枪	1把
	12	负离子发生器或紫外线灯或臭氧发生器或超声波发生器	1台
贴膜设备	13	热风枪	2套
装饰设备	14	冲电钻	2台
	15	220V 手电钻	2台
改装设备	16	曲线锯	1套
	17	圆盘锯	1套
	18	电动铁皮切割器	2套
	19	木工修边机	1套
	20	角向磨光机	1套
	21	空气压缩机	1台
	22	热熔胶枪	1套
	23	蚊钉枪	1套
	24	50mm 大钉枪	1把
	25	30mm 钉枪	1把
	26	频谱仪	1台
	27	相位仪	1台
快修设备	28	氧气风焊	1套
	29	交流电焊机	1台
	30	气体保护焊	1台
	31	220V 手电钻	2台
	32	角向磨光机	2台
	33	轮胎拆装机	1台
	34	变速器免拆清洗机	1台
	35	龙门式双柱举升机	1台
	36	充氮机	1台
	37	超声波电喷油嘴控制清洗机	1台

续上表

类别	序号	设备名称	数量
快修设备	38	燃油系统免拆清洗机	1台
	39	润滑系统免拆清洗机	1台
	40	冷却系统清洗机	1台
	41	冷媒加注机	1台
	42	轮胎充气枪	1台
	43	防冻液比重剂	1台
	44	润滑油检测仪	1台
	45	蓄电池检测仪	1台
	46	抽/加油机	1台
	47	3t 卧顶	1台
	48	底盘装甲喷枪	1把

二、如何采购工具

汽车后市场门店工具主要包括汽车美容工具、贴膜工具、装饰工具、改装工具与快修工具等，当然，各个店铺之间可能不一样。见表9－2。

其主要特点有：

（1）店铺自己使用，有些可以出售。

（2）价格相对低。

（3）不需要供应商提供售后维修。

对于汽车后市场门店工具的采购要遵循下列原则：安全可靠，质量适中，结实耐用，价格较低。

表9－2　汽车后市场门店主要工具

类别	序号	工具名称	数量
汽车美容工具	1	麂皮	10块
	2	无纺布	10块
	3	海绵球	10块
	4	羊毛盘	10块
	5	5" 海绵球	10块
	6	5" 波浪海绵球	10块
	7	镜面处理抛光轮	10块
	8	水砂纸（2000号）	100张

续上表

类别	序号	工具名称	数量
汽车美容工具	9	纸胶带	20 卷
	10	羊毛手套	10 套
	11	大毛巾	10 块
	12	围裙	10 套
贴膜工具	13	贴膜套装工具	2 套
	14	喷水壶	2 只
	15	钢板尺	1 只
	16	不锈钢拐尺	1 只
	17	剪刀	1 把
	18	裁膜刀	10 把
	19	刀片	20 盒
	20	工作灯	2 副
	21	大毛巾	5 条
	22	拖线板	2 套
	23	门板薄膜套	10 套
装饰工具	24	试电笔	1 套
	25	万用表	1 台
	26	钻头（6 ～ 18 号）	5 套
	27	十字旋具	10 把
	28	一字旋具	10 把
	29	内六角扳手	2 套
	30	内六角花形扳手	2 套
	31	套筒扳手	2 套
	32	开口扳手（8 ～ 24 号）	2 套
	33	六角花形扳手（8 ～ 24 号）	2 套
	34	开孔器	2 套
	35	剥线钳	2 套
	36	斜口钳	2 套
	37	虎口钳	2 套
	38	尖口钳	2 套

续上表

类别	序号	工具名称	数量
改装工具	39	电源插排	1套
	40	工作灯	2套
	41	修边刀	2把
	42	美纹纸	20卷
	43	记号笔	3把
	44	木工刨	2把
	45	专用音响钥匙	2套
快修工具	46	专用工具箱	1套
	47	十字/一字旋具	2套
	48	专业漆工工具	2套
	49	十字花轮胎扳手	1台

三、如何采购美容护理用品

汽车后市场门店美容护理用品主要包括汽车外部清洁用品、汽车内室清洁用品、汽车漆面美容护理用品、汽车皮革美容护理用品、汽车杀菌消毒用品等。

其中，汽车外部清洁用品包括泡沫洗车液、高泡洗车香波、低泡洗车水剂、轮胎除垢清洗剂、玻璃水、机头水、全能水、发动机外部清洗剂等数十种；汽车内室清洁用品包括仪表台清洗剂、多功能内室清洗剂、汽车散热器清洗剂、皮革去污清洗剂等数十种；漆面美容护理用品包括车蜡、封釉、镀膜、研磨剂、抛光剂、还原剂等数十种，车蜡包括上光蜡、抛光蜡、皮革蜡、轮胎蜡、保险杠用蜡、车身蜡等数十种；汽车皮革美容护理用品包括皮水、皮革养护剂、表板蜡等；汽车杀菌消毒用品包括灭菌剂、高效消毒剂、中效消毒剂、低效消毒剂、空气清新剂等。当然，各个店铺之间可能不一样。

其主要特点有：

（1）店铺大部分自己使用，也可以出售。

（2）天天都要消耗。

（3）产品众多，价格差别大。

（4）不需要供应商提供售后维修，但有时需要提供一些技术指导。

对于汽车后市场门店美容护理用品的采购要遵循下列原则：在同类产品、质量适中的情况下，总价格（含运费）要最低。

有些产品的价格虽然比较低，但重量大，例如泡沫洗车液等，路途远的话，可能运费比本身的购买价格还要高，所以，应该就近购买。

四、如何采购精品

汽车后市场门店精品主要包括汽车座垫、汽车脚垫、方向盘套、汽车香薰、汽车饰品、汽车雨刮片等等，当然，各个店铺之间可能不一样。

其主要特点有：

（1）主要为了出售，店铺自己使用极少。

（2）产品众多，价格差别大。

（3）销售存在一定的淡季、旺季，也存在流行趋势。

（4）不需要供应商提供售后维修。

对于汽车后市场门店精品的采购要遵循下列原则：安全可靠，质量符合店铺的定位，款式紧跟流行趋势，在同样产品、同样质量情况下选择价格最低者。

五、如何采购隔热防爆膜

汽车后市场门店隔热防爆膜主要包括智能复合膜、金属膜、陶瓷膜、茶纸等，各种价位的都有，各种品牌的都有。

其主要特点有：

（1）主要为了出售，店铺自己使用极少。

（2）品牌众多，价格差别特别大。

（3）销售存在一定的淡季、旺季，与当地车型、收入水平关系大。

（4）不需要供应商提供售后维修，有些膜需要提供一些贴膜技术指导。

对于汽车后市场门店隔热防爆膜的采购要遵循下列原则：质量符合店铺的定位，至少有一种膜是知名度大的品牌。其他膜，在同样产品、同样质量情况下选择价格最低者。

六、如何采购改装用品

汽车后市场门店改装用品主要包括 DVD 导航、喇叭、低音炮、音箱、隔音材料、氙气灯灯泡、安定器、透镜、氙气灯总成、LED 灯、贴纸、外饰件、各种连接线等。

其主要特点有：

（1）主要为了出售，店铺自己使用极少。

（2）产品众多，品牌众多，价格差别大。

（3）销售存在一定的淡季、旺季，与流行趋势有关。

（4）有些需要供应商提供技术指导、售后维修。

对于汽车后市场门店改装用品的采购要遵循下列原则：安全可靠，档次符合店铺的定位，至少有一种改装用品是知名度大的品牌，质量较优，价格适中，不能单纯看最低价格，要看供应商的技术指导、售后维修等服务能力。

七、如何采购快修用品

汽车后市场门店快修用品主要包括化油器清洗剂、阀门清洗剂、传动件清洗剂、油路净、汽车水箱免拆清洁剂、车漆、防冻液、添加剂、润滑油、防锈剂、补漏剂、汽车修补腻子、脱漆剂、机油、制冷剂、汽车制动液、轮胎等，当然，各个店铺之间不一样。

其主要特点有：

（1）主要为了出售，店铺自己使用极少。

（2）产品众多，价格差别大。

（3）销售存在一定的淡季、旺季，与当地车型、收入水平关系大。

（4）不需要供应商提供售后维修。

对于汽车后市场门店快修用品的采购要遵循下列原则：质量符合店铺的定位，至少有一种快修用品是知名度大的品牌。其他快修用品，在同样产品、同样质量情况下选择价格最低者。

☞ **小贴士：如何买烟**

甲去买烟，烟18元，但他没火柴，跟店主说："顺便送一盒火柴吧。"店主没给。

乙去买烟，烟18元，他也没火柴，跟店主说："便宜一毛钱吧！"店主同意。于是，他用这一毛钱买了一盒火柴。

这是最简单的心理边际效应。第一种方式：店主认为自己在一个商品上赚钱了，另外一个没赚钱，赚钱的感觉指数为1。第二种方式：店主认为两个商品都赚钱了，赚钱的感觉指数为2。所以，店主就同意了第二种方式。

汽车后市场门店老板在采购时，也可以采取第二种方式。

第二节　如何选择供应商

一、汽车后市场门店供应商的种类

汽车后市场门店的供应商主要有四种：

1. 连锁总部

直营连锁或加盟连锁的总部是加盟店各种设备、工具、产品的唯一供应商，自由连锁的总部是加盟店部分设备、工具、产品的供应商。

采购价格大部分低于市场价格。

2. 生产厂家

从生产厂家直接采购的价格往往低于市场价格，但运费可能要高。目前，汽车后市场门店从生产厂家采购的比例不大。

3. 当地综合贸易公司

当地综合贸易公司大多自己不生产产品，但经销许多设备、工具或产品。它通过从生产厂家的大批量采购，能够拿到很低的进价，加价后，直接销售给汽车后市场门店。

当地综合贸易公司往往是生产厂家的省级经销商（省代）或者市级经销商（市代）。目前，汽车后市场门店从当地综合贸易公司采购的比例最大。

4. 网上平台

汽车后市场门店也可以通过阿里巴巴、淘宝商城、淘宝店等进行采购，采购价格比生产厂家的价格高，但有时会低于当地综合贸易公司的报价。由于网上平台存在许多欺诈行为，目前，汽车后市场门店通过网上平台采购的比例也不大。

二、选择供应商的标准

1. 产品质量合适

质量差、价格偏低的产品，虽然采购成本低，但会导致客户对店铺的信任度下降、维修费用高等，导致客户流失，从而增加企业的总成本。

但是，质量过高、价格偏高的产品可能远远超过店铺的质量要求，导致客户数量不足，也会增加企业的总成本。

因此，采购中对于质量的要求是符合店铺的定位与需要，质量过高或质量过低都是不合适的。

2. 采购总成本最低

采购总成本包括采购价格、运输费用、维修时间、维修费用等使用过程中所发生的一切费用。

采购价格低固然是选择供应商的一个重要条件。但是价格最低的供应商不一定就是最合适的，因为如果在产品质量、交货时间上达不到要求，或者由于地理位置过远而使运输费用增加，都会使总成本增加，因此总成本最低才是选择供应商时考虑的重要因素。

3. 及时交货

供应商能否按约定的交货期限和交货条件组织供货，直接影响店铺的生意。

由于许多汽车脚垫、导航、氙气灯总成、大包围等都是专车专用的，汽车后市场门店不可能大量囤货。即便不是专车专用的，囤货太多也会占用大量的资金与仓库。同时，店铺还要不能因为断货而停工。

汽车后市场门店希望在需要时，供应商能够及时送货，不影响生意。

4. 整体服务水平好

供应商的整体服务主要包括各种设备的免费安装、各种设备与工具的使用培训、各种设备的及时维修，贴膜技术培训，改装技术培训，快修技术培训，各种精品和项目的销售话术培训，经营管理培训，一对一咨询等内容。

5. 长期供货能力

长期供货能力主要包括生产厂家的生产能力是否充足、经销商的经销权是否到期、供应商的质量管理体系是否健全等。

6. 品牌推广能力

一个品牌的推广能力越大，品牌的知名度就越高，就越能够为汽车后市场门店带来更多的生意。

三、如何找到供应商

1. 到当地的汽配城里或汽车用品一条街上找

目前，全国各地有数百家大大小小的汽配城，几乎每个中等城市都有汽配城或者汽车用品一条街。汽配城或汽车用品一条街云集了一些外地生产厂家的经销商（往往是当地的综合贸易公司）或办事处、当地的生产厂家。

2. 到展览会上找

目前，各种类型的汽车用品展览会每年有 50 多场，其中，有三场最大的展览会。

第一场是：每年正月十五过后不久，在广州琶洲展览馆举办的“九州展”。

第二场是：“九州展”几天后，在北京举办的“雅森展”。

第三场是：每年6月在郑州举办的“宏达展”。

一些大的生产厂家，不会轻易成为单个汽车后市场门店的直接供应商，他们往往会介绍他们的经销商成为单店的直接供应商，自己成为间接供应商。

但是，一些小的生产厂家，由于渠道尚未健全，可能会成为单个汽车后市场门店的直接供应商。

3. 到行业媒体上找

一些行业网站，例如，慧聪汽车用品网、慧聪汽车电子网、太平洋汽车网等，经常介绍生产厂家、经销商。

一些行业杂志、报纸，例如，《汽车用品报》、《玩车》、《新车品》、《车品》、《汽车服务世界》、《汽车配件与设备》、《风标资讯》、《名品廊》、《慧聪商情》、《甲方乙方》、《汽车用品资源》、《九州快讯》、《车饰画报》、《点金资讯》、《汽车维修与保养》、《汽车维护与修理》、《汽车维修技师》等，经常介绍生产厂家、经销商。

4. 熟人介绍

汽车后市场门店如果有一些行业内的熟人，他们对生产厂家和各地综合贸易公司的实力、诚信相对熟悉，知根知底，熟人介绍相对容易合作。

四、如何确定供应商的数量与类别

汽车后市场门店（除加盟店外）一般不要进行独家采购。但供应商也不要太多，一方面容易混乱，另一方面采购量少难以拿到较低的价格。

由于汽车后市场的种类众多，目前，汽车后市场的生产厂家基本上是专业生产，各地综合贸易公司也开始分类经营，例如：专门经销汽车维修设备与工具的贸易公司，专门经销某种车型零部件的贸易公司，专门经销美容护理、车漆、机油等用品的贸易公司，专门经销无售后服务精品的贸易公司，专门经销有售后服务精品的贸易公司等。汽车后市场门店可以根据不同的采购对象，确定不同供应商的数量与类别。

1. 如何确定“设备与工具”的供应商数量与类别

设备与工具采购的次数少，汽车后市场门店主要关注的是供应商的售后服务能力。可以确定1～2家供应商。

可以在当地专门经销汽车美容维修设备与工具的综合贸易公司中，寻找一家大的经销商作为主要供应商，采购大部分设备与工具。

如果一家供应商采购不全，就再找一家，作为辅助供应商。

2. 如何确定“美容护理、车漆、机油等用品”的供应商数量与类别

美容护理、车漆、机油等用品采购的次数非常多，品种特别多，品质、价格差异比较大。可以确定2～3家供应商。

首先，在当地专门经销汽车美容护理、车漆、机油等用品的综合贸易公司中，寻找一家经销商作为供应商。

然后，尽量找一家小生产厂家作为供应商。因为，生产厂家往往是这方面的专家，可以及时提供技术支持。

如果一时找不到生产厂家，也可以在当地另外找一家经销商作为供应商。

3. 如何确定“有售后服务精品”的供应商数量与类别

DVD 导航、便携式导航、音响、氙气灯、电子狗等产品出售后需要为车主提供售后服务，采购的次数多，品牌多，品质、价格差异大。可以确定 2 ～ 3 家供应商。

首先，在当地专门经销汽车电子、氙气灯等用品的综合贸易公司中，寻找一家经销商作为主要供应商。其中，至少有二个产品是大品牌，便于拉客。供应商的售后服务能力一定要强。

然后，尽量找一家生产厂家作为供应商，以便及时获得技术指导。

如果一时找不到生产厂家，也可以在当地另外找一家经销商作为供应商。

4. 如何确定“无售后服务精品”的供应商数量与类别

汽车座垫、汽车座套、汽车精品、汽车脚垫、汽车香薰、隔热防爆膜、改色膜、隐身车衣、汽车饰品、外饰件、雨刮片、方向盘套、轮胎、润滑油等产品出售后几乎不需要为车主提供售后服务，品种多，款式多，价格变化快，有些产品具有季节性、淡季、旺季、流行趋势等特点，采购的次数特别多。可以确定 2 ～ 4 家供应商。

首先，在当地专门经销汽车座垫、汽车座套、汽车精品、汽车脚垫、汽车香薰、隔热防爆膜、改色膜、隐身车衣、汽车饰品、外饰件、雨刮片、方向盘套、轮胎、润滑油等产品的综合贸易公司中，寻找二家经销商作为主要供应商。其中，至少有二个产品是大品牌，便于拉客。

然后，尽量找二家生产厂家作为供应商，以便及时获得优惠价格与相关信息。

如果一时找不到二家生产厂家，也可以在当地另外找 1 ～ 2 家经销商作为供应商。

五、如何判断供应商的好坏

供应商有好有坏，有些供应商专门欺骗采购商。由于汽车后市场门店往往要先付款，供应商才发货，所以，供应商的好坏非常重要。

（1）侧面多打听其他人对供应商的评价。

（2）好的供应商退货、换货非常爽快。

（3）好的供应商会关心终端店的生意，主动给终端店出主意、想办法。

（4）好的供应商发货及时。

（5）好的供应商售后服务及时。

（6）好的供应商经常组织终端店人员培训。

（7）好的供应商不会太在意终端店一次定多少货，而是更关注终端店的经营能力。

（8）好的供应商团队比较稳定。

六、如何预防采购受骗

（1）事先一定要认真考察供应商的信誉、实力。

（2）每次少买货，多次购买。

（3）最好拿现货，或者采用“到付”的方式付款给物流公司，或者采用“支付宝”付款。

（4）轻易不要预订很多货，

（5）如果预订货，一定要在合同上写明："如果成品与样品不符，可以拒绝收货。"

（6）如果供应商说："这种汽车座垫的款式已经不做了，你预订50套吧，单独给你做。"汽车后市场门店可回答："我只要5套，如果有其他人做，就把我带上，有货再通知我。"这样，无论供应商说的真假，都不会吃亏。

第三节　如何与供应商实现双赢

一、不善待供应商可能导致质量下降或断供

汽车后市场已经从卖方市场转向了买方市场，终端店占有强势地位，因此，有些汽车后市场门店的老板就对供应商采取了一些不善待的行为，这样可能遭致产品质量下降或断供。

1. 拼命杀价

有些汽车后市场门店的老板不了解供应商的利润率，在采购时，只是一味对供应商杀价。现在厂房租金、员工工资、水电费、原材料等都在涨价，有时供应商的利润率已经非常低了，为了继续销售，只好降低质量，实在不行时可能终止供货。

2. 长期欠款

有些供应商基于多年的合作关系或者为了提高市场占有率，会赊货给一些汽车后市场门店，但部分汽车后市场门店老板往往有钱不还，长期欠款，从而引发供应商的反感，形成不好的口碑，导致自断后路。

3. 先多要货，后大量退货

在汽车后市场门店与供应商的合同中，绝大多数供应商会承诺退换货。一些汽车后市场门店老板对于一些季节性产品，比如汽车座垫，为了抢货源，先是大量采购，但后来有许多汽车座垫没有销售出去，就退给了供应商，结果使供应商积压了大量的库存，造成了巨大的损失。以后，供应商的供货就会慎重。

二、频繁更换供应商会增加采购成本

1. 可能赶走部分客户

汽车后市场门店终止与某供应商的合作关系，会改变原来的产品品牌与形象，可能使部分客户不适应或不满意，从而把客户"赶走了"。

例如，原先店铺经营某个品牌的氙气灯，一部分客户就是冲着这个品牌来的，现在换成了另一个氙气灯品牌，这部分客户可能就走了。

2. 增加管理费用

重新物色供应商，汽车后市场门店不仅需要对供应商作大量的认证工作，还需要与新的供应商重新磨合，这需要投入大量的时间、人力、物力等管理费用。

三、与供应商长期密切合作能够实现双赢

汽车后市场门店与供应商长期密切合作，双方都能够得到好处，实现双赢。

1. 供应商能够得到的好处

（1）有助于巩固供应商的市场占有率。

（2）有助于帮助及时获取市场信息，改进产品质量，加快产品开发进度，从而降低生产成本。

（3）有助于供应商的生产计划、采购计划更加稳定。

（4）有助于加快供应商的回款速度。

（5）有助于增强供应商的效率与竞争力。

2. 汽车后市场门店能够得到的好处

（1）有助于稳定供货的渠道，及时获取货源。

（2）有助于减少或消除对进购产品不必要的检查，从而提高了采购效率，减少了采购成本。

（3）有助于供应商给予价格优惠或较大的年终返点。

（4）有助于供应商给予培训、咨询方面的支持。

（5）有助于供应商给予广告、促销方面的支持。

（6）有助于供应商给予赊货方面的支持。

四、如何与供应商长期密切合作

1. 建立充分的信息交流与共享机制

（1）汽车后市场门店及时向供应商提供市场的信息。

供应商对于汽车后市场门店除了想得到钱，还特别想得到市场的信息。汽车后市场门店是与车主接触最多的地方，最了解车主的需求，也最了解当前市场上最畅销的品种、最合适的价位。汽车后市场门店提供信息的成本接近于零，但对于供应商而言，却是宝贵的财富。

供应商可以根据汽车后市场门店提供的信息，及时改进产品的款式、质量、价格等，及时调整市场营销策略，从而扩大市场占有率。

（2）供应商及时向汽车后市场门店提供生产的信息。

生产信息包括新产品开发计划、作业计划、成本信息、质量控制信息、广告策略、促销策略等，汽车后市场门店可以根据供应商提供的信息，及时调整产品的价格、服务项目、竞争策略等，从而提高竞争力。

2. 信守诺言

信守诺言是商业活动成功的一个重要原则。供应商缺少诚信或者汽车后市场门店缺少诚信，双方都不可能维持长期密切的合作关系，即使建立起合作关系也是暂时的。“一锤子买卖”对供需合作关系将产生极大的破坏作用。

3. 发现问题，及时沟通，相互谅解

双方在合作过程中，难免会出现各种问题。

（1）供应商经常出现的问题有：提供产品的质量稳定性差；送达货物的品种、规格、数量与合同不一致；送货延迟；承诺的服务不到位等。

（2）汽车后市场门店经常出现的问题有：对已签定的要货合同在执行过程中经常要求供应商改变货物品种、规格、数量等；对供应商送达的货物，采取不合理的压制、挑剔等手段，以便押款等。

汽车后市场门店老板与供应商的老板或营销部门之间应经常性地进行互访，或者通过电话、QQ 等方式，建立良好沟通渠道，及时发现和解决各自在合作活动过程中出现的问题和困难。

4. 建立有效的双向激励机制

（1）汽车后市场门店可以激励供应商的方法有：

第一，订单激励。对于表现优秀的供应商，可以通过加大订单的方式进行激励，这是供应商最乐于见到的、也是最为有效的激励手段。

第二，付款方式的激励。通过提前付款或及时付款来激励优秀的供应商。

第三，开辟免检通道。对所供应物品长期保持优异质量的供应商，汽车后市场门店给予免检待遇，这对于供应商的竞争对手具有强大的震慑作用。

第四，配合激励。汽车后市场门店对于优秀供应商组织的订货会等活动积极配合，帮助供应商提高竞争力。

（2）供应商可以激励汽车后市场门店的方法有：

第一，价格激励。汽车后市场门店由于更多的订单，供应商在价格上将给予优惠，比如，更低的价位或更大的年终返点等。

第二，运费激励。供应商对于优秀的汽车后市场门店可免费送货。

第三，订单激励。允许汽车后市场门店改变订单数量，甚至取消某些产品的订单。

第四，付款方式的激励。允许优秀的汽车后市场门店延迟付款。

☞ 小贴士：汽车后市场会展标准

（本标准由点金国际传媒集团起草）

汽车后市场展览会是指由汽车后市场专业服务机构、协会、商会和企业共同举办及参与的展会。汽车后市场会展主要包括汽车用品、汽车配件、汽车改装、汽保设备与工具、汽车电子、汽车文化、汽车服务业等不同类型的展览会。目前，国内汽车后市场会展如雨后春笋，数不胜数，向着差异化、品牌化、会与展结合的趋势发展。

一、汽车后市场展期时间

汽车后市场展览会一个展期通常为 5 天，具体可以分为三个阶段。

第一阶段，布展期 2 天：特装展位搭建 2 天，标准展位搭建 1 天，一般同时进行。

第二阶段，开展期 3 天：包括开幕式、正常开展。

第三阶段，撤展期半天：主要是展会第 3 天下午进行，一般半天内可以撤完。

二、汽车后市场展位规格

1. 汽车后市场标准展位

3m * 3m 共 9 平方米，包含由八棱柱、八棱柱支座、八棱柱锁件、大方柱、联板、双面 pvc 展板搭建的展位，以及接待桌式洽谈桌 1 张、展椅 2 张。

2. 汽车后市场特装展位

指展馆内按任意面积划出的展出空间，只提供正常大厅照明及未铺地毯的展位空地，一般 36 平方米起租，主办方不提供任何配置，参展商须自行设计及搭建。

3. 汽车后市场车位展位

即展馆内按一辆乘用车占地面积规划的展出空间，与特装光地一样，主办方不提供任何配置，一般按4m＊6m取大为25平方米起租。

4. 汽车后市场展位限高

指展馆室内搭建建筑物和展品的限定高度，一般限高6米，主办单位会根据场馆实际情况确定。

三、汽车后市场参展流程

1. 汽车后市场参展选择标准

汽车后市场参展商要对企业自身有准确的定位，选择合适自身的展览会。首先，观测展览的口碑，可以从行业协会、同行以及展会的过往媒体报道、展会的报告上得到有关资讯。根据往届的报告数据了解参展商的回头率，往往可以比较准确地了解展览的效果。其次，针对展览的目标客户选择展览的性质：是行业展，还是综合展；是公众观众展，还是专业观众展；等。再者，了解同行业的竞争对手以及知名大公司的参加情况，行业知名企业选择的展会，往往会是不错的选择。

2. 汽车后市场参展方案

汽车后市场参展方案制定包括：

（1）展出目标，即确定参加展览会的目的或预期达到的目标。

（2）选择展会，根据展出目标确定要参加的一个或数个展览会。

（3）展出重点，确定所参加的展览会所要宣传或展览的重点项目。

（4）相关活动，确定在展会期间开展的各种活动。

（5）时限要求，按展览会的时间确定各项工作的起止时间。

（6）人员安排，指定参展项目的管理人员、工作人员以及各自的分工责任。

（7）资金计划，安排全年度用于展览会的资金使用计划。

（8）筹备工作，确定与所参加展览会配套的资料准备、展品制作、运输等其他工作。

3. 汽车后市场物流选择

汽车后市场会展物流因其特性，更注重科学的服务管理和物流操作流程。优秀的会展物流服务商不但能够为参展商设计合理的实施方案，而且可以代替参展商完成一系列工作，例如：参展样品的提货、运输、仓储、装卸、包装、搬运、布展；人员组织、调度、管理；设备的供给、保养、回收；保险等等。会展物流的操作流程主要包括以下三个环节：

（1）会展主办方指定物流服务商。

（2）物流服务方案的设计与完善。

（3）物流服务方案的实施。

4. 汽车后市场展期安排

要使汽车后市场参展的效果显著，必须做好完善的准备。

（1）参展前的准备工作。主要包括：针对目标客户，制作营销方案，提炼业务话术，对员工开展培训和动员大会等。

（2）活动分工明确。要做好明确的分工表，主要包括：每个时段、每个岗位的人员的配备；工作内容；考核标准；对需要出席特殊会议的单位领导或演讲者要做好秘书提醒工作等。

(3) 物料准备详尽。主要包括：产品画册、宣传海报、业务员名片、礼品等物料要做好详尽安排。

5. 汽车后市场展位设计

(1) 有关展台的规定。

第一，高度限制。汽车后市场展览会对展架及展品虽然限高规定，尤其对双层展台、楼梯、展台顶部向外延伸的结构等限高更严，但是限高并不是绝对禁止超高。如果办理有关手续并达到了技术标准，有可能获准超高建展台、布置展品。

第二，开面限制。汽车后市场展览会一般禁止全封闭展台，因为一旦展台封闭，展览会就失去了展示作用，参观者就会有抱怨。但是参展商如果想要封闭办公室、谈判室、仓库等，可以70%以上的面积朝外敞开，30%以下的面积封闭。

(2) 有关展览用具的规定。

第一，展架展具材料的限制。汽车后市场展览会规定必须使用经防火处理的材料，限制使用塑料，限制使用危险化学品等。

第二，电器的规定。汽车后市场展览会对电器都有严格的规定，所用电器的技术指标必须符合国家有关的规定和要求。

(3) 有关走道及展出朝向的规定。

第一，走道限制。主要是对走道宽度的规定和限制，为保证人流的畅通，汽车后市场展览会规定走道宽度为6米，禁止展出者的展台、道具、作品占用走道。

第二，展出朝向规定。比如电视不得面向走道，柜台不能占用通道。

(4) 有关消防的规定。

第一，消防环境的规定。如果是大面积的展台，必须按展馆面积和预计的观众人数按展馆要求保留应急通道。

第二，消防器材的规定。必须配备足够的消防器材。

第三，人员的规定。汽车后市场展览会要求展台指定消防负责人，并要求全体展台人员知道消防规定和紧急出口等。

(5) 有关异常展品的规定和限制。异常展品主要包括超高、超宽、超重的展品。对于超高、超宽的展品，不得超过展馆卸货大门的尺寸；对于超重展品，可以使用地托，分散单位负荷。异常展品一般需要先于其他展出者的展品进馆，并且要提前与汽车后市场展览会组织者或展馆所有者沟通。

(6) 有关环境的规定。

第一，音量限制。背景音乐由汽车后市场展览会组织者安排，参展商的声像设备的音量必须控制在不影响周围参展商的范围内。

第二，色彩、标题限制。若汽车后市场展览会组织者想取得协调效果，可以提出色彩要求，要求展出者使用某种基本色调或标题色调。汽车后市场展览会也可以提出标题的字型、大小等方面的规定，当然这方面的规定大多比较宽松。

展出者只要遵守规定，在不干扰周围展台（比如噪音太大）的情况下，展出者一般可以任意设计展台形状、摆置展品、使用颜色。

(7) 有关劳工的规定。汽车后市场展览会必须使用合法的工作人员，不得使用非法人员。

(8) 有关手续的规定。汽车后市场展览会要求展出者将设计图送主场承建单位审核，尤其是关于用电要求必须通过申请，主场承建单位会要求展出者施工前办理入场手续。

四、汽车后市场展期活动

展期活动是指在汽车后市场展会期间，由主办方或参展商举办的会议、赛事、娱乐等活动。旨在加大汽车后市场展会的宣传力度，提高知名度；此类活动更是招募观众的重要手段。

1. 展会同期会议

包括汽车后市场展会期间举办的行业交流会、论坛、产品发布会等性质的会议。一般来说，主办方举办的会议更强调会议的效果和影响力，以提升汽车后市场展览会的档次、观众质量及数量等；参展商举办的会议更强调盈利性和商业价值等。汽车后市场展会同期会议不得进行违法宣传。

2. 赛事、娱乐活动

主要包括汽车赛道竞技、汽车功能和内外观竞赛、汽车服务及施工技能比赛、车模选秀、汽车相关的文化娱乐活动等。汽车后市场展会期间的赛事、娱乐活动要符合国家的有关规定，不得从事违法活动。

【案例】

差异化会展的典范：点金品牌会展

汽车后市场会展是汽车后市场产品营销和品牌推广的综合性传播平台，是汽车后市场企业发展代理经销、终端市场的重要渠道。尤其是进入营销3.0时代以后，体验式营销、口碑式营销、多方位服务营销依靠会展取得很好的效果。同时，参观会展也是汽车后市场买家了解产品信息和市场行情的最省成本的有效途径。

汽车后市场会展在中国经过十多年的发展，车主消费意识和水平不断提升，产品同质化价格竞争后，开始进入“车主品牌”时代。传统的倒货卖货只会越做越没利润。我们可以肯定，有实力的企业才能做车主品牌，将占据80%的市场份额。汽车后市场品牌会展上的展品不比价格，更注重差异化和提供系统性的营销服务。产品有卖点，服务有保证，还做品牌推广，这样的产品才更好卖，才有利润空间，才有市场。因此，选择差异化的汽车后市场会展至关重要。

一、点金国际传媒介绍

点金国际传媒集团是专业的汽车后市场会展公司，自2008年起举办首届4S采购大会以来，已成功举办9届汽车后市场会展（包括汽车用品、改装、4S采购展览会），积累了深厚的汽车后市场供应商和流通渠道资源。目前已确立了“春季武汉品牌展、夏季无锡改装展、秋季广州电子展”的全年展览规划，展会规模为4万～6万平方米。

企业信仰：专业成就人生价值

企业精神：坚持必胜

营销定位：推动全球汽车后市场的发展

愿景目标：成为中国汽车后市场的全媒体、全平台
企业理念：务实、坚持、创新、服务
思维模式：思路决定出路
团队建设：建立高效的学习型团队
要求员工：敢于竞争、善于竞争、赢得竞争

点金国际传媒董事长谭荣耀——“谭校长”

点金国际传媒集团，立足会展与汽车两大朝阳产业，构造中国汽车后市场高效复合式推广平台，旨在打造“会议营销 + 展览交易 + 人才培训 + 电子商务 + 企业咨询 + 新媒体中心”为一体的“全平台 + 全媒体”机构。

十多年来，点金国际创造性地培育了以下品牌：广州汽车后市场品牌博览会（每年 9 月 13～15 日）；无锡汽车改装交易会（每年 6 月 7～9 日）；走进百强 4S 的深度营销会议品牌（2007～2014 年，在全国 4S 领域，历经三年 30 站研修班、两年 10 站研修班、两年 6 站“非常 6 + 1”，针对全国 300 多个集团，17000 多家 4S 店）；点金红娘会议营销品牌（针对全国汽车服务店，成功构建中国汽车后市场的百城千店诚信联盟）；《玩车》杂志（一本专业发行汽车后市场的高端测评式杂志）；点金猎头；点金 O2O 金壁虎网络会展；点金咨询；点金教育；等。

至今，点金国际传媒拥有中国全 4S 界、全汽车服务界（诚信联盟发起单位）、全汽车改装界（汽车改装分会发起单位）等丰富而高效的汽车后市场资源。

二、15 周年的积淀

从汽车后市场广告公司发展到专业会展公司，点金传媒一直以差异化的理念，坚持创新，在中国汽车后市场留下了一系列坚实的脚印。

1. 三年 30 站

2007～2009 年，点金传媒根据市场形势，提出“渠道下沉”的合作新思路，带领汽车用品企业开始“汽车用品神州万里行——三年 30 站”，开始深耕 4S 服务之路，不仅积累了全国 300 多家 4S 集团资源，更推动了汽车用品进入 4S 店。

上海站

长沙站

海口站

北京站

2. 两年研修班

2009年12月19日，中国汽车后市场商业智慧高级研修班（4S研修班）在广州从化首次开课，取得了巨大成功，随之被与会者誉为中国汽车后市场“黄埔军校第一期”。至2011年12月，4S研修班共举办了十届，主要围绕4S店如何做好汽车用品经营和销售的主题，邀请行业领军人物组成导师团，进行4S案例分享；同时组织供应商提供优质的产品及项目，探讨合作方案。

从化首期开班

济南研修班

3. 点金“非常6+1”

2012～2013年，点金传媒策划全国六区4S深度营销，创新了三大活动流程：基于供需双方合作的相亲式对对碰、基于营销合作的案例探讨及策划、基于培训提升的导师精品课程，形成了独具特色的点金“非常6+1”。点金“非常6+1”为供应商与4S集团深度对接提供了专业的平台。

2013年，点金传媒在“非常6+1”的基础上策划了4S配送团活动。4S配送团均由4S集团指定或提供，拥有4S集团的渠道背景，每站参与者都是决策人。为解决“结款难、压货、周期长、公关难、无售后服务能力”等问题，厂家和4S配送商合作，由配送团供给4S店并提供售后及技术服务，与厂家形成互补，深化了厂家、配送商与4S集团的供应链。

“相亲式”对对碰

头脑风暴营销策划

4. 财富改装中国行

财富改装中国行是点金国际传媒以推动改装产业发展为主题，2011～2012年在全国各地区分设站点，邀请当地改装店、改装生产厂、一站式汽车服务连锁店、改装发烧友、大型批发商、车队，通过“专家讲座+产品展示+产业研讨会”的形式，带领汽车后市场企业把市场做遍全中国的活动。目前已成功举办13站，将全国专业改装人士组织成坚固长城，同时也是点金展览进行改装客户积累的有效方法。

5. 点金红娘派对

金红娘派对活动始于2009年3月，是专门针对厂家与门店的配对会，集项目推介、产品招商、名师培训为一体。秉承“名品、名店、名人”的理念，搭建沟通平台，经过五年多的沉淀与发展，在全国30多个省级行政区范围内，跑遍2000多个大小城市，举办了近70场活动，红遍了全中国，同时积累了大量的优秀门店资源，是“中国最大的汽车服务集群一站式汽车服务连锁店营销顾问专家”，是行业唯一一个直接面对终端的活动，在行业中树立了良好的信誉和口碑，帮助汽车美容店、一站式汽车服务连锁会所解决了经营管理的难题和缺少产品、项目等问题。

6.《玩车》杂志

高端汽车行业品牌平媒，月刊，已发行338期，目标受众为4S集团、经销商、商协会高层或CEO。《玩车》风格时尚，品牌定位，可读性强，排版新潮，是玩车与生活的载体，是洞悉行业信息、企业广告投放的首选媒体。

7. 玩车网

wanche168. com是行业信息的前沿媒体，设置信息、评测、PK台、导购、访谈、专题、图库、视频、玩车电子版、论坛等栏目，拥有广泛的受众群，信息丰富，点击率高，目前已成为企业软硬文和广告投放的热点媒体。

三、办展历程

1. 2008年秋季首届全国汽车4S店用品类采购大会

时间：2008年9月18～21日，地点：广州白云国际会议中心。此次展会致力于打造一个汽车用品的集散地，为汽车用品供需双方搭建一个良好的交流合作以及交易的平台，同时也对如何与汽车4S店的合作达到双赢展开深入探讨。

2. 2009年第二届广州汽车改装及配件工具工艺展览会暨广州汽车电子产品展览会

展览时间：2009年9月16～18日，展览地点：广州白云国际会议中心。本届展览会是专为中国汽车后市场的发展而打造专业展会，是首场中国汽车后市场改装用品专业展。

3. 2010年第三届广州汽车改装及配件工具工艺展览会暨广州汽车电子产品展览会

展览时间：2010年9月3～5日，展览地点：广州白云国际会议中心。本届展览会力求办成中国汽车改装行业自己的展览会，以“中国的SEMA SHOW”为目标，举办了改装车车模大赛、汽车漂移比赛。

4. 2010年第四届中国（成都）汽车后市场博览会

展览时间：2010年12月1～3日，展览地址：成都双流四川金恒德国际汽车商贸物流城综合展馆。

5. 2011年第五届中国广州国际汽车后市场博览会

展览时间：2011年9月15～17日，展览地址：广州琶洲保利世贸博览馆。从本届展览会开始，点金传媒正式进入琶洲保利展馆，展览规模获得长足发展。

6. 2012 年第六届中国成都国际汽车后市场博览会暨西部汽车后市场改装消费博览会

展览时间：2012 年 3 月 29 ～31 日，展览地址：成都双流四川金恒德国际汽车商贸物流城展览中心。

7. 2012 年第七届中国广州国际汽车后市场品牌展暨改装展

展览时间：2012 年 9 月 13 ～15 日，展览地点：广州琶洲保利世贸博览馆。

8. 2013 年第八届苏州国际汽车改装展

展览时间：2013 年 3 月 15 ～ 17 日，展览地点：苏州国际博览中心。本届展览会在行业人士的大力支持下，首次在苏州举办就获得超大规模的成功，创下展览行业的奇迹！展会以汽车改装为定位，共展出各类房车和改装车共 200 多辆，汽车外饰件、内饰总成、音响改装、车身膜、大灯总成、轮毂、户外及露营用品、汽车电子、精品等，并大规模展出各类改装和性能提升方案，展品丰富专业，层次多样。

9. 2013 年第九届广州国际汽车后市场品牌展

展览时间：2013 年 9 月 11 ～13 日，展览地点：广州琶洲保利世贸博览馆。企业的竞争，是技术、品质、营销和服务的综合竞争，不被洗掉的，是品牌！杂牌与大品牌在一起，等于鱼目混珠。点金 CIAAS 一直服务于 500 强品牌的展览定位，2013 年 CIAAS 品牌展，“9. 11”广州展出面积扩大至 5 万多平方米，打造最高端、最具规模的行业品牌盛会！

10. 2014 年第十届无锡国际汽车改装展暨首届东方新纪元汽车文化节

展览时间：2014 年 6 月 7 ～9 日，展览地点：江苏无锡太湖国际博览中心。本届展览会与无锡东方新纪元集团携手合作，联袂举办改装展和东方汽车文化节，双方在媒体广宣、观众招募、供应商整合、展览活动等方面展开紧密合作，在行业中首开先例，展会效果显著，展商满意度 80% 以上。无锡改装车展以大规模、高规格的展会姿态，弘扬和推动了汽车文化和改装产业的发展。

四、展会规划

1. 武汉后博会，春季中部汽车后市场第一展

时逢开春新计佳时，地为中原割据之势。点金国际传媒立足中原武汉，将于2015年3月13～15日在武汉国际博览中心，举办武汉后博会。自此，点金国际传媒会展业将形成：春季武汉后博会（3月13～15日），夏季无锡改装车展（6月13～15日），秋季广州电子展（9月13～15日）的全年会展格局，服务品牌，追求效益，进入汽车后市场会展新时代。

武汉，史称“九省通衢之地”，是中国内陆最大的水陆空交通枢纽，距北京、上海、广州、成都、西安等市均在1000公里左右，其位置承接东西沟通南北，四通八达辐射四方，聚合汇流全国参展商和买家，全方位捕捉汽车后市场发展商机。

品牌汇集，买家高端，会大于展，做中国汽车后市场春天“两会”。武汉后博会只为中国汽车后市场500强服务，是品牌展示的窗口、品牌培育的平台。观众决定展商，全国4S采购群、代理商、门店连锁、改装店高质量买家，构筑了一个融会双方的高端对话、交流与贸易平台，打造百强品牌专属的中国汽车后市场品牌展。

2. 无锡改装展（KCS酷卡秀），多方位高端汽车生活展

展览时间：6月13～15日，展览地址：无锡太湖国际博览中心。秉承“构建差异化大展”的服务理念，汇聚全球各类改装和性能提升方案，通过汽车的集中体现，更加丰富、更加直观，集中展示各类整车改装、汽车外饰件、内饰总成、音响改装、大灯总成、轮毂、汽车用品等，集结外国、中国大陆、香港、澳门1000辆各类改装车和房车，为行业提供真正的改装车与高端汽车生活的体验，汽车静态美与动态美的完美展现，同期活动为展览增光添彩，实现汽车改装与汽车文化节的有机结合。

3. 广州汽车电子展，为品牌服务

展览时间：9月13～15日，展览地址：琶洲保利世贸博览馆。依托全国各地尤其是华南地区的汽车电子产业基地，以4S采购商、全国代理商为主要买家，以传播行业最新动态、探索市场发展趋势、加强电子影音企业技术交流、营造品牌为目标，以助推行业企

业塑造品牌、提升品牌影响力为使命，服务行业500强，让强者更强，促进汽车电子影音行业的发展。

五、联系方式

点金国际传媒集团

地址：广东省广州市天河区粤垦路623号燕都商务大厦18楼

邮编：510507

电话：020－38376058　　传真：020－38376173

客服热线：400－168－8880

公司网址：www. dianjinad. com　　展会网址：www. ciaas. cn

第十章　如何经营汽车后市场产业园区

汽车后市场产业园区是指在一定区域内，通过自发或者人为规划形成的一系列汽车后市场产业的聚集区，例如：汽配城、汽车用品批发市场等。

汽车后市场产业园区主要包括：汽车销售、二手车交易、汽车租赁、汽车文化、老爷车比赛、房车巡游、汽车运动、汽车竞技、汽车休闲、汽车娱乐、汽车俱乐部、汽车用品生产、汽车用品批发零售、汽保设备与工具的生产、汽保设备与工具的批发零售、汽车配件生产、汽车配件批发零售、汽车维修保养、汽车美容快修、汽车年审、汽车检测、汽车保险、汽车上牌、汽车驾驶员培训、汽车改装、汽车后市场电商、汽车后市场外贸、汽车后市场媒体、汽车后市场展会、汽车后市场培训与咨询机构、汽车后市场商会协会、汽车后市场仓储物流、汽车后市场金融服务、汽车后市场研发服务、汽车后市场中介服务，以及配套的宾馆酒店服务、汽车后市场产业园区管理服务，等等。

汽车后市场产业园区自发形成的典型代表是广州市的永福路，但永福路上的许多汽车用品批发市场却是通过人为规划建成的，例如：福怡大厦、盛大国际、利远广场、南方永福等。目前，随着汽车后市场需求的快速发展，各地纷纷建设各种形式的汽车后市场产业园区。

第一节　如何规划汽车后市场产业园区

汽车后市场产业园区的前期规划直接影响建成后的招商以及能否尽快做旺，所以，规划非常重要。

一、影响汽车后市场产业园区规划的因素

影响汽车后市场产业园区规划的因素主要有：

（1）地理位置。地理位置是最重要的影响因素。汽车后市场产业园区最好能够靠近高速公路出口附近、普通公路旁、火车站附近、飞机场附近、港口附近、物流园区附近、整车厂附近、居民区附近等。

（2）占地面积。占地面积直接影响着汽车后市场产业园区的建筑面积与规模。

（3）交通状况。交通越便利越好。

（4）政府规划状况与支持程度。如果能够在政府的城市总体规划之中，容易得到当地政府在工商、税收、金融等方面的支持，对于后续发展非常有利。

（5）占用土地的使用年限。使用年限越长越好。

（6）土地价格。土地价格越低越好。

（7）占地用途。如果占地是商业用地，可以规划的方向相对要多。而如果占地是工业用地，可以规划的方向就少很多。当然，工业用地的价格比商业用地的价格也少很多。

（8）当地的收入水平。如果当地的收入水平高，汽车就会多，高档车的比例也就高，

有利于汽车后市场产业园区的招商与做旺。

（9）当地的汽车销售企业的数量情况。当地汽车销售企业的数量越多，说明当地的汽车需求越大。

（10）当地的主要汽车价位与车型。当地的主要汽车价位，直接影响汽车后市场产业园区的档次定位。

（11）当地的汽车服务状况。当地的汽车服务越不足，对汽车后市场产业园区的需求越大。

（12）当地的其他汽车后市场产业园区状况。当地的其他汽车后市场产业园区状况的大小、实力、经营状况，直接影响新建汽车后市场产业园区的规模定位。

（13）周边城市的汽车后市场产业园区状况。周边城市的其他汽车后市场产业园区状况的大小、实力、经营状况，也影响当地新建汽车后市场产业园区的规模定位。

（14）开发商的实力与经验。开发商的实力越大、经验越丰富，汽车后市场产业园区越容易成功。

因此，在汽车后市场产业园区规划之前，开发商要认真细致地进行市场调研。

二、汽车后市场产业园区规划的内容

1. 定位

汽车后市场产业园区的定位有许多不同的类型，主要有下列几种：

（1）以生产为主的定位。在一些生产某种产品比较集中的地区，可建设以生产某种产品为主的汽车后市场产业园区。例如，深圳可建设以生产汽车电子产品为主的汽车后市场产业园区；台州可建设以生产汽车座垫为主的汽车后市场产业园区。

（2）以批发为主的定位。在一些一线城市或者省会城市，可建设以批发为主的汽车后市场产业园区，例如：广州奥邦轮胎批发城。

（3）以批零结合为主的定位。在一些二三线城市，可建设以批零结合为主的汽车后市场产业园区，例如：广东韶关的五洲国际汽配用品商贸城。

（4）以前店后厂为主的定位。在一些城市郊区，可建设以前店后厂为主的汽车后市场产业园区。

（5）以零售为主的定位。在一些县城或者城市的大型居民区附近，可建设以零售为主的汽车后市场产业园区。

（6）以改装为主的定位。在一些改装市场发达的地区，可建设以改装为主的汽车后市场产业园区，例如：北京的酷车小镇。

（7）以电子商务为主的定位。随着电子商务的迅猛发展，可以把汽车用品的厂家、批发商集中在一起，建设以电子商务为主的汽车后市场产业园区，形成线上交易与线下体验相结合的集中场所。例如：广州的车品 E 库。

（8）以汽车用品为主的定位。在一些以汽车用品生产或消费集中的地区，可建设以汽车用品为主的汽车后市场产业园区，例如：广州的永福路。

（9）以汽车配件为主的定位。在一些以汽车配件生产或消费集中的地区，可建设以汽车配件为主的汽车后市场产业园区，例如：昆明十堰汽配城，主要有汽车配件经营、汽车维修、汽车配件物流、专营十堰东风产品等。

（10）以国际贸易为主的定位。在一些国际贸易发达的地区，可建设以汽车配件、汽车用品国际贸易为主的汽车后市场产业园区，例如：广州市盛大国际汽车用品交易广场。

（11）以汽车电子产品为主的定位。在一些汽车电子产品生产集中的地区，可建设以汽车电子产品为主的汽车后市场产业园区，例如：珠三角、深圳市、东莞市。

（12）以卖车、修车为主的定位。在一些卖车、修车集中的区域，可建设以卖车、修车为主的汽车后市场产业园区。例如：原广州市的跑马场，集中了许多汽车4S店。

（13）档次定位。档次越高，先期投入的资金越大。

汽车后市场产业园区首先应该定好位，才能开展下一步的工作。如果定位错误，建成以后很难招商、很难做旺。

2. 容积率

容积率是项目总建筑面积与总占地面积之比。当普通商业建筑标准层层高大于6.1米（3.9米+2.2米）时，不论层内是否有隔层，建筑面积的计算值按该层水平投影面积的2倍计算；当普通商业建筑层高大于10米（3.9米×2+2.2米）时，不论层内是否有隔层，建筑面积的计算值按该层水平投影面积的3倍计算。

容积率太高，通道、停车位的面积就要减少，容易造成拥挤，但有利于开发商快速回收投资。容积率太低，空地太多，生意显得冷清，不利于开发商快速回收投资。如果以批发为主，容积率可以高一些；如果以服务零售为主，容积率可以低一些。一般来说，汽车后市场产业园区的容积率在1～1.5比较合适。广州市永福路的容积率就相对高了，所以特别拥挤。

3. 功能区的搭配

由于每个汽车后市场产业园区的定位不同，各个功能区的名称、面积大小、方位都不一样。功能区的搭配一定要以最大化方便客户为宗旨，不要让客户感觉不方便。

4. 建筑层高

由于每个汽车后市场产业园区的定位不同、容积率的设计不同，每个建筑物的面积大小、建筑层高也都不一样。建筑层高要以符合国家标准与便于客户经营为宗旨。

5. 建筑层数

由于每个汽车后市场产业园区的定位不同、容积率的设计不同，每个建筑物的面积大小、建筑层高、建筑层数也都不一样。建筑层数要以安全与便于客户经营为宗旨。零售商往往在一楼营业；批发商虽然可以在不同楼层营业，但批发商往往需要相对大的仓库。

6. 其他配套设施

汽车后市场产业园区除了功能区外，还应该有一些必要的配套设施，例如：仓储、物流、宾馆、饭店、银行、中介服务等。这样可以充分满足客户的多种需求。当然，如果汽车后市场产业园区的周边已经有这些配套设施，就不用规划了。

☞ 小贴士：全国部分汽车后市场产业园区

目前，中国大陆建成或者在建的汽车后市场产业园区有数百个，下列是其中的一小部分：

广州市福怡汽车用品商务港、广州市倚云国际汽车用品广场、广州市盛大国际汽车用品交易广场、广州市利远汽配城、广东永福国际汽车用品城、广州南方永福国际汽车电子用品广场、广州车品E库、广州致友汽配城、广州市金永福汽配城、广州市湛隆汽配交易中心、广州市黄石路汽配用品一条街、广州市隆福汽配中心、广州市广园东路汽配一条街、广州市恒福路汽配街、广州市万里汽配广场、广州市新三元汽配城、广州市集祥汽配城、广州市龙洞汽配城、广州市鹤昌岭汽配城、广东省快捷汽车配件市场、广州市伍福国际汽配城、广州奥邦轮胎批发城、北京五方天雅汽配城、北京盛华汽配城、北京西郊汽配城、北京城环城国际汽配城、西国贸汽配基地、北京十里河汽配城、北京四元桥汽配城、北京草桥汇丰汽配市场、北京回龙观北郊汽配城、北京东方美都汽车配件市场、北京燕丹顺天通汽配市场、北京酷车小镇、北京亚联六里桥国际汽车用品批发城、北京花乡汽配城、北京大南郊汽车配件市场、天津北方汽贸园、天津市实达汽配城、天津环渤海汽车城、邯郸市中原汽车配件商城、河北邯郸宏达汽配城、石家庄南二环汽车配件大市场、石家庄北方汽配城、中国北方汽车商城、石家庄华新汽配城、石家庄东胜汽车装具市场、秦皇岛北方机动车配件交易城、唐山唐齿汽配城、山东老屯汽配城、山东段店汽车配件城、青岛汽车配件市场、山东省临邑县鲁西北汽配大市场、山东潍坊汽车配件商城、山东临沂兰田汽配城、滕州汽车配件城、山西汽车配件市场（建南汽配城）、山西太原市海天汽配城、大同通用物资贸易市场、运城汽车配件城、上海凯斯国际汽配城、上海卫海国际汽配商厦、上海东方汽配城、上海龙华国际汽车汽配港、上海振东汽配市场、上海浦东由由汽配市场、上海市松江叶榭汽摩配综合商城、上海金阳光汽配市场、上海吴中汽配城、上海航华进口汽配城、上海天龙汽配市场、上海国际汽车市场、上海（嘉定）汽配科技城、上海金山车市、南京新伊汽配城、江苏国鼎汽车智慧产业园、南京仙林国际汽配城、南京林大汽配市场、南京高力汽配科技城投资服务有限公司、高力·无锡国际汽车博览城、苏州新东方汽配城、南通永兴国际车城、海门国际车城有限公司、徐州淮海汽车城、徐州汽配城、连云港振兴汽车城、常州高力汽配城、江苏省沭阳县苏北车市、合肥汽配城、安徽国际汽车城汽摩配市场、江西国际汽车城、江西洪城汽配城、东莞百业汽配城、东莞市华伟四方汽车商贸园、广东东莞市108港顺汽配批发市场、佛山市南海康正市场投资有限公司、韶关五洲国际汽配用品商贸城、沈阳东北机动车配件批发市场、沈阳西部汽配城、沈阳国瑞汽车汽配博览中心、沈阳鑫丰国际汽配城、沈阳瑞盛国际汽配城、鞍山市兴盛汽配维修配件城、营口国际汽保汽配城、长春市汽贸商城、长春高力中国北方汽贸城、大庆北方汽配城、大庆市九龙达汽配城、哈尔滨凯利汽配城、成都市三九佛兰汽配城、成都九峰汽配城、成都广福汽配城、成都永丰汽配商城、成都鸿达汽配城、成都富森汽配城、重庆老顶坡汽配城、重庆渝能汽配城、重庆南坪山河汽配城、重庆加洲汽配城、贵阳升华汽车城、贵阳市汽车配件城太慈桥汽配城、贵阳市三桥汽配城、贵阳市解放路汽配一条街、昆明市东聚汽车配件城、昆明市金星汽配城、海纳西安汽配城、西安玉林汽车配件市场、西安大明国际汽车配件城、西安市三桥汽配装饰城、兰州东部机动车配件中心、兰州通宝汽配城、甘肃兰州汽车配件城、兰州通宝汽车配件市场、西宁昆仑汽配城、乌鲁木齐天兴汽配城（机电市场）、浙江金恒德汽车用品采购城、宁波国际汽车城、福建亚太汽配市场、昆明十堰汽配城、宜昌金东山汽车主题MALL、河南省汽车配件物流商贸园、郑州宏达国际车业广场、太仓森茂国际汽车城、万里国际南宁汽配城、南宁东森汽配城，等等。

第二节　汽车后市场产业园区如何招商

汽车后市场产业园区建成后，开发商面临主要问题是如何吸引商家进来，即“如何招商”。

一、做好招商策划书

招商策划书是给领导与内部人看的。招商策划书主要包括下列内容：

1. 招商对象的位置与分布

根据汽车后市场产业园区的定位，招商对象早已经明确。现在就是要进一步明确招商对象的位置与分布情况。

2. 招商团队的组建

要找到这些招商对象，需要组建专业的招商团队，派发招商资料，登门拜访。

3. 招商的阶段安排

招商工作不可能一次完成，要分成若干个阶段，每个阶段的起始时间、结束时间、招商目标是不同的，负责人也可能不同。

4. 招商的费用预算

要完成招商工作必须要花费一定的成本，但要事先做好预算，不能乱花钱。

二、写好招商手册

招商手册是给招商对象看的。招商手册主要包括下列内容：

1. 该汽车后市场产业园区的优势与发展前景

一定要分析透彻该汽车后市场产业园区的优势与发展前景，以增强招商对象进一步了解的愿望。要尽量用数据说话，图文并茂，论据充分。不要胡编乱造，更不要瞎忽悠。

2. 该汽车后市场产业园区的各种价格与政策

各个店铺的面积、单位售价、单位租金、使用年限、转让条件、免租时间；水价、电价、物业管理费、停车费、仓储费；税费等。这些价格直接影响着招商对象的购买或者租用的欲望。

3. 该汽车后市场产业园区承诺的售后服务

这些服务主要包括：如何吸引“客户的客户”过来，如何做旺市场，等等。这些服务将增加招商对象进场经营的信心。

三、组建好招商团队

招商团队是实现招商目标的执行人员，招商团队的专业能力、人脉关系、激励制度等决定了招商的速度。

由于每个汽车后市场产业园区的特点不同，招商团队的组成也不一定相同。一般来说，招商团队主要由招商总监、招商经理、活动策划经理、平面设计师等人员组成。

1. 招商总监（1 人）

招商总监，全面负责招商工作，具有团队领导能力，善于沟通协调，具备与大客户谈判的能力。具有汽车后市场5年以上的销售经验或者招商经验。

2. 招商经理（若干名）

招商经理，主要负责某一区域的招商工作，年龄在25～35岁，具备良好的沟通能力，能够胜任高强度的工作，可以经常出差。具有汽车后市场2年以上的销售经验或者招商经验。

3. 活动策划经理（1名）

活动策划经理，主要负责招商期间各种活动的策划、组织与主持，年龄在25～35岁，口才优秀，身材相貌好，思维灵活，能够主持各种招商会议、招商活动。对汽车后市场比较熟悉，具备一定的方案撰写能力。

4. 平面设计师（1名）

平面设计师，主要负责招商工作中需要的各种传单、杂志、海报、标志、VI、书籍等宣传品的美术设计与版面编排工作，年龄20～30岁，能够熟练使用平面设计软件，对汽车后市场有一定的了解，能够经常加班，具有2年工作经验。

四、抓好品牌旗舰店

品牌旗舰店在招商过程中能够起到榜样的作用，有利于给招商对象树立一个良好的形象，能够推动招商的进度与后期租金的提升。

品牌旗舰店的挑选要非常慎重，要选择在汽车后市场与车主心中具有相当知名度、对招商对象有很大影响力的企业，能够吸引“客户的客户”光临。对品牌旗舰店要实行卖价或租金优惠、政策倾斜，千方百计引进来。可以说，能够选择并成功引进优秀的品牌旗舰店，招商工作就等于进展了一大步。

五、举办好各种招商活动

按照招商的阶段安排，邀请有关的汽车后市场专家、汽车后市场商会会长、当地政府官员、报纸、杂志、DM媒体、电视台、电台、慧聪网、太平洋汽车网、新浪网、腾讯网等，举办不同形式与内容的论坛、培训、改装车巡游、老爷车巡游、展览、酒会、抽奖、优惠酬宾等的大小招商活动。利用海报、彩旗、报道、广告等在各种媒体上进行广泛宣传，大力“造势”，以便增进招商对象及其客户对汽车后市场产业园区的全面了解。

活动结束后，招商团队要及时拜访招商对象，了解招商对象的意愿与意见。成熟一个，签约一个，同时不断宣传招商成果，促进犹豫者快速决断。

第三节　如何做旺汽车后市场产业园区

汽车后市场产业园区招商后，开发商面临的主要问题是如何不断吸引“客户的客户”进来，即“如何做旺”。

由于每个汽车后市场产业园区的定位不同，“客户的客户”也不同。以生产为主的汽车后市场产业园区，“客户的客户”可能是汽车生产厂家、4S店、省代。以批发为主的汽车后市场产业园区，“客户的客户”可能是市代、终端店。以零售或改装为主的汽车后市场产业园区，“客户的客户”应该是车主。因此，每个汽车后市场产业园区在“做旺”方面，所采取的对策不尽相同，主要有下列“做旺”的举措：

1. 组建专业的运营团队，提高专业服务

汽车后市场产业园区要想真正“做旺”，必须组建一支专业化的经营管理队伍，聘请一批在运营汽车后市场产业园区方面富有经验的人员，负责日常经营管理，为客户保驾护航，从而保证汽车后市场产业园区能够持续繁荣发展。

2. 要求客户只做定位的行业，容易齐全产品品类

汽车后市场产业园区的客户只做定位的行业，就会在“客户的客户”心中形成一个“专业”的市场品牌，产品品类也容易齐全。每当“客户的客户”需要购买某类产品时，首先就会想到这个汽车后市场产业园区。例如：位于呼和浩特市的华美国际汽配城，在购买商铺时有一个前提条件：规定业主只能做有关汽配的行业。这样，当有人想要购买某个汽配产品时，不用东奔西跑，到这里就可以实现集中采购，进货渠道也正规。

3. 继续大力宣传，提升知名度

有些汽车后市场产业园区在招商时大力宣传，但在招商结束后为了节约费用，就不做宣传了，这样可能在运营时遭遇冷场。

汽车后市场产业园区在招商结束后，更应该在各种媒体、展会、国内外大型的专业网站上，继续投入相当资金，大力宣传，让“客户的客户”都知道这个地方，不断前来采购，才有可能“做旺”。例如：海西汽车汽配城积极参加并在国内各类专业博览会上发布推介信息，以提升汽配城知名度。

4. 减免租金，提升产品竞争力

产品价格相对低，是吸引“客户的客户”购买的主要因素。如果汽车后市场产业园区能够减免客户的租金，客户就可以降低产品的价格，就能够不断“做旺”市场。例如：麻城汽配城的开发商为了“做旺”市场，反哺市场约 1.6 亿元，以免租 2 年的形式，支持商户。再如：宿州远东国际汽配城不仅免除前 3 年按规定入驻汽配城商户的物业管理费，而且给予按规定入驻、装修、正常经营的商户一次性装修补贴等。

5. 狠抓产品质量，杜绝假冒伪劣产品

汽车后市场产业园区如果能够保证产品的质量、不卖假冒伪劣产品，是吸引“客户的客户”前来购买的重要因素。例如：西宁昆仑汽配城协同工商等部门严格产品准入制，狠抓产品质量，为商户、消费者双方营造一个放心购买的环境，致力于打造当地汽配业界的品牌，立足做旺商城。

6. 联系各个银行，为客户提供金融支持

通过与各个银行的授信合作，将使汽车后市场产业园区获得强有力的金融支持，为进驻商户提供融资配套服务，帮助商户尽快做强做大。

7. 定期组织采购大会，提升销量

汽车后市场产业园区每年定期举办采购大会，组织“客户的客户”参加，为买家提供资源平台，为卖家带来商机，提升汽车后市场产业园区的品牌效应。

8. 对接现代物流，保障商贸畅通

汽车后市场产业园区可对接仓储、保管、运输、配送等现代物流服务体系，为客户提供提货、发货、运输、接车、入库、储运、清点、整理、分拣、配送、收货、验单等物流代理服务，使客户节约物流配送成本，提高经营效率。

9. 不断完善配套建设与后勤保障服务，提高客户的便利化水平

汽车后市场产业园区应该不断完善电信通讯、宽带网络、POS 机应用、防盗监控、消防报警、工商、税务、银行、保险、商务、酒店、娱乐、餐饮、生活服务、保安保洁等配套建设与后勤保障服务，从而不断提高客户经营的便利化水平。

总之，要想汽车后市场产业园区真正成功，只是把店铺租售出去还不行，还要把商户的客户引进来，并且培训商户经营管理的能力与技巧，使商户真正赚到钱。一句话，做旺才是硬道理！

参考文献

（美）保罗·蒂姆. 客服圣经［M］. 北京：中国人民大学出版社，2009.
（美）罗杰·道森. 绝对成交［M］. 重庆：重庆出版集团图书发行有限公司，2009.
（美）乔·吉拉德. 怎样成交每一单［M］. 北京：中国人民大学出版社，2007.
（日）古川英夫. 营销的技巧［M］. 北京：科学出版社，2004.
（日）仁科贞文. 广告心理［M］. 北京：外语教学与研究出版社，2008.
卜鹤. 超级说服力——世界第一营销天才乔·吉拉德成功训练营［M］. 南昌：百花洲文艺出版社，2009.
陈勇，朱红兵. 汽车美容店金牌店长［M］. 北京：机械工业出版社，2009.
崔淑华. 汽车服务场站设计［M］. 北京：人民交通出版社，2010.
董恩国，张蕾. 汽车保险与理赔实务［M］. 北京：机械工业出版社，2010.
杜向荣. 服务营销理论与实务［M］. 北京：清华大学出版社，2009.
韩平. 广告策划与创意［M］. 北京：高等教育出版社，2006.
韩同群. 发动机原理［M］. 广州：华南理工大学出版社，2010.
侯惪夫. 重新认识定位［M］. 北京：中国人民大学出版社，2007.
黄炳华. 汽车配件管理与营销［M］. 广州：华南理工大学出版社，2006.
黄秋平. 汽车维修质量检验［M］. 北京：中国劳动社会保障出版社，2010.
贾逵钧，莫远. 如何做好汽车维修业务接待［M］. 北京：机械工业出版社，2008.
贾永轩，乔军. 汽车服务利润［M］. 北京：机械工业出版社，2007.
贾约鹏，孟为民. 加油站［M］. 北京：中国石化出版社。2010.
晋东海. 汽车服务企业管理实务［M］. 北京：机械工业出版社，2011.
李刚. 汽车及配件营销实训［M］. 北京：北京理工大学出版社，2009.
李桂花. 汽车营销与服务［M］. 北京：中国劳动社会保障出版社，2008.
李纪珍，贾永轩. 汽车零部件整合［M］. 北京：机械工业出版社，2006.
李践. 定价定天下［M］. 北京：中信出版社，2009.
李先国. 分销渠道管理［M］. 北京：清华大学出版社，2007.
李晓霞，刘剑. 消费心理学［M］. 北京：清华大学出版社，2010.
李雪松. 服务营销学［M］. 北京：清华大学出版社，2009.
李烨，曾小山. 汽车电气构造与维修［M］. 北京：北京理工大学出版社，2010.
刘同福. 汽车销售经理 10 件要事［M］. 北京：机械工业出版社，2009.
刘亚松. 汽车美容业投资经营指南［M］. 北京：机械工业出版社，2008.
刘亚松. 弱者谋存：汽车美容业经营突围［M］. 北京：机械工业出版社，2010.
刘占峰，林丽华. 汽车故障诊断与检测技术［M］. 北京：北京大学出版社，2008.
刘志奇，邵军. 如何打造第一品牌［M］. 北京：九州出版社，2010.
卢圣春. 汽车 4S 店经营与管理培训教程［M］. 北京：化学工业出版社，2009.

陆和平. 赢取大订单——大客户销售的策略与技巧［M］. 北京：人民邮电出版社，2008.
倪勇，陈宁. 汽车维修车间管理与技术培训［M］. 北京：机械工业出版社，2010.
庞远智. 汽车维修企业管理实务［M］. 重庆：重庆大学出版社，2011.
邳艳春，胡建军，杨文忠. 客户管理一本全［M］. 南宁：广西人民出版社，2009.
宋孟辉，孙涛. 汽车美容与装饰［M］. 北京：机械工业出版社，2010.
谭德荣，董恩国. 汽车服务工程［M］. 北京：北京理工大学出版社，2007.
唐文初，邓宝清. 汽车构造［M］. 广州：华南理工大学出版社，2010.
王家淮. 汽车文化［M］. 南京：江苏科学技术出版社，2009.
王广科. 汽车后市场营销学［M］. 广州：中山大学出版社，2011.
王广科. 汽车美容快修店经营学［M］. 广州：中山大学出版社，2012.
王立刚，张红岩. 汽车机械维修与保养［M］. 北京：机械工业出版社，2010.
王文伟，毕荣华. 电动汽车技术基础［M］. 北京：机械工业出版社，2010.
韦焕典，黄坚. 现代汽车配件基础知识［M］. 北京：化学工业出版社，2009.
魏亚萍，陈峥嵘. 网络营销［M］. 北京：机械工业出版社，2007.
吴敬静. 如何做好汽车售后服务［M］. 北京：机械工业出版社，2009.
吴心平，张玉甫. 汽车维修［M］. 郑州：中原农民出版社，2010.
夏长明. 汽车维修服务标准流程［M］. 北京：机械工业出版社，2009.
夏长明. 汽车养护规程与常见故障诊断图解［M］. 北京：机械工业出版社，2010.
杨承明. 汽车维修标准与规范［M］. 北京：人民交通出版社，2007.
杨万福. 汽车理论［M］. 广州：华南理工大学出版社，2010.
叶芳. 汽车服务理念与技巧［M］. 重庆：重庆大学出版社，2011.
易淼清. 销售渠道与终端管理［M］. 北京：清华大学出版社有限公司，2010.
于春鹏，吴明. 汽车服务企业设计［M］. 北京：北京理工大学出版社，2008.
余世维. 有效沟通［M］. 北京：北京大学出版社，2009.
张铛锋，陈青. 汽车保险与理赔［M］. 北京：科学出版社，2009.
张国方. 汽车营销学［M］. 北京：人民交通出版社，2010.
张慧兰，金亮. 汽车商品学［M］. 上海：上海交通大学出版社，2009.
张金柱. 混合动力汽车结构、原理与维修［M］. 北京：化学工业出版社，2008.
张世荣. 汽车概论［M］. 北京：清华大学出版社，2010.
张小虎. 终端阵地战——零售终端导购与促销实战技巧［M］. 北京：企业管理出版社，2009.
张耀辉，朱锋，左小德. 新商业模型评析［M］. 广州：暨南大学出版社，2010.
张晔清. 连锁企业门店营运与管理［M］. 上海：立信会计出版社，2002.
张毅. 汽车配件市场营销［M］. 北京：机械工业出版社，2006.
赵培全，蔡云. 汽车评估学［M］. 北京：中国水利水电出版社，2010.
郑方华. 客户服务技能案例训练手册［M］. 北京：机械工业出版社，2006.
朱刚，王海林. 汽车服务企业管理［M］. 北京：北京理工大学出版社，2008.
庄继德，庄蔚敏，叶福恒. 低碳汽车技术［M］. 北京：清华大学出版社，2010.

后　记

汽车后市场门店作为汽车后市场的重要组成部分，由于进入门槛相对低，近年来像雨后春笋一样在全国各地到处开张。我在培训中了解到，许多老板虽然懂技术，但缺乏推介精品与项目的技巧，不善于管理员工，不知道如何增加客户量，盲目采购，也应付不了竞争对手，赚钱总是停留在一个水平、难以突破。为了让汽车后市场门店老板能够“会经营”、“多赚钱”，于是写作了这本实战手册，以抛砖引玉，希望汽车后市场的研究专家和老板们从实践中总结出更多更好的成果。

在本书的写作过程中，得到了暨南大学胡军教授、孔小文教授、张耀辉教授、郝英奇教授、左小德教授、戴良铁教授、朱锋教授、胡东波教授、刘颖教授，广东外语外贸大学隋广军教授，辽宁大学沈宏达教授、戴伯勋教授、王征教授、彭好荣教授、黄继忠教授、唐晓华教授、邵剑兵教授，深圳大学刘莉教授，北京经贸大学高闯教授、王军教授，北京科技大学刘澄教授，浙江财经学院唐要家教授，广东金融学院马飞教授，广东轻工职业技术学院的叶小名院长、王新新书记、陈青老师，广东营销学会陆勇副会长、符吉新常务副秘书长，广东营销学会网络营销研究会周甸斌博士等老师与专家的指导，特此衷心感谢！

在本书的写作出版过程中，得到了中国汽车维修行业协会孙守仁会长、王逢铃副秘书长，中国汽车后市场总会董鸿星常务秘书长，中国汽车工业协会汽车用品分会吴海会长、胡嘉诚秘书长，中国汽车保修设备行业协会田国华副会长、曹庆富秘书长，中国汽车用品联合会骆澜涛理事长、郭平秘书长，全国工商联汽摩配用品商会汽车用品分会林键忠会长，全国工商联汽摩配改装专业委员会张子昂会长、韦嘉诚秘书长，广东省汽车用品商会潘劲松会长、王会明秘书长，广州市汽车配件用品行业协会崔彤会长，广州市汽车用品行业商会朱汉典会长，广州市越秀区汽车用品行业商会何汝浩会长，广州市白云区汽车配件用品行业商会徐静雄会长，点金国际传媒集团谭荣耀董事长，上海海晏威固国际贸易有限公司潘丽华董事长，深圳市车公社汽车用品有限公司庄伯良董事长，上海飚利汽车科技有限公司叶欣总裁，河南鼎宏实业有限公司马全义总经理，广州福客思汽车用品有限公司林森泉董事长、方明亮总监，珠海利安德巴赛尔润滑油有限公司纪万斌总经理，新世纪索普国际（香港）有限公司孙明总经理，广州保赐利化工有限公司连运增董事长、刘利明副总经理、林托总监、张金波经理，广州康润窗膜有限公司熊巍总经理，广州香雅堂日用品实业有限公司贾玉江总经理，广州必和贸易有限公司谢名发董事长，TCL 康钛汽车信息服务有限公司霍书增副总经理，广州御香汇汽车用品有限公司张玉雄总经理，广州福胜汽车用品有限公司罗根富总经理，广州弘鑫达汽车用品有限公司江讯总经理，广州福岛照明电器有限公司丁明总经理，广州日晖新型薄膜有限公司侯永强董事长、周建总经理，广州市嘉合企业经营管理有限公司周剑总经理，广州立火企业管理咨询有限公司洪刚总经理，上海妙声科技有限公司罗长赓副总裁，杭州新星光电有限公司喻晓川总经理，广州市金海大机械设备有限公司彭锦生总经理，东昊石油集团有限公司韩超经理，广州市嘻涮涮汽车用品有限公司董长春总经理，顺德任我通汽车用品有限公司李文昶总经理，广州车务通汽车服务超市潘土桂总经理，广州市金利马克电子有限公司熊素琴总经理，恩平市石栏照明电子有限公司杨永邦总监，广州市一信汽车用品制造厂陈历希总经理，广州市瑞骐汽车用品有限公司陈素真总经理，广州光彩汽车用品有限公司黄童礼总经理，华伟四方汽车商贸园王军副总经理，广东铁将军防盗设备有限公司李安培董事长，广州市侨南汽车用品有限公司钟笑琴董事长，九州传媒集团李明董事长，雅森国际展览有限公司谢宇总经理，慧聪汽车用品网朱汉高总编、赵子涵总经理、张结怡小姐，《汽车用品报》刘媛董事长、蒋金晖总经理，《汽车配件与设备》郭英主任，《汽车用品资源》陈薇主任，《中国车饰画报》杨楚珍主编，《车品》宋萧总经理，《汽车服务世界》胡军波总经理，福州青山绿水文化传播有限公司魏无琼主编，汽车后市场电子产品专家姜卫忠博士，广州先知点企业管理咨询有限公司陈仲总经理，广州一元文化有限公司谭浩董事长、强涛总经理，大连中升集团汽车用品有限公司魏腾龙部长，广州广保丰田汽车销售服务有限公司关旭坤总经理、何静总监、金俊经理，北京嘉华控股集团采购部杨非总监，深圳市鹏峰汽车集团有限公司尹仕海经理、林炳发经理，盛大国际汽车用品交易广场柏延学总经理，太平洋汽车网王晓莉小姐，台州市迪威展览有限公司李敏总经理，风标传媒有限公司曾松柏总经理，黑龙江悍马时代经贸有限公司管清霞董事长、管清伟总经理，郑州龙驰汽车用品公司路新建总经理，郑州明爵汽车用品公司张才华总经理，长春龙达汽车用品公司宋兴龙总经理，新疆新概念车友商贸有限公司彭志刚总经理，杭州肯诺汽车用品有限公司徐善振总经理，济南达安汽车用品有限公司马德泉总经理，山东小节汽车用品有限公司节连高总经理，武汉源才汽车用品有限公司陈云才总经理，江西登仕达汽车用品有限公司陈文泉总经理，西安万发汽车用品有限公司张磊总经理，山西恒信达汽车用品有限公司高小兵总经理，长沙奇能汽车用品有限公司卓子翔总经理，安徽燕青汽车用品有限公司阚燕青总经理，泉州奔宝汽车用品有限公司陈震总经理，昆明新恒诚汽车装饰用品有限公司吴继明总经理等汽车后市场领导与企业家的帮助与支持，在此深表谢意！

中山大学出版社的熊锡源老师，同学王阳博士后、张晖博士后、石兆文博士、霍从刚博士、衣丽娜博士、杨建宇博士、唐要家博士、李永胜博士、李烈军博士、黄明博士、匡致远博士，好友李承和先生、谭学成先生、张任凭小姐、李辉耀先生、熊毅小姐、龚炤名先生、陈仰锐先生等对本书的出版给予了大力支持和关心，在此表示诚挚的谢意！

最后，我还要由衷感谢我的父母、妻子及所有曾经帮助过我的人！

由于水平、资料有限，对汽车后市场的了解不深，加之时间仓促，文中难免存在不足之处，敬请批评指正。

王广科

二〇一四年一月于广州